刑事检察法律文书系列丛书

陈国庆　总主编

刑事检察文书写作规范与指导

（上　册）

周惠永　主编

XINGSHI JIANCHA WENSHU XIEZUO
GUIFAN YU ZHIDAO

中国检察出版社

图书在版编目（CIP）数据

刑事检察文书写作规范与指导：上下册 / 周惠永主编．北京：中国检察出版社，2024．10．-- ISBN 978-7-5102-3116-2

Ⅰ．D926．13

中国国家版本馆 CIP 数据核字第 2024LC8957 号

刑事检察文书写作规范与指导（上下册）

周惠永　主编

责任编辑：秦　莹
技术编辑：王英英
封面设计：徐嘉武

出版发行：中国检察出版社
社　　址：北京市石景山区香山南路 109 号（100144）
网　　址：中国检察出版社（www.zgjccbs.com）
编辑电话：（010）86423764
发行电话：（010）86423726　86423727　86423728
（010）86423730　86423732
经　　销：新华书店
印　　刷：北京联兴盛业印刷股份有限公司
开　　本：710 mm×960 mm　16 开
印　　张：81
字　　数：1193 千字
版　　次：2024 年 10 月第一版　　2024 年 10 月第一次印刷
书　　号：ISBN 978-7-5102-3116-2
定　　价：258.00 元（上下册）

“刑事检察法律文书系列丛书”编辑委员会

《刑事检察文书写作规范与指导》

主　　编：周惠永

副 主 编：刘中琦　李　方

编写人员：（按姓氏笔画为序排列）

于　泽　马雅萌　万媛媛　王　民
王　萌　王　瑾　王昌举　王　建
王　莉　刘嘉贵　刘军辉　刘　强
孙世轩　朱　磊　朱　军　牟　鑫
陈明南　陈文斌　陈　垚　陈凯明
李　威　李一凡　李占州　李振娣
李芝渺　张连生　张　杰　张　文
张　岩　张　渝　金海燕　杨诗文
杨　修　杨艳琳　周海波　周　伟
周晓娟　姜园园　胡舒琼　欧满华
赵锐锋　郭富选　郭庆莉　徐　静
徐　莹　桂逢忠　寇　满　温程捷
彭丽霞　潘森林

总　序

最高人民检察院二级大检察官
全国政协社会和法制委员会副主任　陈国庆

习近平总书记反复强调，“努力让人民群众在每一个司法案件中感受到公平正义”，要求“所有司法机关都要紧紧围绕这个目标来改进工作”。最高检党组提出，要让“高质效办好每一个案件”成为新时代新征程检察履职办案的基本价值追求，在实体上确保实现公平正义，在程序上让公平正义更好更快实现，在效果上让人民群众可感受、能感受、感受到公平正义，做到检察办案质量、效率、效果有机统一于公平正义。刑事检察是检察机关的基本业务，承担着追诉犯罪、诉讼监督等重要职能，在维护国家安全和社会秩序、保障人民群众安居乐业、维护社会公平正义等方面发挥着重要作用。刑事检察文书作为国家法律规范实践应用的书面载体，是检察机关办理刑事案件和履行法律监督职责的重要方式，更是折射我国司法制度和依法治国理念的法治产品、检察产品。

刑事检察文书既是刑事检察办案履职过程和结果的客观记录，也是向社会公众释法说理、传播法治理念的生动教材，更是学思践悟习近平法治思想、以“三个善于”做实高质效办好每一个案件的重要载体。“高质效办好每一个案件”必然要求高质量的检察文书。检察文书的制作应该依法有据、内容清晰、释法说理扎实，做到在事实阐释部分打牢案件事实基础、建构证据体系，在法律依据部分准确适用实体法和程序法条款，在格式上规范严谨精当，才能达到高质量的标准，才能真正体现检察官对“三个善于”的深刻领悟，体现检察机关为大局服务、为人民司法、为法治担当的履职要求。

为贯彻落实《中共中央关于加强新时代检察机关法律监督工作的意见》中关于“加强法律文书说理和以案释法”的要求，充分发挥法律文书的多元价值和特殊功用，整体提升刑事检察文书制作水平，我们组织最高人民检察院普通犯罪检察厅、重大犯罪检察厅、职务犯罪检察厅和经济犯罪检察厅及地方检察机关的有关同志，并邀请在法律文书写作方面有专门研究和丰富经验的专家学者、法官、律师共同编写了这套刑事检察法律文书系列丛书。

丛书的编写工作坚持以习近平新时代中国特色社会主义思想为指导，深入贯彻习近平法治思想，遵循理论与实践相统一、案件办理与文书制作相结合的思路，努力体现以下特点：一是权威规范。丛书依据最新刑事检察文书格式样本及最高检相关要求撰写，作者绝大多数都是刑事检察文书格式样本的制定者、具体案件的办理者和文书的起草人，选取的优秀文书范例皆为最高检指导性案例文书、具有典型意义的案件文书及在全国范围内评选出的优秀文书，确保内容权威准确、格式规范统一。二是内容全面。丛书全面覆盖刑事检察业务各领域全流程的所有文书。文书样本既包括法律文书，也包括工作文书；填充式文书按照办案流程进行梳理，重在规范准确、不重不漏；叙述式文书着墨于撰写技巧、要点及优秀范例评述，重在写作要义指导。三是实用管用。丛书各分册从不同角度详述如何撰写高质量刑事检察文书，写作重点放在点明制作要点、总结实用技巧、分享办案思路，在公开优秀文书原文的基础上剖析说理方法、说透思维逻辑。整套丛书旨在帮助检察人员掌握文书写作本领，提高文书制作能力，提升文书运用效果。

丛书共有四个分册。《刑事检察文书写作规范与指导》以刑事检察办案流程为纲，以文书制作基本规范为基础，围绕各流程所适用文书的写作要求和方法展开，辅以优秀文书范例，系统、全面介绍刑事检察文书的通用内容，可作为刑事检察文书基础性教材、刑事检察文书格式大全和刑事检察文书写作一本通。《刑事检察重点文书撰写技巧及范例》选取办案中常用、具有释法说理性的十六类叙述式文书，采用专题式写作，透彻分析此类文书的撰写重点难点、注意事项、如何释法说理及办案重点问题等，是资深检察官们有关如何撰写重点文书的经验总结，突出问题导向，具有针对性、实务性、指导性，可作为快速提升刑事检察文书写作能力和水平的教科书。《刑事名案优秀检察法律文书评述》聚焦近年来广受关注的刑事名案要案，选取其中优秀说理性检察文书，邀请知名学者、法官、检察官、律师等从不同角度进行评述。读者在重温这些跌宕起伏的影响性案件的同时，可以感受到法律文书的独特魅力，是集可读性、思想性、应用性于一体的创新之作。《优秀刑事检察法律文书点评》精选自最高人民检察院组织的第一届全国检察机关优秀刑事检察文书评选获奖文书，由承办检察官剖析文书撰写思路，并请司法界、法学界人士进行点评。本书充分展示了刑事检察文书制作的较高水准，从中看到其何以成为优秀以及还存在哪些不足，可以作为刑事检察文书写作的范式。

希望本丛书能够对大家写作检察法律文书、工作文书，加强相关研究工作有所裨益，敬请批评指正。

是以为序。

编写说明

近年来，随着司法改革的深入推进和法治建设的不断完善，对刑事检察文书的规范性、准确性和严谨性要求日益提高。2020 年，最高人民检察院先后发布了《人民检察院刑事诉讼法律文书格式样本（2020 版）》《人民检察院工作文书格式样本（2020 年版）》，标志着检察文书规范化、体系化、科学化建设迈上新台阶，有效促进了检察机关刑事诉讼文书制作总体水平的显著提升。然而，在实际工作中，也存在部分检察人员在文书制作方面格式不规范、内容不严谨、表述不准确等问题，一定程度上影响了刑事检察工作的质效，与新时代"高质效办好每一个案件"的要求仍然存在一些差距。

为进一步规范刑事检察文书制作，提高工作水平，更好满足一线办案人员的实际需求，本书以全国检察业务应用系统 2.0 刑事检察业务的案件类型为纲目，系统梳理了 35 种刑事检察案件类型及环节项下适配的 196 种法律文书和 119 种工作文书，在《人民检察院刑事诉讼法律文书格式样本（2020 版）》《人民检察院工作文书格式样本（2020 年版）》所明确制作规范的基础上，有机整合，系统阐述各适配文书的写作规范、制作要点和注意事项，努力打造服务一线履职办案的实用"工具书"。

希望通过对本书的学习和运用，检察人员的文书写作水平和刑事检察工作质效能够得到进一步提升。同时，也期待在未来的工作中，通过不断吸收新的司法理念和实践经验，对本书进行修订完善。

本书如有不足之处，欢迎读者批评指正。

本书编写组

2024 年 9 月

总 目 录

上册目录

第一章

导　论

第一节　刑事检察文书的基本概念

检察文书是检察机关依法行使检察职权中使用的法律类公文，是国家司法文书和诉讼文书的重要组成部分。刑事检察是检察机关为了维护国家法制的统一正确实施，依法代表国家指控犯罪和开展刑事诉讼监督职能的总称。[①] 刑事检察是检察机关最传统、最基本的业务，也是检察机关的看家本领。伴随着国家监察体制改革、以审判为中心诉讼制度改革、认罪认罚从宽制度改革、捕诉一体办案机制改革、检察机关内设机构改革等系统性、整体性、重塑性改革叠加推进，检察机关形成了刑事检察、民事检察、行政检察、公益诉讼检察“四大检察”工作格局，检察文书也可相应分为上述四大门类。

刑事检察文书，是指人民检察院在刑事诉讼过程中，为依法履行刑事检察职能而制作、使用的法律文书。

人民检察院行使刑事检察职能，如审查批捕、提起公诉、抗诉以及对各类诉讼案件实行法律监督，均需要制作相应的法律文书。刑事检察文书的制作主体为人民检察院，其他单位、个人均不得制作。刑事检察文书属于国家公文，具有法律效力，由国家强制力保障其普遍约束力。[②]

刑事检察文书是检察机关参与刑事诉讼活动、依法履行刑事检察职能的书面表现形式和真实记录，准确规范制作和使用刑事检察文书对于高质效办好每一个案件，努力让人民群众在每一个司法案件中感受到公平正义，依法保护人民、打击敌人、惩治犯罪、维护法律秩序具有重要意义。

---

① 苗生明等：《刑事检察专论》，法律出版社2020年版，第4页。

② 马宏俊主编：《法律文书学》，法律出版社2022年版，第91—92页。

第二节　刑事检察文书的作用

刑事检察文书是实现刑事检察职能的重要工具，是刑事检察活动的忠实记录，是反映办案质量的书面材料，也是“以案说法”进行法治宣传教育、向社会传递正向价值引导的生动教材。就刑事诉讼而言，刑事检察文书是保障诉讼顺利进行的有关诉讼行为、诉讼环节发生法律效力的凭证，是整个诉讼文书的重要组成部分；同时也是检察机关办理案件的客观记录，是检查办案质量、复查案件的重要依据。[①] 具体来说，刑事检察文书有以下几方面作用：

1. 保证刑事诉讼活动依法进行。人民检察院开展刑事诉讼活动，必须依法进行，而且为了确保检察活动的有效性，必须通过国家公文的形式确保得到有效执行，刑事检察文书是检察机关依法开展刑事诉讼活动的书面法律凭据。

2. 检察工作的重要客观记载。刑事检察文书是检察机关开展刑事诉讼活动的客观记载，忠实记录了人民检察院办理刑事案件的全过程，是人民检察院工作的真实记录，是检察机关重要的档案材料。

3. 检验办案质量和复查案件的原始依据。司法改革要求施行检察官办案责任终身负责制，在进行案件质量考评时，或者当事人不服司法处理决定提出申诉并进行复查时，原诉讼过程中的检察文书就是重要的依据材料，因为只有通过原案材料才能查清案件的来龙去脉，进而查清这个案件的事实真相。同时，检察文书也是办案质量的反映和考核检察官业务水平和业绩的重要标尺。

4. 开展法治宣传教育的生动教材。法律文书承载着法治的文明进步，司法具有引领社会价值观的重要使命，事实清楚、证据确实充分、法律

① 魏厚玲、白晓丽主编：《法律文书应用写作教程》，中国检察出版社 2020 年版，第 3 页。

文书说理透彻的案件对社会的影响力是潜移默化的，应注重通过检察文书努力让人民群众在每一个案件中感受到公平正义。①

第三节　刑事检察文书的分类

一、按文书性质分类

按照文书的性质划分，人民检察院刑事检察文书可以分为刑事检察法律文书和刑事检察工作文书。这种性质划分的主要依据是文书的适用程序和范围，即根据文书公开对外与内部使用的不同，将刑事检察文书分为法律文书和工作文书两大类。

1. 刑事检察法律文书。刑事检察法律文书也即检察刑事诉讼法律文书，是指在检察机关在刑事诉讼活动中，以人民检察院名义对外行文，依据《刑事诉讼法》相关条文依法制作，发生一定效力的诉讼文书。刑事检察法律文书具有很强的执行性和严格的法定性，是可以让律师和其他辩护人以及诉讼代理人等依法查阅的检察文书。按照《人民检察院刑事诉讼法律文书格式样本（2020版）》所确定的刑事诉讼法律文书格式，按照刑事诉讼程序和检察机关刑事检察业务流程，刑事检察文书包括立案管辖文书、回避文书、辩护与代理文书、证据文书、侦查文书、公诉文书、执行监督文书、特别程序文书、申诉文书、通用或者其他文书等。具体如，立案决定书、回避决定书、提供法律援助通知书、纠正非法取证意见书、取保候审决定书、批准逮捕决定书、起诉书等。

2. 刑事检察工作文书。刑事检察工作文书是检察机关内部行文的涉及刑事检察业务的公务文书，是人民检察院在刑事诉讼过程中，依照刑事诉讼程序，按照检察机关内部制度、规定，进行内部请求、报告、研究讨论、审查、批准、登记等工作中形成的事务性公文。刑事检察工作

---

① 马宏俊主编：《法律文书学》，法律出版社2022年版，第14页。

文书从性质上看属于检察机关的内部公文，需要从规范、高效的角度加以统一适用。按照《人民检察院工作文书格式样本（2020年版）》刑事检察工作文书包括侦查工作文书、审查逮捕和审查起诉工作文书、审判相关工作文书、其他工作文书等。具体如侦查终结报告、案件审查报告、对法院刑事判决裁定审查表、羁押必要性审查报告等。

二、按诉讼阶段分类

按照诉讼阶段不同，刑事检察文书可以分为：立案文书、侦查文书、审查逮捕和其他强制措施文书、审查起诉和出庭文书、抗诉文书、控告申诉检察和刑事赔偿文书、辩护与代理文书及其他文书。

1. 立案文书。立案是司法机关对于控告、检举或者自首等相关材料，按管辖范围进行审查的诉讼活动。人民检察院直接受理侦查案件的线索，由负责侦查的部门统一受理、登记和管理。人民检察院对于直接受理的案件，经审查认为有犯罪事实需要追究刑事责任的，应当制作立案报告书，经检察长批准后予以立案。刑事检察立案包括立案审查和立案决定，具体如立案决定书、补充立案决定书、不立案通知书、移送案件通知书、答复举报人通知书、指定管辖决定书、交办案件决定书等。

2. 侦查文书。侦查是指侦查机关在刑事诉讼过程中为查明案情，收集犯罪证据材料，证实和抓获犯罪嫌疑人，追究犯罪嫌疑人刑事责任，依法采取相关专门的调查手段和强制性措施。侦查是一种具有特定活动内容和目的要求的诉讼活动，对随后进行的起诉、审判都具有重大的意义和影响，成为刑事诉讼过程的重要内容和基础环节。① 人民检察院办理直接受理侦查的案件，应当全面、客观地收集、调取犯罪嫌疑人有罪或者无罪、罪轻或者罪重的证据材料，并依法进行审查、核实。人民检察院对于直接受理案件的侦查，可以适用《刑事诉讼法》第二编第二章规定的各项侦查措施。体现在具体文书上，刑事检察侦查文书有传唤证、提讯、提解证、犯罪嫌疑人诉讼权利义务告知书、证人诉讼权利义务告知书、询问通知书、调取证据通知书、勘查证、勘验检查笔录、搜查证、

① 左卫民：《中国司法制度》，中国政法大学出版社2012年版，第115页。

扣押决定书、解除扣押决定书等。

3. 审查逮捕和其他强制措施文书。审查逮捕，包括审查批准逮捕和审查决定逮捕。审查批准逮捕是指人民检察院对公安机关、国家安全机关、军队保卫部门和监狱提请批准逮捕的案件进行审查后，作出是否逮捕犯罪嫌疑人的决定的一种诉讼活动。审查决定逮捕是指检察机关对直接立案侦查的刑事案件的犯罪嫌疑人，审查决定是否逮捕的一种诉讼活动。决定逮捕的标准、条件与审查批准逮捕的标准和条件相同。[①] 人民检察院办理审查逮捕案件，应当全面把握逮捕条件，对有证据证明有犯罪事实、可能判处徒刑以上刑罚的犯罪嫌疑人，除具有《中华人民共和国刑事诉讼法》第八十一条第三款、第四款规定的情形外，应当严格审查是否具备社会危险性条件。审查逮捕文书包括批准逮捕决定书、逮捕决定书、撤销强制措施决定书、通知书、不批准逮捕决定书、撤销不批准逮捕决定书、不予逮捕决定书、撤销不予逮捕决定书、撤销不批准逮捕决定通知书等。根据《人民检察院刑事诉讼规则》第六章强制措施的规定，人民检察院在刑事诉讼活动中适用的强制措施包括拘传、取保候审、监视居住、拘留、逮捕，涉及适用强制措施的文书包括拘传证、取保候审决定书、被取保候审人义务告知书、保证书、解除取保候审决定书、监视居住决定书、报请指定居所监视居住意见书、不予批准指定居所监视居住决定书、指定居所监视居住通知书、被监视居住人义务告知书、解除监视居住决定书、拘留决定书、拘留通知书、拘留人大代表报告书等。

4. 审查起诉和出庭文书。审查起诉是指人民检察院对侦查机关移送起诉的案件，审查决定是否起诉的活动，是刑事诉讼法规定的必经程序。在审查起诉中，人民检察院对侦查阶段查明的犯罪事实和收集的证据进行全面复查，既是对侦查工作的检查和验收，又是侦查工作的深入和发展，其目的是进一步保证案件的质量。审查起诉和出庭公诉是人民检察院的核心和标志性职能，相关文书包括补充侦查决定书、提供法庭审判所需证据材料通知书、补充移送起诉通知书、起诉书、适用简易程序建

---

① 左卫民：《中国司法制度》，中国政法大学出版社 2012 年版，第 104 页。

议书、申请证人（鉴定人、有专门知识的人）出庭名单、派员出席法庭通知书、公诉意见书、量刑建议书、延期审理建议书、追加起诉决定书、变更起诉决定书、撤回起诉决定书、不起诉决定书、撤销不起诉决定书等。

5. 抗诉文书。抗诉是人民检察院对人民法院的审判实行法律监督的重要形式。抗诉分为依上诉程序和依审判监督程序两种提出方式。对提出抗诉的案件或者公诉案件中人民法院决定开庭审理的上诉案件，同级人民检察院应当指派检察官出席第二审法庭。最高人民检察院对各级人民法院或上级人民检察院对下级人民法院的已经发生法律效力的判决和裁定发现确有错误时可依审判监督程序提出抗诉，人民法院应依法再审。再审时，人民检察院应派员出庭。抗诉文书主要有提请抗诉报告书、抗诉请求答复书、支持刑事抗诉意见书、刑事抗诉书、抗诉（上诉）案件出庭检察员意见书、撤回抗诉决定书等。

6. 控告申诉检察和刑事赔偿文书。控告申诉检察是对控告、刑事申诉、立案监督、国家赔偿、司法救助等职能为一体的综合业务检察条线。涉及刑事检察主要是对国家赔偿、司法救助和直接办理的控告、刑事申诉案件进行答复等。相关文书主要有刑事申诉复查通知书、刑事申诉复查决定书、刑事申诉审查结果通知书、审查提请抗诉通知书、指令抗诉决定书等。

7. 辩护与代理文书。辩护权是法律赋予犯罪嫌疑人、被告人根据事实和法律，针对指控、起诉进行申述、辩解和反驳，提出证明自己无罪或者罪轻的材料和意见，维护自己合法权益的诉讼权利。犯罪嫌疑人、被告人在刑事诉讼的各个阶段，依法享有辩护权。人民检察院在办案过程中，依法充分保障犯罪嫌疑人行使辩护权利。涉及辩护与代理的文书主要有权利告知、会见、调查取证等，具体包括侦查阶段委托辩护人/申请法律援助告知书、审查起诉阶段委托辩护人/申请法律援助告知书、提供法律援助通知书、辩护律师会见犯罪嫌疑人应当经过许可通知书、辩护律师可以不经许可会见犯罪嫌疑人通知书、许可（不许可）会见犯罪嫌疑人决定书、批准（不批准）律师以外的辩护人与犯罪嫌疑人会见和通信/查阅案卷材料决定书、批准（不批准）诉讼代理人查阅、摘抄、复制案卷材料决定书、调取证据决定书、不予收集、调取证据决定书、许可（不许可）辩护律师收集案件材料决定书、辩护人/诉讼代理人申诉/控告答复书等。

三、按文书用途分类

我国检察机关既是法律监督机关，也是司法办案机关。监督与办案内在地统一于检察职能，二者的关系犹如内容与形式、本质与现象。刑事检察业务是检察监督与办案相统一的集中体现，检察机关对于刑事诉讼的全过程监督正是通过对刑事诉讼活动的全过程参与实现，并且在刑事公诉案件的诉讼进程中承担审前主导的责任，这一过程通俗说就是办案，“在办案中监督、在监督中办案”，就是以办案为实行法律监督的基本途径和手段。检察机关的刑事检察活动从外在表现上可以分为办案活动和监督活动，体现在刑事检察法律文书的形式上则可分为办案用文书和监督用文书。

1. 办案用文书。检察机关在依法办理刑事案件过程中所使用的法律文书和工作文书。办理刑事案件是检察机关的主责主业，根据《刑事诉讼法》和《人民检察院刑事诉讼规则》，人民检察院办理刑事案件包括立案侦查直接受理的案件，审查逮捕、审查起诉和提起公诉案件，涉及具体文书，如立案侦查直接受理案件的立案决定书，审查逮捕案件的批准逮捕决定书、不批准逮捕决定书，审查起诉案件的起诉书、不起诉决定书，提起公诉案件的出庭意见书等。

2. 监督用文书。检察机关在对刑事诉讼依法实行法律监督过程中所使用的法律文书和工作文书。法律监督是宪法赋予检察机关的职责，具体到刑事诉讼中，就是对刑事诉讼实行法律监督，保障刑事法律的统一正确实施，维护程序正义，尊重和保障人权，保护公民的人身权利、财产权利、民主权利和其他权利。根据《刑事诉讼法》和《人民检察院刑事诉讼规则》，人民检察院对刑事诉讼实行法律监督包括立案监督、侦查活动监督、刑事审判监督、刑事执行监督等。具体体现在文书上，如属于立案监督范畴的要求说明立案理由通知书、要求说明不立案理由通知书、通知立案书、通知撤销案件书，属于侦查活动监督范畴的纠正非法取证意见书、纠正违法通知书，属于审判监督范畴的刑事抗诉书、纠正审理违法意见书，属于刑事执行监督范畴的暂予监外执行提请检察意见书等。

四、按文书表现形式分类

刑事检察文书作为应用文书，是一种实用性极强的具有公务实用价值和一定惯用文章体式的文字信息载体，在服务于具体刑事检察目的和用途时表现为不同的形式。文书表现形式是具体内容的外在体现，由于应用文书反映的内容、表现的对象和写作目的的不同而在适用的表达方式上也各有不同。概括来说，刑事检察文书的具体表现形式包括以下几大类：

1. 行文类。行文类文书一般具有明确的行文对象和直接的行文事由，格式相对固定，通常由首部、正文、结尾三部分组成，在表达方式上以叙事为主，但是以概括叙述为主，一般不使用具体叙述。如起诉书、公诉意见书、量刑建议书、不起诉决定书、抗诉书、支持刑事抗诉意见书等。

2. 报告类。报告是一种常见的公文形式，适用于向上级机关汇报工作、反映情况、提出意见或者建议，答复上级机关的询问等。刑事检察工作中也存在大量报告形式的文书。此类文书主要用于下级检察机关向上级检察机关行文，以及机关或部门内报请审批等流程。如案件审查报告、拘留人大代表报告书、提请抗诉报告书等。

3. 笔录类。笔录是刑事诉讼活动中常见的一种文书记载形式，一般体现为将证人、犯罪嫌疑人、被告人等的详细身份和话语予以现场如实记录的文字。以庭审记录为例，庭审记录是一种法定的诉讼文字，是对法庭审理过程的如实记录，《人民检察院刑事诉讼规则》第三百九十八条："公诉人在法庭上应当依法进行下列活动：……（七）对法庭审理案件有无违反法律规定诉讼程序的情况记明笔录……"在刑事检察活动中，笔录被广泛应用于需要进行文字实录的场合，即通过客观、全面、准确地同步文字记录，如实反映刑事检察活动开展情况，活动参加人有权核对记录情况，并签名确认。如讨论案件记录、讯问笔录、询问笔录、调查笔录、勘验检查笔录、听证笔录等。当然，随着信息技术的进步，记录形式已不再是单一的笔录文书，有“同步录音录像”的同步保障证明笔录的可信性。目前还出现了“笔录五同步综合录制系统”，即将笔录打字、录音、录像、时间、现场示证五个过程同步录制在一个界面上。

4. 证件类。所谓证件，即证明性文件，体现在刑事检察文书中，用于宣示证明相关刑事检察活动的主体及行为具有合法依据。此类文书一般较为简短，属于辅助性证明文件，不能反映诉讼行为的全貌。如提讯、提解证、传唤证、送达回证等。

5. 其他。除了以上几类文书形式外，刑事检察活动中还有部分以函件、表格等形式存在的文书，这些文书形式是适应刑事检察活动的实际需要而形成的，并将随着刑事检察实践不断丰富和发展。如移送案件线索函、回访监督卡、廉洁自律卡、执法办案风险处置表、执法办案风险评估预警表等。此外，文书表现形式本身也并非一成不变，而是不断变化发展的，比如对于适用认罪认罚从宽制度案件，从简化内部审批流程、提高办案效率的角度，将案件审查报告简化为案件审查表或表格式审查报告等。

五、按文书制作方法及体式分类

具体在形成刑事检察文书过程中会涉及不同的制作方法，并由此形成相应不同的体式。不同文书体式往往与制作文书的目的、用途等直接相关，比较常见的如填充式和论证式（或叙述式）文书。

1. 填充式文书。是指按照统一格式印制，使用时根据事项要求填写相关内容的空白格式刑事检察文书。以填空方式完成文书制作的填充式文书一般用于较为简单、明确的刑事检察活动中，且应用较为广泛，如批准逮捕决定书、逮捕通知书等。填充式文书一般为多联式文书，主要用于统一保存、归档、送达、回执等目的。

2. 论证式文书。该种文书类型多是在对案件或事项进行全面审查、认定的基础上，结合有关法律规定对于相对复杂的问题作出处理决定时制作，根据文书的不同特点各有不同具体要求，一般都具有一定的叙事性和说理性格式、内容及相关要求。2017 年，最高人民检察院印发《关于加强检察法律文书说理工作的意见》，明确检察法律文书说理是人民检察院在制作检察法律文书时，或者应有关人员请求，对文书所载的处理决定依据的事实、证据、法律、政策等进行分析阐述、解释说明的活动。对检察法律文书说理的方式、基本要求等作出了具体规定，要求人民检察院作出有关决定时，需要向有关机关或者人员书面说理的，可以在叙述式法律文书中进行说理。具体而言，说理的基本要求包括：

（1）阐明事实。要准确说明人民检察院认定的案件事实及证据，对证据的客观性、合法性和关联性进行必要分析，说明采信和不采信的理由。

（2）释明法理。要结合法律文书的具体内容和结论，对人民检察院所作决定依据的法律、司法解释条文的具体内容予以列明，解释法律适用的理由和依据。

（3）讲明情理。说理要注重法理情的有机结合，释之以法，晓之以理，动之以情，增强司法办案的人文关怀和社会效果。

（4）繁简适当。对于重大、疑难、复杂案件或者社会关注的案件，以及当事人或者相关机关可能产生异议的案件，应当做好充分的说理准备，必要时，可以召开检察官联席会议进行讨论。说理时要针对焦点问题，充分阐释决定的理由和依据。对于可以适用简易程序、速裁程序处理的案件和当事人达成和解的轻微刑事案件等事实清楚、争议不大的案件，可以简化说理的方式、内容。

（5）语言规范，表达准确，逻辑清晰，通俗易懂。

第二章

逮捕与羁押检察文书

第一节　审查逮捕案件适用文书

审查逮捕案件适用文书，是人民检察院对于侦查机关提请批准逮捕的案件进行审查，依法作出是否逮捕犯罪嫌疑人决定的诉讼活动中所使用的相关文书。

2.1.1　法律文书：批准逮捕决定书

（一）基本概念

批准逮捕决定书，是人民检察院对提请批准逮捕犯罪嫌疑人的案件进行审查后，认为犯罪嫌疑人符合法定的逮捕条件，依法批准逮捕犯罪嫌疑人时制作的法律文书。批准逮捕决定书是人民检察院批准逮捕犯罪嫌疑人的凭证，也是公安机关执行逮捕的依据。

（二）相关依据

1. 法律依据

（1）《中华人民共和国宪法》第三十七条："……任何公民，非经人民检察院批准或者决定或者人民法院决定，并由公安机关执行，不受逮捕……"

（2）《中华人民共和国人民检察院组织法》第二十条："人民检察院行使下列职权：……（二）对刑事案件进行审查，批准或者决定是否逮捕犯罪嫌疑人。"

（3）《中华人民共和国刑事诉讼法》第三条："……检察、批准逮捕、检察机关直接受理的案件的侦查、提起公诉，由人民检察院负责……"

第八十条："逮捕犯罪嫌疑人、被告人，必须经过人民检察院批准或者人民法院决定，由公安机关执行。"

第八十一条："对有证据证明有犯罪事实，可能判处徒刑以上刑罚的犯罪嫌疑人、被告人，采取取保候审尚不足以防止发生下列社会危险性的，应当予以逮捕：

（一）可能实施新的犯罪的；

（二）有危害国家安全、公共安全或社会秩序的现实危险的；

（三）可能毁灭、伪造证据，干扰证人作证或串供的；

（四）可能对被害人、举报人、控告人实施打击报复的；

（五）企图自杀或逃跑的。

批准或决定逮捕，应当将犯罪嫌疑人、被告人涉嫌犯罪的性质、情节，认罪认罚等情况，作为是否可能发生社会危险性的考虑因素。

对有证据证明有犯罪事实，可能判处十年有期徒刑以上刑罚的，或者有证据证明有犯罪事实，可能判处徒刑以上刑罚，曾经故意犯罪或者身份不明的，应当予以逮捕。

被取保候审、监视居住的犯罪嫌疑人、被告人违反取保候审、监视居住规定，情节严重的，可以予以逮捕。"

第九十条："人民检察院对于公安机关提请批准逮捕的案件进行审查后，应当根据情况分别作出批准逮捕或者不批准逮捕的决定。对于批准逮捕的决定，公安机关应当立即执行，并且将执行的情况及时通知人民检察院。对于不批准逮捕的，人民检察院应当说明理由，需要补充侦查的，应当同时通知公安机关。"

2. 司法解释规定

《人民检察院刑事诉讼规则》第一百二十八条："人民检察院对有证据证明有犯罪事实，可能判处徒刑以上刑罚的犯罪嫌疑人，采取取保候审尚不足以防止发生下列社会危险性的，应当批准或决定逮捕：

（一）可能实施新的犯罪的；

（二）有危害国家安全、公共安全或者社会秩序的现实危险的；

（三）可能毁灭、伪造证据，干扰证人作证或串供的；

（四）可能对被害人、举报人、控告人实施打击报复的；

（五）企图自杀或逃跑的。

有证据证明有犯罪事实是指同时具备下列情形：

（一）有证据证明发生了犯罪事实；

（二）有证据证明该犯罪事实是犯罪嫌疑人实施的；

（三）证明犯罪嫌疑人实施犯罪行为的证据已经查证属实。

犯罪事实既可以是单一犯罪行为的事实，也可以是数个犯罪行为中任何一个犯罪行为的事实。”

第一百二十九条：“犯罪嫌疑人具有下列情形之一的，可以认定为‘可能实施新的犯罪’：

（一）案发前或者案发后正在策划、组织或者预备实施新的犯罪的；

（二）扬言实施新的犯罪的；

（三）多次作案、连续作案、流窜作案的；

（四）一年内曾因故意实施同类违法行为受到行政处罚的；

（五）以犯罪所得为主要生活来源的；

（六）有吸毒、赌博等恶习的；

（七）其他可能实施新的犯罪的情形。”

第一百三十条：“犯罪嫌疑人具有下列情形之一的，可以认定为‘有危害国家安全、公共安全或者社会秩序的现实危险’：

（一）案发前或者案发后正在积极策划、组织或者预备实施危害国家安全、公共安全或者社会秩序的重大违法犯罪行为的；

（二）曾因危害国家安全、公共安全或者社会秩序受到刑事处罚或者行政处罚的；

（三）在危害国家安全、黑恶势力、恐怖活动、毒品犯罪中起组织、策划、指挥作用或者积极参加的；

（四）其他有危害国家安全、公共安全或者社会秩序的现实危险的情形。”

第一百三十一条：“犯罪嫌疑人具有下列情形之一的，可以认定为‘可能毁灭、伪造证据，干扰证人作证或者串供’：

（一）曾经或者企图毁灭、伪造、隐匿、转移证据的；

（二）曾经或者企图威逼、恐吓、利诱、收买证人，干扰证人作证的；

（三）有同案犯罪嫌疑人或者与其在事实上存在密切关联犯罪的犯罪

嫌疑人在逃，重要证据尚未收集到位的；

（四）其他可能毁灭、伪造证据，干扰证人作证或者串供的情形。”

第一百三十二条：“犯罪嫌疑人具有下列情形之一的，可以认定为‘可能对被害人、举报人、控告人实施打击报复’：

（一）扬言或者准备、策划对被害人、举报人、控告人实施打击报复的；

（二）曾经对被害人、举报人、控告人实施打击、要挟、迫害等行为的；

（三）采取其他方式滋扰被害人、举报人、控告人的正常生活、工作的；

（四）其他可能对被害人、举报人、控告人实施打击报复的情形。”

第一百三十三条：“犯罪嫌疑人具有下列情形之一的，可以认定为‘企图自杀或者逃跑’：

（一）着手准备自杀、自残或者逃跑的；

（二）曾经自杀、自残或者逃跑的；

（三）有自杀、自残或者逃跑的意思表示的；

（四）曾经以暴力、威胁手段抗拒抓捕的；

（五）其他企图自杀或者逃跑的情形。”

（三）文书结构

本文书为四联填充式文书。第一联统一保存，第二联附卷，第三联送达侦查机关执行，第四联为执行回执，由侦查机关退回后附卷。

第一联为存根，按要求填写相关基本信息备查。第四联为回执联，由负责执行的公安机关填写。第二、三联基本结构为：

1. 首部

首部包括人民检察院的名称、文书名称和文书编号。制作文书的人民检察院需注明所在省（自治区、直辖市），不能只写地区级市、县、区院名。文书名称，即“批准逮捕决定书”。文号生成格式为：“××检××批捕〔20××〕×号”。

2. 正文

本文书为格式文书，主要内容包括：

(1) 抬头，写明发往单位，即提请批准逮捕犯罪嫌疑人的单位，行文顶格书写。

(2) 主文采取填充式，模板为“你______于______年____月____日以________号提请批准逮捕书提请批准逮捕犯罪嫌疑人________，经本院审查认为，该犯罪嫌疑人涉嫌________犯罪，符合《中华人民共和国刑事诉讼法》第八十一条规定的逮捕条件，决定批准逮捕犯罪嫌疑人________”，按要求填充写明提请批准逮捕机关的简称，提请批准逮捕书的日期、文号，犯罪嫌疑人姓名、涉嫌罪名。写明检察机关审查后认定的罪名及检察机关作出逮捕决定的法律依据。法律依据要写清楚具体依据的法律法规的具体条款。

(3) 最后注明：请依法立即执行，并将执行情况在三日以内通知本院。

3. 尾部

落款为发出日期，日期上加盖公章。

(四) 文书模板及制作说明

1. 文书模板

×××人民检察院

批准逮捕决定书

（存　根）

××检××批捕〔20××〕×号

案由______

犯罪嫌疑人基本情况（姓名、性别、出生日期、公民身份号码、工作单位、住址、是否人大代表、政协委员）______

______

______

送达机关______

批准人______

承办人______

填发人______

填发时间______

第一联　统一保存

×××人民检察院

批准逮捕决定书

（副　本）

××检××批捕〔20××〕×号

______：

你______于______年______月______日以______号提请批准逮捕书提请批准逮捕犯罪嫌疑人______，经本院审查认为，该犯罪嫌疑人涉嫌______犯罪，符合《中华人民共和国刑事诉讼法》第八十一条规定的逮捕条件，决定批准逮捕犯罪嫌疑人______。请依法立即执行，并将执行情况在三日以内通知本院。

20××年××月××日

（院印）

第二联　附卷

×××人民检察院

批准逮捕决定书

××检××批捕〔20××〕×号

________：

你______于______年______月______日以______号提请批准逮捕书提请批准逮捕犯罪嫌疑人__________，经本院审查认为，该犯罪嫌疑人涉嫌____________犯罪，符合《中华人民共和国刑事诉讼法》第八十一条规定的逮捕条件，决定批准逮捕犯罪嫌疑人________。请依法立即执行，并将执行情况在三日以内通知本院。

20××年××月××日

（院印）

第三联　送达侦查机关

×××人民检察院

批准逮捕决定书

（回　执）

________人民检察院：

根据《中华人民共和国刑事诉讼法》第九十条的规定，现将你院______年____月____日______号批准逮捕决定书的执行情况通知如下：犯罪嫌疑人______已于______年____月____日由________执行逮捕（或者因__________未执行逮捕）。

特此通知

20××年××月××日

（公章）

第四联　侦查机关退回后附卷

2. 制作说明

（1）本文书依据《中华人民共和国刑事诉讼法》第八十一条、第九十条的规定制作。为人民检察院在公安机关提请批准逮捕犯罪嫌疑人时，认为犯罪嫌疑人的行为符合逮捕条件，决定批准逮捕犯罪嫌疑人时使用。

（2）本文书的文号“××检××批捕〔20××〕×号”由作出批准逮捕决定书的人民检察院按顺序编号，由统一业务应用系统自动生成。

（3）本文书共四联，第一联统一保存，第二联附卷，第三联送达侦查机关执行，第四联为执行回执，由侦查机关退回后附卷，划线处填写犯罪嫌疑人何时已被执行逮捕或者因何原因未执行逮捕。

2.1.2 法律文书：逮捕决定书（适用追捕案件）

（一）基本概念

逮捕决定书（适用追捕案件），是人民检察院在办理审查逮捕案件时，发现应当逮捕犯罪嫌疑人而侦查机关未提请逮捕，要求其提请逮捕，仍不提请逮捕，或者在审查起诉阶段认为需要逮捕犯罪嫌疑人的案件，人民检察院直接作出逮捕决定时所使用的法律文书。

（二）相关依据

1. 法律依据

《中华人民共和国刑事诉讼法》第八十一条：“对有证据证明有犯罪事实，可能判处徒刑以上刑罚的犯罪嫌疑人、被告人，采取取保候审尚不足以防止发生下列社会危险性的，应当予以逮捕：

（一）可能实施新的犯罪的；

（二）有危害国家安全、公共安全或者社会秩序的现实危险的；

（三）可能毁灭、伪造证据，干扰证人作证或串供的；

（四）可能对被害人、举报人、控告人实施打击报复的；

（五）企图自杀或逃跑的。

批准或者决定逮捕，应当将犯罪嫌疑人、被告人涉嫌犯罪的性质、情节，认罪认罚等情况，作为是否可能发生社会危险性的考虑因素。

对有证据证明有犯罪事实，可能判处十年有期徒刑以上刑罚的，或者有证据证明有犯罪事实，可能判处徒刑以上刑罚，曾经故意犯罪或者身份不明的，应当予以逮捕。

被取保候审、监视居住的犯罪嫌疑人、被告人违反取保候审、监视居住规定，情节严重的，可以予以逮捕。”

第九十条：“人民检察院对于公安机关提请批准逮捕的案件进行审查后，应当根据情况分别作出批准逮捕或者不批准逮捕的决定。对于批准逮捕的决定，公安机关应当立即执行，并且将执行情况及时通知人民检察院。对于不批准逮捕的，人民检察院应当说明理由，需要补充侦查的，应当同时通知公安机关。”

2. 司法解释规定

《人民检察院刑事诉讼规则》第二百八十八条：“人民检察院办理公安机关提请批准逮捕的案件，发现遗漏应当逮捕的犯罪嫌疑人的，应当经检察长批准，要求公安机关提请批准逮捕。公安机关不提请批准逮捕或者说明的不提请批准逮捕的理由不成立的，人民检察院可以直接作出逮捕决定，送达公安机关执行。”

第三百三十七条：“人民检察院在审查起诉阶段认为需要逮捕犯罪嫌疑人的，应当经检察长决定。”

（三）文书结构

本文书为四联填充式文书。第一联为存根，统一保存备查；第二联由负责捕诉的部门附卷；第三联送达侦查机关执行；第四联为执行回执，由执行机关退回后附卷。

第一联为存根，按要求填写相关基本信息备查。第四联为回执联，由负责执行的公安机关填写。第二、三联基本结构为：

1. 首部

首部制作单位人民检察院需注明所在省（自治区、直辖市）的名称，不能只写地区级市、县、区院名。文书名称，即“逮捕决定书”。文号生成格式为：“××检××追捕〔20××〕×号”。

2. 正文

本文书为格式文书，主要内容包括：

（1）抬头，写明发往单位，即负责逮捕犯罪嫌疑人的单位，行文顶格书写。

（2）主文部分模板为，“犯罪嫌疑人________涉嫌________________犯罪，根据《中华人民共和国刑事诉讼法》第八十一条和《人民检察院刑事诉讼规则》第__________条的规定，决定予以逮捕”，写明犯罪嫌疑人姓名、涉嫌犯罪罪名，检察机关决定予以逮捕的法律依据。写明依据的法律法规的具体条款。

（3）最后注明：请依法立即执行，并将执行情况在三日以内通知本院。

3. 尾部

落款为发出日期，日期上加盖公章。

（四）文书模板及制作说明

1. 文书模板

（追捕）

×××人民检察院

逮捕决定书

（存　根）

××检××追捕〔20××〕×号

案由________

犯罪嫌疑人基本情况（姓名、性别、出生日期、公民身份号码、工作单位、住址、是否为人大代表或政协委员）________

____

____

送达机关________

批准人________

承办人________

填发人________

填发时间________

第一联　统一保存

×××人民检察院

逮捕决定书

（副　本）

××检××追捕〔20××〕×号

________：

犯罪嫌疑人________涉嫌________犯罪，根据《中华人民共和国刑事诉讼法》第八十一条和《人民检察院刑事诉讼规则》第______条的规定，决定予以逮捕。请依法立即执行，并将执行情况在三日以内通知本院。

20××年××月××日

（院印）

第二联　负责捕诉的部门附卷

×××人民检察院

逮捕决定书

××检××追捕〔20××〕×号

________：

犯罪嫌疑人__________涉嫌______________犯罪，根据《中华人民共和国刑事诉讼法》第八十一条和《人民检察院刑事诉讼规则》第______条的规定，决定予以逮捕。请依法立即执行，并将执行情况在三日以内通知本院。

20××年××月××日

（院印）

附件：犯罪嫌疑人基本情况

第三联　送达侦查机关

×××人民检察院

逮捕决定书

（回　执）

________人民检察院：

根据《中华人民共和国刑事诉讼法》第九十条的规定，现将你院______年____月____日________号逮捕决定书的执行情况通知如下：犯罪嫌疑人__________已于______年____月____日由________执行逮捕（或者因________未执行逮捕）。

特此通知

20××年××月××日

（公章）

第四联　执行机关退回后附卷

2. 制作说明

（1）本文书依据《中华人民共和国刑事诉讼法》第八十一条、第九十条和《人民检察院刑事诉讼规则》第二百八十八条、第三百三十七条的规定制作。

（2）逮捕决定书名称与人民检察院直接立案侦查案件适用的“逮捕决定书”同名，为加以区别，本文书文号体现“追捕”字样。

（3）本文书共四联，第一联为存根，统一保存备查；第二联由负责捕诉的部门附卷；第三联送达侦查机关执行；第四联为执行回执，由执行机关退回后附卷。

2.1.3　法律文书：不批准逮捕决定书

（一）基本概念

不批准逮捕决定书，是人民检察院对不批准逮捕所作出的书面决定，是人民检察院在公安机关提请批准逮捕犯罪嫌疑人过程中，认为犯罪嫌疑人的行为不符合《中华人民共和国刑事诉讼法》第八十一条的规定，决定不批准逮捕犯罪嫌疑人时所使用的法律文书。

（二）相关依据

1. 法律依据

（1）《中华人民共和国人民检察院组织法》第二十条：“人民检察院行使下列职权：……（二）对刑事案件进行审查，批准或者决定是否逮捕犯罪嫌疑人……”

（2）《中华人民共和国刑事诉讼法》第九十条：“人民检察院对于公安机关提请批准逮捕的案件进行审查后，应当根据情况分别作出批准逮捕或者不批准逮捕的决定……对于不批准逮捕的，人民检察院应当说明理由，需要补充侦查的，应当同时通知公安机关。”

第九十一条：“公安机关对被拘留的人，认为需要逮捕的，应当在拘留后的三日以内，提请人民检察院审查批准。在特殊情况下，提请审查批准的时间可以延长一日至四日。

对于流窜作案、多次作案、结伙作案的重大嫌疑分子，提请审查批准的时间可以延长至三十日。

人民检察院应当自接到公安机关提请批准逮捕书后的七日以内，作出批准逮捕或者不批准逮捕的决定。人民检察院不批准逮捕的，公安机关应当在接到通知后立即释放，并且将执行情况及时通知人民检察院。对于需要继续侦查，并且符合取保候审、监视居住条件的，依法取保候审或者监视居住。”

2. 司法解释规定

《人民检察院刑事诉讼规则》第六章第五节对逮捕进行规定，其中第一百三十九条至第一百四十一条明确不批准逮捕的情形。

第一百三十九条：“对具有下列情形之一的犯罪嫌疑人，人民检察院应当作出不批准逮捕或者不予逮捕的决定：

（一）不符合本规则规定的逮捕条件的；

（二）具有刑事诉讼法第十六条规定的情形之一的。”

第一百四十条：“犯罪嫌疑人涉嫌的罪行较轻，且没有其他重大犯罪嫌疑，具有下列情形之一的，可以作出不批准逮捕或者不予逮捕的决定：

（一）属于预备犯、中止犯，或者防卫过当、避险过当的；

（二）主观恶性较小的初犯，共同犯罪中的从犯、胁从犯，犯罪后自首、有立功表现或者积极退赃、赔偿损失、确有悔罪表现的；

（三）过失犯罪的犯罪嫌疑人，犯罪后有悔罪表现，有效控制损失或者积极赔偿损失的；

（四）犯罪嫌疑人与被害人双方根据刑事诉讼法的有关规定达成和解协议，经审查，认为和解系自愿、合法且已经履行或者提供担保的；

（五）犯罪嫌疑人认罪认罚的；

（六）犯罪嫌疑人系已满十四周岁未满十八周岁的未成年人或者在校学生，本人有悔罪表现，其家庭、学校或者所在社区、居民委员会、村民委员会具备监护、帮教条件的；

（七）犯罪嫌疑人系已满七十五周岁的人。”

第一百四十一条：“对符合刑事诉讼法第七十四条第一款规定的犯罪嫌疑人，人民检察院经审查认为不需要逮捕的，可以在作出不批准逮捕决定的同时，向公安机关提出采取监视居住措施的建议。”

第二百八十七条：“对于没有犯罪事实或者犯罪嫌疑人具有刑事诉讼法第十六条规定情形之一，人民检察院作出不批准逮捕决定的，应当同时告知公安机关撤销案件。

对于有犯罪事实需要追究刑事责任，但不是被立案侦查的犯罪嫌疑人实施，或者共同犯罪案件中部分犯罪嫌疑人不负刑事责任，人民检察院作出不批准逮捕决定的，应当同时告知公安机关对有关犯罪嫌疑人终止侦查。

公安机关在收到不批准逮捕决定书后超过十五日未要求复议、提请复核，也不撤销案件或者终止侦查的，人民检察院应当发出纠正违法通知书。公安机关仍不纠正的，报上一级人民检察院协商同级公安机关处理。”

（三）文书结构

本文书为四联填充式文书。第一联存根，统一保存备查；第二联由负责捕诉的部门附卷；第三联送达侦查机关执行；第四联为执行回执，由侦查机关退回后附卷。

第一联为存根，按要求填写相关基本信息备查。第四联为回执联，由负责执行的公安机关填写。第二、三联基本结构为：

1. 首部

首部需注明所在省（自治区、直辖市）的人民检察院名称，不能只写地区级市、县、区院名。文书名称，即“不批准逮捕决定书”。文号生成格式为：“××检××不捕〔20××〕×号”。

2. 正文

本文书为格式文书，主要内容包括：

（1）抬头，写明发往单位，即提请批准逮捕犯罪嫌疑人的单位，行文顶格书写。

（2）主文部分模板为，“你局于______年______月______日以______号文书提请批准逮捕犯罪嫌疑人__________，经本院审查认为：______，根据《中华人民共和国刑事诉讼法》第九十条的规定，决定不批准逮捕犯罪嫌疑人______”，写明提请批准逮捕日期、文号、犯罪嫌疑人姓名，不批准逮捕犯罪嫌疑人的原因，如认为不构成犯罪、事实不清、证据不足、不可能判处徒刑以上刑罚、没有社会危险性或者认为符合适用监视居住的条件等。

（3）最后注明：请依法立即执行，并将执行情况在三日以内通知本院。

3. 尾部

落款为发出日期，日期上加盖公章。

（四）文书模板及制作说明

1. 文书模板

×××人民检察院

不批准逮捕决定书

（存　根）

××检××不捕〔20××〕×号

案由________

犯罪嫌疑人基本情况（姓名、性别、出生日期、公民身份号码、工作单位、住址、是否人大代表、政协委员）________

送达机关________

批准人________

承办人________

填发人________

填发时间________

第一联　统一保存

×××人民检察院

不批准逮捕决定书

（副　本）

××检××不捕〔20××〕×号

________（侦查机关）：

你局于____年____月____日以____号文书提请批准逮捕犯罪嫌疑人____，经本院审查认为：____，根据《中华人民共和国刑事诉讼法》第九十条的规定，决定不批准逮捕犯罪嫌疑人____。请依法立即执行，并在三日以内将执行情况通知本院。

20××年××月××日

（院印）

第二联　负责捕诉的部门附卷

×××人民检察院

不批准逮捕决定书

××检××不捕〔20××〕×号

________（侦查机关）：

你局于________年______月______日以______号文书提请批准逮捕犯罪嫌疑人________，经本院审查认为：________，根据《中华人民共和国刑事诉讼法》第九十条的规定，决定不批准逮捕犯罪嫌疑人________。请依法立即执行，并在三日以内将执行情况通知本院。

20××年××月××日

（院印）

第三联　送达侦查机关

×××人民检察院

不批准逮捕决定书

（回　执）

________人民检察院：

根据《中华人民共和国刑事诉讼法》第九十一条的规定，现将你院______________号不批准逮捕决定书的执行情况通知如下：

犯罪嫌疑人________已于______年____月____日由________释放（或者变更为________）。

特此通知

20××年××月××日

（公章）

第四联　侦查机关退回后附卷

2. 制作说明

（1）本文书依据《中华人民共和国刑事诉讼法》第九十条、第九十一条，《人民检察院刑事诉讼规则》第二百八十七条的规定制作。为人民检察院在公安机关提请批准逮捕犯罪嫌疑人时，认为犯罪嫌疑人的行为不符合《中华人民共和国刑事诉讼法》第八十一条的规定时，决定不批准逮捕犯罪嫌疑人时使用。

（2）第二联、第三联中应写明不批准逮捕犯罪嫌疑人的原因，如认为不构成犯罪、事实不清、证据不足、不可能判处徒刑以上刑罚、没有社会危险性或者认为符合适用监视居住的条件等。

（3）本文书共四联，第一联存根，统一保存备查；第二联附卷；第三联送达侦查机关执行；第四联为执行回执，由侦查机关退回后附卷，划线处应填写犯罪嫌疑人于何时被释放或者变更为何种强制措施。

2.1.4　法律文书：应当逮捕犯罪嫌疑人建议书

（一）基本概念

应当逮捕犯罪嫌疑人建议书，是人民检察院在办理审查逮捕案件过程中，发现应当逮捕而侦查机关（部门）未提请/移送审查逮捕的犯罪嫌疑人，检察机关建议侦查机关（部门）提请/移送逮捕时使用的法律文书。

（二）相关依据

《人民检察院刑事诉讼规则》第二百八十八条："人民检察院办理公安机关提请批准逮捕的案件，发现遗漏应当逮捕的犯罪嫌疑人的，应当经检察长批准，要求公安机关提请批准逮捕。公安机关不提请批准逮捕或者说明的不提请批准逮捕的理由不成立的，人民检察院可以直接作出逮捕决定，送达公安机关执行。"

第三百条："对应当逮捕而本院负责侦查的部门未移送审查逮捕的犯罪嫌疑人，负责捕诉的部门应当向负责侦查的部门提出移送审查逮捕犯罪嫌疑人的建议。建议不被采纳的，应当报请检察长决定。"

（三）文书结构

1. 首部

首部制作单位需注明人民检察院所在省（自治区、直辖市）的名称，不能只写地区级市、县、区院名。文书名称，即“应当逮捕犯罪嫌疑人建议书”。文号生成格式为：“××检××应捕建〔20××〕×号”。

2. 正文

（1）发往单位，即侦查机关/部门名称，行文上顶格书写。

（2）依据《人民检察院刑事诉讼法律文书格式样本（2020版）》中的要求，开头及首句的模板是“你______（简称）______号______书移送的犯罪嫌疑人________涉嫌________一案”，这句填空式模板内容是侦查机关提请逮捕意见书的文号、犯罪嫌疑人姓名和涉案罪名。

“本院经审查认为：你________书未列明的犯罪嫌疑人________涉嫌下列犯罪事实：________。上述犯罪嫌疑人________的行为已触犯《中华人民共和国刑法》第________条的规定，涉嫌________犯罪。根据《中华人民共和国刑事诉讼法》第八十一条的规定，应当依法逮捕。根据《人民检察院刑事诉讼规则》第________条的规定，请你________依法提请/移送逮捕，并连同案卷材料、证据等一并移送本院审查。”此部分填空式模板内容是经过审查认定犯罪嫌疑人认定涉嫌的其他罪名，围绕犯罪构成及情节写明应当逮捕的人实施的犯罪事实及主要证据，并说明其社会危险性。

3. 尾部

落款为发出日期，日期上加盖公章。

（四）文书模板及制作说明

1. 文书模板

×××人民检察院

应当逮捕犯罪嫌疑人建议书

××检××应捕建〔20××〕×号

________：（侦查机关/部门名称）：

你______（简称）______号______书移送的犯罪嫌疑人________涉嫌____________一案，本院经审查认为：

你__________书未列明的犯罪嫌疑人______________（写明需要追捕的人的姓名、性别及出生日期）涉嫌下列犯罪事实：________（围绕犯罪构成及情节写明需要追捕的人实施的犯罪事实及主要证据，并说明其社会危险性）。上述犯罪嫌疑人___________的行为已触犯《中华人民共和国刑法》第________条的规定，涉嫌________犯罪。（根据案件情况，选择填写"可能判处徒刑以上刑罚，采取取保候审尚不足以防止发生社会危险性"、"可能判处十年有期徒刑以上刑罚"或者"可能判处徒刑以上刑罚，曾经故意犯罪或者身份不明"），根据《中华人民共和国刑事诉讼法》第八十一条的规定，应当依法逮捕。根据《人民检察院刑事诉讼规则》第________条的规定，请你________依法提请/移送逮捕，并连同案卷材料、证据等一并移送本院审查。

20××年××月××日

（院印）

2. 制作说明

（1）本文书依据《人民检察院刑事诉讼规则》第二百八十八条、第三百条的规定制作。经人民检察院在办理审查逮捕案件过程中，发现应当逮捕而侦查机关（部门）未提请/移送审查逮捕的犯罪嫌疑人，建议侦查机关（部门）提请/移送逮捕时使用。

（2）本文书一式二份，一份负责捕诉的部门附卷，一份送达提请/移送逮捕的侦查机关（部门）。

2.1.5 法律文书：逮捕案件继续侦查取证意见书

（一）基本概念

逮捕案件继续侦查取证意见书，是检察机关在办理未成年人案件时，对作出批准逮捕决定的案件，根据起诉和审判的要求，对案件事实、证据、适用法律等提出继续侦查取证的意见和建议时所使用的法律文书。

（二）相关依据

1. 法律依据

《中华人民共和国刑事诉讼法》第九十一条第三款："人民检察院应当自接到公安机关提请批准逮捕书后的七日以内，作出批准逮捕或者不批准逮捕的决定。人民检察院不批准逮捕的，公安机关应当在接到通知后立即释放，并且将执行情况及时通知人民检察院。对于需要继续侦查，并且符合取保候审、监视居住条件的，依法取保候审或者监视居住。"

第一百六十七条："人民检察院对直接受理的案件中被拘留的人，认为需要逮捕的，应当在十四日以内作出决定。在特殊情况下，决定逮捕的时间可以延长一日至三日。对不需要逮捕的，应当立即释放；对需要继续侦查，并且符合取保候审、监视居住条件的，依法取保候审或者监视居住。"

2. 司法解释规定

《人民检察院刑事诉讼规则》第二百五十七条："对于批准逮捕后要求公安机关继续侦查、不批准逮捕后要求公安机关补充侦查或者审查起诉阶段退回公安机关补充侦查的案件，人民检察院应当分别制作继续侦查提纲或者补充侦查提纲，写明需要继续侦查或者补充侦查的事项、理由、侦查方向、需补充收集的证据及其证明作用等，送交公安机关。"

第二百八十四条：“对公安机关提请批准逮捕的犯罪嫌疑人，人民检察院经审查认为符合本规则第一百二十八条、第一百三十六条、第一百三十八条规定情形，应当作出批准逮捕的决定，连同案卷材料送达公安机关执行，并可以制作继续侦查提纲，送交公安机关。”

（三）文书结构

1. 首部

首部制作单位人民检察院需注明所在省（自治区、直辖市）的名称。文书名称，即“逮捕案件继续侦查取证意见书”。文号生成格式为：“××检未捕续查〔20××〕×号”。

2. 正文

发往单位，即案件侦查机关的名称，行文上顶格书写。

依据《人民检察院工作文书格式样本（2020年版）》中的要求，开头及首句的模板是“你局于××××年××月××日以××号文书向本院提请审查逮捕的×××（犯罪嫌疑人姓名）涉嫌×××（罪名）一案，经审查，本院于××××年××月××日对犯罪嫌疑人×××批准逮捕”。检察机关应在开头部位写明提请批准逮捕案件经人民检察院审查后作出了逮捕决定。

制发依据，本部分的模板是“为有效地指控犯罪，根据《人民检察院刑事诉讼规则》第二百八十四条的规定，请你局在继续侦查中补充和完善以下证据”。

继续侦查取证内容，根据犯罪嫌疑人涉嫌罪名的构成要件及量刑情节，具体列明侦查建议。

3. 尾部

落款为发出日期，日期上加盖公章。

（四）文书模板及制作说明

1. 文书模板

×××人民检察院

逮捕案件继续侦查取证意见书

××检未捕续查〔20××〕×号

×××（侦查机关名称）：

你局于××××年××月××日以××号文书向本院提请审查逮捕的×××（犯罪嫌疑人姓名）涉嫌×××（罪名）一案，经审查，本院于××××年××月××日对犯罪嫌疑人×××批准逮捕。为有效地指控犯罪，根据《人民检察院刑事诉讼规则》第二百八十四条的规定，请你局在继续侦查中补充和完善以下证据：

（根据犯罪嫌疑人涉嫌罪名的构成要件及量刑情节，具体列明侦查建议）

20××年××月××日

（院印）

2. 制作说明

（1）本文书根据《人民检察院刑事诉讼规则》第二百八十四条的规定制作。检察机关在办理未成年人案件时，对作出逮捕决定的案件，根据起诉和审判的要求，对案件事实、证据、适用法律等提出继续侦查取证的意见和建议时使用。

（2）本文书以案为单位制作，一式二份，一份附卷，一份送达侦查机关。

（3）对文书所列继续侦查事项的取证情况，侦查机关侦查终结时应进行书面反馈。

2.1.6　法律文书：逮捕决定书（适用监察移送案件）

（一）基本概念

逮捕决定书（适用监察移送案件），是人民检察院办理监察机关移送的案件时，认为犯罪嫌疑人的行为符合逮捕条件，决定逮捕犯罪嫌疑人时所使用的法律文书。

（二）相关依据

《中华人民共和国刑事诉讼法》第八十一条："对有证据证明有犯罪事实，可能判处徒刑以上刑罚的犯罪嫌疑人、被告人，采取取保候审尚不足以防止发生下列社会危险性的，应当予以逮捕：

（一）可能实施新的犯罪的；

（二）有危害国家安全、公共安全或者社会秩序的现实危险的；

（三）可能毁灭、伪造证据，干扰证人作证或者串供的；

（四）可能对被害人、举报人、控告人实施打击报复的；

（五）企图自杀或者逃跑的。

批准或者决定逮捕，应当将犯罪嫌疑人、被告人涉嫌犯罪的性质、情节，认罪认罚等情况，作为是否可能发生社会危险性的考虑因素。

对有证据证明有犯罪事实，可能判处十年有期徒刑以上刑罚的，或者有证据证明有犯罪事实，可能判处徒刑以上刑罚，曾经故意犯罪或者身份不明的，应当予以逮捕。

被取保候审、监视居住的犯罪嫌疑人、被告人违反取保候审、监视居住规定，情节严重的，可以予以逮捕。"

第一百七十条："人民检察院对于监察机关移送起诉的案件，依照本法和监察法的有关规定进行审查。人民检察院经审查，认为需要补充核实的，应当退回监察机关补充调查，必要时可以自行补充侦查。

对于监察机关移送起诉的已采取留置措施的案件，人民检察院应当对犯罪嫌疑人先行拘留，留置措施自动解除。人民检察院应当在拘留后的十日以内作出是否逮捕、取保候审或者监视居住的决定。在特殊情况下，决定的时间可以延长一日至四日。人民检察院决定采取强制措施的期间不计入审查起诉期限。”

（三）文书结构

本文书为四联填充式文书。第一联统一保存备查；第二联由负责捕诉的部门附卷；第三联送达公安机关执行；第四联为执行回执，由执行机关退回后附卷。

第一联为存根，按要求填写相关基本信息备查。第四联为回执联，由负责执行的公安机关填写。第二、三联基本结构为：

1. 首部

首部制作单位人民检察院需注明所在省（自治区、直辖市）的名称，不能只写地区级市、县、区院名。文书名称，即“逮捕决定书”。文号生成格式为：“××检××捕〔20××〕×号”。

2. 正文

本文书为格式文书，模板内容为，“犯罪嫌疑人________涉嫌______犯罪，根据《中华人民共和国刑事诉讼法》第八十一条、第一百七十条的规定，决定予以逮捕”，按要求写明犯罪嫌疑人姓名和涉嫌罪名。检察机关决定逮捕具体依据的法律法规的具体条款。最后注明：请依法立即执行，并将执行情况在三日以内通知本院。

3. 尾部

此致执行逮捕的公安机关。落款为发出日期，日期上加盖公章。

（四）文书模板及制作说明

1. 文书模板

（监察案件）

×××人民检察院

逮捕决定书

（存　根）

××检××捕〔20××〕×号

案由＿＿＿＿＿＿＿＿＿＿＿＿＿＿＿＿

犯罪嫌疑人基本情况（姓名、性别、出生日期、公民身份号码、工作单位、住址、是否为人大代表或政协委员）＿＿＿＿＿＿＿＿

＿＿＿＿＿＿＿＿＿＿＿＿＿＿＿＿

＿＿＿＿＿＿＿＿＿＿＿＿＿＿＿＿

送达机关＿＿＿＿＿＿＿＿＿＿＿＿

批准人＿＿＿＿＿＿＿＿＿＿＿＿＿

承办人＿＿＿＿＿＿＿＿＿＿＿＿＿

填发人＿＿＿＿＿＿＿＿＿＿＿＿＿

填发时间＿＿＿＿＿＿＿＿＿＿＿＿

第一联　统一保存

×××人民检察院

逮捕决定书

（副　本）

××检××捕〔20××〕×号

犯罪嫌疑人＿＿＿＿涉嫌＿＿＿＿犯罪，根据《中华人民共和国刑事诉讼法》第八十一条、第一百七十条的规定，决定予以逮捕。请依法立即执行，并将执行情况在三日以内通知本院。

此致

＿＿＿（公安机关）

20××年××月××日

（院印）

第二联　负责捕诉的部门附卷

×××人民检察院

逮捕决定书

××检××捕〔20××〕×号

犯罪嫌疑人________涉嫌________犯罪，根据《中华人民共和国刑事诉讼法》第八十一条、第一百七十条的规定，决定予以逮捕。请依法立即执行，并将执行情况在三日以内通知本院。

此致

________（公安机关）

20××年××月××日

（院印））

附件：犯罪嫌疑人基本情况

第三联　送达执行机关

×××人民检察院

逮捕决定书

（回　执）

________人民检察院：

现将你院________年______月______日______号逮捕决定书的执行情况通知如下：犯罪嫌疑人__________已于________年______月______日由________执行逮捕。

特此通知

20××年××月××日

（公章）

第四联　执行机关退回后附卷

2. 制作说明

（1）本文书依据《中华人民共和国刑事诉讼法》第八十一条、第一百七十条的规定制作。为人民检察院办理监察机关移送的案件时，认为犯罪嫌疑人的行为符合逮捕条件，决定逮捕犯罪嫌疑人时使用。

（2）本文书共四联，第一联统一保存备查；第二联由负责捕诉的部门附卷；第三联送达公安机关执行；第四联为执行回执，由执行机关退回后附卷。

2.1.7 法律文书：逮捕决定书（适用自侦案件）

（一）基本概念

逮捕决定书（适用自侦案件），是人民检察院在办理本院直接立案侦查的案件时，负责侦查的部门移送负责捕诉的部门审查逮捕，负责捕诉的部门认为犯罪嫌疑人的行为符合逮捕条件，决定逮捕犯罪嫌疑人时使用的一种法律文书。

（二）相关依据

1. 法律依据

《中华人民共和国刑事诉讼法》第八十一条："对有证据证明有犯罪事实，可能判处徒刑以上刑罚的犯罪嫌疑人、被告人，采取取保候审尚不足以防止发生下列社会危险性的，应当予以逮捕：

（一）可能实施新的犯罪的；

（二）有危害国家安全、公共安全或者社会秩序的现实危险的；

（三）可能毁灭、伪造证据，干扰证人作证或者串供的；

（四）可能对被害人、举报人、控告人实施打击报复的；

（五）企图自杀或者逃跑的。

批准或者决定逮捕，应当将犯罪嫌疑人、被告人涉嫌犯罪的性质、情节，认罪认罚等情况，作为是否可能发生社会危险性的考虑因素。

对有证据证明有犯罪事实，可能判处十年有期徒刑以上刑罚的，或者有证据证明有犯罪事实，可能判处徒刑以上刑罚，曾经故意犯罪或者身份不明的，应当予以逮捕。

被取保候审、监视居住的犯罪嫌疑人、被告人违反取保候审、监视居住规定，情节严重的，可以予以逮捕。”

第一百六十五条：“人民检察院直接受理的案件中符合本法第八十一条、第八十二条第四项、第五项规定情形，需要逮捕、拘留犯罪嫌疑人的，由人民检察院作出决定，由公安机关执行。”

第一百六十七条：“人民检察院对直接受理的案件中被拘留的人，认为需要逮捕的，应当在十四日以内作出决定。在特殊情况下，决定逮捕的时间可以延长一日至三日。对不需要逮捕的，应当立即释放；对需要继续侦查，并且符合取保候审、监视居住条件的，依法取保候审或者监视居住。”

2. 司法解释规定

《人民检察院刑事诉讼规则》第二百九十七条：“对本院负责侦查的部门移送审查逮捕的案件，犯罪嫌疑人已被拘留的，负责捕诉的部门应当在收到逮捕犯罪嫌疑人意见书后七日以内，报请检察长决定是否逮捕，特殊情况下，决定逮捕的时间可以延长一日至三日；犯罪嫌疑人未被拘留的，负责捕诉的部门应当在收到逮捕犯罪嫌疑人意见书后十五日以内，报请检察长决定是否逮捕，重大、负责案件，不得超过二十日。”

第二百九十八条：“对犯罪嫌疑人决定逮捕的，负责捕诉的部门应当将逮捕决定书连同案卷材料、讯问犯罪嫌疑人录音、录像移交负责侦查的部门，并可以对收集证据、适用法律提出意见。由负责侦查的部门通知公安机关执行，必要时可以协助执行。”

（三）文书结构

1. 首部

首部由检察机关名称、文书名称和文号三部分组成。其中，检察机关的名称应为全称，即要注明所在省（自治区、直辖市）名称，不能只写地区级市、县、区院名。文书名称，即“逮捕决定书”。文号生成格式为：“××检××捕〔20××〕×号”，文号由全国检察业务应用系统2.0统一生成，是以院名义统一进行编号。

2. 正文

发往单位。本文书五联发往单位不一致。其中，第一联由本院保存，无发往单位；第二、三联在“此致”一栏填写，发往负责侦查的部门；第四联在“此致”一栏填写，发往执行机关；第五联由执行机关填写，在抬头填写发出逮捕决定书的检察机关。在填写时，应注意区分，避免错填。

主文内容，第一联为存根，依次填写案由、犯罪嫌疑人基本情况、送达机关、批准人、承办人、填发人、填发时间等备查信息；第二、三、四联主文模板内容一致，即“对________年______月______日______号逮捕意见书移送审查逮捕的犯罪嫌疑人________，经审查认为该犯罪嫌疑人涉嫌________罪，根据《中华人民共和国刑事诉讼法》第八十一条和第一百六十五条的规定，决定予以逮捕。请依法立即通知公安机关执行，并将执行情况在三日以内通知本院”。按照文书填充模板要求，写明案件来源，即侦查部门发出逮捕意见书日期及文号，犯罪嫌疑人姓名及案由；第五联主文模板内容为“根据《中华人民共和国刑事诉讼法》第一百六十五条的规定，现将你院________年______月______日______号逮捕决定书的执行情况通知如下：犯罪嫌疑人________已于________年______月______日由______执行逮捕”。写明检察机关逮捕决定书的日期、文号，对逮捕决定书的执行情况，包括犯罪嫌疑人姓名，执行逮捕的日期和执行机关名称。

3. 尾部

一是无须落款单位。直接加盖院章，而不是部门章。二是前四联填发时间、落款时间为发出文书的日期，第五联为执行机关反馈日期。三是落款时间应使用阿拉伯数字，例如 2023 年 5 月 1 日。

（四）文书模板及制作说明

1. 文书模板

（自侦案件）

×××人民检察院

逮捕决定书

（存　根）

××检××捕〔20××〕×号

案由________

犯罪嫌疑人基本情况（姓名、性别、出生日期、公民身份号码、工作单位、住址、是否为人大代表或政协委员）________

____

____

送达机关________

批准人________

承办人________

填发人________

填发时间________

第一联　统一保存

×××人民检察院

逮捕决定书

（副　本）

××检××捕〔20××〕×号

对________年______月______日____号逮捕意见书移送审查逮捕的犯罪嫌疑人________，经审查认为该犯罪嫌疑人涉嫌________罪，根据《中华人民共和国刑事诉讼法》第八十一条和第一百六十五条的规定，决定予以逮捕。请依法立即通知公安机关执行，并将执行情况在三日以内通知本院。

此致

________（负责侦查的部门）

20××年××月××日

（院印）

第二联　负责捕诉的部门附卷

×××人民检察院

逮捕决定书

××检××捕〔20××〕×号

对________年______月______日____号逮捕意见书移送审查逮捕的犯罪嫌疑人________，经审查认为该犯罪嫌疑人涉嫌________罪，根据《中华人民共和国刑事诉讼法》第八十一条和第一百六十五条的规定，决定予以逮捕。请依法立即通知公安机关执行，并将执行情况在三日以内通知本院。

此致

________（负责侦查的部门）

20××年××月××日

（院印）

第三联　负责侦查的部门附卷

×××人民检察院

逮捕决定书

××检××捕〔20××〕×号

对________年______月______日____号逮捕意见书移送审查逮捕的犯罪嫌疑人________，经审查认为该犯罪嫌疑人涉嫌________罪，根据《中华人民共和国刑事诉讼法》第八十一条和第一百六十五条的规定，决定予以逮捕。请依法立即通知公安机关执行，并将执行情况在三日以内通知本院。

此致

______（执行机关）

20××年××月××日

（院印）

附件：犯罪嫌疑人基本情况

第四联　送达执行机关

×××人民检察院

逮捕决定书

（回　执）

________人民检察院：

根据《中华人民共和国刑事诉讼法》第一百六十五条的规定，现将你院________年______月____日____号逮捕决定书的执行情况通知如下：犯罪嫌疑人________已于________年______月______日由________执行逮捕。

特此通知

20××年××月××日

（公章）

第五联　执行机关退回后附卷

2. 制作说明

（1）本文书依据《中华人民共和国刑事诉讼法》第八十一条、第一百六十五条的规定制作。人民检察院在办理本院直接立案侦查的案件时，负责侦查的部门移送负责捕诉的部门审查逮捕，负责捕诉的部门认为犯罪嫌疑人的行为符合逮捕条件，决定逮捕犯罪嫌疑人时使用。

（2）第二联、第三联中此致一栏应填写本院负责侦查的部门；第四联中此致一栏应填写执行机关。

（3）本文书共五联，第一联为存根，统一保存备查；第二联由负责捕诉的部门附卷；第三联由负责侦查的部门附卷；第四联送达公安机关执行；第五联为执行回执，由执行机关退回后附卷。

2.1.8 法律文书：不予逮捕决定书

（一）基本概念

不予逮捕决定书，是人民检察院对于负责捕诉的部门在审查本院负责侦查的部门移送审查逮捕犯罪嫌疑人时，认为犯罪嫌疑人的行为不符合逮捕条件，决定不予逮捕犯罪嫌疑人时使用的一种法律文书。

（二）相关依据

1. 法律依据

《中华人民共和国刑事诉讼法》第八十一条："对有证据证明有犯罪事实，可能判处徒刑以上刑罚的犯罪嫌疑人、被告人，采取取保候审尚不足以防止发生下列社会危险性的，应当予以逮捕：

（一）可能实施新的犯罪的；

（二）有危害国家安全、公共安全或者社会秩序的现实危险的；

（三）可能毁灭、伪造证据，干扰证人作证或者串供的；

（四）可能对被害人、举报人、控告人实施打击报复的；

（五）企图自杀或者逃跑的。

批准或者决定逮捕，应当将犯罪嫌疑人、被告人涉嫌犯罪的性质、情节，认罪认罚等情况，作为是否可能发生社会危险性的考虑因素。

对有证据证明有犯罪事实，可能判处十年有期徒刑以上刑罚的，或者有证据证明有犯罪事实，可能判处徒刑以上刑罚，曾经故意犯罪或者身份不明的，应当予以逮捕。

被取保候审、监视居住的犯罪嫌疑人、被告人违反取保候审、监视居住规定，情节严重的，可以予以逮捕。”

第一百六十七条：“人民检察院对直接受理的案件中被拘留的人，认为需要逮捕的，应当在十四日以内作出决定。在特殊情况下，决定逮捕的时间可以延长一日至三日。对不需要逮捕的，应当立即释放；对需要继续侦查，并且符合取保候审、监视居住条件的，依法取保候审或者监视居住。”

2. 司法解释规定

《人民检察院刑事诉讼规则》第二百九十六条：“人民检察院办理直接受理侦查的案件，需要逮捕犯罪嫌疑人的，由负责侦查的部门制作逮捕犯罪嫌疑人意见书，连同案卷材料、讯问犯罪嫌疑人录音、录像一并移送本院负责捕诉的部门审查。犯罪嫌疑人已被拘留的，负责侦查的部门应当在拘留后七日以内将案件移送本院负责捕诉的部门审查。”

第二百九十九条：“对犯罪嫌疑人决定不予逮捕的，负责捕诉的部门应当将不予逮捕的决定连同案卷材料、讯问犯罪嫌疑人录音、录像移交负责侦查的部门，并说明理由……”

（三）文书结构

本文书为五联填充式文书。第一联统一保存备查；第二联由负责捕诉的部门附卷；第三联交移送部门；第四联对于犯罪嫌疑人已被拘留的，应当填写该联，送达公安机关执行；第五联为执行回执，由执行机关执行后交人民检察院附卷。

1. 第一联

本联主要用于审批程序，不附卷，由办案部门统一留存。

（1）首部。本部分包括制作文书的人民检察院名称，需注明所在省（自治区、直辖市）的名称，不能只写地区级市、县、区院名；文书名称，即“不予逮捕决定书”；文书名称下方标注“（存根）”字样；文号生成格式为："××检××不捕〔20××〕×号"，由全国检察业务应用系统2.0统一生成。

（2）正文。依次填写：案由；犯罪嫌疑人基本情况；不予逮捕原因；移送部门；送达机关；批准人、承办人、填发人姓名；填发时间。

2. 第二、三、四联

（1）首部。与第一联结构相同，不同之处在于第二联下方标注"（副本）"字样。

（2）正文。抬头部分。第二联、第三联填写移送部门。第四联填写公安机关。

开头的模板"对________年________月________日________号逮捕意见书移送审查逮捕的犯罪嫌疑人________涉嫌________一案"，以及"决定不予逮捕犯罪嫌疑人________"由全国检察业务应用系统2.0统一生成。

"经审查认为________"应当写明检察机关捕诉部门审查认定的案件事实及不予逮捕犯罪嫌疑人的原因，不予逮捕犯罪嫌疑人的原因应当全面、准确地写明，如认为不构成犯罪、事实不清、证据不足、不可能判处徒刑以上刑罚、没有社会危险性或者认为应当适用监视居住等。

（3）尾部。包括制作文书的日期及作出决定的人民检察院的院印。

3. 第五联

（1）首部。与前四联结构相同，不同之处在于本联文书名称下方标注"（回执）"字样，本联无文号。

（2）正文。抬头部分。填写执行机关的同级人民检察院。

"现将你院________年______月______日______号不予逮捕决定书的执行情况通知如下：决定不予逮捕的犯罪嫌疑人________已于________年______月______日由______释放/变更为______"。由执行机关按照实际执行情况填写。

（3）尾部。具体同上。

（四）文书模板及制作说明

1. 文书模板

×××人民检察院

不予逮捕决定书

（存　根）

××检××不捕〔20××〕×号

案由＿＿＿＿＿＿＿＿

犯罪嫌疑人基本情况＿＿＿＿＿＿＿＿

＿＿＿＿＿＿＿＿

不予逮捕原因＿＿＿＿＿＿＿＿

移送部门＿＿＿＿＿＿＿＿

送达机关＿＿＿＿＿＿＿＿

批准人＿＿＿＿＿＿＿＿

承办人＿＿＿＿＿＿＿＿

填发人＿＿＿＿＿＿＿＿

填发时间＿＿＿＿＿＿＿＿

第一联　统一保存

×××人民检察院

不予逮捕决定书

（副　本）

××检××不捕〔20××〕×号

＿＿＿＿：

对＿＿＿＿年＿＿＿月＿＿＿日＿＿号逮捕意见书移送审查逮捕的犯罪嫌疑人＿＿＿＿涉嫌＿＿＿＿一案，经审查认为：＿＿＿＿＿＿＿＿＿＿＿＿。根据《中华人民共和国刑事诉讼法》第八十一条、第一百六十七条的规定，决定不予逮捕犯罪嫌疑人＿＿＿＿。犯罪嫌疑人已被拘留的，请依法通知公安机关立即执行，并在公安机关执行三日以内将执行情况通知本部门。

20××年××月××日

（院印）

第二联　附卷

×××人民检察院

不予逮捕决定书

××检××不捕〔20××〕×号

＿＿＿＿：

对＿＿＿＿年＿＿＿月＿＿＿日＿＿号逮捕意见书移送审查逮捕的犯罪嫌疑人＿＿＿＿涉嫌＿＿＿＿一案，经审查认为：＿＿＿＿＿＿＿＿＿＿＿＿。根据《中华人民共和国刑事诉讼法》第八十一条、第一百六十七条的规定，决定不予逮捕犯罪嫌疑人＿＿＿＿。犯罪嫌疑人已被拘留的，请依法通知公安机关立即执行，并在公安机关执行三日以内将执行情况通知本部门。

20××年××月××日

（院印）

第三联　交移送部门

××× 人民检察院

不予逮捕决定书

××检××不捕〔20××〕×号

________：

对________年______月______日______号逮捕意见书移送审查逮捕的犯罪嫌疑人________涉嫌________一案，经本院审查认为：________________________________。根据《中华人民共和国刑事诉讼法》第八十一条、第一百六十七条的规定，决定不予逮捕犯罪嫌疑人________。请依法立即执行，并在三日以内将执行情况通知本院。

20××年××月××日

（院印）

第四联　送达执行机关

××× 人民检察院

不予逮捕决定书

（回　执）

________人民检察院：

现将你院________年______月______日____号不予逮捕决定书的执行情况通知如下：决定不予逮捕的犯罪嫌疑人____________已于________年______月______日由______________释放/变更为____________。

特此通知

20××年××月××日

（公章）

第五联　执行机关退回后附卷

2. 制作说明

（1）本文书依据《中华人民共和国刑事诉讼法》第八十一条、第一百六十七条的规定制作。为负责捕诉的部门在审查本院负责侦查的部门移送审查逮捕犯罪嫌疑人时，认为犯罪嫌疑人的行为不符合逮捕条件，决定不予逮捕犯罪嫌疑人时使用。

（2）第二联、第三联中应写明不予逮捕犯罪嫌疑人的原因，如认为不构成犯罪、事实不清、证据不足、不可能判处徒刑以上刑罚、没有社会危险性或者认为应当适用监视居住等。

（3）第二联、第三联的抬头部分填写移送部门，第四联的抬头部分填写公安机关，第五联的抬头部分填写执行机关的同级人民检察院。

（4）本文书共五联，第一联统一保存备查；第二联由负责捕诉的部门附卷；第三联交移送部门；第四联对于犯罪嫌疑人已被拘留的，应当填写该联，送达公安机关执行；第五联为执行回执，由执行机关执行后交人民检察院附卷。

2.1.9　法律文书：不批准逮捕决定书（适用不构成犯罪不捕案件）

（一）基本概念

不批准逮捕决定书（适用不构成犯罪不捕案件），是人民检察院在公安机关提请批准逮捕犯罪嫌疑人时，认为犯罪嫌疑人的行为不符合《中华人民共和国刑事诉讼法》第八十一条的规定时，决定不批准逮捕犯罪嫌疑人时所使用的法律文书。

（二）相关依据

1. 法律依据

《中华人民共和国刑事诉讼法》第九十条："人民检察院对于公安机关提请批准逮捕的案件进行审查后，应当根据情况分别作出批准逮捕或者不批准逮捕的决定……对于不批准逮捕的，人民检察院应当说明理由，需要补充侦查的，应当同时通知公安机关。"

第九十一条："公安机关对被拘留的人，认为需要逮捕的，应当在拘留后的三日以内，提请人民检察院审查批准。在特殊情况下，提请审查批准的时间可以延长一日至四日。

对于流窜作案、多次作案、结伙作案的重大嫌疑分子，提请审查批准的时间可以延长至三十日。

人民检察院应当自接到公安机关提请批准逮捕书后的七日以内，作出批准逮捕或者不批准逮捕的决定。人民检察院不批准逮捕的，公安机关应当在接到通知后立即释放，并且将执行情况及时通知人民检察院。对于需要继续侦查，并且符合取保候审、监视居住条件的，依法取保候审或者监视居住。"

2. 司法解释规定

《人民检察院刑事诉讼规则》第二百八十七条："对于没有犯罪事实或者犯罪嫌疑人具有刑事诉讼法第十六条规定情形之一，人民检察院作出不批准逮捕决定的，应当同时告知公安机关撤销案件。

对于有犯罪事实需要追究刑事责任，但不是被立案侦查的犯罪嫌疑人实施，或者共同犯罪案件中部分犯罪嫌疑人不负刑事责任，人民检察院作出不批准逮捕决定的，应当同时告知公安机关对有关犯罪嫌疑人终止侦查……"

（三）文书结构

本文书为四联填充式文书。第一联存根，统一保存备查；第二联附卷；第三联送达侦查机关执行；第四联为执行回执，由侦查机关退回后附卷。

1. 首部

首部制作文书的人民检察院需注明所在省（自治区、直辖市）的名称，不能只写地区级市、县、区院名。文书名称，即"不批准逮捕决定书"。其中第一、二、三联的文号生成格式为："××检××不捕〔20××〕×号"，第四联无文号。

2. 正文

第一联为存根联，按要求填写案件基本情况等备查信息。

发往单位，第二联、第三联填侦查机关全称，行文上顶格书写。第四联为回执联，填检察机关的名称。

第二联、第三联正文为填空式模句，填写顺序为：侦查机关的简称，侦查机关提请批准逮捕的时间、文号、犯罪嫌疑人姓名，审查认为不构成犯罪的具体情形（《中华人民共和国刑事诉讼法》第十六条规定的情形或者是终止侦查的情形），不批准逮捕的犯罪嫌疑人姓名。

第四联正文同样为填空式模句，填写顺序为：所在省（自治区、直辖市）的名称，不批准逮捕决定书的时间、文号，犯罪嫌疑人姓名、执行日期和释放机关全称，案件后续处理情况。该联作为执行回执，应由侦查机关填写后退回。

3. 尾部

第二联、第三联的落款为发出日期，日期上加盖院公章。第四联的落款为执行日期，日期上加盖侦查机关公章。

（四）文书模板及制作说明

1. 文书模板

（不构成犯罪不捕）

××× 人民检察院

不批准逮捕决定书

（存　根）

××检××不捕〔20××〕×号

案由________________

犯罪嫌疑人基本情况（姓名、性别、出生日期、公民身份号码、工作单位、住址、是否人大代表、政协委员）________________

____

____

不批准逮捕原因________________

送达机关________________

批准人________________

承办人________________

填发人________________

填发时间________________

第一联　统一保存

××× 人民检察院

不批准逮捕决定书

（副　本）

××检××不捕〔20××〕×号

________：

你______于______年______月______日以______号文书提请批准逮捕犯罪嫌疑人______，经本院审查认为：______，根据《中华人民共和国刑事诉讼法》第九十条的规定，决定不批准逮捕犯罪嫌疑人______。请依法立即执行，在三日以内将执行情况通知本院，并按照规定撤销案件或者对其终止侦查。

20××年××月××日

（院印）

第二联　附卷

×××人民检察院

不批准逮捕决定书

××检××不捕〔20××〕×号

________：

你______于________年____月____日以____号文书提请批准逮捕犯罪嫌疑人________，经本院审查认为：________，根据《中华人民共和国刑事诉讼法》第九十条的规定，决定不批准逮捕犯罪嫌疑人________。请依法立即执行，在三日以内将执行情况通知本院，并按照规定撤销案件或对其终止侦查。

20××年××月××日

（院印）

第三联　送达侦查机关

×××人民检察院

不批准逮捕决定书

（回　执）

__________人民检察院：

根据《中华人民共和国刑事诉讼法》第九十一条的规定，现将你院______年______月______日______________号不批准逮捕决定书的执行情况通知如下：犯罪嫌疑人________已于______年______月______日由______释放（或者变更为________________）。犯罪嫌疑人______涉嫌______罪一案已于______年______月______日被撤销（或者终止侦查）。

特此通知

20××年××月××日

（公章）

第四联　侦查机关退回后附卷

2. 制作说明

（1）本文书依据《中华人民共和国刑事诉讼法》第九十条、第九十一条，《人民检察院刑事诉讼规则》第二百八十七条的规定制作。为人民检察院在公安机关提请批准逮捕犯罪嫌疑人时，认为犯罪嫌疑人的行为不符合《中华人民共和国刑事诉讼法》第八十一条的规定时，决定不批准逮捕犯罪嫌疑人时使用。

（2）第二联、第三联中应写明不批准逮捕犯罪嫌疑人的原因，如认为不构成犯罪、事实不清、证据不足、不可能判处徒刑以上刑罚、没有社会危险性或者认为符合适用监视居住的条件等。

（3）本文书共四联，第一联存根，统一保存备查；第二联附卷；第三联送达侦查机关执行；第四联为执行回执，由侦查机关退回后附卷，划线处应填写犯罪嫌疑人于何时被释放或者变更为何种强制措施。

2.1.10 工作文书：延长审查逮捕期限申请表

（一）基本概念

延长审查逮捕期限申请表，是人民检察院对受理的公安机关或者本院侦查部门移送的审查逮捕案件，在法定期限内不能作出决定，依照《人民检察院刑事诉讼规则》相关规定延长审查逮捕期限时所使用的一种工作文书。

（二）相关依据

1. 法律依据

《中华人民共和国刑事诉讼法》第八十九条："人民检察院审查批准逮捕犯罪嫌疑人由检察长决定。重大案件应当提交检察委员会讨论决定。"

第九十一条："公安机关对被拘留的人，认为需要逮捕的，应当在拘留后的三日以内，提请人民检察院审查批准。在特殊情况下，提请审查批准的时间可以延长一日至四日。

对于流窜作案、多次作案、结伙作案的重大嫌疑分子，提请审查批准的时间可以延长至三十日。

人民检察院应当自接到公安机关提请批准逮捕书后的七日以内，作出批准逮捕或者不批准逮捕的决定。人民检察院不批准逮捕的，公安机关应当在接到通知后立即释放，并且将执行情况及时通知人民检察院。对于需要继续侦查，并且符合取保候审、监视居住条件的，依法取保候审或者监视居住。”

2. 司法解释规定

《人民检察院刑事诉讼规则》对不同的审查批捕案件在特殊情况下的期限作出了详细规定，具体内容为：

第二百八十二条：“对公安机关提请批准逮捕的犯罪嫌疑人，已经被拘留的，人民检察院应当在收到提请批准逮捕书后七日以内作出是否批准逮捕的决定；未被拘留的，应当在收到提请批准逮捕书后十五日以内作出是否批准逮捕的决定，重大、复杂案件，不得超过二十日。”

第二百九十七条：“对本院负责侦查的部门移送审查逮捕的案件，犯罪嫌疑人已被拘留的，负责捕诉的部门应当在收到逮捕犯罪嫌疑人意见书后七日以内，报请检察长决定是否逮捕，特殊情况下，决定逮捕的时间可以延长一日至三日；犯罪嫌疑人未被拘留的，负责捕诉的部门应当在收到逮捕犯罪嫌疑人意见书后十五日以内，报请检察长决定是否逮捕，重大、复杂案件，不得超过二十日。”

（三）文书结构

1. 首部

标题部分，制作文书的人民检察院需注明所在省（自治区、直辖市）的名称，不能只写地区级市、县、区院名。文书名称，即“延长审查逮捕期限申请表”。

2. 正文

基本信息部分。该部分包括五项内容，占据三行，显示案件重要信息。首行填写犯罪嫌疑人姓名；第二行填写案由、犯罪嫌疑人被采取强制措施情况；第三行填写犯罪嫌疑人被采取强制措施的日期、本院受理日期。

拟延长期限。该部分用于承办人填写拟延长时间。参考表述方式：本案原审查逮捕期限为20××年××月××日至20××年××月××日，现申请延长审查逮捕期限××天，延长后审查逮捕期限为20××年××月××日—20××年××月××日。

案情摘要及申请延长理由。简要叙明基本案情，重点突出案件重大、复杂的情况。申请延长理由部分，需要承办人结合案件具体情况对申请延长的理由作出充分说明。

3. 尾部

指备注部分，用于特殊情况补充说明。

（四）文书模板及制作说明

1. 文书模板

×××人民检察院

延长审查逮捕期限申请表

犯罪嫌疑人	×××		
涉嫌案由	×××	强制措施	×××
强制措施日期	×××	受理日期	×××
拟延长期限			
案情摘要			
申请延长理由			
备注			

2. 制作说明

（1）本文书根据《人民检察院刑事诉讼规则》第二百八十二条、第二百九十七条的规定制作。对公安机关提请批准逮捕的未被拘留的犯罪嫌疑人，认为案件重大、复杂，在收到提请批准逮捕书后十五日以内无法作出是否批准逮捕的决定，需要延长审查逮捕期限至二十日时，或者对本院负责侦查的部门移送审查逮捕的案件，需要延长审查逮捕期限时使用。

（2）本文书需制作审批表，层报分管副检察长审批。

2.1.11 工作文书：准予撤回决定书（适用审查逮捕案件）

（一）基本概念

准予撤回决定书（适用审查逮捕案件），是人民检察院以审查批捕和侦查监督权为基础，通过特定的书面形式准予侦查机关撤回提请批准逮捕的一种工作文书。

（二）相关依据

1. 法律依据

（1）《中华人民共和国人民检察院组织法》第二十一条："人民检察院行使本法第二十条规定的法律监督职权……"

（2）《中华人民共和国刑事诉讼法》第八条："人民检察院依法对刑事诉讼实行法律监督。"

第十六条："有下列情形之一的，不追究刑事责任，已经追究的，应当撤销案件，或者不起诉，或者终止审理，或者宣告无罪：

（一）情节显著轻微、危害不大，不认为是犯罪的；

（二）犯罪已过追诉时效期限的；

（三）经特赦令免除刑罚的；

（四）依照刑法告诉才处理的犯罪，没有告诉或者撤回告诉的；

（五）犯罪嫌疑人、被告人死亡的；

（六）其他法律规定免予追究刑事责任的。"

第十七条："对于外国人犯罪应当追究刑事责任的，适用本法的规定。"

第九十条："人民检察院对于公安机关提请批准逮捕的案件进行审查后，应当根据情况分别作出批准逮捕或者不批准逮捕的决定。对于批准逮捕的决定，公安机关应当立即执行，并且将执行情况及时通知人民检察院。对于不批准逮捕的，人民检察院应当说明理由，需要补充侦查的，应当同时通知公安机关。"

2. 司法解释规定

《人民检察院刑事诉讼规则》第二百八十七条第一款："对于没有犯罪事实或者犯罪嫌疑人具有刑事诉讼法第十六条规定情形之一，人民检察院作出不批准逮捕决定的，应当同时告知公安机关撤销案件。"

（三）文书结构

1. 首部

首部制作文书的人民检察院需注明所在省（自治区、直辖市）的名称，不能只写地区级市、县、区院名。文书名称，即"准予撤回决定书"。文号生成格式为："××检××捕准撤〔20××〕×号"。

2. 正文

发往单位，即提出撤回提请批准逮捕的侦查机关，行文上顶格书写。

开头及首句。依据《人民检察院刑事诉讼法律文书格式样本（2020版）》中的要求，开头及首句的模板是"你单位于××××年××月××日提出撤回对犯罪嫌疑人×××的提请批准（报请审查）逮捕意见，本院经审查认为，同意你单位的撤回意见"。

3. 尾部

落款为发出日期，日期上加盖院公章。

（四）文书模板及制作说明

1. 文书模板

×××人民检察院

准予撤回决定书

××检××捕准撤〔20××〕×号

×××（侦查机关名称）：

你单位于××××年××月××日提出撤回对犯罪嫌疑人×××的提请批准（报请审查）逮捕意见，本院经审查认为，同意你单位的撤回意见。

20××年××月××日

（院印）

2. 制作说明

（1）本文书参考《中华人民共和国刑事诉讼法》提请批准（报请审查）逮捕、撤销案件的有关规定制作。为同意侦查机关或侦查部门提出撤回对犯罪嫌疑人提请批准（报请审查）逮捕意见时使用。

（2）本文书发送提出撤回对犯罪嫌疑人提请批准（报请审查）逮捕意见的侦查机关或侦查部门。

（3）本文书需加盖院印。

2.1.12　工作文书：通报逮捕外（无）国籍犯罪嫌疑人的函

（一）基本概念

通报逮捕外（无）国籍犯罪嫌疑人的函，是人民检察院对外国人、无国籍人涉嫌危害国家安全犯罪的案件或者涉及国与国之间政治、外交关系的案件以及在适用法律上确有疑难的案件以外的其他犯罪案件，决定批准逮捕后向同级人民政府外事部门通报时使用的一种工作文书。

（二）相关依据

1. 法律依据

《中华人民共和国刑事诉讼法》第十七条第一款："对于外国人犯罪应当追究刑事责任的，适用本法的规定。"

2. 司法解释规定

《人民检察院刑事诉讼规则》第二百九十四条："外国人、无国籍人涉嫌危害国家安全犯罪的案件或者涉及国与国之间政治、外交关系的案件以及在适用法律上确有疑难的案件，需要逮捕犯罪嫌疑人的，按照刑事诉讼法关于管辖的规定，分别由基层人民检察院或者设区的市级人民检察院审查并提出意见，层报最高人民检察院审查。最高人民检察院认为需要逮捕的，经征求外交部的意见后，作出批准逮捕的批复；认为不需要逮捕的，作出不批准逮捕的批复。基层人民检察院或者设区的市级人民检察院根据最高人民检察院的批复，依法作出批准或者不批准逮捕的决定。层报过程中，上级人民检察院认为不需要逮捕的，应当作出不批准逮捕的批复。报送的人民检察院根据批复依法作出不批准逮捕的决定。

基层人民检察院或者设区的市级人民检察院认为不需要逮捕的，可以直接依法作出不批准逮捕的决定。

外国人、无国籍人涉嫌本条第一款规定以外的其他犯罪案件，决定批准逮捕的人民检察院应当在作出批准逮捕决定后四十八小时以内报上一级人民检察院备案，同时向同级人民政府外事部门通报。上一级人民检察院经审查发现批准逮捕决定错误的，应当依法及时纠正。"

（三）文书结构

1. 首部

首部制作文书的人民检察院需注明所在省（自治区、直辖市）的名称，不能只写地区级市、县、区院名。文书名称，即"通报逮捕外（无）国籍犯罪嫌疑人×××的函"。文号生成格式为："××检××函〔20××〕×号"。

2. 正文

(1) 发往单位，即同级人民政府外事部门，行文上顶格书写。

(2) 外国人、无国籍人的身份信息。本部分需填写外国人、无国籍人的姓名、性别、国籍、护照编号等身份信息。

(3) 案件相关信息。本部分需填写外国人、无国籍人涉嫌的罪名、(批准) 逮捕决定书文号、羁押地点。

3. 尾部

本部分属于工作文书常见要求。落款为发出日期，日期上加盖院公章。联系人和联系方式。

(四) 文书模板及制作说明

1. 文书模板

×××人民检察院

通报逮捕外（无）国籍犯罪嫌疑人

×××的函

××检××函〔20××〕×号

×××人民政府外事办公室：

犯罪嫌疑人×××，性别×，×××国公民（无国籍），护照编号×××，因涉嫌×××罪于××××年××月××日被本院以×××号文书依法批准（决定）逮捕，现羁押于×××看守所。

特此函告。

联系人：×××

联系电话：×××

20××年××月××日

（院印）

2. 制作说明

（1）本文书根据《中华人民共和国刑事诉讼法》第十七条第一款，《人民检察院刑事诉讼规则》第二百九十四条第三款的规定制作。人民检察院对外国人、无国籍人涉嫌危害国家安全犯罪的案件或者涉及国与国之间政治、外交关系的案件以及在适用法律上确有疑难的案件以外的其他犯罪案件，决定批准逮捕后向同级人民政府外事部门通报时使用。

（2）本文书由决定批准逮捕的人民检察院向同级人民政府外事部门移交。

（3）本文书加盖人民检察院印章。

2.1.13 工作文书：继续侦查提纲（适用于审查逮捕阶段因证据不足不批准逮捕的案件）

（一）基本概念

继续侦查提纲（适用于审查逮捕阶段因证据不足不批准逮捕的案件），是检察机关对作出批准逮捕决定的案件，根据起诉和审判的要求，进一步引导侦查机关补充相关证据材料，供侦查机关在案件批捕后继续开展侦查工作时所使用的工作文书。

（二）相关依据

《人民检察院刑事诉讼规则》第二百五十七条："对于批准逮捕后要求公安机关继续侦查、不批准逮捕后要求公安机关补充侦查或者审查起诉阶段退回公安机关补充侦查的案件，人民检察院应当分别制作继续侦查提纲或者补充侦查提纲，写明需要继续侦查或者补充侦查的事项、理由、侦查方向、需补充收集的证据及其证明作用等，送交公安机关。"

第二百八十四条："对公安机关提请批准逮捕的犯罪嫌疑人，人民检察院经审查认为符合本规则第一百二十八条、第一百三十六条、第一百三十八条规定情形，应当作出批准逮捕的决定，连同案卷材料送达公安机关执行，并可以制作继续侦查提纲，送交公安机关。”

（三）文书结构

1. 首部

标题部分，制作文书的人民检察院需注明所在省（自治区、直辖市）的名称，不能只写地区级市、县、区院名。文书名称，即“继续侦查提纲”。

2. 正文

（1）发往单位：即开展继续侦查工作的单位，行文上顶格书写。

（2）开头及首句：依据《人民检察院工作文书格式样本（2020 年版）》的要求，开头及首句的模板为“你局（或其他称谓）以________号提请批准逮捕意见书移送审查批准逮捕的犯罪嫌疑人×××（姓名）涉嫌×××（罪名）一案，经审查，决定批准逮捕。为有效地指控犯罪，请你局（或其他称谓）继续做好以下侦查工作”，目的在于点明需继续侦查的具体案件。

（3）继续侦查的主要事项和工作：本部分是该文书的重点内容，应注重全面性、说理性及可操作性。内容制作上主要围绕认定事实、适用法律存在的问题，详细、具体、明确地列明继续侦查的目的、理由、侦查方向、具体事项等，方便侦查机关了解继续侦查重点，及时开展继续侦查工作。

（4）相关工作要求：该部分内容主要是结合具体办案情况，列明继续侦查中需要达到的要求以及需要注意的问题。

（5）联系人及联系电话：一般注明案件承办检察官姓名及联系电话，方便侦查人员及时与检察机关承办人沟通继续侦查工作情况。

3. 尾部

落款为文书制发单位及发出日期，加盖制发单位公章。

（四）文书模板及制作说明

1. 文书模板

×××人民检察院

继续侦查提纲

（适用于审查逮捕阶段因证据不足不批准逮捕的案件）

×××（侦查机关名称）：

你局（或其他称谓）以__________号提请批准逮捕意见书移送审查批准逮捕的犯罪嫌疑人×××（姓名）涉嫌×××（罪名）一案，经审查，决定批准逮捕。为有效地指控犯罪，请你局（或其他称谓）继续做好以下侦查工作：

一、继续侦查的主要事项和工作

请你局（或其他称谓）查明以下事项并重点做好相关工作：

1. 为查明……，调取（核查、询问、讯问、梳理）……

2. 为核实……，调取（核查、询问、讯问、梳理）……

……

二、相关工作要求

继续侦查过程中，注意以下问题：

1. ……

2. ……

……

联系人：

联系电话：

×××人民检察院

20××年××月××日

（院印）

2. 制作说明

（1）本文书依据《人民检察院刑事诉讼规则》第二百五十七条的规定制作，适用于审查逮捕阶段因证据不足不批准逮捕，供侦查机关继续开展侦查工作时使用。

（2）继续侦查的主要事项和工作部分，主要围绕认定事实、适用法律存在的问题，详细、具体、明确地列明需要继续侦查的事项。

（3）相关工作要求部分，结合具体办案情况，列明继续侦查中需要达到的要求。

（4）本文书一式二份，一份附检察内卷，一份附批准逮捕决定书后送达侦查机关。

（5）对于人民检察院直接受理侦查案件决定逮捕，需要对收集证据、适用法律提出意见的，可以参照本文书修改表述后，制作继续侦查提纲。

2.1.14 工作文书：补充侦查提纲（适用于审查逮捕阶段因证据不足不批准逮捕的案件）

（一）基本概念

补充侦查提纲（适用于审查逮捕阶段因证据不足不批准逮捕的案件），是人民检察院对于公安机关提请批准逮捕，因证据不足作出不批准逮捕决定的案件，供侦查机关开展补充侦查工作时使用的工作文书。

（二）相关依据

1. 法律依据

《中华人民共和国刑事诉讼法》第九十条："人民检察院对于公安机关提请批准逮捕的案件进行审查后，应当根据情况分别作出批准逮捕或者不批准逮捕的决定。对于批准逮捕的决定，公安机关应当立即执行，并且将执行情况及时通知人民检察院。对于不批准逮捕的，人民检察院应当说明理由，需要补充侦查的，应当同时通知公安机关。"

2. 司法解释规定

《人民检察院刑事诉讼规则》第二百五十七条："对于批准逮捕后要

求公安机关继续侦查、不批准逮捕后要求公安机关补充侦查或者审查起诉阶段退回公安机关补充侦查的案件，人民检察院应当分别制作继续侦查提纲或者补充侦查提纲，写明需要继续侦查或者补充侦查的事项、理由、侦查方向、需补充收集的证据及其证明作用等，送交公安机关。”

第二百八十五条：“对公安机关提请批准逮捕的犯罪嫌疑人，具有本规则第一百三十九条至第一百四十一条规定情形，人民检察院作出不批准逮捕决定的，应当说明理由，连同案卷材料送达公安机关执行。需要补充侦查的，应当制作补充侦查提纲，送交公安机关。

人民检察院办理审查逮捕案件，不另行侦查，不得直接提出采取取保候审措施的意见。

对于因犯罪嫌疑人没有犯罪事实、具有刑事诉讼法第十六条规定的情形之一或者证据不足，人民检察院拟作出不批准逮捕决定的，应当经检察长批准。”

3. 其他规定

（1）公安部《公安机关办理刑事案件程序规定》第一百三十八条：“对于人民检察院不批准逮捕并通知补充侦查的，公安机关应当按照人民检察院的补充侦查提纲补充侦查。

公安机关补充侦查完毕，认为符合逮捕条件的，应当重新提请批准逮捕。”

（2）最高人民检察院、公安部《关于依法适用逮捕措施有关问题的规定》“五、对不批准逮捕，需要补充侦查的案件，人民检察院应当通知提请批准逮捕的公安机关补充侦查，并附补充侦查提纲，列明需要查清的事实和需要收集、核实的证据。

六、对人民检察院补充侦查提纲中所列的事项，公安机关应当及时进行侦查、核实，并逐一作出说明。不得未经侦查和说明，以相同材料再次提请批准逮捕。公安机关未经侦查、不作说明的，人民检察院可以作出不批准逮捕的决定。”

（3）最高人民检察院侦查监督厅《关于加强侦查监督说理工作的指导意见（试行）》对不（予）批准逮捕决定的说理进行了明确规定：“对因事实不清、证据不足决定不捕的案件，重点围绕证据的客观性、关联性、合法性进行说理。对侦查机关（部门）说理，应当指出哪些事实不清；对于证据不足的，应当指出欠缺哪些证据，并就补充取证提出建议；因取证不合法而排除非法证据的，应当指出违法的表现，阐明排除的理由。”

（4）最高人民检察院、公安部《关于加强和规范补充侦查工作的指导意见》第五条：“公安机关提请人民检察院审查批准逮捕的，人民检察院应当接收。经审查，不符合批捕条件的，应当依法作出不批准逮捕决定。人民检察院对于因证据不足作出不批准逮捕决定，需要补充侦查的，应当制作补充侦查提纲，列明证据体系存在的问题、补充侦查方向、取证要求等事项并说明理由。公安机关应当按照人民检察院的要求开展补充侦查。补充侦查完毕，认为符合逮捕条件的，应当重新提请批准逮捕。对于人民检察院不批准逮捕而未说明理由的，公安机关可以要求人民检察院说明理由。对人民检察院不批准逮捕的决定认为有错误的，公安机关可以依法要求复议、提请复核。

对于作出批准逮捕决定的案件，确有必要的，人民检察院可以根据案件证据情况，就完善证据体系、补正证据合法性、全面查清案件事实等事项，向公安机关提出捕后侦查意见。逮捕之后，公安机关应当及时开展侦查工作。”

（三）文书结构

1. 首部

首部制作文书的人民检察院需注明所在省（自治区、直辖市）的名称。如“广东省珠海市人民检察院”，后接文书名称“补充侦查提纲”。

2. 正文

（1）抬头，发往单位，即不批准逮捕后需要开展补充侦查的侦查机关，一般为提请批准逮捕的机关，行文上顶格书写。

（2）开头及首段。“你局（或其他称谓）以________号提请批准逮捕意见书移送审查批准逮捕的犯罪嫌疑人×××（姓名）涉嫌×××（罪名）一案，经审查，决定不批准逮捕。为有效地指控犯罪，请你局（或其他称谓）做好以下补充侦查工作”。这句填空式模句要求检察机关在开头部位写明案件的名称、不批准逮捕的结果以及需要补充侦查的事实。

（3）补充侦查的主要事项和工作。依据《人民检察院刑事诉讼法律文书格式样本（2020版）》中的要求，第一段提纲挈领地写出“需要查明以下事项并重点做好相关工作”，第二段起根据案件实际分项列举需要补充侦查的事项。每一分项内，填空式模句格式为“为查明……，调取（核查、询问、讯问、梳理）……”，使用时需要根据案件具体情况，重点写明每一项需要补充侦查的理由、补充侦查的方向、每一项补证的目的和意义，对复杂问题、争议问题作适当阐明，可以写明补充侦查的渠道、线索和方法。

（4）相关工作要求。此部分为检察机关强调重点事项，是检察机关向侦查机关提出补充侦查中应当特别注意的问题及补充侦查中所需要达到的要求。如：案件补充侦查的意义、案件定性和量刑的考虑、是否存在非法证据需要排除等问题。

（5）检察机关联系人及联系电话。此部分目的是加强公检两家的沟通，加强案件的后续跟踪、重新提请批准逮捕或者移送审查起诉等。

3. 尾部

落款为作出不批准逮捕的检察机关全称，需注明所在省（自治区、直辖市）的名称，如“广东省珠海市人民检察院”。落款日期为发出日期，日期上加盖院公章。

（四）文书模板及制作说明

1. 文书模板

×××人民检察院

补充侦查提纲

（适用于审查逮捕阶段因证据不足不批准逮捕的案件）

×××（侦查机关名称）：

你局（或其他称谓）以________________号提请批准逮捕意见书移

送审查批准逮捕的犯罪嫌疑人×××（姓名）涉嫌×××（罪名）一案，经审查，决定不批准逮捕。为有效地指控犯罪，请你局（或其他称谓）做好以下补充侦查工作：

一、补充侦查的主要事项和工作

请你局（或其他称谓）查明以下事项并重点做好相关工作：

1. 为查明……，调取（核查、询问、讯问、梳理）……

2. 为核实……，调取（核查、询问、讯问、梳理）……

……

二、相关工作要求

补充侦查过程中，注意以下问题：

1. ……

2. ……

……

联系人：

联系电话：

×××人民检察院

20××年××月××日

（院印）

2. 制作说明

（1）本文书依据《中华人民共和国刑事诉讼法》第九十条和《人民检察院刑事诉讼规则》第二百五十七条的规定制作，适用于因证据不足作出不批准逮捕决定的案件，供侦查机关开展补充侦查工作时使用。

（2）补充侦查的主要事项和工作部分，主要围绕认定事实、适用法律存在的问题和证据体系存在的问题，详细、具体、明确地列明需要补充侦查的事项。

（3）相关工作要求部分，结合具体办案情况，列明补充侦查中需要达到的要求。

（4）本文书一式二份，一份附检察内卷，一份附不批准逮捕决定书后送达侦查机关。

（5）对于人民检察院直接受理侦查案件决定不予逮捕的，参照本文书修改表述后，制作补充侦查提纲。

2.1.15 工作文书：不批准逮捕理由说明书

（一）基本概念

不批准逮捕理由说明书，是人民检察院对公安机关提请批准逮捕的案件决定不批准逮捕，向公安机关说明不批准逮捕理由时使用的工作文书。

（二）相关依据

1. 法律依据

（1）《中华人民共和国人民检察院组织法》第二十条："人民检察院行使下列职权：……（二）对刑事案件进行审查，批准或者决定是否逮捕犯罪嫌疑人……"

（2）《中华人民共和国刑事诉讼法》第八十一条第一款："对有证据证明有犯罪事实，可能判处徒刑以上刑罚的犯罪嫌疑人、被告人，采取取保候审尚不足以防止发生下列社会危险性的，应当予以逮捕：

（一）可能实施新的犯罪的；

（二）有危害国家安全、公共安全或者社会秩序的现实危险的；

（三）可能毁灭、伪造证据，干扰证人作证或者串供的；

（四）可能对被害人、举报人、控告人实施打击报复的；

（五）企图自杀或者逃跑的。"

第九十条："……对于不批准逮捕的，人民检察院应当说明理由，需要补充侦查的，应当同时通知公安机关。"

2. 司法解释规定

《人民检察院刑事诉讼规则》第一百二十八条第一款："人民检察院对有证据证明有犯罪事实，可能判处徒刑以上刑罚的犯罪嫌疑人，采取取保候审尚不足以防止发生下列社会危险性的，应当批准或者决定逮捕：

（一）可能实施新的犯罪的；

（二）有危害国家安全、公共安全或者社会秩序的现实危险的；

（三）可能毁灭、伪造证据，干扰证人作证或者串供的；

（四）可能对被害人、举报人、控告人实施打击报复的；

（五）企图自杀或者逃跑的。”

第一百三十四条：“人民检察院办理审查逮捕案件，应当全面把握逮捕条件，对有证据证明有犯罪事实、可能判处徒刑以上刑罚的犯罪嫌疑人，除具有刑事诉讼法第八十一条第三款、第四款规定的情形外，应当严格审查是否具备社会危险性条件。”

第一百三十五条：“人民检察院审查认定犯罪嫌疑人是否具有社会危险性，应当以公安机关移送的社会危险性相关证据为依据，并结合案件具体情况综合认定。必要时，可以通过讯问犯罪嫌疑人、询问证人等诉讼参与人、听取辩护律师意见等方式，核实相关证据。

依据在案证据不能认定犯罪嫌疑人符合逮捕社会危险性条件的，人民检察院可以要求公安机关补充相关证据，公安机关没有补充移送的，应当作出不批准逮捕的决定。”

第一百三十九条：“对具有下列情形之一的犯罪嫌疑人，人民检察院应当作出不批准逮捕或者不予逮捕的决定：

（一）不符合本规则规定的逮捕条件的；

（二）具有刑事诉讼法第十六条规定的情形之一的。”

第一百四十条：“犯罪嫌疑人涉嫌的罪行较轻，且没有其他重大犯罪嫌疑，具有下列情形之一的，可以作出不批准逮捕或者不予逮捕的决定：

（一）属于预备犯、中止犯，或者防卫过当、避险过当的；

（二）主观恶性较小的初犯，共同犯罪中的从犯、胁从犯，犯罪后自首、有立功表现或者积极退赃、赔偿损失、确有悔罪表现的；

（三）过失犯罪的犯罪嫌疑人，犯罪后有悔罪表现，有效控制损失或者积极赔偿损失的；

（四）犯罪嫌疑人与被害人双方根据刑事诉讼法的有关规定达成和解协议，经审查，认为和解系自愿、合法且已经履行或者提供担保的；

（五）犯罪嫌疑人认罪认罚的；

（六）犯罪嫌疑人系已满十四周岁未满十八周岁的未成年人或者在校学生，本人有悔罪表现，其家庭、学校或者所在社区、居民委员会、村民委员会具备监护、帮教条件的；

（七）犯罪嫌疑人系已满七十五周岁的人。”

第二百八十五条：“对公安机关提请批准逮捕的犯罪嫌疑人，具有本规则第一百三十九条至第一百四十一条规定情形，人民检察院作出不批准逮捕决定的，应当说明理由，连同案卷材料送达公安机关执行……”

（三）文书结构

1. 首部

首部包括制作文书的检察院名称、文书名称和文书编号。制作文书的人民检察院需注明所在省（自治区、直辖市）的名称，不能只写地区级市、县、区院名。文书名称，即“不批准逮捕理由说明书”。文号生成格式为：“××检××不批捕说理〔20××〕×号”。

2. 正文

（1）发往单位，即移送审查逮捕的单位，行文上顶格书写。

（2）报捕案件的犯罪嫌疑人及其所涉嫌罪名、案件来源、报捕书文号、检察机关经审查后作出不批准逮捕的犯罪嫌疑人名称。依据《人民检察院刑事诉讼法律文书格式样本（2020版）》中的要求，开头及首句的模板是“你局××××年××月××日以×××文书提请批准逮捕的犯罪嫌疑人×××，经审查，我院对其作出不批准逮捕决定。根据《中华人民共和国刑事诉讼法》第九十条的规定，现说明理由如下：……”

（3）案件事实及证据。写明侦查机关指控的犯罪，阐释清楚检察机关经审查认定的事实及证据，旨在表明检察机关认可或者否定侦查机关指控的全部事实或部分事实，作出不批准逮捕决定事实及证据依据，由此明确侦查机关认定的“应捕”和检察机关认定的“不捕”之间的争议焦点。具体撰写应当根据不批准逮捕类型的不同进行有侧重性的表述。

（4）不批准逮捕的理由和法律依据。该部分是本文书的核心内容，本部分应当首先确定不批准逮捕理由的分类定性，再分别就案件的刑法构成要件符合性问题、证据结构问题、刑罚后果和社会危险性问题展开论述。

不批准逮捕理由说明的具体展开没有固定范式，但整体上应遵循“以事实为依据，以法律为准绳”。“事实依据”即围绕证据条件、刑罚条件或社会危险性条件，对个案具体情况进行展开分析，例如在案证据情况、涉案轻重程度、犯罪嫌疑人个体和人格情况、是否具备取保候审或监视居住条件等；“法律准绳”以《中华人民共和国刑事诉讼法》及其他刑事诉讼司法解释中关于批准逮捕基本条件的规定为主，同时兼顾《中华人民共和国刑法》的实体性规定（如犯罪构成要件、刑事责任情节等）。

（5）不捕决定后的复议复核权利说明。该部分为固定范式，通过引用《中华人民共和国刑事诉讼法》第九十二条的规定向侦查机关说明对不捕案件的救济渠道，表述模式为“根据《中华人民共和国刑事诉讼法》第九十二条的规定，如你局认为本院不批准逮捕决定有错误而要求复议的，应当在收到《不批准逮捕决定书》后五日内制作《要求复议意见书》，送交本院进行复议。”

3. 尾部

尾部包括制作文书的检察机关署名以及文书的落款日期，落款日期通常为发出日期，日期上加盖公章。

（四）文书模板及制作说明

1. 文书模板

×××人民检察院

不批准逮捕理由说明书

××检××不批捕说理〔20××〕×号

×××（侦查机关）：

你局××××年××月××日以×××文书提请批准逮捕的犯罪嫌疑人×××，经审查，我院对其作出不批准逮捕决定。根据《中华人民共和国刑事诉讼法》第九十条的规定，现说明理由如下：

一、

二、

……

根据《中华人民共和国刑事诉讼法》第九十二条的规定，如你局认为本院不批准逮捕决定有错误而要求复议的，应当在收到《不批准逮捕决定书》后五日内制作《要求复议意见书》，送交本院进行复议。

20××年××月××日

（院印）

2. 制作说明

（1）本文书依据《中华人民共和国刑事诉讼法》第九十条的规定制作。是人民检察院对公安机关提请批准逮捕的案件，决定不批准逮捕，向公安机关说明不批准逮捕理由时使用。

（2）本文书一式二份，第一份附卷，第二份送侦查机关。

2.1.16 工作文书：讯问提纲

（一）基本概念

讯问提纲，是人民检察院在办理刑事案件过程中讯问犯罪嫌疑人、被告人、原审被告人、上诉人时所使用，是检察机关在刑事诉讼不同阶段讯问犯罪嫌疑人、被告人、原审被告人、上诉人之前，根据案件情况概括讯问的纲目和要点，用以制作讯问笔录的辅助性工作文书。

（二）相关依据

1. 法律依据

《中华人民共和国刑事诉讼法》第一百七十三条：“人民检察院审查案件，应当讯问犯罪嫌疑人，听取辩护人或者值班律师、被害人及其诉讼代理人的意见，并记录在案……”

第一百九十一条第一款：“公诉人在法庭上宣读起诉书后，被告人、被害人可以就起诉书指控的犯罪进行陈述，公诉人可以讯问被告人。”

2. 司法解释规定

《人民检察院刑事诉讼规则》第二百八十条：“人民检察院办理审查逮捕案件，可以讯问犯罪嫌疑人；具有下列情形之一的，应当讯问犯罪嫌疑人：

（一）对是否符合逮捕条件有疑问的；

（二）犯罪嫌疑人要求向检察人员当面陈述的；

（三）侦查活动可能有重大违法行为的；

（四）案情重大、疑难、复杂的；

（五）犯罪嫌疑人认罪认罚的；

（六）犯罪嫌疑人系未成年人的；

（七）犯罪嫌疑人是盲、聋、哑人或者是尚未完全丧失辨认或者控制自己行为能力的精神病人的。

讯问未被拘留的犯罪嫌疑人，讯问前应当听取公安机关的意见。

办理审查逮捕案件，对被拘留的犯罪嫌疑人不予讯问的，应当送达听取犯罪嫌疑人意见书，由犯罪嫌疑人填写后及时收回审查并附卷。经审查认为应当讯问犯罪嫌疑人的，应当及时讯问。”

第三百零二条：“对被逮捕的犯罪嫌疑人，应当在逮捕后二十四小时以内进行讯问。

发现不应当逮捕的，应当经检察长批准，撤销逮捕决定或者变更为其他强制措施，并通知公安机关执行，同时通知负责捕诉的部门。

对按照前款规定被释放或者变更强制措施的犯罪嫌疑人，又发现需要逮捕的，应当重新移送审查逮捕。”

第三百三十一条：“人民检察院办理审查起诉案件应当讯问犯罪嫌疑人。”

第四百四十九条：“检察人员在审查第一审案卷材料时，应当复核主要证据，可以讯问原审被告人……”

第四百五十条：“人民检察院办理死刑上诉、抗诉案件，应当进行下列工作：

（一）讯问原审被告人，听取原审被告人的上诉理由或者辩解……”

第五百五十一条："人民检察院对刑事诉讼活动实行法律监督，发现违法情形的，依法提出抗诉、纠正意见或者检察建议。

人民检察院对于涉嫌违法的事实，可以采取以下方式进行调查核实：

（一）讯问、询问犯罪嫌疑人……"

3. 其他规定

最高人民检察院、公安部《关于审查逮捕阶段讯问犯罪嫌疑人的规定》（内容略）。

（三）文书结构

1. 首部

文书首部需注明所在省（自治区、直辖市）的名称，首部由检察机关名称和文书名称组成。其中，检察机关的名称应为全称，即要注明所在省（自治区、直辖市）名称，不能只写地区级市、县、区院名。文书名称，即"讯问提纲"。

2. 正文

文书内容需包括案件阶段、适用情形、犯罪嫌疑人情况、案由、讯问人、讯问重点几部分内容。其中，主要内容是讯问重点。

讯问重点主要包括：犯罪嫌疑人身份状况，包括姓名、性别、国籍、出生年月日、职业和单位等；单位犯罪的，单位的相关情况；犯罪事实、情节；实施犯罪的时间、地点、手段、危害后果等；有无法定的从重、从轻、减轻或者免除处罚情节及酌定从重、从轻情节；共同犯罪案件的犯罪嫌疑人在犯罪活动中的责任情节；犯罪嫌疑人是否认罪认罚；是否存在刑讯逼供或其他非法取证的情形；有无附带民事诉讼；是否有国家财产、集体财产遭受损失情况；是否有破坏生态环境和资源保护，食品药品安全领域侵害众多消费者合法权益，侵害英雄烈士的姓名、肖像、名誉、荣誉等损害社会公共利益的行为；采取的强制措施是否适当；对于已经逮捕的犯罪嫌疑人，有无继续羁押的必要；涉案财物情况；是否有揭发检举他人犯罪情况。

(四) 文书模板及制作说明

1. 文书模板

×××人民检察院

讯问提纲

案件阶段：
适用情形：
犯罪嫌疑人（被告人、原审被告人、上诉人）：
案由：
讯问人：
讯问重点：
1.
2.
3.

2. 制作说明

（1）本文书依据《中华人民共和国刑事诉讼法》第一百七十三条，《人民检察院刑事诉讼规则》第三百零二条、第三百三十一条、第四百四十九条、第四百五十条、第五百五十一条和最高人民检察院、公安部《关于审查逮捕阶段讯问犯罪嫌疑人的规定》的规定制作。为检察机关讯问犯罪嫌疑人、被告人、原审被告人、上诉人时使用。

（2）本文书以人为单位制作。

（3）本文书一式一份附卷。

2.1.17　工作文书：讯问笔录（适用捕诉阶段）

(一) 基本概念

讯问笔录（适用捕诉阶段），是人民检察院在办理审查逮捕、审查起诉案件，以及案件提起公诉过程中，对犯罪嫌疑人、被告人、原审被告人、上诉人依法进行讯问并如实记载讯问情况所形成的文字材料，是一种工作文书。

（二）相关依据

1. 法律依据

《中华人民共和国刑事诉讼法》第八十八条："人民检察院审查批准逮捕，可以讯问犯罪嫌疑人；有下列情形之一的，应当讯问犯罪嫌疑人：

（一）对是否符合逮捕条件有疑问的；

（二）犯罪嫌疑人要求向检察人员当面陈述的；

（三）侦查活动可能有重大违法行为的。

……"

第一百一十八条："讯问犯罪嫌疑人必须由人民检察院或者公安机关的侦查人员负责进行。讯问的时候，侦查人员不得少于二人。

犯罪嫌疑人被送交看守所羁押以后，侦查人员对其进行讯问，应当在看守所内进行。"

第一百二十一条："讯问聋、哑的犯罪嫌疑人，应当有通晓聋、哑手势的人参加，并且将这种情况记明笔录。"

第一百二十二条："讯问笔录应当交犯罪嫌疑人核对，对于没有阅读能力的，应当向他宣读。如果记载有遗漏或者差错，犯罪嫌疑人可以提出补充或者改正。犯罪嫌疑人承认笔录没有错误后，应当签名或者盖章。侦查人员也应当在笔录上签名。犯罪嫌疑人请求自行书写供述的，应当准许。必要的时候，侦查人员也可以要犯罪嫌疑人亲笔书写供词。"

第一百二十三条："侦查人员在讯问犯罪嫌疑人的时候，可以对讯问过程进行录音或者录像；对于可能判处无期徒刑、死刑的案件或者其他重大犯罪案件，应当对讯问过程进行录音或者录像。

录音或者录像应当全程进行，保持完整性。"

第一百七十三条："人民检察院审查案件，应当讯问犯罪嫌疑人，听取辩护人或者值班律师、被害人及其诉讼代理人的意见，并记录在案。辩护人或者值班律师、被害人及其诉讼代理人提出书面意见的，应当附卷。

犯罪嫌疑人认罪认罚的，人民检察院应当告知其享有的诉讼权利和认罪认罚的法律规定，听取犯罪嫌疑人、辩护人或者值班律师、被害人及其诉讼代理人对下列事项的意见，并记录在案：

（一）涉嫌的犯罪事实、罪名及适用的法律规定；

（二）从轻、减轻或者免除处罚等从宽处罚的建议；

（三）认罪认罚后案件审理适用的程序；

（四）其他需要听取意见的事项。

人民检察院依照前两款规定听取值班律师意见的，应当提前为值班律师了解案件有关情况提供必要的便利。”

2. 司法解释规定

《人民检察院刑事诉讼规则》第一百三十五条第一款：“人民检察院审查认定犯罪嫌疑人是否具有社会危险性，应当以公安机关移送的社会危险性相关证据为依据，并结合案件具体情况综合认定。必要时，可以通过讯问犯罪嫌疑人、询问证人等诉讼参与人、听取辩护律师意见等方式，核实相关证据。”

第一百八十二条：“讯问犯罪嫌疑人，由检察人员负责进行。讯问时，检察人员或者检察人员和书记员不得少于二人。

讯问同案的犯罪嫌疑人，应当个别进行。”

第一百八十七条：“讯问犯罪嫌疑人一般按照下列顺序进行：

（一）核实犯罪嫌疑人的基本情况，包括姓名、出生年月日、户籍地、公民身份号码、民族、职业、文化程度、工作单位及职务、住所、家庭情况、社会经历、是否属于人大代表、政协委员等；

（二）告知犯罪嫌疑人在侦查阶段的诉讼权利，有权自行辩护或者委托律师辩护，告知其如实供述自己罪行可以依法从宽处理和认罪认罚的法律规定；

（三）讯问犯罪嫌疑人是否有犯罪行为，让他陈述有罪的事实或者无罪的辩解，应当允许其连贯陈述。

犯罪嫌疑人对检察人员的提问，应当如实回答。但是对与本案无关的问题，有拒绝回答的权利。

讯问犯罪嫌疑人时，应当告知犯罪嫌疑人将对讯问进行全程同步录音、录像。告知情况应当在录音、录像中予以反映，并记明笔录。

讯问时，对犯罪嫌疑人提出的辩解要认真查核。严禁刑讯逼供和以威胁、引诱、欺骗以及其他非法的方法获取供述。”

第一百八十八条：“讯问犯罪嫌疑人，应当制作讯问笔录。讯问笔录应当忠实于原话，字迹清楚，详细具体，并交犯罪嫌疑人核对。犯罪嫌疑人没有阅读能力的，应当向他宣读。如果记载有遗漏或者差错，应当补充或者改正。犯罪嫌疑人认为讯问笔录没有错误的，由其在笔录上逐页签名或者盖章，并捺指印，在末页写明‘以上笔录我看过（向我宣读过），和我说的相符’，同时签名或者盖章，并捺指印，注明日期。如果犯罪嫌疑人拒绝签名、盖章、捺指印的，应当在笔录上注明。讯问的检察人员、书记员也应当在笔录上签名。”

第三百零二条第一款：“对被逮捕的犯罪嫌疑人，应当在逮捕后二十四小时以内进行讯问。”

第三百三十一条：“人民检察院办理审查起诉案件应当讯问犯罪嫌疑人。”

第四百四十九条：“检察人员在审查第一审案卷材料时，应当复核主要证据，可以讯问原审被告人。必要时，可以补充收集证据、重新鉴定或者补充鉴定。需要原侦查案件的公安机关补充收集证据的，可以要求其补充收集。

被告人、辩护人提出被告人自首、立功等可能影响定罪量刑的材料和线索的，可以移交公安机关调查核实，也可以自行调查核实。发现遗漏罪行或者同案犯罪嫌疑人的，应当建议公安机关侦查。

对于下列原审被告人，应当进行讯问：

（一）提出上诉的；

（二）人民检察院提出抗诉的；

（三）被判处无期徒刑以上刑罚的。”

第四百五十条：“人民检察院办理死刑上诉、抗诉案件，应当进行下列工作：

（一）讯问原审被告人，听取原审被告人的上诉理由或者辩解……”

第五百五十一条："人民检察院对刑事诉讼活动实行法律监督，发现违法情形的，依法提出抗诉、纠正意见或者检察建议。

人民检察院对于涉嫌违法的事实，可以采取以下方式进行调查核实：

（一）讯问、询问犯罪嫌疑人……"

（三）文书结构

1. 首部

首部制作文书的人民检察院需注明所在省（自治区、直辖市）的名称，不能只写地区级市、县、区院名。文书名称，即"讯问笔录"。

写明讯问的时间、地点、案由和犯罪嫌疑人（被告人）的姓名、曾用名、性别、年龄、民族、籍贯、受教育状况、住址、工作单位、职务或职业、联系方式。

2. 正文

（1）开头及首句。依据《人民检察院工作文书格式样本（2020年版）》中的要求，开头及首句的模板是"（出示工作证件）我们是×××人民检察院的检察人员，现依法对你进行讯问。根据法律的规定，对于我们的提问，你应当如实回答，不得作虚假陈述。但是对于与本案无关的问题，你有拒绝回答的权利"，这句填空式模句的目的是要求讯问人员在讯问开始前先表明身份，同时明确被讯问人如实回答的义务。

（2）内容。讯问笔录正文内容主要包括以下几点：一是核实被讯问人的基本情况，包括姓名、曾用名、性别、出生年月日、身份证件种类及号码、民族、籍贯、文化程度、有无党派、是否人大代表或者政协委员、工作单位、职务级别或者职业、住址、有无前科以及家庭情况、个人简历等。二是讯问被讯问人是否有犯罪行为，让他陈述有罪的事实或者无罪的辩解。三是讯问有无非法羁押、刑讯逼供、威胁、引诱、欺骗或者以其他非法方法获取口供的情形。

3. 尾部

讯问完毕应当要求被讯问人核对笔录，如果记载有遗漏或者差错的，有权申请补正。核对无误的，应当在每一页签名、捺指印，并在最后一页写上："以上笔录我看过（向我宣读过），和我说的相符"。同时签名、捺指印，注明日期。讯问的检察人员、书记员也应当在笔录上签名。

（四）文书模板及制作说明

1．文书模板

×××人民检察院

讯问笔录

讯问时间：________年______月_____日_____时_____分至_____时_____分
讯问地点：____
讯问人：__________________________记录人：__________________________
案由：____
犯罪嫌疑人（被告人）姓名：________曾用名：________性别：________
年龄：____民族：____籍贯：__________受教育状况：______________
住址：____
工作单位：____
职务或职业：____
联系方式：____

（出示工作证件）我们是×××人民检察院的检察人员，现依法对你进行讯问。根据法律的规定，对于我们的提问，你应当如实回答，不得作虚假陈述。但是对于与本案无关的问题，你有拒绝回答的权利。

问：以上告知，你清楚了吗？

答：

问：介绍一下你的基本情况。

答：[犯罪嫌疑人（被告人）的基本情况，包括姓名、曾用名、性别、出生年月日、身份证件种类及号码、民族、籍贯、文化程度、有无党派、是否人大代表或者政协委员、工作单位、职务级别或者职业、住址、有无前科等]

问：介绍一下你的家庭情况。

答：（配偶、子女、父母、兄弟姐妹及其他重要家庭成员的年龄、工

作单位、住址等）

问：介绍一下你的个人简历。

答：（从中学毕业至今的学习、工作经历）

问：你是否有犯罪行为？

答：[犯罪嫌疑人（被告人）的有罪供述或者无罪辩解]

（供述的主要内容）

问：本次讯问中，有无非法羁押、刑讯逼供、威胁、引诱、欺骗或者以其他非法方法获取口供的情形？

答：

问：你还有何补充？

答：

问：你以上所讲是否属实？

答：

问：请核对笔录，如果记载有遗漏或者差错的，有权申请补正。核对无误的，请在每一页签名、捺指印，并在最后一页写上："以上笔录我看过（向我宣读过），和我说的相符。"

答：

[犯罪嫌疑人（被告人）写："以上笔录我看过（向我宣读过），和我说的相符。"]

犯罪嫌疑人（被告人）：×××（签名、指印）

年　月　日

讯问人签字：

2. 制作说明

（1）本文书依据《中华人民共和国刑事诉讼法》第八十八条、第一百一十八条、第一百二十条、第一百二十一条、第一百二十二条、第一百二十三条、第一百七十三条，《人民检察院刑事诉讼规则》第一百三十五条、第一百八十二条、第一百八十七条、第一百八十八条的规定制作。

（2）有权制作本文书的是办理具体案件的人民检察院。

（3）讯问笔录制作时需由两名以上工作人员完成，写明制作单位、制作时间、地点、讯问人姓名、记录人姓名、犯罪嫌疑人（被告人）姓名、曾用名、性别、年龄、民族、籍贯、受教育状况、住址、工作单位、职务或职业、联系方式。

2.1.18 工作文书：调查笔录（适用捕诉阶段）

（一）基本概念

调查笔录（适用捕诉阶段），是人民检察院在办理案件中需调查核实时，一般为在办理直接受理案件的初查阶段的言词证据记录时所使用的工作文书。

本文书在以下情况下也可使用：在调查检察人员是否符合回避条件时；办理案件过程中发现侦查人员以非法方法收集证据的，应当及时进行调查核实；犯罪嫌疑人认罪认罚，人民检察院拟提出适用缓刑或者判处管制的量刑建议，可以委托犯罪嫌疑人居住地的社区矫正机构进行调查核实；审查核准追诉的案件时，有必要开展调查的；其他需要调查核实的情况。

（二）相关依据

1. 法律依据

《中华人民共和国刑事诉讼法》第五十七条："人民检察院接到报案、控告、举报或者发现侦查人员以非法方法收集证据的，应当进行调查核实。对于确有以非法方法收集证据情形的，应当提出纠正意见；构成犯罪的，依法追究刑事责任。"

第二百七十九条："公安机关、人民检察院、人民法院办理未成年人刑事案件，根据情况可以对未成年犯罪嫌疑人、被告人的成长经历、犯罪原因、监护教育等情况进行调查。"

2. 司法解释规定

《人民检察院刑事诉讼规则》第二十七条："……人民检察院经过审查或者调查，认为检察人员符合回避条件的，应当作出回避决定；不符合回避条件的，应当驳回申请。”

第七十二条：“人民检察院发现侦查人员以非法方法收集证据的，应当及时进行调查核实。

当事人及其辩护人或者值班律师、诉讼代理人报案、控告、举报侦查人员采用刑讯逼供等非法方法收集证据，并提供涉嫌非法取证的人员、时间、地点、方式和内容等材料或者线索的，人民检察院应当受理并进行审查。根据现有材料无法证明证据收集合法性的，应当及时进行调查核实。

上一级人民检察院接到对侦查人员采用刑讯逼供等非法方法收集证据的报案、控告、举报，可以直接进行调查核实，也可以交由下级人民检察院调查核实。交由下级人民检察院调查核实的，下级人民检察院应当及时将调查结果报告上一级人民检察院。

人民检察院决定调查核实的，应当及时通知公安机关。”

第一百六十一条：“人民检察院负责控告申诉检察的部门统一接受报案、控告、举报、申诉和犯罪嫌疑人投案自首，并依法审查，在七日以内作出以下处理：

（一）属于本院管辖且符合受理条件的，应当予以受理；

（二）不属于本院管辖的报案、控告、举报、自首，应当移送主管机关处理。必须采取紧急措施的，应当先采取紧急措施，然后移送主管机关。不属于本院管辖的申诉，应当告知其向有管辖权的机关提出；

（三）案件情况不明的，应当进行必要的调查核实，查明情况后依法作出处理。

负责控告申诉检察的部门可以向下级人民检察院交办控告、申诉、举报案件，并依照有关规定进行督办。”

第一百六十七条：“对于人民检察院直接受理侦查案件的线索，上级人民检察院在必要时，可以直接调查核实或者组织、指挥、参与下级人民检察院的调查核实，可以将下级人民检察院管辖的案件线索指定辖区内其他人民检察院调查核实，也可以将本院管辖的案件线索交由下级人民检察院调查核实；下级人民检察院认为案件线索重大、复杂，需要由上级人民检察院调查核实的，可以提请移送上级人民检察院调查核实。”

第一百六十九条："进行调查核实，可以采取询问、查询、勘验、检查、鉴定、调取证据材料等不限制被调查对象人身、财产权利的措施。不得对被调查对象采取强制措施，不得查封、扣押、冻结被调查对象的财产，不得采取技术侦查措施。"

第一百七十条："负责侦查的部门调查核实后，应当制作审查报告。

调查核实终结后，相关材料应当立卷归档。立案进入侦查程序的，对于作为诉讼证据以外的其他材料应当归入侦查内卷。"

第二百六十五条："犯罪嫌疑人及其辩护人申请排除非法证据，并提供相关线索或者材料的，人民检察院应当调查核实。发现侦查人员以刑讯逼供等非法方法收集证据的，应当依法排除相关证据并提出纠正意见。

审查逮捕期限届满前，经审查无法确定存在非法取证的行为，但也不能排除非法取证可能的，该证据不作为批准逮捕的依据。检察官应当根据在案的其他证据认定案件事实和决定是否逮捕，并在作出批准或者不批准逮捕的决定后，继续对可能存在的非法取证行为进行调查核实。经调查核实确认存在以刑讯逼供等非法方法收集证据情形的，应当向公安机关提出纠正意见。以非法方法收集的证据，不得作为提起公诉的依据。"

第二百七十七条："犯罪嫌疑人认罪认罚，人民检察院拟提出适用缓刑或者判处管制的量刑建议，可以委托犯罪嫌疑人居住地的社区矫正机构进行调查评估，也可以自行调查评估。"

第三百二十四条："地方各级人民检察院对公安机关报请核准追诉的案件，应当及时进行审查并开展必要的调查。经检察委员会审议提出是否同意核准追诉的意见，制作报请核准追诉案件报告书，连同案卷材料一并层报最高人民检察院。"

第三百四十一条："人民检察院在审查起诉中发现有应当排除的非法证据，应当依法排除，同时可以要求监察机关或者公安机关另行指派调查人员或者侦查人员重新取证。必要时，人民检察院也可以自行调查取证。"

第三百四十三条："人民检察院对于监察机关移送起诉的案件，认为需要补充调查的，应当退回监察机关补充调查。必要时，可以自行补充侦查。

需要退回补充调查的案件，人民检察院应当出具补充调查决定书、补充调查提纲，写明补充调查的事项、理由、调查方向、需补充收集的证据及其证明作用等，连同案卷材料一并送交监察机关。

人民检察院决定退回补充调查的案件，犯罪嫌疑人已被采取强制措施的，应当将退回补充调查情况书面通知强制措施执行机关。监察机关需要讯问的，人民检察院应当予以配合。”

第四百六十一条：“人民检察院根据情况可以对未成年犯罪嫌疑人的成长经历、犯罪原因、监护教育等情况进行调查，并制作社会调查报告，作为办案和教育的参考。

人民检察院开展社会调查，可以委托有关组织和机构进行。开展社会调查应当尊重和保护未成年人隐私，不得向不知情人员泄露未成年犯罪嫌疑人的涉案信息。

人民检察院应当对公安机关移送的社会调查报告进行审查。必要时，可以进行补充调查。

人民检察院制作的社会调查报告应当随案移送人民法院。”

第五百二十三条第二款：“对于监察机关或者公安机关移送的没收违法所得案件，经审查认为不符合刑事诉讼法第二百九十八条第一款规定条件的，应当作出不提出没收违法所得申请的决定，并向监察机关或者公安机关书面说明理由；认为需要补充证据的，应当书面要求监察机关或者公安机关补充证据，必要时也可以自行调查。”

第五百三十八条：“人民检察院办理公安机关移送的强制医疗案件，可以采取以下方式开展调查，调查情况应当记录并附卷：

（一）会见涉案精神病人，听取涉案精神病人的法定代理人、诉讼代理人意见；

（二）询问办案人员、鉴定人；

（三）向被害人及其法定代理人、近亲属了解情况；

（四）向涉案精神病人的主治医生、近亲属、邻居、其他知情人员或者基层组织等了解情况；

（五）就有关专门性技术问题委托具有法定资质的鉴定机构、鉴定人进行鉴定。”

第五百三十九条第二款：“对于公安机关移送的强制医疗案件，经审查认为不符合刑事诉讼法第三百零二条规定条件的，应当作出不提出强制医疗申请的决定，并向公安机关书面说明理由。认为需要补充证据的，应当书面要求公安机关补充证据，必要时也可以自行调查。”

（三）文书结构

1. 首部

（1）标题。调查笔录的标题由检察机关名称、文书名称两部分组成。其中，检察机关的名称应为全称，即要注明所在省（自治区、直辖市）名称，不能只写地区级市、县、区院名。文书名称，即“调查笔录”。

（2）基本信息情况。按规定栏目，逐项记载调查的起止时间、地点，调查人、记录人的姓名及其工作单位。调查人、记录人姓名两栏应当分别由调查人、记录人手写签名。被调查人的姓名、性别、年龄、家庭住址、工作单位、联系方式等个人信息。调查时，有其他在场人，如未成年人的法定代理人或合适成年人在场、翻译人员在场等，也应作出记载。

2. 正文

（1）告知权利义务、法律责任等相关事项。对于首次调查相关人员的情况，应当在记录完被调查人基本信息后，出示证件，表明调查人身份，向被调查人告知法律规定的诉讼权利义务，告知故意作伪证或者隐匿罪证应当承担的法律责任。对于非首次调查的情况，也可以参照制作告知事项。

（2）调查内容。调查记录采用一问一答式，如实记录被调查人提供的证言。调查前应当有针对性地制定调查方案。根据被调查人的具体情况选择相应的调查方式方法，引导被调查人如实提供证言。调查内容不必一字不落全部记录，对于与调查目的无关的内容，可以省略。对于被调查人受文化水平限制，表达能力不是很好的，需要对其答话进行适当的组织概括，力求语言准确、文字通顺，避免使用可能引起歧义的文字。

3. 尾部

核对笔录记载。调查结束后，记录人应将笔录交由被调查人过目或者向其宣读。如有出入，可以及时更正。确认无误后，由被调查人在笔录上逐页签名、捺指印，在补充修改的位置也要签名或捺指印。在笔录最后一页写上“以上笔录我已经看过（向我宣读过），和我说的相符”

字样，并签名、捺指印，注明日期。被调查人拒绝签名或向其宣读的，由调查人在笔录上说明情况，并签名。有其他人员在场的，也应当在笔录上签名，以证明调查的合法性。

(四) 文书模板及制作说明

1. 文书模板

××× 人民检察院

调查笔录

开始时间：　　　　结束时间：

地点：

调查人：　　　　记录人：

被调查人：　　　　性　别：　　　　民　族：

出生年月：　　　　文化程度：

公民身份号码：　　　　政治面貌：

工作单位、职务：

联系方式：

现在住址：

告知：(出示工作证件) 我们是×××人民检察院的检察人员，现依法对你进行调查。按照法律规定，你应当如实回答，不得作虚假陈述，否则要承担相应的法律责任。但是对于与本案无关的问题，你有权拒绝回答。(向被调查人宣读并送达权利和义务告知书)

问：以上告知，你清楚了吗？

答：

…… (调查发问与回答的内容)

问：本次调查中，有无非法羁押、刑讯逼供、威胁、引诱、欺骗或者以其他非法方法获取陈述的情形？

答：

问：你还有何补充？

答：

问：你以上所讲是否属实？

答：

问：请核对笔录，如果记载有遗漏或者差错的，有权申请补正。核对无误的，请在每一页签名、捺指印，并在最后一页写上："以上笔录我看过（向我宣读过），和我说的相符。"

答：

［被调查人写："以上笔录我看过（向我宣读过），和我说的相符。"］

被调查人：________（签名、指印）

20××年××月××日

调查人签名：

2. 制作说明

（1）本文书依据《中华人民共和国刑事诉讼法》第五十七条、第二百七十九条，《人民检察院刑事诉讼规则》第二十七条、第七十二条、第一百六十一条、第一百六十七条、第一百六十九条、第一百七十条、第二百六十五条、第二百七十七条、第三百二十四条、第三百四十一条、第三百四十三条、第四百六十一条、第五百二十三条第二款、第五百三十八条、第五百三十九条第二款的规定制作。本文书供在办理案件中需调查核实时使用，在以下情况下也可使用：在调查检察人员是否符合回避条件时；办理案件过程中发现侦查人员以非法方法收集证据的，应当及时进行调查核实；犯罪嫌疑人认罪认罚，人民检察院拟提出适用缓刑或者判处管制的量刑建议，可以委托犯罪嫌疑人居住地的社区矫正机构进行调查核实；审查核准追诉的案件时，有必要开展调查的；其他需要调查核实的情况。

（2）制作本文书时需由两名以上工作人员完成，写明制作单位、制作时间、地点、调查人姓名、记录人姓名、被调查人姓名、性别、年龄、民族、文化状况、住址、工作单位、职务或职业、联系方式。

（3）本文书以人为单位制作。

（4）本文书一式一份，留存附卷。

2.1.19　工作文书：询问笔录（适用捕诉阶段）

（一）基本概念

询问笔录（适用捕诉阶段），是检察人员在办理案件中，为了查清案件事实，向证人或被害人查询了解案件有关情况而制作的文字记录，是一种工作文书。

（二）相关依据

1. 法律依据

《中华人民共和国刑事诉讼法》第八十八条第二款："人民检察院审查批准逮捕，可以询问证人等诉讼参与人，听取辩护律师的意见；辩护律师提出要求的，应当听取辩护律师的意见。"

第一百二十四条："侦查人员询问证人，可以在现场进行，也可以到证人所在单位、住处或者证人提出的地点进行，在必要的时候，可以通知证人到人民检察院或者公安机关提供证言。在现场询问证人，应当出示工作证件，到证人所在单位、住处或者证人提出的地点询问证人，应当出示人民检察院或者公安机关的证明文件。

询问证人应当个别进行。"

第一百二十五条："询问证人，应当告知他应当如实地提供证据、证言和有意作伪证或者隐匿罪证要负的法律责任。"

第一百二十六条："本法第一百二十二条[①]的规定，也适用于询问

① 《中华人民共和国刑事诉讼法》第一百二十二条："讯问笔录应当交犯罪嫌疑人核对，对于没有阅读能力的，应当向他宣读。如果记载有遗漏或者差错，犯罪嫌疑人可以提出补充或者改正。犯罪嫌疑人承认笔录没有错误后，应当签名或者盖章。侦查人员也应当在笔录上签名。犯罪嫌疑人请求自行书写供述的，应当准许。必要的时候，侦查人员也可以要犯罪嫌疑人亲笔书写供词。"

证人。”

第一百二十七条：“询问被害人，适用本节各条规定。”

2. 司法解释规定

《人民检察院刑事诉讼规则》第一百三十五条第一款：“人民检察院审查认定犯罪嫌疑人是否具有社会危险性，应当以公安机关移送的社会危险性相关证据为依据，并结合案件具体情况综合认定。必要时，可以通过讯问犯罪嫌疑人、询问证人等诉讼参与人、听取辩护律师意见等方式，核实相关证据。”

第一百九十一条：“人民检察院在侦查过程中，应当及时询问证人，并且告知证人履行作证的权利和义务。

人民检察院应当保证一切与案件有关或者了解案情的公民有客观充分地提供证据的条件，并为他们保守秘密。除特殊情况外，人民检察院可以吸收他们协助调查。”

第一百九十二条：“询问证人，应当由检察人员负责进行。询问时，检察人员或者检察人员和书记员不得少于二人。”

第一百九十三条：“询问证人，可以在现场进行，也可以到证人所在单位、住处或者证人提出的地点进行。必要时，也可以通知证人到人民检察院提供证言。到证人提出的地点进行询问的，应当在笔录中记明。

询问证人应当个别进行。

在现场询问证人，应当出示工作证件。到证人所在单位、住处或者证人提出的地点询问证人，应当出示人民检察院的证明文件。”

第一百九十四条：“询问证人，应当问明证人的基本情况以及与当事人的关系，并且告知证人应当如实提供证据、证言和故意作伪证或者隐匿罪证应当承担的法律责任，但是不得向证人泄露案情，不得采用拘禁、暴力、威胁、引诱、欺骗以及其他非法方法获取证言。

询问重大或者有社会影响的案件的重要证人，应当对询问过程实行全程录音、录像，并在询问笔录中注明。”

第一百九十五条：“询问被害人，适用询问证人的规定。”

第二百五十九条：“办理审查逮捕、审查起诉案件，可以询问证人、被害人、鉴定人等诉讼参与人，并制作笔录附卷。询问时，应当告知其诉讼权利和义务。

询问证人、被害人的地点按照刑事诉讼法第一百二十四条的规定执行。”

第二百六十条：“讯问犯罪嫌疑人，询问被害人、证人、鉴定人，听取辩护人、被害人及其诉讼代理人的意见，应当由检察人员负责进行。检察人员或者检察人员和书记员不得少于二人。

讯问犯罪嫌疑人，询问证人、鉴定人、被害人，应当个别进行。”

第三百三十四条第一款：“人民检察院对鉴定意见有疑问的，可以询问鉴定人或者有专门知识的人并制作笔录附卷，也可以指派有鉴定资格的检察技术人员或者聘请其他有鉴定资格的人进行补充鉴定或者重新鉴定。”

第三百三十六条：“人民检察院对物证、书证、视听资料、电子数据及勘验、检查、辨认、侦查实验等笔录存在疑问的，可以要求调查人员或者侦查人员提供获取、制作的有关情况，必要时也可以询问提供相关证据材料的人员和见证人并制作笔录附卷，对物证、书证、视听资料、电子数据进行鉴定。”

（三）文书结构

1. 首部

（1）标题。询问笔录的标题由检察机关名称、文书名称两部分组成。其中，检察机关的名称应为全称，即要注明所在省（自治区、直辖市）名称，不能只写地区级市、县、区院名。文书名称，即“询问笔录”。

（2）基本信息情况。按规定栏目，逐项记载询问的起止时间、地点，询问人、记录人的姓名及其工作单位。询问人、记录人姓名两栏应当分别由询问人、记录人手写签名。被询问人的姓名、曾用名、性别、年龄、民族、籍贯、受教育状况、住址、工作单位、职务或职业、联系方式等个人信息。

2. 正文

（1）告知权利义务、法律责任等相关事项。对于首次询问证人、被害人等诉讼参与人的情况，应当在记录完被询问人基本信息后，出示证件、表明询问人身份，向被询问人告知法律规定的诉讼权利义务，告知故意作伪证或者隐匿罪证应当承担的法律责任，告知询问过程实行同步录音录像等其他应当告知的事项，保障被询问人的知情权等合法权益。对于非首次询问的情况，也可以参照制作告知事项。

（2）询问内容。按照规定栏目，首先出示证件，表明身份。然后告知被询问人享有的诉讼权利和义务，违反法律规定作伪证、隐匿罪证等行为的法律后果，以及是否同步录音录像的情况。接着进入正式记录询问内容。询问记录采用一问一答式，如实记录被询问人提供的证言。询问前应当有针对性地制定询问方案。根据证人的具体情况选择相应的询问方式方法，引导证人如实提供证言。询问内容不必一字不落全部记录，对于与询问目的无关的内容，可以省略。对于被询问人受文化水平限制，表达能力不是很好的，需要对其答话进行适当的组织概括，力求语言准确，文字通顺，避免使用可能引起歧义的文字。

3. 尾部

核对笔录记载。询问结束后，记录人应将笔录交由被询问人过目或者向其宣读。如有出入，可以即时更正。确认无误后，由被询问人在笔录上逐页签名、捺指印，在补充修改的位置也要签名或捺指印。在笔录最后一页写上“以上笔录我看过（向我宣读过），和我说的相符”字样，并签名、捺指印，注明日期。被询问人拒绝签名或向其宣读的，由询问人在笔录上说明情况，并签名。有翻译人员等其他人员在场的，也应当在笔录上签名，以证明询问的合法性。

（四）文书模板及制作说明

1. 文书模板

×××人民检察院

询问笔录

询问时间：______年______月____日____时____分至______时______分
询问地点：____________________________________
询问人：__________________记录人：__________________
案由：____________________________________

被询问人姓名：____________曾用名：___________性别：___________
年龄：________民族：________籍贯：________受教育状况：_________
住址：____
工作单位：____
职务或职业：____
联系方式：____

告知：（出示工作证件）我们是×××人民检察院的检察人员，现依法对你进行询问。法律规定，凡是知道案件情况的人，都有作证的义务；你应当如实提供有关证言和其他证据，但是对于与本案无关的问题，你有拒绝回答的权利；故意提供虚假证言或者其他证据，故意隐匿、毁灭证据都要负相应的法律责任。（向被询问人宣读并送达权利和义务告知书）

问：你清楚了吗？

答：

问：介绍你的基本情况

答：

问：

答：（证词的主要内容）

……

问：本次询问中，有无非法羁押、刑讯逼供、威胁、引诱、欺骗或者以其他非法方法获取证言或者其他证据的情形？

答：

问：你还有何补充？

答：

问：你以上所讲是否属实？

答：

[被询问人写：以上笔录我看过（向我宣读过），和我说的相符。]

被询问人：×××（签名、指印）

20××年××月××日

询问人签字：

2. 制作说明

（1）本文书依据《中华人民共和国刑事诉讼法》第一百二十四条至第一百二十七条和《人民检察院刑事诉讼规则》第一百九十一条至一百九十五条的规定制作。为人民检察院因办案需要向证人或被害人了解案件有关情况时使用。

（2）如果系首次询问，应当记明被询问人的基本情况以及与犯罪嫌疑人的关系，告知被询问人依法享有的权利和承担的义务。

2.1.20 工作文书：案件审查报告（适用捕诉一体案件）

（一）基本概念

案件审查报告（适用捕诉一体案件），是检察机关办案人员在办理审查逮捕和审查起诉案件过程中，依据事实和法律制作的综合反映案件全部审查情况的报告式工作文书。

（二）相关依据

1. 法律依据

《中华人民共和国刑事诉讼法》第九十条："人民检察院对于公安机关提请批准逮捕的案件进行审查后，应当根据情况分别作出批准逮捕或者不批准逮捕的决定。对于批准逮捕的决定，公安机关应当立即执行，并且将执行情况及时通知人民检察院。对于不批准逮捕的，人民检察院应当说明理由，需要补充侦查的，应当同时通知公安机关。"

第一百六十九条："凡需要提起公诉的案件，一律由人民检察院审查决定"。

第一百七十一条："人民检察院审查案件的时候，必须查明：

（一）犯罪事实、情节是否清楚，证据是否确实、充分，犯罪性质和罪名的认定是否正确；

（二）有无遗漏罪行和其他应当追究刑事责任的人；

（三）是否属于不应追究刑事责任的；

（四）有无附带民事诉讼；

（五）侦查活动是否合法。”

2. 司法解释规定

《人民检察院刑事诉讼规则（试行）》（2012 年修订）第三百七十六条规定：“办案人员对案件进行审查后，应当制作案件审查报告。”2019 年修订的《人民检察院刑事诉讼规则》对 2012 年版的第三百七十六条的内容进行了删减，没有明确提及制作审查报告，但从其后发布的《人民检察院工作文书格式样本（2020 年版）》和统一业务应用系统的文书配置及结案要求来看，制作审查报告仍然是一项应当开展的工作。

《人民检察院刑事诉讼规则》第二百五十五条：“人民检察院办理审查逮捕、审查起诉案件，应当全面审查证明犯罪嫌疑人有罪或者无罪、罪轻或者罪重的证据。”

第二百七十一条：“审查起诉阶段，对于在侦查阶段认罪认罚的案件，人民检察院应当重点审查以下内容：

（一）犯罪嫌疑人是否自愿认罪认罚，有无因受到暴力、威胁、引诱而违背意愿认罪认罚；

（二）犯罪嫌疑人认罪认罚时的认知能力和精神状态是否正常；

（三）犯罪嫌疑人是否理解认罪认罚的性质和可能导致的法律后果；

（四）公安机关是否告知犯罪嫌疑人享有的诉讼权利，如实供述自己罪行可以从宽处理和认罪认罚的法律规定，并听取意见；

（五）起诉意见书中是否写明犯罪嫌疑人认罪认罚情况；

（六）犯罪嫌疑人是否真诚悔罪，是否向被害人赔礼道歉。

经审查，犯罪嫌疑人违背意愿认罪认罚的，人民检察院可以重新开展认罪认罚工作。存在刑讯逼供等非法取证行为的，依照法律规定处理。”

第三百三十条：“人民检察院审查移送起诉的案件，应当查明：

（一）犯罪嫌疑人身份状况是否清楚，包括姓名、性别、国籍、出生年月日、职业和单位等；单位犯罪的，单位的相关情况是否清楚；

（二）犯罪事实、情节是否清楚；实施犯罪的时间、地点、手段、危害后果是否明确；

（三）认定犯罪性质和罪名的意见是否正确；有无法定的从重、从轻、减轻或者免除处罚情节及酌定从重、从轻情节；共同犯罪案件的犯罪嫌疑人在犯罪活动中的责任认定是否恰当；

（四）犯罪嫌疑人是否认罪认罚；

（五）证明犯罪事实的证据材料是否随案移送；证明相关财产系违法所得的证据材料是否随案移送；不宜移送的证据的清单、复制件、照片或者其他证明文件是否随案移送；

（六）证据是否确实、充分，是否依法收集，有无应当排除非法证据的情形；

（七）采取侦查措施包括技术侦查措施的法律手续和诉讼文书是否完备；

（八）有无遗漏罪行和其他应当追究刑事责任的人；

（九）是否属于不应当追究刑事责任的；

（十）有无附带民事诉讼；对于国家财产、集体财产遭受损失的，是否需要由人民检察院提起附带民事诉讼；对于破坏生态环境和资源保护，食品药品安全领域侵害众多消费者合法权益，侵害英雄烈士的姓名、肖像、名誉、荣誉等损害社会公共利益的行为，是否需要由人民检察院提起附带民事公益诉讼；

（十一）采取的强制措施是否适当，对于已经逮捕的犯罪嫌疑人，有无继续羁押的必要；

（十二）侦查活动是否合法；

（十三）涉案财物是否查封、扣押、冻结并妥善保管，清单是否齐备；对被害人合法财产的返还和对违禁品或者不宜长期保存的物品的处理是否妥当，移送的证明文件是否完备。”

（三）文书结构

1. 首部

标题部分，制作文书的人民检察院需注明所在省（自治区、直辖市）的名称，不能只写地区级市、县、区院名。文书名称，即“×××案审查报告”。本文书标题描述为“犯罪嫌疑人姓名”＋“×××案审查报告”，犯罪嫌疑人为三名及以上的描述为“犯罪嫌疑人姓名等×人”＋

“×××案审查报告”。

写明收案时间、侦查机关、移送单位、移送案由、犯罪嫌疑人、案件编号、侦查机关承办人、联系电话、检察机关承办人等基本信息以及案件的受理、讯问、询问、听取辩护律师意见、退回补充侦查情况等诉讼经过。首部需要根据审查逮捕和审查起诉阶段的收案情况及案件的相关信息进行撰写，结合案件具体情况，对于捕诉期间无变化的案件信息内容撰写一次即可，无须重复撰写。如中间更换承办人，在本报告前期部分基础上继续撰写即可，承办人信息可以相应增加。

2. 正文

（1）犯罪嫌疑人及其他诉讼参与人基本情况。叙明犯罪嫌疑人身份信息，一是要叙明其案发时的身份以及其身份变化情况。有些身份对定罪量刑或多或少会产生影响，因此对犯罪嫌疑人的身份情况应全面叙明，不能只是根据卷宗中的户籍证明进行描述；二是要将通过讯问、调查获得的犯罪嫌疑人的身份信息与预审卷宗记载的身份信息进行比对，不能照搬预审卷中的身份信息，特别是审查 14 周岁、16 周岁、18 周岁等对定罪量刑可能发生重大影响的临界年龄时要认真核对；三是要对犯罪嫌疑人进行合理排序。

前科情况。对于行政处罚应注明受到处罚的时间、原因、种类、决定机关、被处罚个人或单位；对定罪量刑有影响的，说明影响。对于刑事处罚，应叙明受处罚的时间、原因、种类和决定机关；构成累犯的，还要叙明刑罚执行完毕或者假释、赦免的时间。行政处罚与刑事处罚并存时，应按照先行政后刑事的顺序叙写。

强制措施情况。一是适用强制措施是否正确，比如被采用逮捕措施的犯罪嫌疑人是否有不适合羁押的情形，取保候审的犯罪嫌疑人是否符合取保候审的条件。二是审查强制措施是否超期，比如批准或决定逮捕后，是否在 24 小时内向犯罪嫌疑人宣布逮捕；对于逮捕后超过两个月移送审查起诉的案件，是否办理过延期手续等。

审查逮捕阶段未填完整的内容可在审查起诉阶段就同一份审查报告继续完成撰写。多名被害人的，可以视情况后附表格的形式列明被害人姓名及受侵害情况。

（2）发、破案经过。因为刑期的计算是从被告人人身自由受到限制之日起算的，对发案及破案经过的审查不能仅依赖案卷中破案报告、抓获经过或者情况说明等侦查机关出具的材料，而应当结合全案证据反映的案件来源，犯罪嫌疑人到案时间、经过，抓捕线索来源情况，证据信息的逐步揭示过程等综合分析案件侦破经过，因此要求制作此部分时要综合全案证据材料。犯罪嫌疑人的到案经过，关系到诸多量刑情节的认定，如是否自首，是否有立功（含本人立功、同案人或其他人立功的事实），是否有逃逸（交通肇事罪的逃逸情节既可能影响定罪，又可能影响量刑），是否系犯罪嫌疑人家属协助抓捕等，因此十分重要。但由于侦查程序封闭，公诉人一般不了解侦查过程，只能看到侦查结果，因此发现非法证据等隐患的难度很大。发、破案经过反映了从立案到破案以及犯罪嫌疑人到案等客观情况，也反映了侦查机关发现罪行、获取证据、锁定犯罪嫌疑人的思维演进过程。因此重视审查发、破案经过，有利于宏观把握证据体系的构建脉络，通过对证据形成的时间、地点、先后顺序等细节审查，可以有效防范证据隐患，提升证据把关能力。审查起诉阶段如果内容有变化，可继续补充完善。

（3）侦查机关（部门）认定的犯罪事实与意见。可以摘抄侦（调）查机关（部门）提请的（移送、报请）批准逮捕意见书或者提请（移送、报请）公诉意见书里的相应内容。

（4）审查（逮捕）起诉认定的案件事实及证据。该部分和审查起诉认定的案件事实及证据部分基本相似。对于一人多罪或者多人多罪的案件，以罪名为单位，采取“一事一证一分析”的体例撰写。对于有多起犯罪事实的案件，可以根据案件情况，按照时间先后或者情节轻重顺序进行表述。对于每个罪名均有审查认定的事实和认定上述事实证据的表述，证据可以按照物证，书证，证人证言，被害人陈述，犯罪嫌疑人、被告人供述和辩解，鉴定意见，勘验、检查、侦查实验笔录，视听资料，电子数据的顺序进行表述，每类证据罗列完毕后都需对证据的合法性、关联性、真实性进行审查分析，详述待证事实。

审查起诉阶段对于证据的撰写旨在列明经过审查批准逮捕后，侦查机关补充的新证据，按照文书内列明的要求对证据进行列举、分析即可。

最后，综合全案的证据，撰写经审查认定的案件事实。

（5）需要说明的问题及有关情况。在审查逮捕阶段包括案件背景，有关领导批示情况，引导公安机关取证事项，未成年人有效监护及帮教条件，公安机关落实未成年人特别诉讼程序情况（如社会调查、心理测评、合适成年人到场等），是否属于督办或挂牌案件以及承办人认为需要说明的其他问题及情况。在审查起诉阶段则包括案件背景、有关领导批示情况（捕后新情况），引导公安机关取证事项（针对捕后引导取证情况），案件管辖问题，同案犯处理情况（如另案处理等情况），刑事和解情况，敏感案件预警或处置情况，扣押款物的追缴、保管、移交、处理情况，结合办案参与综合治理、发出检察建议等相关情况，公益诉讼线索情况，未成年人特别程序及帮教落实情况以及承办人认为需要说明的其他问题及情况。本部分结合案情有针对性地叙写，对于没有问题的部分，直接写“无”即可。

（6）相关诉讼参与人的意见。主要包括被害人及其代理人的意见和辩护人及其他代理人的意见，这部分均可以摘抄其书面代理意见。

（7）审查意见。在审查逮捕环节包括对全案事实证据情况的认定意见、对案件法律适用的意见、社会危险性分析、犯罪嫌疑人认罪认罚情况、继续侦查意见、侦查监督及追捕漏犯意见以及据此形成的承办人意见；在审查起诉环节包括对全案事实证据情况的认定意见、对案件法律适用的认定意见、认罪认罚适用情况、量刑分析、羁押必要性审查意见、侦查监督及追诉漏罪漏犯意见以及据此形成的承办人意见。审查逮捕和审查起诉两个阶段都需要撰写总结性的处理意见。

3. 尾部

落款注明承办人姓名和审结日期。有数名案件承办人的应一同署名。

（四）文书模板及制作说明

1. 文书模板

×××人民检察院

×××案审查报告

（适用捕诉一体案件）

收案时间（审查逮捕）：××　收案时间（审查起诉）：××
侦查机关（审查逮捕）：××　侦查机关（审查起诉）：××
移送单位（审查逮捕）：××　移送单位（审查起诉）：××
移送案由（审查逮捕）：××　移送案由（审查起诉）：××
犯罪嫌疑人（审查逮捕）：××　犯罪嫌疑人（审查起诉）：××
案件编号（审查逮捕）：××××　案件编号（审查起诉）：××××
侦查机关承办人：×××　联系电话：×××
检察院承办人：×××

（上述侦查机关、移送单位、移送案由、犯罪嫌疑人、案件编号、侦查机关、部门等捕诉期间无变化的，只撰写一次，无须重复）

我院于××××年××月××日接到×××以×××号文书提请审查逮捕犯罪嫌疑人×××涉嫌×××一案的文书及案卷材料、证据，承办人审阅了案卷，讯问了犯罪嫌疑人（无法讯问的说明原因），（犯罪嫌疑人已经委托辩护律师的，可以听取辩护律师的意见。辩护律师提出要求的，应当听取辩护律师的意见），核实了有关证据，已审查完毕。

我院于××××年××月××日受理该案，收到卷宗××册，证物××。我院受理后，依照刑事诉讼法的有关规定，于××××年××月××日告知犯罪嫌疑人（未成年人案件增加“及其法定代理人”）依法享有的诉讼权利；于××××年××月××日告知被害人及法定代理人或者近亲属、附带民事诉讼的当事人及其法定代理人依法享有的诉讼权利；已依法讯问犯罪嫌疑人，询问证人，听取了辩护人或者值班律师、被害人及其诉讼代理人的意见。(未成年人案件包括“进行社会调查、心理测评疏导”)进行补充鉴定、复验复查等。审阅了全部案件材料，核实了案件事实与证据。其间，因×××(写明退补理由：因犯罪事实不清、证据不足或者存在遗漏罪行、遗漏同案犯罪嫌疑人)，退回补充侦查×次(自××××年××月××日至××××年××月××日，自××××年××月××日至××××年××月××日)；因×××(写明延长理由：因案情重大、复杂)，延长审查起诉期限×次(自××××年××月××日至××××年××月××日，自××××年××月××日至××××年××月××日，自××××年××月××日至××××年××月××日)。现已审查终结。(审查逮捕阶段，此段无须撰写)

报告如下：

一、犯罪嫌疑人及诉讼参与人的基本情况

(一)犯罪嫌疑人基本情况

犯罪嫌疑人×××(曾用名×××、与案情有关的别名×××、化名×××、绰号×××，外国人应先写明中文译名，再括号注明外文姓名的全名)，男/女，××××年××月××日出生(如无法查清出生日期，也可以仅标注自述年龄，未成年人无法查明实际年龄的，应当注明骨龄鉴定所证实的年龄)，公民身份号码×××(犯罪嫌疑人是外国人或者港澳台地区的，应当注明证件类型及号码)，民族、文化程度、职业(有工作单位的“工作单位+职务”，没有工作单位的直接注明职业类型，没有职业的注明“无职业”，如涉及国家工作人员利用职务实施的犯罪应当注明其何时任何职务)，户籍所在地×××(为户籍登记地址，没有户籍登记信息的，应予以注明；如系港澳台地区应注明其所属地区)，住×××(经常居住地的详细信息)。前科情况：因×××，于××××年××月××日被×××(单位)处以……；因犯×××罪，于××××年××月××日被×××(单位)判处……，于××××年××月××日刑满释放。如果刑期未满被假释应当注明假释及假释期满的时间，如果被赦免应当注明被赦免的时间。(刑事处罚与行政处罚并存时，按照先行政处罚后刑事处罚的顺序叙写)因本案被采取强制措施的情况：因涉嫌×××罪，于××××年××月××日被×××(单位)刑事拘留；因涉嫌×××罪，于××××年××月××日经×××（单位）批准/决定，于××××年××月××日被×××（执行单位）×××（强制措施种类）。（如犯罪嫌疑人为人大代表或政协委员等特殊身份，要注明采取强制措施前是否依法履行了相关程序及罢免情况等情况）

（单位犯罪）（犯罪单位名称），统一社会信用代码，所在地址（实际经营地址），注册地址，法定代表人姓名。诉讼代表人姓名，性别，年龄，职务（应负刑事责任的“主要负责人”和“直接责任人”，按照上述犯罪嫌疑人表述方式叙写）

（有特殊需求的案件）本人简历：（写明成长、就学、工作经历，注明就学、就业起讫时间、地点，重点叙写对其产生重要影响的经历等）

辩护人情况（审查逮捕/审查起诉）：×××事务所律师×××/直系亲属×××，在×××工作，与犯罪嫌疑人是×××关系/法律援助律师×××，×××律师事务所，由×××（法律援助机构名称）指派。

未成年犯罪嫌疑人法定代理人情况（抚养、监护情况）：×××。

（二）被害人基本情况

被害人×××（曾用名×××，与案情有关的别名×××，化名×××，绰号×××，外国人应先写明中文译名，再括号注明外文姓名的全名），男/女，××××年××月××日出生（如无法查清出生日期，也可以仅标注自述年龄，未成年人无法查明实际年龄的，应当注明骨龄鉴定所证实的年龄），公民身份号码×××（被害人是外国人或者港澳台地区的，应当注明证件类型及号码），民族，职业（有工作单位的“工作单位+职务”，没有工作单位的直接注明职业类型，没有职业的注明“无职业”，如涉及国家工作人员利用职务实施的犯罪应当注明其何时任何职务），（与本案有关的身份），户籍所在地×××（为户籍登记地址，没有户籍登记信息的，应予以注明；如系港澳台地区应注明其所属地区），住×××（经常居住地的详细信息）。（非法集资或类似案件被害人较多的，可以归纳叙写共有多少名被害人，被害人的主要情况）

被害人诉讼代理人情况：

被害人法定代理人情况：

未成年被害人法定代理人情况：

二、发、破案经过

（结合破案报告及案件其他证实犯罪嫌疑人归案的证据具体撰写）

三、侦查机关（部门）认定的犯罪事实与意见

（一）审查逮捕

移送机关认定：（可全文摘抄提请批准逮捕意见书的内容）

移送机关处理意见：

……

（二）审查起诉

移送机关认定：（可全文摘抄起诉意见书的内容）

移送机关处理意见：

……

四、审查逮捕认定的案件事实及证据

经审查认定：（结合在案证据，详细叙述案件发生的时间、地点，影响案件事实表述的当事人之间的关系，案件的起因，实施行为的经过、手段、后果，以及社会影响。撰写总体事实。事实描述要清楚、详尽、客观，不能复制粘贴提请批准逮捕书认定的事实，要与起诉书认定的事实写法有所区别）

对于一人多罪或者多人多罪的案件，以罪名为单位，采取“一事一证一分析”的体例撰写。对于多起犯罪事实的案件，可以根据案件情况，采取时间先后或者情节轻重的顺序进行表述。

（一）关于×××涉嫌×××罪的事实

经审查认定的事实：

认定上述事实的证据如下：

1. 物证

证明（单证能够证明的问题）：

存在的问题（单证审查，就证据的合法性、关联性、真实性进行审查）：

2. 书证

×××，摘自证据卷××页。

证明（单证能够证明的问题）：

存在的问题（单证审查，就证据的合法性、关联性、真实性进行审查，如书证是复印件的，是否注明书证的来源、原件存放在何处、复印件与原件是否一致等）：

3. 证人证言

证人×××，男/女，××岁，（职业或与本案有关联性的身份），××××年××月××日作证，摘自证据卷××页。

辨认笔录，摘自证据卷××页。

辨认人×××，于××××年××月××日，在见证人×××的见证下，经辨认指出×××。

证明（单证能够证明的问题）：

存在的问题（单证审查，就证据的合法性、关联性、真实性进行审查，如未成年证人接受询问时是否有合适成年人在场，询问女性证人是否有女工作人员在场等）：

4. 被害人陈述

被害人×××，男/女，××岁，共陈述×次，摘自××××年××月××日陈述，摘自证据卷××页。

辨认笔录，摘自证据卷××页。

辨认人×××，于××××年××月××日，在见证人×××的见证下，经辨认指出×××。

证明（单证能够证明的问题）：

存在的问题（单证审查，就证据的合法性、关联性、真实性进行审查，如被害人多次陈述中，是否存在关键情节上前后矛盾的情况，是否与正常逻辑相违背等情况）：

5. 犯罪嫌疑人的供述与辩解

犯罪嫌疑人×××，共陈述×次，摘自××××年××月××日供述，摘自口供卷××页。辨认笔录，摘自证据卷××页。

辨认人×××，于××××年××月××日，在见证人×××的见证下，经辨认指出×××。

证明（单证能够证明的问题）：

存在的问题（单证审查，就证据的合法性、关联性、真实性进行审查，如嫌疑人供述的稳定性，其辩解是否合理，是否与生活常理相符合等）：

6. 鉴定意见

证明（单证能够证明的问题）：

存在的问题（单证审查，就证据的合法性、关联性、真实性进行审查，如鉴定机构或者鉴定人是否具备相关资质，检材或者样本来源和保管是否规范等）：

7. 勘验、检查、侦查实验等笔录

证明（单证能够证明的问题）：

存在的问题（单证审查，就证据的合法性、关联性、真实性进行审查，如勘验、检查的主体是否合法，程序是否规范等）：

8. 视听资料、电子数据

证明（单证能够证明的问题）：

存在的问题（单证审查，就证据的合法性、关联性、真实性进行审查，如视听资料、电子证据的来源是否合法、提取是否规范、是否为原件等）：

该起事实证据分析：

（二）关于×××涉嫌×××罪的事实

……

五、审查起诉认定的案件事实及证据

本案经审查批准（决定）逮捕（无逮捕必要）后，侦查机关继续侦查，补充了以下新的证据（如公安机关未补充新证据：本案经移送起诉后，证据未发生新的变化。新的证据包括采取逮捕强制措施后所有补充的证据。如有自行补充侦查的证据也应当在该部分进行填录，并标明为自行补充侦查调取）：

对于一人多罪或者多人多罪的案件，以罪名为单位，采取“一事一证一分析”的体例撰写。对于多起犯罪事实的案件，可以根据案件情况，采取时间先后或者情节轻重的顺序进行表述。

（一）关于×××涉嫌×××罪的事实

1. 物证

证明（单证能够证明的问题）：

存在的问题（单证审查，就证据的合法性、关联性、真实性进行审查）：

2. 书证

×××，摘自证据卷××页。

证明（单证能够证明的问题）：

存在的问题（单证审查，就证据的合法性、关联性、真实性进行审查，如书证是复印件的，是否注明书证的来源、原件存放在何处、复印件与原件是否一致等）：

3. 证人证言

证人×××，男/女，××岁，（职业或与本案有关联性的身份），××××年××月××日作证，摘自证据卷××页。

辨认笔录，摘自证据卷××页。

辨认人×××，于××××年××月××日，在见证人×××的见证下，经辨认指出×××。

证明（单证能够证明的问题）：

存在的问题（单证审查，就证据的合法性、关联性、真实性进行审查，如未成年证人接受询问时是否有合适成年人在场，询问女性证人是否有女工作人员在场等）：

4. 被害人陈述

被害人×××，男/女，××岁，共陈述×次，摘自××××年××月××日陈述，摘自证据卷××页。

辨认笔录，摘自证据卷××页。

辨认人×××，于××××年××月××日，在见证人×××的见证下，经辨认指出×××。

证明（单证能够证明的问题）：

存在的问题（单证审查，就证据的合法性、关联性、真实性进行审查，如被害人多次陈述中，是否存在关键情节上前后矛盾的情况，是否与正常逻辑相违背等情况）：

5. 犯罪嫌疑人的供述与辩解

犯罪嫌疑人×××，共供述×次，摘自××××年××月××日供述，摘自口供卷××页。辨认笔录，摘自证据卷××页。

辨认人×××，于××××年××月××日，在见证人×××的见证下，经辨认指出×××。

证明（单证能够证明的问题）：

存在的问题（单证审查，就证据的合法性、关联性、真实性进行审查，如嫌疑人供述的稳定性，其辩解是否合理，是否与生活常理相符合等）：

6. 鉴定意见

证明（单证能够证明的问题）：

存在的问题（单证审查，就证据的合法性、关联性、真实性进行审查，如鉴定机构或者鉴定人是否具备相关资质，检材或者样本来源和保管是否规范等）：

7. 勘验、检查、侦查实验等笔录

证明（单证能够证明的问题）：

存在的问题（单证审查，就证据的合法性、关联性、真实性进行审查，如勘验、检查的主体是否合法，程序是否规范等）：

8. 视听资料、电子数据

证明（单证能够证明的问题）：

存在的问题（单证审查，就证据的合法性、关联性、真实性进行审查，如视听资料、电子证据的来源是否合法、提取是否规范、是否为原件等）：

经审查上述全部证据，认定以下案件事实：（根据新增加的证据，对全案事实予以认定。结合在案证据，详细叙述案件发生的时间、地点，影响案件事实表述的当事人之间的关系，案件的起因，实施行为的经过、手段、后果，以及社会影响等。事实描述应清楚、详尽、客观，不能复制粘贴起诉意见书认定的事实，要与起诉书认定的事实写法有所区别）

（二）关于×××涉嫌×××罪的事实

……

六、需要说明的问题及有关情况

（一）审查逮捕

1. 案件背景、有关领导批示情况；

2. 引导公安机关取证事项；

3. 未成年人有效监护及帮教条件；

4. 公安机关落实未成年人特别诉讼程序情况（如社会调查、心理测评、合适成年人到场等）；

5. 是否属于督办或挂账案件；

6. 承办人认为需要说明的其他问题及情况。

（二）审查起诉

1. 案件背景、有关领导批示情况（捕后新情况）；

2. 引导公安机关取证事项（针对捕后引导取证情况）；

3. 案件管辖问题；

4. 同案犯处理情况（如另案处理等情况）；

5. 刑事和解情况；

6. 敏感案件预警或处置情况；

7. 扣押款物的追缴、保管、移交、处理情况；

8. 结合办案参与综合治理、发出检察建议等相关情况；

9. 公益诉讼线索情况；

10. 未成年人特别程序及帮教落实情况；

（1）法律援助情况（写明通知法律援助的时间与单位、检察机关督促落实法律援助情况等）；

（2）法定代理人、合适成年人到场情况；

（3）社会调查情况；

（4）心理测评、心理干预情况；

（5）已开展帮教情况（已采取的观护帮教措施及庭前教育情况）；

（6）拟开展附条件不起诉的听取意见、（附条件）不起诉不公开听证等情况；

（7）其他，如亲情会见、通话。

（根据社会调查、心理测评、心理干预、帮教、和解情况等认定的未成年人家庭环境、成长背景、犯罪原因、存在问题、社会关系修复、悔改表现等，为后续作出处理决定提供参考和依据）

11. 承办人认为需要说明的其他问题及情况。

七、相关诉讼参与人的意见

（一）被害人及其代理人的意见

（简明归纳被害人就本案定罪及量刑的意见和理由，被害人及其代理

人的意见可以分别叙明）

（二）辩护人及其他代理人的意见

×××律师事务所×××律师/×××，与犯罪嫌疑人×××是×××关系，（如是法律援助律师的应注明指派的法律援助机构）担任本案的辩护人。

（简明归纳辩护人或者其他代理人在审查起诉阶段就案件性质认定、定罪量刑方面提出的意见及理由）

（三）其他

（如无可予以删除）

八、审查意见

（一）审查逮捕

1. 对全案事实证据情况的认定意见

（包括对于事实及证据之间相互印证情况，案件是否有瑕疵证据、违法证据的情况）

2. 对案件法律适用的认定意见

（对于案件定性的分析）

3. 社会危险性分析

4. 犯罪嫌疑人认罪认罚情况

5. 继续侦查意见

（需要继续进行侦查，补强证据的内容）

（1）……

（2）……

6. 侦查监督及追捕漏犯意见

综上，承办人认为：

犯罪嫌疑人×××的行为，已构成×××罪，具有社会危险性/不具有社会危险性，依据《中华人民共和国刑事诉讼法》第×××条（应具体到条款项），决定批准/不批准逮捕。（犯罪嫌疑人×××涉嫌×××罪一案，证据不足/不构成犯罪，决定不批准逮捕）

（二）审查起诉

1. 对全案事实证据情况的认定意见

（包括对于事实及证据之间相互印证情况，案件是否有瑕疵证据、违

法证据的情况)

2. 对案件法律适用的认定意见

(对于案件定性的分析)

3. 认罪认罚适用情况

4. 量刑分析

(是否可能判处有期徒刑以上刑罚，移送起诉后可增补上具体量刑建议)

5. 羁押必要性审查意见

6. 侦查监督及追诉漏罪漏犯意见

综上，承办人认为：

犯罪嫌疑人×××的行为，事实清楚，证据确实、充分，其行为触犯《中华人民共和国刑法》第×条（应具体到条款项)，依据《中华人民共和国刑事诉讼法》第×条（应具体到条款项)，应以×××罪提起公诉，适用×××程序。(如不起诉，述明不起诉的法律依据、类型及意见)

承办人：×××

20××年××月××日

2. 制作说明

（1）本文书为人民检察院在办理捕诉合一案件过程中撰写审查报告时使用，审查批准逮捕、审查起诉阶段合并适用该报告，两个阶段的案件材料合并为一个卷宗。监察委、自侦部门移送案件可根据实际情况适当调整。

（2）本文书为附检察内卷文书，无须向其他机关或部门送达。

2.1.21 工作文书：案件审查报告（适用速裁程序、认罪认罚简易程序案件)

（一）基本概念

案件审查报告（适用速裁程序、认罪认罚简易程序案件)，是刑事检察部门负责承办案件的检察人员基于案件审查过程、审查意见而制作的工作文书，适用于依法可以适用速裁程序、认罪认罚简易程序的审查逮捕、一审公诉案件。

（二）相关依据

1. 法律依据

《中华人民共和国刑事诉讼法》第二百一十四条："基层人民法院管辖的案件，符合下列条件的，可以适用简易程序审判：……人民检察院在提起公诉的时候，可以建议人民法院适用简易程序。"

第二百二十二条："基层人民法院管辖的可能判处三年有期徒刑以下刑罚的案件，案件事实清楚，证据确实、充分，被告人认罪认罚并同意适用速裁程序的，可以适用速裁程序，由审判员一人独任审判。

人民检察院在提起公诉的时候，可以建议人民法院适用速裁程序。"

2. 司法解释规定

（1）最高人民法院《关于适用〈中华人民共和国刑事诉讼法〉的解释》第三百五十九条："基层人民法院受理公诉案件后，经审查认为案件事实清楚、证据充分的，在将起诉书副本送达被告人时，应当询问被告人对指控的犯罪事实的意见，告知其适用简易程序的法律规定。被告人对指控的犯罪事实没有异议并同意适用简易程序的，可以决定适用简易程序，并在开庭前通知人民检察院和辩护人。

对人民检察院建议或者被告人及其辩护人申请适用简易程序审理的案件，依照前款规定处理；不符合简易程序适用条件的，应当通知人民检察院或者被告人及其辩护人。"

第三百六十九条："对人民检察院在提起公诉时建议适用速裁程序的案件，基层人民法院经审查认为案件事实清楚，证据确实、充分，可能判处三年有期徒刑以下刑罚的，在将起诉书副本送达被告人时，应当告知被告人适用速裁程序的法律规定，询问其是否同意适用速裁程序。被告人同意适用速裁程序的，可以决定适用速裁程序，并在开庭前通知人民检察院和辩护人。

对人民检察院未建议适用速裁程序的案件，人民法院经审查认为符合速裁程序适用条件的，可以决定适用速裁程序，并在开庭前通知人民检察院和辩护人。

被告人及其辩护人可以向人民法院提出适用速裁程序的申请”。

（2）《人民检察院刑事诉讼规则》第四百三十条：“人民检察院对于基层人民法院管辖的案件，符合下列条件的，可以建议人民法院适用简易程序审理：

（一）案件事实清楚、证据充分的；

（二）被告人承认自己所犯罪行，对指控的犯罪事实没有异议的；

（三）被告人对适用简易程序没有异议的。”

第四百三十七条：“人民检察院对基层人民法院管辖的案件，符合下列条件的，在提起公诉时，可以建议人民法院适用速裁程序审理：

（一）可能判处三年有期徒刑以下刑罚；

（二）案件事实清楚，证据确实、充分；

（三）被告人认罪认罚、同意适用速裁程序。”

第四百三十九条：“公安机关、犯罪嫌疑人及其辩护人建议适用速裁程序，人民检察院经审查认为符合条件的，可以建议人民法院适用速裁程序审理。

公安机关、辩护人未建议适用速裁程序，人民检察院经审查认为符合速裁程序适用条件，且犯罪嫌疑人同意适用的，可以建议人民法院适用速裁程序审理。”

第四百四十条：“人民检察院建议人民法院适用速裁程序的案件，起诉书内容可以适当简化，重点写明指控的事实和适用的法律。”

（三）文书结构

1. 首部

标题部分，“×××人民检察院”部分需注明所在省（自治区、直辖市）的名称，不能只写地区级市、县、区院名。文书名称，即“×××案审查报告”部分需注明犯罪嫌疑人、被告人的姓名及案由。即描述为“犯罪嫌疑人姓名”+“×××案审查报告”，犯罪嫌疑人为三名及以上的描述为“犯罪嫌疑人姓名等×人”+“×××案审查报告”。

2. 正文

（1）犯罪嫌疑人基本情况。主要填写姓名、性别、年龄、职业、户籍所在地、公民身份号码、前科情况、刑事拘留时间、逮捕或取保候审时间等，并在备注栏填写对定罪量刑有影响的其他情况。

（2）移送机关认定的事实和意见。主要填写侦查机关提请批准逮捕书、批准逮捕意见书、起诉意见书的内容。

（3）经审查认定的事实。主要填写审查逮捕阶段、审查起诉阶段经审查认定的案件事实。如果审查逮捕后因继续侦查，证据发生变化的，需要撰写依据新证据认定的事实。

（4）本案的证据。分类填写案件证据情况，如为速裁程序可省略此部分。

（5）分析意见。主要填写对案件证据合法性、社会危险性、法律适用、羁押必要性审查（审查起诉阶段）、起诉必要性的分析。

（6）量刑意见。先注明法定情节、酌定情节、其他情节、认罪认罚具结书签署情况，最后进行综合的量刑分析。

（7）侦查监督及追捕漏犯/追诉漏罪漏犯意见。根据实际情况进行填写。

（8）需要说明的问题及有关情况。根据案件实际情况进行勾选。如果有该情况，则需要具体说明。

（9）审查意见。根据案件事实及证据填写案件的定性、适用的法条，作出批捕或不批捕的意见。移送审查起诉后需要结合案件事实和证据情况作出起诉或不起诉的意见，并述明适用的案件程序。

3. 尾部

落款注明承办人和审结日期。承办人落款及结案日期写在表格下方。

（四）文书模板及制作说明

1. 文书模板

×××人民检察院
×××案审查报告

（适用速裁程序、认罪认罚简易程序案件）

一、犯罪嫌疑人基本情况

<table>
<tr><td>姓名：（包括案件有关的别名、化名、曾用名、绰号）</td><td>性别：</td><td>年龄：</td><td>职业：</td></tr>
<tr><td colspan="2">户籍所在地：</td><td colspan="2">公民身份号码：</td></tr>
<tr><td colspan="4">前科情况：</td></tr>
<tr><td colspan="2">刑事拘留时间：</td><td colspan="2">逮捕/取保候审时间：（提请逮捕期间可先不填写）</td></tr>
<tr><td colspan="4">备注：（关于犯罪嫌疑人身份情况中对定罪量刑有影响的其他问题，如系未成年人犯罪的需要注明案发时年龄、法定代理人、成长经历等根据案件实际情况添加）</td></tr>
</table>

二、移送机关认定的事实和意见

（提请批准逮捕书/批准逮捕意见书/起诉意见书内容）：

三、经审查认定的事实（审查逮捕阶段、审查起诉阶段经审查认定的案件事实）

（先期写明审查逮捕期间认定的事实，移送审查起诉后，如事实发生变化应写明，“因证据发生变化，认定事实变更为：×××”）

四、本案的证据（速裁程序可省略此部分，言词证据主要写明证明的内容，物证、书证、鉴定意见等客观证据主要围绕案件事实写明，同一

证明事项的客观证据可分组写明共同证明内容，审查起诉期间新增加的证据直接添加，对于证据不符合法定程序的，应当在证明内容中加以注明）

1. 物证	证明
2. 犯罪嫌疑人供述	证明
张某甲	
3. 被害人陈述	证明
张某乙	
4. 证人证言	证明
张某丙	
5. 书证	证明
（1）诊断证明	
（2）转账记录、取款证明	
6. 鉴定意见	证明
伤情鉴定	
7. 勘验、检查、辨认笔录	证明
张某乙辨认	（辨认出张某甲是打人的人）
8. 视听资料	证明
现场监控录像	
备注：公安机关落实未成年人特别诉讼程序情况，如社会调查、心理测评、合适成年人、对未成年人监护帮教条件进行审查及后续帮教计划等内容，及其他特别诉讼程序需要说明的证据及情况。	

五、分析意见

此处重点就证据合法性、社会危险性、法律适用、羁押必要性审查（审查起诉阶段）、起诉必要性进行分析。

六、量刑意见

法定情节	酌定情节	其他情节	具结书签署情况
			（认罪认罚的具体情况）
量刑分析：			

七、侦查监督及追捕漏犯/追诉漏罪漏犯意见

八、需要说明的问题及有关情况

是否有领导干部干预司法活动、插手具体案件处理的情形（是□　否□）。如是，需写明具体情况。
是否有司法机关内部人员过问案件的情形（是□　否□）。如是，需写明具体情况。
是否有司法人员与当事人、律师、特殊关系人、中介组织接触交往不当的情形（是□　否□）。如是，需写明具体情况。

九、审查意见

犯罪嫌疑人×××的行为，触犯《中华人民共和国刑法》第×××条，依据《中华人民共和国刑事诉讼法》第×××条（应具体到条款项），决定批准逮捕/不批准逮捕（述明不批捕类型），［移送起诉后可继续增加："该案移送起诉后，依据《中华人民共和国刑事诉讼法》第×××条（应具体到条款项）决定提起公诉，适用简易/速裁程序。"或"决定不起诉，述明不起诉类型"］

承办人：×××

20××年××月××日

2. 制作说明

（1）本文书为人民检察院在适用速裁程序或认罪认罚简易程序办理案件的过程中撰写审查报告时使用。

（2）适用速裁程序案件可以不制作审查报告，在全国检察业务应用系统2.0内"审查报告"处注明"详见起诉书"即可，也可制作表格化的审查报告。案情简单、证据稳定的简易程序案件可以使用该表格化报告，案情复杂的简易程序案件应当使用非表格版审查报告，但可以适当予以简化。

（3）本文书为附检察内卷文书，无须向其他机关或部门送达。

第二节　不批准逮捕复议案件适用文书

不批准逮捕复议案件适用文书，是人民检察院对于侦查机关认为本院不批准逮捕决定错误提出复议的案件，经复议审查，认为原不批准逮捕决定确有错误而应予变更，并撤销原不批准逮捕决定，另行作出批准逮捕决定；或者复议审查后，认为原不批准逮捕决定正确，从而维持原决定所使用的相关文书。

2.2.1　法律文书：撤销不批准逮捕决定书

（一）基本概念

撤销不批准逮捕决定书，是人民检察院在发现原不批准逮捕决定不当而予以撤销时所使用的法律文书。

（二）相关依据

1. 法律依据

（1）《中华人民共和国人民检察院组织法》第二十条：“人民检察院行使下列职权：……（二）对刑事案件进行审查，批准或者决定是否逮捕犯罪嫌疑人……”

（2）《中华人民共和国刑事诉讼法》第九十条：“人民检察院对于公安机关提请批准逮捕的案件进行审查后，应当根据情况分别作出批准逮捕或者不批准逮捕的决定。对于批准逮捕的决定，公安机关应当立即执行，并且将执行情况及时通知人民检察院。对于不批准逮捕的，人民检察院应当说明理由，需要补充侦查的，应当同时通知公安机关。”

第九十二条:“公安机关对人民检察院不批准逮捕的决定,认为有错误的时候,可以要求复议,但是必须将被拘留的人立即释放。如果意见不被接受,可以向上一级人民检察院提请复核。上级人民检察院应当立即复核,作出是否变更的决定,通知下级人民检察院和公安机关执行。”

2. 司法解释规定

《人民检察院刑事诉讼规则》第二百八十二条:“对公安机关提请批准逮捕的犯罪嫌疑人,已经被拘留的,人民检察院应当在收到提请批准逮捕书后七日以内作出是否批准逮捕的决定;未被拘留的,应当在收到提请批准逮捕书后十五日以内作出是否批准逮捕的决定,重大、复杂案件,不得超过二十日。”

第二百八十五条:“对公安机关提请批准逮捕的犯罪嫌疑人,具有本规则第一百三十九条至第一百四十一条规定情形,人民检察院作出不批准逮捕决定的,应当说明理由,连同案卷材料送达公安机关执行。需要补充侦查的,应当制作补充侦查提纲,送交公安机关。

人民检察院办理审查逮捕案件,不另行侦查,不得直接提出采取取保候审措施的意见。

对于因犯罪嫌疑人没有犯罪事实、具有刑事诉讼法第十六条规定的情形之一或者证据不足,人民检察院拟作出不批准逮捕决定的,应当经检察长批准。”

第二百八十九条:“对已经作出的批准逮捕决定发现确有错误的,人民检察院应当撤销原批准逮捕决定,送达公安机关执行。

对已经作出的不批准逮捕决定发现确有错误,需要批准逮捕的,人民检察院应当撤销原不批准逮捕决定,并重新作出批准逮捕决定,送达公安机关执行。

对因撤销原批准逮捕决定而被释放的犯罪嫌疑人或者逮捕后公安机关变更为取保候审、监视居住的犯罪嫌疑人,又发现需要逮捕的,人民检察院应当重新办理逮捕手续。”

(三)文书结构

本文书一式三联,第一联为存根,统一保存备查。第二联为副本附卷，第三联为正本送达侦查机关，第二联、第三联内容相同。文书内容为填空式，要求要素齐备、简明扼要。拟写文书结构如下：

1. 首部

首部包括制作文书的人民检察院、文书名称、文号三部分。制作文书的人民检察院需注明所在省（自治区、直辖市）的人民检察院名称，不能只写地区级市、县、区院名。文书名称，即“撤销不批准逮捕决定书”。文号生成格式为：“××检××撤不批〔20××〕×号”，第一、二、三联相同。

2. 正文

（1）第一联主要内容。依次写明案由、犯罪嫌疑人基本情况、提请批捕机关、不批准逮捕决定书文号、撤销不批准逮捕决定的理由、送达机关、批准人、承办人、填发人、填发时间等基本要素信息。

（2）第二、三联主要内容。发往单位，即拟将决定送达的单位，行文上顶格书写。

主要内容。第一段内容，根据《人民检察院刑事诉讼法律文书格式样本（2020版）》中的要求，开头及首段的模板是“本院在________年____月____日以____号不批准逮捕决定书作出对涉嫌______罪的犯罪嫌疑人______不批准逮捕决定。现经本院审查认为：__________。”这句填空式模句目的是，检察机关应首要写明原不批准逮捕决定的基本信息，紧接着简要写明发现的错误，即导致原不批捕决定撤销的理由。第二段内容，写明撤销不批准逮捕的法律依据；写明作出决定撤销对该犯罪嫌疑人的不批准逮捕决定；写明原不批准逮捕决定书作废。

3. 尾部

落款为发出日期，日期上加盖公章。

（四）文书模板及制作说明

1. 文书模板

×××人民检察院
撤销不批准逮捕决定书
（存　根）

××检××撤不批〔20××〕×号

案由________

犯罪嫌疑人基本情况________

____

提请批捕机关________

不批准逮捕决定书文号________

撤销不批准逮捕决定的理由________

送达机关________

批准人________

承办人________

填发人________

填发时间________

第一联　统一保存

×××人民检察院
撤销不批准逮捕决定书
（副　本）

××检××撤不批〔20××〕×号

________：

本院____年____月____日以____号不批准逮捕决定书作出对涉嫌____罪的犯罪嫌疑人____不批准逮捕决定。现经本院审查认为：________。

根据《人民检察院刑事诉讼规则》第二百八十九条的规定，决定撤销对犯罪嫌疑人____的不批准逮捕决定。____号不批准逮捕决定书作废。

20××年××月××日
（院印）

第二联　附卷

×××人民检察院
撤销不批准逮捕决定书

××检××撤不批〔20××〕×号

________：

本院____年____月____日以____号不批准逮捕决定书作出对涉嫌____罪的犯罪嫌疑人____不批准逮捕决定。现经本院审查认为：________。

根据《人民检察院刑事诉讼规则》第二百八十九条的规定，决定撤销对犯罪嫌疑人____的不批准逮捕决定。____号不批准逮捕决定书作废。

20××年××月××日
（院印）

第三联　送达侦查机关

2. 制作说明

(1) 本文书依据《中华人民共和国刑事诉讼法》第九十二条，《人民检察院刑事诉讼规则》第二百八十九条的规定制作。为人民检察院在发现原不批准逮捕决定不当而予以撤销时使用。

(2) 本文书与批准逮捕决定书一并送达侦查机关。

(3) 本文书共三联，第一联统一保存备查；第二联附卷；第三联送达侦查机关。

2.2.2　法律文书：撤销不批准逮捕决定通知书

(一) 基本概念

撤销不批准逮捕决定通知书，是人民检察院对公安机关提请上一级人民检察院复核的不批准逮捕案件，上一级人民检察院经审查后，发现原不批准逮捕决定不当通知下级人民检察院予以撤销时使用的法律文书。

(二) 相关依据

1. 法律依据

(1)《中华人民共和国人民检察院组织法》第十条："最高人民检察院是最高检察机关。

最高人民检察院领导地方各级人民检察院和专门人民检察院的工作，上级人民检察院领导下级人民检察院的工作。"

第二十条："人民检察院行使下列职权：……（二）对刑事案件进行审查，批准或者决定是否逮捕犯罪嫌疑人……"

第二十四条："上级人民检察院对下级人民检察院行使下列职权：

(一) 认为下级人民检察院的决定错误的，指令下级人民检察院纠正，或者依法撤销、变更；

(二) 可以对下级人民检察院管辖的案件指定管辖；

(三) 可以办理下级人民检察院管辖的案件；

(四) 可以统一调用辖区的检察人员办理案件。

上级人民检察院的决定，应当以书面形式作出。"

（2）《中华人民共和国刑事诉讼法》第九十条：“人民检察院对于公安机关提请批准逮捕的案件进行审查后，应当根据情况分别作出批准逮捕或者不批准逮捕的决定。对于批准逮捕的决定，公安机关应当立即执行，并且将执行情况及时通知人民检察院。对于不批准逮捕的，人民检察院应当说明理由，需要补充侦查的，应当同时通知公安机关。”

第九十二条：“公安机关对人民检察院不批准逮捕的决定，认为有错误的时候，可以要求复议，但是必须将被拘留的人立即释放。如果意见不被接受，可以向上一级人民检察院提请复核。上级人民检察院应当立即复核，作出是否变更的决定，通知下级人民检察院和公安机关执行。”

2. 司法解释规定

《人民检察院刑事诉讼规则》第二百八十二条：“对公安机关提请批准逮捕的犯罪嫌疑人，已经被拘留的，人民检察院应当在收到提请批准逮捕书后七日以内作出是否批准逮捕的决定；未被拘留的，应当在收到提请批准逮捕书后十五日以内作出是否批准逮捕的决定，重大、复杂案件，不得超过二十日。”

第二百九十条：“对不批准逮捕的案件，公安机关要求复议的，人民检察院负责捕诉的部门应当另行指派检察官或者检察官办案组进行审查，并在收到要求复议意见书和案卷材料后七日以内，经检察长批准，作出是否变更的决定，通知公安机关。”

第二百九十一条：“对不批准逮捕的案件，公安机关提请上一级人民检察院复核的，上一级人民检察院应当在收到提请复核意见书和案卷材料后十五日以内，经检察长批准，作出是否变更的决定，通知下级人民检察院和公安机关执行。需要改变原决定的，应当通知作出不批准逮捕决定的人民检察院撤销原不批准逮捕决定，另行制作批准逮捕决定书。必要时，上级人民检察院也可以直接作出批准逮捕决定，通知下级人民检察院送达公安机关执行。

对于经复议复核维持原不批准逮捕决定的，人民检察院向公安机关送达复议复核决定时应当说明理由。”

（三）文书结构

本文书一式三联，其中第一联为存根，统一保存备查。第二联为副本附卷，第三联送达下级人民检察院，第二、第三联内容相同。文书内容为填空式，要求要素齐备、简明扼要。拟写文书结构如下：

1. 首部

首部需注明所在省（自治区、直辖市）的人民检察院名称，不能只写地区级市、县、区院名。文书名称，即“撤销不批准逮捕决定通知书”。文号生成格式为：“××检××撤不批通〔20××〕×号”，第一、二、三联相同。

2. 正文

（1）第一联依次写明案由、犯罪嫌疑人基本情况、提请侦查机关、不批准逮捕决定书文号、撤销不批准逮捕决定的理由、送达机关、批准人、承办人、填发人、填发时间等基本要素信息。

（2）第二、三联。发往单位，即拟将决定送达的单位，行文上顶格书写。

主要内容。第一段内容：根据《人民检察院刑事诉讼法律文书格式样本（2020版）》中的要求，开头及首段的模板是“______人民检察院____年____月____日以____号不批准逮捕决定书作出对犯罪嫌疑人____不批准逮捕决定。现本院审查认为：______________。”检察机关应首要写明原不批准逮捕决定作出的单位及基本信息，紧接着简要写明发现的错误，即导致原不批捕决定撤销的理由。

第二段内容：写明撤销不批准逮捕的法律依据；写明请下级院依法撤销对该犯罪嫌疑人________的不批准逮捕决定；写明原不批准逮捕决定书作废。

3. 尾部

落款为发出日期，日期上加盖公章。

（四）文书模板及制作说明

1. 文书模板

×××人民检察院

撤销不批准逮捕决定通知书

（存　根）

××检××撤不批通〔20××〕×号

案由________________

犯罪嫌疑人基本情况________________

____

提请侦查机关________________

不批准逮捕决定书文号________________

撤销不批准逮捕决定书理由________________

送达机关________________

批准人________________

承办人________________

填发人________________

填发时间________________

第一联　统一保存

×××人民检察院

撤销不批准逮捕决定通知书

（副　本）

××检××撤不批通〔20××〕×号

________：

________人民检察院______年____月____日以________号不批准逮捕决定书作出对犯罪嫌疑人________不批准逮捕决定。现本院审查认为：________________________。

根据《人民检察院刑事诉讼规则》第二百九十一条的规定，请你院依法撤销对犯罪嫌疑人__________的不批准逮捕决定。

20××年××月××日

（院印）

第二联　附卷

×××人民检察院

撤销不批准逮捕决定通知书

××检××撤不批通〔20××〕×号

________：

________人民检察院______年____月____日以________号不批准逮捕决定书作出对犯罪嫌疑人________不批准逮捕决定。现本院审查认为：________________________。

根据《人民检察院刑事诉讼规则》第二百九十一条的规定，请你院依法撤销对犯罪嫌疑人__________的不批准逮捕决定。

20××年××月××日

（院印）

第三联　送达下级人民检察院

2. 制作说明

（1）本文书根据《人民检察院刑事诉讼规则》第二百九十一条等规定制定。

（2）本文书的文号“××检××撤不批通〔20××〕×号”由拟通知下级院撤销不批准逮捕决定的检察机关按顺序编号。

（3）本文书审批权限应为检察长。

（4）本文书共三联，第一联统一保存备查，第二联附卷，第三联送达下级人民检察院。

2.2.3　法律文书：复议决定书（适用不捕复议案件）

（一）基本概念

复议决定书（适用不捕复议案件），是人民检察院根据有关机关或当事人提出的申请或者要求，对已作出的决定重新予以考虑，或重新审查处理，重新审查处理后作出决定时所使用的文书。具体到对不批准逮捕的复议决定书，为侦查机关认为不批捕决定有错误，向作出决定的人民检察院要求复议，复议后人民检察院作出复议决定时所使用的法律文书。

（二）相关依据

1. 法律依据

《中华人民共和国刑事诉讼法》第九十二条：“公安机关对人民检察院不批准逮捕的决定，认为有错误的时候，可以要求复议，但是必须将被拘留的人立即释放。如果意见不被接受，可以向上一级人民检察院提请复核。上级人民检察院应当立即复核，作出是否变更的决定，通知下级人民检察院和公安机关执行。”

第一百一十二条：“人民法院、人民检察院或者公安机关对于报案、控告、举报和自首的材料，应当按照管辖范围，迅速进行审查，认为有犯罪事实需要追究刑事责任的时候，应当立案；认为没有犯罪事实，或者犯罪事实显著轻微，不需要追究刑事责任的时候，不予立案，并且将不立案的原因通知控告人。控告人如果不服，可以申请复议。”

第一百七十九条："对于公安机关移送起诉的案件，人民检察院决定不起诉的，应当将不起诉决定书送达公安机关。公安机关认为不起诉的决定有错误的时候，可以要求复议，如果意见不被接受，可以向上一级人民检察院提请复核。"

第二百八十二条："对于未成年人涉嫌刑法分则第四章、第五章、第六章规定的犯罪，可能判处一年有期徒刑以下刑罚，符合起诉条件，但有悔罪表现的，人民检察院可以作出附条件不起诉的决定。人民检察院在作出附条件不起诉的决定以前，应当听取公安机关、被害人的意见。

对附条件不起诉的决定，公安机关要求复议、提请复核或者被害人申诉的，适用本法第一百七十九条、第一百八十条的规定。

未成年犯罪嫌疑人及其法定代理人对人民检察院决定附条件不起诉有异议的，人民检察院应当作出起诉的决定。"

2. 司法解释规定

《人民检察院刑事诉讼规则》第二百九十条："对不批准逮捕的案件，公安机关要求复议的，人民检察院负责捕诉的部门应当另行指派检察官或者检察官办案组进行审查，并在收到要求复议意见书和案卷材料后七日以内，经检察长批准，作出是否变更的决定，通知公安机关。"

第二百九十一条第二款："对于经复议复核维持原不批准逮捕决定的，人民检察院向公安机关送达复议复核决定时应当说明理由。"

第二百九十二条："人民检察院作出不批准逮捕决定，并且通知公安机关补充侦查的案件，公安机关在补充侦查后又要求复议的，人民检察院应当告知公安机关重新提请批准逮捕。公安机关坚持要求复议的，人民检察院不予受理。

对于公安机关补充侦查后应当提请批准逮捕而不提请批准逮捕的，按照本规则第二百八十八条的规定办理。"

（三）文书结构

本文书共三联。第一联存根，第二联副本附卷，第三联送达侦查机关等。

1. 第一联

存根联不列发往单位和尾部，首部及文号与正副本相同。正文部分用填空式模句分别填写案由、犯罪嫌疑人基本情况、复议决定内容、送达单位、批准人、承办人、填发人、填发时间。

2. 第二、三联

（1）首部。首部需注明所在省（自治区、直辖市）的人民检察院名称，不能只写地区级市、县、区院名。文书名称，即“复议决定书”。文号生成格式为：“××检××议〔20××〕×号”。

（2）正文。抬头，写明发往单位，即提请复议的侦查机关名称，行文上顶格书写。

根据《人民检察院刑事诉讼法律文书格式样本（2020版）》中的要求，正文主文的模板是“你单位对本院__________号文书不批准逮捕犯罪嫌疑人____________的决定要求复议的意见书收悉。经本院复议认为：____________。根据《中华人民共和国刑事诉讼法》第九十二条之规定，本院决定____________。”写明作出决定时的文书文号，无论是否同意，均应写明复议决定的理由，最后填写作出复议的决定。

（3）尾部。落款为决定日期，日期上加盖公章。

（四）文书模板及制作说明

1. 文书模板

（不捕复议）

×××人民检察院

复议决定书

（存　根）

××检××议〔20××〕×号

案由______

犯罪嫌疑人基本情况______

______

复议决定内容______

送达单位______

批准人______

承办人______

填发人______

填发时间______

第一联　统一保存

×××人民检察院

复议决定书

（副　本）

××检××议〔20××〕×号

______（侦查机关）：

你单位对本院______号文书不批准逮捕犯罪嫌疑人______的决定要求复议的意见书收悉。经本院复议认为：______。根据《中华人民共和国刑事诉讼法》第九十二条之规定，本院决定______。

20××年××月××日

（院印）

第二联　附卷

×××人民检察院

复议决定书

××检××议〔20××〕×号

______（侦查机关）：

你单位对本院______号文书不批准逮捕犯罪嫌疑人______的决定要求复议的意见书收悉。经本院复议认为：______。根据《中华人民共和国刑事诉讼法》第九十二条之规定，本院决定______。

20××年××月××日

（院印）

第三联　送达侦查机关

2. 制作说明

(1) 复议决定书（不捕复议用）依据《中华人民共和国刑事诉讼法》第九十二条，《人民检察院刑事诉讼规则》相关规定制作。

(2) 本文书共三联，第一联存根，应写明复议决定的内容，统一保存备查；第二联由作出复议的部门附卷；第三联送达侦查机关或当事人/辩护人。

2.2.4　法律文书：批准逮捕决定书（适用不捕复议案件）

（一）基本概念

批准逮捕决定书（适用不捕复议案件），是侦查机关对人民检察院不批准逮捕的决定，认为有错误的时候向同级人民检察院提出复议，复议意见被接受，同级人民检察院以特定的书面方式决定依法同意批准逮捕的法律文书。

（二）相关依据

1. 法律依据

(1)《中华人民共和国宪法》第三十七条第二款："任何公民，非经人民检察院批准或者决定或者人民法院决定，并由公安机关执行，不受逮捕。"

(2)《中华人民共和国人民检察院组织法》第二十条："人民检察院行使下列职权：……（二）对刑事案件进行审查，批准或者决定是否逮捕犯罪嫌疑人……"

(3)《中华人民共和国刑事诉讼法》第八十条："逮捕犯罪嫌疑人、被告人，必须经过人民检察院批准或者人民法院决定，由公安机关执行。"

第八十一条："对有证据证明有犯罪事实，可能判处徒刑以上刑罚的犯罪嫌疑人、被告人，采取取保候审尚不足以防止发生下列社会危险性的，应当予以逮捕：

（一）可能实施新的犯罪的；

（二）有危害国家安全、公共安全或者社会秩序的现实危险的；

（三）可能毁灭、伪造证据，干扰证人作证或者串供的；

（四）可能对被害人、举报人、控告人实施打击报复的；

（五）企图自杀或者逃跑的。

批准或者决定逮捕，应当将犯罪嫌疑人、被告人涉嫌犯罪的性质、情节，认罪认罚等情况，作为是否可能发生社会危险性的考虑因素。

对有证据证明有犯罪事实，可能判处十年有期徒刑以上刑罚的，或者有证据证明有犯罪事实，可能判处徒刑以上刑罚，曾经故意犯罪或者身份不明的，应当予以逮捕。

被取保候审、监视居住的犯罪嫌疑人、被告人违反取保候审、监视居住规定，情节严重的，可以予以逮捕。”

第九十条：“人民检察院对于公安机关提请批准逮捕的案件进行审查后，应当根据情况分别作出批准逮捕或者不批准逮捕的决定。对于批准逮捕的决定，公安机关应当立即执行，并且将执行情况及时通知人民检察院。对于不批准逮捕的，人民检察院应当说明理由，需要补充侦查的，应当同时通知公安机关。”

第九十二条：“公安机关对人民检察院不批准逮捕的决定，认为有错误的时候，可以要求复议，但是必须将被拘留的人立即释放。如果意见不被接受，可以向上一级人民检察院提请复核。上级人民检察院应当立即复核，作出是否变更的决定，通知下级人民检察院和公安机关执行。”

2. 司法解释规定

《人民检察院刑事诉讼规则》第二百九十条：“对不批准逮捕的案件，公安机关要求复议的，人民检察院负责捕诉的部门应当另行指派检察官或者检察官办案组进行审查，并在收到要求复议意见书和案卷材料后七日以内，经检察长批准，作出是否变更的决定，通知公安机关。”

（三）文书结构

根据《人民检察院刑事诉讼法律文书格式样本（2020 版）》，批准逮捕决定书（不捕复议用）共存根、副本、正本、回执四联。

1. 第一联

存根联不列发往单位和尾部，首部及文号与正副本相同。正文部分用填空式模句分别填写案由、犯罪嫌疑人基本情况、送达机关、批准人、承办人、填发人、填发时间。

2. 第二、三联

（1）首部。首部需注明所在省（自治区、直辖市）的人民检察院名称，不能只写地区级市、县、区院名。文书名称，即“批准逮捕决定书”。文号生成格式为：“××检××批捕〔20××〕×号”。

（2）正文。发往单位。即提请批准逮捕的单位，行文上顶格书写。

根据《人民检察院刑事诉讼法律文书格式样本（2020版）》中的要求，正文的模板是“你局于______年______月______日以______号文书对不批准逮捕犯罪嫌疑人______的决定不服提请本院复议。经本院审查认为，该犯罪嫌疑人涉嫌______犯罪，符合《中华人民共和国刑事诉讼法》第八十一条规定的逮捕条件，决定批准逮捕犯罪嫌疑人______。请依法立即执行，并将执行情况在三日以内通知本院。”上述填空式模句目的是，检察机关应在正文中写明侦查机关对不批准逮捕决定提请复议的日期、犯罪嫌疑人姓名、涉嫌罪名等。

（3）尾部。落款为决定日期，日期上加盖公章。

3. 第四联

回执联的首部、尾部与正副本相同，但不列文号。

（四）文书模板及制作说明

1. 文书模板

（不捕复议）

×××人民检察院

批准逮捕决定书

（存　根）

××检××批捕〔20××〕×号

案由________

犯罪嫌疑人基本情况（姓名、性别、出生日期、公民身份号码、工作单位、住址、是否为人大代表或政协委员）________

____

____

送达机关________

批准人________

承办人________

填发人________

填发时间________

第一联　统一保存

×××人民检察院

批准逮捕决定书

（副　本）

××检××批捕〔20××〕×号

________：

你局于______年____月______日以______号文书对不批准逮捕犯罪嫌疑人__________的决定不服提请本院复议。经本院审查认为，该犯罪嫌疑人涉嫌__________犯罪，符合《中华人民共和国刑事诉讼法》第八十一条规定的逮捕条件，决定批准逮捕犯罪嫌疑人________。请依法立即执行，并将执行情况在三日以内通知本院。

20××年××月××日

（院印）

第二联　附卷

×××人民检察院

批准逮捕决定书

××检××批捕〔20××〕×号

________：

你局于______年____月______日以______号文书对不批准逮捕犯罪嫌疑人__________的决定不服提请本院复议。经本院审查认为，该犯罪嫌疑人涉嫌__________犯罪，符合《中华人民共和国刑事诉讼法》第八十一条规定的逮捕条件，决定批准逮捕犯罪嫌疑人________。请依法立即执行，并将执行情况在三日以内通知本院。

20××年××月××日

（院印）

第三联　送达侦查机关

×××人民检察院

批准逮捕决定书

（回　执）

________人民检察院：

根据《中华人民共和国刑事诉讼法》第九十条的规定，现将你院________年____月____日作出的______________号批准逮捕决定书的执行情况通知如下：

犯罪嫌疑人________于______年____月____日由________执行逮捕（或者因____________未执行逮捕）。

特此通知

20××年××月××日

（公章）

第四联　侦查机关退回后附卷

2. 制作说明

（1）本文书依据《中华人民共和国刑事诉讼法》第八十一条、第九十条、第九十二条的规定制作。公安机关对人民检察院不批准逮捕的决定，认为有错误的时候向同级人民检察院提出复议，复议意见被接受，同级人民检察院决定批准逮捕犯罪嫌疑人时使用。

（2）本文书共四联，第一联统一保存备查；第二联由负责捕诉的部门附卷；第三联送达侦查机关执行；第四联为执行回执，由侦查机关退回后附卷，划线处填写犯罪嫌疑人何时已被执行逮捕或者因何原因未执行逮捕。

2.2.5 工作文书：复议案件审查报告（适用不捕复议案件）

（一）基本概念

复议案件审查报告（适用不捕复议案件），是人民检察院不批准逮捕复议案件承办人基于审查过程、审查结论向案件审批人制作的、能够全面反映审查复议案件过程、为下一步作出是否变更的决定提供重要依据的报告式工作文书。

（二）相关依据

1. 法律依据

《中华人民共和国刑事诉讼法》第九十二条：“公安机关对人民检察院不批准逮捕的决定，认为确有错误的时候，可以要求复议，但是必须将被拘留的人立即释放……”

2. 司法解释规定

《人民检察院刑事诉讼规则》第二百九十条：“对不批准逮捕的案件，公安机关要求复议的，人民检察院负责捕诉的部门应当另行指派检察官或者检察官办案组进行审查，并在收到要求复议意见书和案卷材料后七日以内，经检察长批准，作出是否变更的决定，通知公安机关。”

第二百九十一条第二款：“对于经复议复核维持原不批准逮捕决定

的，人民检察院向公安机关送达复议复核决定时应当说明理由。”

第二百九十二条：“人民检察院作出不批准逮捕决定，并且通知公安机关补充侦查的案件，公安机关在补充侦查后又要求复议的，人民检察院应当告知公安机关重新提请批准逮捕。公安机关坚持要求复议的，人民检察院不予受理。

对于公安机关补充侦查后应当提请批准逮捕而不提请批准逮捕的，按照本规则第二百八十八条的规定办理。”

（三）文书结构

1. 首部

首部需注明所在省（自治区、直辖市）的人民检察院名称，不能只写地区级市、县、区院名。文书名称，即“复议案件审查报告”。

2. 正文

（1）开头写明包括案件名称、收案时间、要求复议的公安机关单位名称及文书号、本案承办人姓名，并简要写明办理案件中实施的讯问嫌疑人、听取意见、核实证据等程序性事项，最后写明对本案审查完毕。

（2）犯罪嫌疑人及其他诉讼参与人基本情况。包括犯罪嫌疑人基本情况，也包括对案件处理提出意见的辩护人、被害人及诉讼代理人的基本情况。

（3）发案、立案、破案经过。客观叙写本案发案、立案、破案的时间、经过等情况。

（4）对案件事实的认定及证据。本部分主要列明原审查逮捕案的相关情况，一是公安机关认定的案件事实及提请批准逮捕的理由；二是原审查逮捕案中认定的不批准逮捕的理由。

（5）要求复议的理由及依据。本部分主要为侦查机关要求复议的理由及依据，内容要忠实于要求复议意见书，可以进行必要的归纳和概括。

（6）经复议认定的案件事实及证据。对案件事实和证据的审查认定是审查起诉工作的核心，因此本部分是复议案件审查报告最关键的部分。经审查，认为公安机关认定提请批准逮捕理由于法有据、要求复议理由充分，依法应当改变原不批准逮捕决定的，写明改变的理由，按照证据种类进行必要的摘抄或归纳，并根据其证明力予以分析；经审查，认为原不批准逮捕决定正确，依法应当维持原不批准逮捕决定的，结合公安机关提请复议的理由，按照证据种类进行必要的摘抄或归纳，并根据其证明力予以分析。

（7）需要说明的问题。本部分主要为审查报告其他部分无法涵盖而承办人认为需要说明或者报告的事项，包括且不限于“上级机关或有关领导对案件的批示、指示意见”“需要进行立案监督或者侦查活动监督的事项及处理意见”“需要补充侦查或者继续侦查的事项”“对不批准逮捕的犯罪嫌疑人需要做其他处理的建议”等。

（8）处理意见。本部分需要对原不批准逮捕决定是否正确、公安机关复议理由是否成立、原审查逮捕案件犯罪嫌疑人是否应予逮捕提出明确意见，写明适用的法律依据，最后提出维持或变更原不批准逮捕决定的意见呈审批人审批。可表述为：承办人认为……。

3. 尾部

落款为承办人姓名及发出日期。

（四）文书模板及制作说明

1. 文书模板

×××人民检察院

复议案件审查报告

我院于××××年××月××日收到×××公安局以×××号文书提出复议的犯罪嫌疑人×××案，承办人×××审阅了案卷（简要写明讯问犯罪嫌疑人、听取犯罪嫌疑人意见、听取辩护人意见、核实有关证据等相关工作情况），现依法对本案审查完毕。

一、犯罪嫌疑人基本情况

犯罪嫌疑人×××（曾用名×××，绰号×××），（性别）×，××××年××月××日出生，公民身份号码×××，（民族）××，文化程度××，户籍所在地×××，住×××。工作单位×××。于×××

××年××月××日被×××单位采取×××（强制措施）。本院于××××年××月××日对其作出不批准逮捕决定，其于××××年××月××日被变更为×××强制措施（释放）。

二、发案、立案、破案经过

简要写明案件受理、立案和侦破情况。

三、对案件事实的认定及证据

（一）侦查机关认定的案件事实及理由。

（二）原不批准逮捕的理由。

四、要求复议的理由及根据

×××

五、经复议认定的案件事实及证据

经审查，认为侦查机关认定的案件事实有证据，应当改变原不批准逮捕决定的，写明改变的理由，然后按照证据种类，进行必要的摘抄或归纳，并根据其证明力予以分析。

经审查，认为原不批准逮捕决定正确，经复议维持原不批准逮捕决定的，应当结合侦查机关提请复议的理由，按照证据种类，进行必要的摘抄或归纳，并根据其证明力予以分析。

六、需要说明的问题

（一）上级机关或有关领导对案件的批示、指示意见；

（二）需要进行立案监督或者侦查活动监督的事项及处理意见；

（三）需要补充侦查或者继续侦查的事项；

（四）对不批准逮捕的犯罪嫌疑人需要做其他处理的建议；

（五）其他需要说明的问题。

七、处理意见

（写明适用的法律依据，提出应否逮捕的意见及理由；是否维持或变更原不批准逮捕决定的意见）

承办人：×××

20××年××月××日

2. 制作说明

（1）本文书依据《中华人民共和国刑事诉讼法》第九十二条，《人民检察院刑事诉讼规则》第二百九十条、第二百九十一条第二款、第二百九十二条等规定制作。为人民检察院依法审查办理公安机关对不批准逮捕案件要求复议时使用。

（2）本文书需报检察长审批。

（3）本文书为附检察内卷文书，无须向其他机关或部门送达。

2.2.6 工作文书：准予撤回决定书

（一）基本概念

准予撤回决定书，是对于侦查机关要求复议不批准逮捕决定后又提出撤回的行为，人民检察院以特定的书面形式同意准予的一种工作文书。

（二）相关依据

《中华人民共和国刑事诉讼法》第九十一条：“公安机关对被拘留的人，认为需要逮捕的，应当在拘留后的三日以内，提请人民检察院审查批准。在特殊情况下，提请审查批准的时间可以延长一日至四日。

对于流窜作案、多次作案、结伙作案的重大嫌疑分子，提请审查批准的时间可以延长至三十日。

人民检察院应当自接到公安机关提请批准逮捕书后的七日以内，作出批准逮捕或者不批准逮捕的决定。人民检察院不批准逮捕的，公安机关应当在接到通知后立即释放，并且将执行情况及时通知人民检察院。对于需要继续侦查，并且符合取保候审、监视居住条件的，依法取保候审或者监视居住。”

第一百六十三条：“在侦查过程中，发现不应对犯罪嫌疑人追究刑事责任的，应当撤销案件；犯罪嫌疑人已被逮捕的，应当立即释放，发给释放证明，并且通知原批准逮捕的人民检察院。”

（三）文书结构

1. 首部

首部中检察机关的名称应为全称，即要注明所在省（自治区、直辖市）名称，不能只写地区级市、县、区院名。文书名称，即“准予撤回决定书”。

2. 正文

发往单位。即提出撤回的单位，行文上顶格书写。发往单位只能是侦查机关，不能是具体的侦查部门，如派出所、刑侦支队等。

依据《人民检察院刑事诉讼法律文书格式样本（2020版）》中的要求，本部分为格式模板：“你单位于××××年××月××日提出撤回对犯罪嫌疑人×××的×××意见，本院经审查认为，同意你单位的撤回意见。”填写过程中应注意，第一部分空格是年月日，应填写阿拉伯数字；第二部分空格是犯罪嫌疑人姓名，应与侦查机关撤回文书相对应；第三部分空格是侦查机关原要求复议的意见，可以简要概述为“不批准逮捕决定要求复议”。

3. 尾部

落款为发出日期，日期上加盖公章。

（四）文书模板及制作说明

1. 文书模板

×××人民检察院

准予撤回决定书

×××（侦查机关名称）：

你单位于××××年××月××日提出撤回对犯罪嫌疑人×××的×××意见，本院经审查认为，同意你单位的撤回意见。

20××年××月××日

（院印）

2. 制作说明

（1）本文书参考刑事诉讼法有关提请批准（报请审查）逮捕、撤销案件的有关规定制作。为同意侦查机关或侦查部门提出撤回对犯罪嫌疑人提请批准（报请审查）逮捕意见时使用。

（2）本文书发送提出撤回对犯罪嫌疑人提请批准（报请审查）逮捕意见的侦查机关或侦查部门。

（3）本文书需加盖院印。

第三节　不批准逮捕复核案件适用文书

不批准逮捕复核案件适用文书，是人民检察院对于下一级侦查机关就不批准逮捕决定提请复核的案件，经复核，认为下级院的不批准逮捕决定以及维持原决定的复议意见正确，从而作出维持原决定的复核结果；或者复核后，认为下级院的不批准逮捕决定确有错误应予变更，并通知下级院撤销原不批准逮捕决定，另行作出批准逮捕决定而形成的相关文书。

2.3.1　法律文书：复核决定书

（一）基本概念

复核决定书，是对于公安机关要求复核不批准逮捕决定的行为，人民检察院以特定的书面形式作出决定的一种法律文书。

（二）相关依据

1. 法律依据

《中华人民共和国刑事诉讼法》第九十二条：“公安机关……可以向上一级人民检察院提请复核。上级人民检察院应当立即复核，作出是否变更的决定，通知下级人民检察院和公安机关执行。”

2. 司法解释规定

《人民检察院刑事诉讼规则》第二百九十一条："对不批准逮捕的案件，公安机关提请上一级人民检察院复核的，上一级人民检察院应当在收到提请复核意见书和复核材料后十五日以内，经检察长批准，作出是否变更的决定，通知下级人民检察院和公安机关执行。需要改变原决定的，应当通知作出不批准逮捕决定的人民检察院撤销原不批准逮捕决定，另行制作批准逮捕决定书。必要时，上级人民检察院也可以直接作出批准逮捕决定，通知下级人民检察院送达公安机关执行。

对于经复议复核维持原不批准逮捕决定的，人民检察院向公安机关送达复议复核决定时应当说明理由。"

（三）文书结构

本文书为表格式文书，共四联，其中第一联为存根；第二联为复核决定书副本，附卷；第三联为复核决定书正本，送达下级公安机关；第四联为复核决定通知书，送达作出不批准逮捕决定的下级人民检察院。

1. 第一联

标题及文号。检察机关的名称应为全称，即要注明所在省（自治区、直辖市）名称，不能只写地区级市、县、区院名。文书名称，即"复核决定书"。文号生成格式为："××检××核〔20××〕×号"。

填写案由、犯罪嫌疑人基本情况、复核决定内容、送达单位、批准人、承办人、填发人、填发时间。

2. 第二联、第三联

（1）首部。标题及文号与第一联相同。

（2）正文。抬头，发往单位。即提出复核的单位，行文上顶格书写。发往单位只能是公安机关，不能是具体的侦查部门，如派出所、刑侦支队等。

填写过程中应注意，第一项空格是作出不批准逮捕决定的检察机关的全称；第二项空格是原不批准逮捕文书号；第三项空格是原不批准逮捕的犯罪嫌疑人姓名，若有多个被提请复核的犯罪嫌疑人其姓名应依次摘录；第四项是本院审查认定的意见，应结合事实、证据，对原不批准逮捕决定是否正确、侦查机关提请复核理由是否成立简明扼要分析说理；第四部分空格是本院最后作出的决定，包括维持原不批准决定、改变原不起诉决定与直接作出批准逮捕决定三种。

（3）尾部。落款，文书发出日期，日期上加盖公章。

3. 第四联

（1）首部。标题包括制作文书的人民检察院名称，文书名称，即“复核决定通知书”。

（2）正文。抬头，发往单位。即作出不批准逮捕决定的人民检察院，行文上顶格书写，名称写全称。

主文部分的模板是“________侦查机关对你院________号不批准逮捕决定书提请本院复核。经本院复核认为：________。根据《中华人民共和国刑事诉讼法》第九十二条的规定，本院决定________。”依次写明。

（3）尾部。落款，文书发出日期，日期上加盖公章。

（四）文书模板及制作说明

1. 文书模板

×××人民检察院

复核决定书

（存　根）

××检××核〔20××〕×号

案由________________

犯罪嫌疑人基本情况________________

____

复核决定内容________________

送达单位________________

批准人________________

承办人________________

填发人________________

填发时间________________

第一联　统一保存

×××人民检察院

复核决定书

（副　本）

××检××核〔20××〕×号

________（侦查机关）

你局对________人民检察院以________号文书不批准逮捕犯罪嫌疑人________的决定提请复核的意见书收悉。经本院复核认为：________________。根据《中华人民共和国刑事诉讼法》第________条的规定，本院决定________________。

20××年××月××日

（院印）

第二联　附卷

×××人民检察院

复核决定书

××检××核〔20××〕×号

________（侦查机关）

你局对________人民检察院以________号文书不批准逮捕犯罪嫌疑人的决定提请复核的意见书收悉。经本院复核认为：________________________________。根据《中华人民共和国刑事诉讼法》第________条的规定，本院决定____。

20××年××月××日

（院印）

第三联　送达下级侦查机关

×××人民检察院

复核决定书通知书

××检××核〔20××〕×号

________人民检察院：

________侦查机关对你院________号不批准逮捕决定书提请本院复核。经本院复核认为：____________________。根据《中华人民共和国刑事诉讼法》第九十二条的规定，本院决定____。

特此通知

20××年××月××日

（院印）

第四联　送达作出决定的下级人民检察院

2. 制作说明

(1) 本文书依据《中华人民共和国刑事诉讼法》第九十二条的规定制作。是人民检察院在侦查机关认为不批捕决定有错误，向作出决定的人民检察院要求复议，意见未被接受，向上一级人民检察院提请复核，上一级人民检察院作出复核决定时使用。

(2) 本文书共四联，第一联统一保存备查，第二联附卷，第三联送达下级侦查机关，第四联送达作出决定的下级人民检察院。

2.3.2　法律文书：批准逮捕决定书

(一) 基本概念

批准逮捕决定书，是当公安机关对人民检察院不批准逮捕的决定，认为有错误的时候提出复议，复议意见不被接受，向上一级人民检察院提请复核，上级人民检察院经复核决定批准逮捕犯罪嫌疑人时使用的法律文书。该文书在送达公安机关执行的同时应当通知下级人民检察院撤销原不批准逮捕决定。

(二) 相关依据

1. 法律依据

(1)《中华人民共和国人民检察院组织法》第二十条："人民检察院行使下列职权：……（二）对刑事案件进行审查，批准或者决定是否逮捕犯罪嫌疑人……"

第二十四条："上级人民检察院对下级人民检察院行使下列职权：

(一) 认为下级人民检察院的决定错误的，指令下级人民检察院纠正，或者依法撤销、变更；

(二) 可以对下级人民检察院管辖的案件指定管辖；

(三) 可以办理下级人民检察院管辖的案件；

(四) 可以统一调用辖区的检察人员办理案件。

上级人民检察院的决定，应当以书面形式作出。"

(2)《中华人民共和国刑事诉讼法》第八十一条："对有证据证明有

犯罪事实，可能判处徒刑以上刑罚的犯罪嫌疑人、被告人，采取取保候审尚不足以防止发生下列社会危险性的，应当予以逮捕：

（一）可能实施新的犯罪的；

（二）有危害国家安全、公共安全或者社会秩序的现实危险的；

（三）可能毁灭、伪造证据，干扰证人作证或者串供的；

（四）可能对被害人、举报人、控告人实施打击报复的；

（五）企图自杀或者逃跑的。

批准或者决定逮捕，应当将犯罪嫌疑人、被告人涉嫌犯罪的性质、情节，认罪认罚等情况，作为是否可能发生社会危险性的考虑因素。

对有证据证明有犯罪事实，可能判处十年有期徒刑以上刑罚的，或者有证据证明有犯罪事实，可能判处徒刑以上刑罚，曾经故意犯罪或者身份不明的，应当予以逮捕。

被取保候审、监视居住的犯罪嫌疑人、被告人违反取保候审、监视居住规定，情节严重的，可以予以逮捕。"

第九十条："人民检察院对于公安机关提请批准逮捕的案件进行审查后，应当根据情况分别作出批准逮捕或者不批准逮捕的决定。对于批准逮捕的决定，公安机关应当立即执行，并且将执行情况及时通知人民检察院。对于不批准逮捕的，人民检察院应当说明理由，需要补充侦查的，应当同时通知公安机关。"

第九十二条："公安机关对人民检察院不批准逮捕的决定，认为有错误的时候，可以要求复议，但是必须将被拘留的人立即释放。如果意见不被接受，可以向上一级人民检察院提请复核。上级人民检察院应当立即复核，作出是否变更的决定，通知下级人民检察院和公安机关执行。"

2. 司法解释规定

《人民检察院刑事诉讼规则》第二百九十一条："对不批准逮捕的案件，公安机关提请上一级人民检察院复核的，上一级人民检察院应当在收到提请复核意见书和案卷材料后十五日以内，经检察长批准，作出是否变更的决定，通知下级人民检察院和公安机关执行。需要改变原决定的，应当通知作出不批准逮捕决定的人民检察院撤销原不批准逮捕决定，另行制作批准逮捕决定书。必要时，上级人民检察院也可以直接作出批准逮捕决定，通知下级人民检察院送达公安机关执行。

对于经复议复核维持原不批准逮捕决定的，人民检察院向公安机关送达复议复核决定时应当说明理由。”

（三）文书结构

本文书共五联，第一联为存根，统一保存备查；第二联由上级人民检察院负责捕诉的部门附卷；第三联送达侦查机关执行；第四联为执行回执，由侦查机关退回后附卷；第五联为上级人民检察院经复核直接作出批准逮捕决定，通知下级人民检察院时使用。

1. 首部

首部需注明所在省（自治区、直辖市）的名称，不能只写地区级市、县、区院名。文号生成格式为：“××检××批捕〔20××〕×号”。

2. 正文

（1）抬头。发往单位，即批准逮捕决定书、批准逮捕通知书应当发往的单位，行文上顶格书写。

（2）开头及首句。第二联和第三联依据《人民检察院刑事诉讼法律文书格式样本（2020版）》中的要求，本文书属于填充式法律文书，开头及首句的模板是“你局于________年______月______日以______号文书对不批准逮捕犯罪嫌疑人________的决定不服提请本院复核”。

第四联“根据《中华人民共和国刑事诉讼法》第九十条的规定，现将你院________年________月________日作出的____________号批准逮捕决定书的执行情况通知如下：……”

第五联“公安局于________年________月________日以________号文书对不批准逮捕犯罪嫌疑人________的决定不服提请本院复核。”这句填空式模句目的是，检察机关应在开头部位写明案件受理的过程。

（3）审查认为涉嫌的罪名和法律依据。本部分写明符合的法律法规的具体条款。决定批准逮捕犯罪嫌疑人的姓名。

（4）处理意见。第二联和第三联本部分着重强调要求执行机关将执行情况在三日内通知本院。第五联本部分着重强调通知下级人民检察院依法撤销原不批准逮捕决定。

3. 尾部

落款为发出日期，日期上加盖公章。

（四）文书模板及制作说明

1. 文书模板

（不捕复核）

×××人民检察院

批准逮捕决定书

（存　根）

××检××批捕〔20××〕×号

案由＿＿＿＿＿＿＿＿

犯罪嫌疑人基本情况（姓名、性别、出生日期、公民身份号码、工作单位、住址、是否为人大代表或政协委员）＿＿＿＿＿＿＿＿

＿＿＿＿＿＿＿＿

＿＿＿＿＿＿＿＿

送达机关＿＿＿＿＿＿＿＿

批准人＿＿＿＿＿＿＿＿

承办人＿＿＿＿＿＿＿＿

填发人＿＿＿＿＿＿＿＿

填发时间＿＿＿＿＿＿＿＿

第一联　统一保存

×××人民检察院

批准逮捕决定书

（副　本）

××检××批捕〔20××〕×号

＿＿＿＿：

你局于＿＿＿＿年＿＿月＿＿日以＿＿＿＿号文书对不批准逮捕犯罪嫌疑人＿＿＿＿的决定不服提请本院复核。经本院审查认为，该犯罪嫌疑人涉嫌＿＿＿＿犯罪，符合《中华人民共和国刑事诉讼法》第八十一条规定的逮捕条件，决定批准逮捕犯罪嫌疑人＿＿＿＿。请依法立即执行，并将执行情况在三日以内通知本院。

20××年××月××日

（院印）

第二联　附卷

×××人民检察院

批准逮捕决定书

××检××批捕〔20××〕×号

________：

你局于________年____月____日以________号文书对不批准逮捕犯罪嫌疑人________的决定不服提请本院复核。经本院审查认为，该犯罪嫌疑人涉嫌______，符合《中华人民共和国刑事诉讼法》第八十一条规定的逮捕条件，决定批准逮捕犯罪嫌疑人__________。请依法立即执行，并将执行情况在三日以内通知本院。

20××年××月××日

（院印）

第三联　送达侦查机关

×××人民检察院

批准逮捕决定书

（回　执）

________人民检察院：

根据《中华人民共和国刑事诉讼法》第九十条的规定，现将你院______年____月____日作出的______________号批准逮捕决定书的执行情况通知如下：

犯罪嫌疑人______于______年____月____日由____________执行逮捕（或者因____________未执行逮捕）。

特此通知

20××年××月××日

（院印）

第四联　侦查机关退回后附卷

×××人民检察院

批准逮捕通知书

××检××批捕〔20××〕×号

________（下级人民检察院）：

公安局于______年____月____日以________号文书对不批准逮捕犯罪嫌疑人________的决定不服提请本院复核。经本院审查认为，该犯罪嫌疑人涉嫌________犯罪，符合《中华人民共和国刑事诉讼法》第八十一条规定的逮捕条件，决定批准逮捕犯罪嫌疑人__________。请你院依法撤销对犯罪嫌疑人__________的不批准逮捕决定。

特此通知

20××年××月××日

（院印）

第五联　送达下级人民检察院

2. 制作说明

(1) 本文书依据《中华人民共和国刑事诉讼法》第八十一条、第九十条、第九十二条,《人民检察院刑事诉讼规则》第二百九十一条的规定制作。公安机关对人民检察院不批准逮捕的决定,认为有错误的时候提出复议,复议意见不被接受,向上一级人民检察院提请复核,上级人民检察院经复核决定批准逮捕犯罪嫌疑人时使用。

(2) 本文书一人一文书。

(3) 本文书共五联,第一联为存根,统一保存备查;第二联由上级人民检察院负责捕诉的部门附卷;第三联送达侦查机关执行;第四联为执行回执,由侦查机关退回后附卷,划线处填写犯罪嫌疑人何时已被执行逮捕或者因何原因未执行逮捕;第五联为上级人民检察院经复核直接作出批准逮捕决定,通知下级人民检察院时使用。

2.3.3 工作文书:复核案件审查报告

(一) 基本概念

复核案件审查报告,是上一级人民检察院对侦查机关认为不批捕决定有错误提请复核的案件进行审查,用以全面记述案件审查综合情况,形成结论性意见并报内部审批时使用的工作文书。

(二) 相关依据

1. 法律依据

(1)《中华人民共和国人民检察院组织法》第二十条:“人民检察院行使下列职权:……(二)对刑事案件进行审查,批准或者决定是否逮捕犯罪嫌疑人……”

第二十四条:“上级人民检察院对下级人民检察院行使下列职权:

(一)认为下级人民检察院的决定错误的,指令下级人民检察院纠正,或者依法撤销、变更;

(二)可以对下级人民检察院管辖的案件指定管辖;

(三)可以办理下级人民检察院管辖的案件;

（四）可以统一调用辖区的检察人员办理案件。

上级人民检察院的决定，应当以书面形式作出。”

（2）《中华人民共和国刑事诉讼法》第九十二条：“公安机关对人民检察院不批准逮捕的决定，认为有错误的时候，可以要求复议，但是必须将被拘留的人立即释放。如果意见不被接受，可以向上一级人民检察院提请复核。上级人民检察院应当立即复核，作出是否变更的决定，通知下级人民检察院和公安机关执行。”

2. 司法解释规定

《人民检察院刑事诉讼规则》第二百九十一条：“对不批准逮捕的案件，公安机关提请上一级人民检察院复核的，上一级人民检察院应当在收到提请复核意见书和案卷材料后十五日以内，经检察长批准，作出是否变更的决定，通知下级人民检察院和公安机关执行。需要改变原决定的，应当通知作出不批准逮捕决定的人民检察院撤销原不批准逮捕决定，另行制作批准逮捕决定书。必要时，上级人民检察院也可以直接作出批准逮捕决定，通知下级人民检察院送达公安机关执行。

对于经复议复核维持原不批准逮捕决定的，人民检察院向公安机关送达复议复核决定时应当说明理由。”

（三）文书结构

1. 首部

首部包括办案单位名称和文书名称。办案单位的名称应为检察机关全称，还应注明所在省（自治区、直辖市）的名称，不能只写地区级市、县、区院名。文书名称，即“复核案件审查报告”。

2. 正文

（1）开头。包括案件的移送机关、移送文书、移送案由，本院受理时间、承办人姓名以及在审查过程中根据法律法规的要求所进行的程序方面的工作。

（2）犯罪嫌疑人基本情况。包括犯罪嫌疑人姓名（曾用名、绰号）、性别、出生日期、公民身份号码、民族、文化程度、户籍所在地、住址、工作单位、被采取或变更强制措施的单位、时间、强制措施种类等。

(3) 发案、立案、破案经过。该部分应简要写明案件受理、立案和侦破情况。

(4) 对案件事实的认定及证据。该部分包括侦查机关认定的案件事实及理由和下级检察机关原不批准逮捕的理由以及复议决定维持的理由。

(5) 提请复核的理由及根据。该部分为公安机关提请复核的理由及根据。

(6) 经复核认定的案件事实及证据。该部分应当区分两种情况处理，如认为下级检察机关复议决定错误的（包括部分错误），应当改变原不批准逮捕决定的，写明改变的理由，然后按照证据种类，进行必要的摘抄或归纳，并根据其证明力予以分析。如认为下级检察机关复议决定正确的，原不批准逮捕决定正确，经复核维持复议决定的，应当结合侦查机关提请复核的理由，按照证据种类，进行必要的摘抄或归纳，并根据其证明力予以分析。

(7) 需要说明的问题。主要包括：上级机关或有关领导对案件的批示、指示意见；需要进行立案监督或者侦查活动监督的事项及处理意见；需要补充侦查或者继续侦查的事项；对不批准逮捕的犯罪嫌疑人需要做其他处理的建议；其他需要说明的问题。

(8) 处理意见。写明适用的法律依据，提出应否逮捕的意见及理由；是否维持或变更下级检察机关复议决定的意见。

3. 尾部

落款列明案件承办人姓名及审结日期。

(四) 文书模板及制作说明

1. 文书模板

×××人民检察院

复核案件审查报告

我院于××××年××月××日收到的×××公安局以×××号文书提请复核的犯罪嫌疑人×××案，承办人×××审阅了案卷（简要写明讯问犯罪嫌疑人、听取犯罪嫌疑人意见、听取辩护人意见、核实有关证据等相关工作情况)，现已对本案审查完毕。

一、犯罪嫌疑人基本情况

犯罪嫌疑人×××（曾用名×××，绰号×××)，(性别）×，××××年××月××日出生，公民身份号码×××，（民族）××，文化程度××，户籍所在地×××，住×××。工作单位×××。于××××年××月××日被×××单位采取×××（强制措施)。本院于××××年××月××日对其作出不批准逮捕决定，其于××××年××月××日被变更为×××强制措施（释放)。

二、发案、立案、破案经过

简要写明案件受理、立案和侦破情况。

三、对案件事实的认定及证据

(一）侦查机关认定的案件事实及理由。

(二）下级检察机关原不批准逮捕的理由以及复议决定维持的理由。

四、提请复核的理由及根据

×××

五、经复核认定的案件事实及证据

经审查，认为下级检察机关复议决定错误的（包括部分错误)，应当改变原不批准逮捕决定的，写明改变的理由，然后按照证据种类，进行必要的摘抄或归纳，并根据其证明力予以分析。

经审查，认为下级检察机关复议决定正确的，原不批准逮捕决定正确，经复核维持复议决定的，应当结合侦查机关提请复核的理由，按照证据种类，进行必要的摘抄或归纳，并根据其证明力予以分析。

六、需要说明的问题

(一）上级机关或有关领导对案件的批示、指示意见；

(二）需要进行立案监督或者侦查活动监督的事项及处理意见；

(三）需要补充侦查或者继续侦查的事项；

(四）对不批准逮捕的犯罪嫌疑人需要做其他处理的建议；

(五）其他需要说明的问题。

七、处理意见

（写明适用的法律依据，提出应否逮捕的意见及理由；是否维持或变更下级检察机关复议决定的意见）

承办人：

20××年××月××日

2. 制作说明

（1）本文书依据《中华人民共和国刑事诉讼法》第九十二条和《人民检察院刑事诉讼规则》第二百九十一条的规定制作。为上一级人民检察院对侦查机关认为不批捕决定有错误提请复核的案件进行审查时使用。

（2）本文书一案一文书。

第四节 （不）批准逮捕申诉审查案件适用文书

（不）批准逮捕申诉审查案件适用文书，是人民检察院对于被害人对本院以没有犯罪事实、《中华人民共和国刑事诉讼法》第十六条规定的情形之一以外的其他理由作出的不批准逮捕决定或者不予逮捕决定不服提出申诉的案件，审查后，认为本院的原（不）逮捕决定正确，从而作出维持原决定的意见；或者审查后，认为本院的原（不）逮捕决定确有错误应予变更，并撤销原（不）逮捕决定，另行作出（不）批准逮捕决定而形成的相关文书。

2.4.1 法律文书：撤销不批准逮捕决定书

（一）基本概念

撤销不批准逮捕决定书，是人民检察院经审查刑事申诉案件后，发现原不批准逮捕决定不当而予以撤销时使用的法律文书。

（二）相关依据

1. 法律依据

《中华人民共和国人民检察院组织法》第二十条："人民检察院行使下列职权：……（二）对刑事案件进行审查，批准或者决定是否逮捕犯罪嫌疑人……"

2. 司法解释规定

《人民检察院刑事诉讼规则》第二百八十九条第二款："对已经作出的不批准逮捕决定发现确有错误，需要批准逮捕的，人民检察院应当撤销原不批准逮捕决定，并重新作出批准逮捕决定，送达公安机关执行。"

3. 其他规定

《人民检察院办理刑事申诉案件规定》（2020年）第八条："人民检察院管辖的下列刑事申诉，按照本规定办理：（一）不服人民检察院因犯罪嫌疑人没有犯罪事实，或者符合《中华人民共和国刑事诉讼法》第十六条规定情形而作出的不批准逮捕决定的申诉；……"

第四十三条："对不服人民检察院诉讼终结的刑事处理决定的申诉案件进行复查后，应当分别作出如下处理：……（三）原处理决定错误的，予以撤销；需要重新进入诉讼程序的，将案件移送有管辖权的人民检察院或者本院有关部门依法办理。"

（三）文书结构

本文书共四联，第一联统一保存备查；第二联附卷；第三联送达侦查机关；第四联送达申诉人。

1. 首部

首部需注明所在省（自治区、直辖市）的人民检察院名称，不能只写地区级市、县、区院名。文书名称，即"撤销不批准逮捕决定书"。文号生成格式为："××检××撤不批〔20××〕×号"。

2. 正文

（1）抬头，写明应当发往的单位，即原错误文书发生效力的单位，或者申诉人，行文上顶格书写。第二、三联抬头为原提请批准逮捕的侦查机关，第四联抬头为申诉人。

（2）开头写本院20××年××月××日以×××号不批准逮捕决定书作出对涉嫌某罪的犯罪嫌疑人×××不批准逮捕决定；再写明检察机关重新审查认定的事实及其法律依据，写明具体依据的法律法规的具体条款；最后注明：×××号不批准逮捕决定书作废。

（3）依据《人民检察院刑事诉讼法律文书格式样本（2020版）》中的要求，撤销不批准逮捕决定书共三联，但是因为此处为申诉案件的撤销不批准逮捕决定书，故增加一联即第四联通知申诉人。

3. 尾部

落款为发出日期，日期上加盖公章。

（四）文书模板及制作说明

1. 文书模板

×××人民检察院

撤销不批准逮捕决定书

（存　根）

××检××撤不批〔20××〕×号

案由________________

犯罪嫌疑人基本情况________________

____

提请批捕机关________________

不批准逮捕决定书文号________________

撤销不批准逮捕决定的理由________________

送达机关________________

批准人________________

承办人________________

填发人________________

填发时间________________

第一联　统一保存

×××人民检察院

撤销不批准逮捕决定书

（副　本）

××检××撤不批〔20××〕×号

________：

本院______年______月______日以______号不批准逮捕决定书作出对涉嫌______罪的犯罪嫌疑人______不批准逮捕决定。现经本院审查认为：________________。根据《中华人民共和国刑事诉讼法》第九十二条的规定，决定撤销对犯罪嫌疑人______的不批准逮捕决定。______号不批准逮捕决定书作废。

20××年××月××日

（院印）

第二联　附卷

×××人民检察院

撤销不批准逮捕决定书

××检××撤不批〔20××〕×号

________：

本院________年______月______日以______号不批准逮捕决定书作出对涉嫌________罪的犯罪嫌疑人________不批准逮捕决定。现经本院审查认为：____。根据《中华人民共和国刑事诉讼法》第九十二条的规定，决定撤销对犯罪嫌疑人________的不批准逮捕决定。________号不批准逮捕决定书作废。

20××年××月××日

（院印）

第三联　送达侦查机关

×××人民检察院

撤销不批准逮捕决定书

××检××撤不批〔20××〕×号

________：

本院________年______月______日以______号不批准逮捕决定书作出对涉嫌________罪的犯罪嫌疑人________不批准逮捕决定。现经本院审查认为：____。根据《中华人民共和国刑事诉讼法》第九十二条的规定，决定撤销对犯罪嫌疑人________的不批准逮捕决定。________号不批准逮捕决定书作废。

20××年××月××日

（院印）

第四联　送达申诉人

2. 制作说明

（1）本文书依据《中华人民共和国人民检察院组织法》第二十条，《人民检察院刑事诉讼规则》第二百八十九条和《人民检察院办理刑事申诉案件规定》第八条、第四十三条的规定制作。为人民检察院在发现原不批准逮捕决定不当而予以撤销时使用。

（2）本文书与批准逮捕决定书一并送达侦查机关。

（3）本文书共四联，第一联统一保存备查；第二联附卷；第三联送达侦查机关；第四联送达申诉人。

2.4.2 法律文书：批准逮捕决定书（适用不捕申诉审查案件）

（一）基本概念

批准逮捕决定书（适用不捕申诉审查案件），是被害人不服人民检察院不批准逮捕决定，依法提出申诉，经审查后，认为不批准逮捕决定错误，需要依法批准逮捕的，撤销不批准逮捕决定后，批准逮捕犯罪嫌疑人时使用的法律文书。

（二）相关依据

1. 法律依据

（1）《中华人民共和国宪法》第三十七条：“……任何公民，非经人民检察院批准或者决定或者人民法院决定，并由公安机关执行，不受逮捕……”

（2）《中华人民共和国人民检察院组织法》第二十条：“人民检察院行使下列职权：……（二）对刑事案件进行审查，批准或者决定是否逮捕犯罪嫌疑人……”

（3）《中华人民共和国刑事诉讼法》第三条：“……检察、批准逮捕、检察机关直接受理的案件的侦查、提起公诉，由人民检察院负责……”

第八十条：“逮捕犯罪嫌疑人、被告人，必须经过人民检察院批准或者人民法院决定，由公安机关执行。”

第八十一条："对有证据证明有犯罪事实，可能判处徒刑以上刑罚的犯罪嫌疑人、被告人，采取取保候审尚不足以防止发生下列社会危险性的，应当予以逮捕：

（一）可能实施新的犯罪的；

（二）有危害国家安全、公共安全或者社会秩序的现实危险的；

（三）可能毁灭、伪造证据，干扰证人作证或者串供的；

（四）可能对被害人、举报人、控告人实施打击报复的；

（五）企图自杀或者逃跑的。

批准或者决定逮捕，应当将犯罪嫌疑人、被告人涉嫌犯罪的性质、情节，认罪认罚等情况，作为是否可能发生社会危险性的考虑因素。

对有证据证明有犯罪事实，可能判处十年有期徒刑以上刑罚的，或者有证据证明有犯罪事实，可能判处徒刑以上刑罚，曾经故意犯罪或者身份不明的，应当予以逮捕。

被取保候审、监视居住的犯罪嫌疑人、被告人违反取保候审、监视居住规定，情节严重的，可以予以逮捕。"

第九十条："人民检察院对于公安机关提请批准逮捕的案件进行审查后，应当根据情况分别作出批准逮捕或者不批准逮捕的决定。对于批准逮捕的决定，公安机关应当立即执行，并且将执行情况及时通知人民检察院。对于不批准逮捕的，人民检察院应当说明理由，需要补充侦查的，应当同时通知公安机关。"

2. 司法解释规定

《人民检察院刑事诉讼规则》第二百八十九条第二款："对已经作出的不批准逮捕决定发现确有错误，需要批准逮捕的，人民检察院应当撤销原不批准逮捕决定，并重新作出批准逮捕决定，送达公安机关执行。"

3. 其他规定

《人民检察院办理刑事申诉案件规定》（2020 年）第八条："人民检察院管辖的下列刑事申诉，按照本规定办理：（一）不服人民检察院因犯罪嫌疑人没有犯罪事实，或者符合《中华人民共和国刑事诉讼法》第十六条规定情形而作出的不批准逮捕决定的申诉……"

第四十三条："对不服人民检察院诉讼终结的刑事处理决定的申诉案

件进行复查后，应当分别作出如下处理：……（三）原处理决定错误的，予以撤销；需要重新进入诉讼程序的，将案件移送有管辖权的人民检察院或者本院有关部门依法办理。”

（三）文书结构

本文书共五联：第一联统一保存备查；第二联由负责捕诉的部门附卷；第三联送达侦查机关执行；第四联为执行回执，由侦查机关退回后附卷；第五联为如申诉人向上级人民检察院申诉的，上级人民检察院对不捕申诉复查后直接作出批准逮捕决定时，通知下级人民检察院时使用。

1. 首部

首部需注明所在省（自治区、直辖市）的人民检察院名称，不能只写地区级市、县、区院名。文书名称，第一至四联为“批准逮捕决定书”；第五联文书名称，即“批准逮捕通知书”。文号生成格式为：“××检××批捕〔20××〕×号”。

2. 正文

（1）抬头，写明发往单位，即原提请批准逮捕犯罪嫌疑人的单位和需要通知的下级人民检察院，行文上顶格书写。

（2）检察机关审查后认定的事实及其法律依据。写明具体依据的法律法规的具体条款。

（3）最后注明：请依法立即执行，并将执行情况在三日以内通知本院。通知下级人民检察院特别注明：请你院依法撤销对犯罪嫌疑人×××的不批准逮捕决定。

3. 尾部

落款为发出日期，日期上加盖公章。

（四）文书模板及制作说明

1. 文书模板

（不捕申诉）

×××人民检察院

批准逮捕决定书

（存　根）

××检××批捕〔20××〕×号

案由________________

犯罪嫌疑人基本情况（姓名、性别、出生日期、公民身份号码、工作单位、住址、是否为人大代表或政协委员）________________

____

____

送达机关________________

批准人________________

承办人________________

填发人________________

填发时间________________

第一联　统一保存

×××人民检察院

批准逮捕决定书

（副　本）

××检××批捕〔20××〕×号

________：

你________于______年____月____日以________号提请批准逮捕书提请批准逮捕犯罪嫌疑人____________，经本院审查认为，该犯罪嫌疑人涉嫌____________犯罪，符合《中华人民共和国刑事诉讼法》第八十一条规定的逮捕条件，决定批准逮捕犯罪嫌疑人____________。请依法立即执行，并将执行情况在三日以内通知本院。

20××年××月××日

（院印）

第二联　附卷

×××人民检察院

批准逮捕决定书

××检××批捕〔20××〕×号

________：

你________于______年____月____日以________号提请批准逮捕书提请批准逮捕犯罪嫌疑人____________，经本院审查认为，该犯罪嫌疑人涉嫌____________犯罪，符合《中华人民共和国刑事诉讼法》第八十一条规定的逮捕条件，决定批准逮捕犯罪嫌疑人____________。请依法立即执行，并将执行情况在三日以内通知本院。

20××年××月××日

（院印）

第三联　送达侦查机关

×××人民检察院

批准逮捕决定书

（回　执）

________人民检察院：

根据《中华人民共和国刑事诉讼法》第九十条的规定，现将你院________年________月________日________号批准逮捕决定书的执行情况通知如下：

犯罪嫌疑人________已于________年________月________日由________执行逮捕（或者因________未执行逮捕）。

特此通知

20××年××月××日

（公章）

第四联　侦查机关退回后附卷

×××人民检察院

批准逮捕通知书

××检××批捕〔20××〕×号

________（下级人民检察院）：

________（被害人）于______年______月______日以______号文书对不批准逮捕犯罪嫌疑人________的决定不服向本院提出申诉。经本院审查认为，该犯罪嫌疑人涉嫌________犯罪，符合《中华人民共和国刑事诉讼法》第八十一条规定的逮捕条件，决定批准逮捕犯罪嫌疑人________。请你院依法撤销对犯罪嫌疑人________的不批准逮捕决定。

特此通知

20××年××月××日

（院印）

第五联　送达下级人民检察院

2. 制作说明

(1) 本文书依据《中华人民共和国刑事诉讼法》第八十一条、第九十条和《人民检察院刑事申诉案件规定》第四十三条的规定制作。被害人不服人民检察院不批准逮捕决定，依法提出申诉，经申诉复查后，认为不批准逮捕决定错误，需要依法批准逮捕的，应当撤销不批准逮捕决定，决定批准逮捕犯罪嫌疑人时使用。

(2) 本文书共五联，第一联统一保存备查；第二联由负责捕诉的部门附卷；第三联送达侦查机关执行；第四联为执行回执，由侦查机关退回后附卷，划线处填写犯罪嫌疑人何时已被执行逮捕或者因何原因未执行逮捕；第五联为如申诉人向上级人民检察院申诉的，上级人民检察院对不捕申诉复查后直接作出批准逮捕决定时，通知下级人民检察院时使用。

2.4.3 法律文书：撤销强制措施决定书、通知书

(一) 基本概念

撤销强制措施决定书、通知书，是人民检察院对犯罪嫌疑人采取强制措施后，发现原强制措施错误的，依法决定撤销该强制措施时使用的法律文书。

(二) 相关依据

1. 法律依据

《中华人民共和国刑事诉讼法》第九十六条："人民法院、人民检察院和公安机关如果发现对犯罪嫌疑人、被告人采取强制措施不当的，应当及时撤销或者变更。公安机关释放被逮捕的人或者变更逮捕措施的，应当通知原批准的人民检察院。"

2. 司法解释规定

《人民检察院刑事诉讼规则》第二百八十九条第一款："对已经作出的批准逮捕决定发现确有错误的，人民检察院应当撤销原批准逮捕决定，送达公安机关执行。"

（三）文书结构

本文书共五联，第一联为存根，统一保存备查；第二联附卷；第三联送达犯罪嫌疑人；第四联送达执行机关；第五联为执行回执，由执行机关退回后附卷。

1. 首部

首部需注明所在省（自治区、直辖市）的人民检察院名称，不能只写地区级市、县、区院名。文书名称，即“撤销强制措施决定书（通知书）”。文号生成格式为：“××检××撤强〔20××〕×号”。

2. 正文

（1）抬头写明应当发往的单位或者犯罪嫌疑人，行文上顶格书写。第二、三联抬头为犯罪嫌疑人，第四联抬头为强制措施执行机关，第五联为制发文书的人民检察院，由执行机关填写。

（2）第二联和第三联写明法律依据；第四联送达执行机关，写明×××人民检察院于20××年××月××日决定对涉嫌×××罪的犯罪嫌疑人×××采取×××强制措施，再写法律依据予以撤销；第五联执行回执，由执行机关退回后附卷。

3. 尾部

落款时间为文书发出日期，日期上加盖公章。

（四）文书模板及制作说明

1. 文书模板

×××人民检察院

撤销强制措施决定书

（存　根）

××检××撤强〔20××〕×号

案由＿＿＿＿＿＿＿＿

犯罪嫌疑人基本情况（姓名、性别、出生日期、公民身份号码、工作单位、住址、是否为人大代表或政协委员）＿＿＿＿＿＿＿＿

＿＿＿＿＿＿＿＿

＿＿＿＿＿＿＿＿

执行机关＿＿＿＿＿＿＿＿

强制措施种类＿＿＿＿＿＿＿＿

撤销原因＿＿＿＿＿＿＿＿

批准人＿＿＿＿＿＿＿＿

承办人＿＿＿＿＿＿＿＿

填发人＿＿＿＿＿＿＿＿

填发时间＿＿＿＿＿＿＿＿

第一联　统一保存

×××人民检察院

撤销强制措施决定书

（副　本）

××检××撤强〔20××〕×号

＿＿＿＿：

根据《中华人民共和国刑事诉讼法》第九十六条的规定，本院决定撤销对你＿＿＿＿的强制措施决定。

20××年××月××日

（院印）

第二联　附卷

×××人民检察院

撤销强制措施决定书

××检××撤强〔20××〕×号

＿＿＿＿：

根据《中华人民共和国刑事诉讼法》第九十六条的规定，本院决定撤销对你＿＿＿＿的强制措施决定。

20××年××月××日

（院印）

第三联　送达犯罪嫌疑人

×××人民检察院

撤销强制措施通知书

××检××撤强〔20××〕×号

________：

________院______年____月____日决定对涉嫌______的犯罪嫌疑人______________采取__________措施，根据《中华人民共和国刑事诉讼法》第九十六条的规定，现决定撤销对其__________的决定。请依法立即执行，并在三日内将执行情况通知本院。

特此通知

20××年××月××日

（院印）

第四联　送达执行机关

×××人民检察院

撤销强制措施通知书

（回　执）

________人民检察院：

你院______年____月____日________________号文书决定撤销对涉嫌__________犯罪的犯罪嫌疑人______的________决定，根据《中华人民共和国刑事诉讼法》第九十六条的规定，现将执行情况通知如下：犯罪嫌疑人______已于______年____月____日释放（或者变更为____________）。

特此通知

20××年××月××日

（公章）

第五联　执行机关退回后附卷

2. 制作说明

（1）本文书依据《中华人民共和国刑事诉讼法》第九十六条的规定制作。为人民检察院对犯罪嫌疑人采取强制措施后，发现原强制措施错误的，依法决定撤销该强制措施时使用。

（2）本文书共五联，第一联为存根，统一保存备查；第二联附卷；第三联送达犯罪嫌疑人；第四联送达执行机关；第五联为执行回执，由执行机关退回后附卷，划线处填写犯罪嫌疑人于何时被释放或者变更为何种强制措施。

第五节　延长侦查羁押期限案件适用文书

延长侦查羁押期限案件适用文书，包括提请批准延长羁押期限案件和批准延长羁押期限案件适用文书，前者是没有决定权的人民检察院对延长侦查羁押期限案件审查后，提出是否同意延长的意见，然后层报有决定权的人民检察院审查决定时所使用的文书；后者是有决定权的人民检察院对延长侦查羁押期限案件审查后，作出是否批准的决定过程中所使用的相关文书。

2.5.1　法律文书：提请批准延长侦查羁押期限报告书

（一）基本概念

提请批准延长侦查羁押期限报告书，是人民检察院对于已采取逮捕强制措施的犯罪嫌疑人，在犯罪嫌疑人逮捕后的侦查羁押期限届满不能侦查终结的，在报请上级人民检察院批准延长侦查羁押期限时所使用的法律文书。

（二）相关依据

1. 法律依据

《中华人民共和国刑事诉讼法》第一百五十六条："对犯罪嫌疑人逮捕后的侦查羁押期限不得超过二个月。案情复杂、期限届满不能终结的案件，可以经上一级人民检察院批准延长一个月。"

第一百五十七条："因为特殊原因，在较长时间内不宜交付审判的特别重大复杂的案件，由最高人民检察院报请全国人民代表大会常务委员会批准延期审理。"

第一百五十八条："下列案件在本法第一百五十六条规定的期限届满不能侦查终结的，经省、自治区、直辖市人民检察院批准或者决定，可以延长二个月：

（一）交通十分不便的边远地区的重大复杂案件；

（二）重大的犯罪集团案件；

（三）流窜作案的重大复杂案件；

（四）犯罪涉及面广，取证困难的重大复杂案件。"

第一百五十九条："对犯罪嫌疑人可能判处十年有期徒刑以上刑罚，依照本法第一百五十八条规定延长期限届满，仍不能侦查终结的，经省、自治区、直辖市人民检察院批准或者决定，可以再延长二个月。"

2. 司法解释规定

《人民检察院刑事诉讼规则》第一百五十六条："下列案件，由人民检察院负责案件管理的部门统一受理：

（一）公安机关提请批准逮捕、移送起诉、提请批准延长侦查羁押期限、要求复议、提请复核、申请复查、移送申请强制医疗、移送申请没收违法所得的案件……"

第三百零五条："人民检察院办理直接受理侦查的案件，对犯罪嫌疑人逮捕后的侦查羁押期限不得超过二个月。案情复杂、期限届满不能终结的案件，可以经上一级人民检察院批准延长一个月。"

第三百零六条："设区的市级人民检察院和基层人民检察院办理直接受理侦查的案件，符合刑事诉讼法第一百五十八条规定，在本规则第三百零五条规定的期限届满前不能侦查终结的，经省级人民检察院批准，可以延长二个月。

省级人民检察院直接受理侦查的案件，有前款情形的，可以直接决定延长二个月。”

第三百零七条：“设区的市级人民检察院和基层人民检察院办理直接受理侦查的案件，对犯罪嫌疑人可能判处十年有期徒刑以上刑罚，依照本规则第三百零六条的规定依法延长羁押期限届满，仍不能侦查终结的，经省级人民检察院批准，可以再延长二个月。

省级人民检察院办理直接受理侦查的案件，有前款情形的，可以直接决定再延长二个月。”

第三百零八条：“最高人民检察院办理直接受理侦查的案件，依照刑事诉讼法的规定需要延长侦查羁押期限的，直接决定延长侦查羁押期限。”

第三百零九条：“公安机关需要延长侦查羁押期限的，人民检察院应当要求其在侦查羁押期限届满七日前提请批准延长侦查羁押期限。

人民检察院办理直接受理侦查的案件，负责侦查的部门认为需要延长侦查羁押期限的，应当按照前款规定向本院负责捕诉的部门移送延长侦查羁押期限意见书及有关材料。

对于超过法定羁押期限提请延长侦查羁押期限的，不予受理。”

第三百一十条：“人民检察院审查批准或者决定延长侦查羁押期限，由负责捕诉的部门办理。

受理案件的人民检察院对延长侦查羁押期限的意见审查后，应当提出是否同意延长侦查羁押期限的意见，将公安机关延长侦查羁押期限的意见和本院的审查意见层报有决定权的人民检察院审查决定。”

第三百一十二条：“犯罪嫌疑人虽然符合逮捕条件，但经审查，公安机关在对犯罪嫌疑人执行逮捕后二个月以内未有效开展侦查工作或者侦查取证工作没有实质进展的，人民检察院可以作出不批准延长侦查羁押期限的决定。

犯罪嫌疑人不符合逮捕条件，需要撤销下级人民检察院逮捕决定的，上级人民检察院在作出不批准延长侦查羁押期限决定的同时，应当作出撤销逮捕的决定，或者通知下级人民检察院撤销逮捕决定。”

第三百一十三条："有决定权的人民检察院作出批准延长侦查羁押期限或者不批准延长侦查羁押期限的决定后，应当将决定书交由最初受理案件的人民检察院送达公安机关。

最初受理案件的人民检察院负责捕诉的部门收到批准延长侦查羁押期限决定书或者不批准延长侦查羁押期限决定书，应当书面告知本院负责刑事执行检察的部门。"

第三百一十九条："负责捕诉的部门审查延长侦查羁押期限、审查重新计算侦查羁押期限，可以讯问犯罪嫌疑人，听取辩护律师和侦查人员的意见，调取案卷及相关材料等。"

第六百一十四条："人民检察院在办理案件过程中，犯罪嫌疑人、被告人被羁押，具有下列情形之一的，办案部门应当在作出决定或者收到决定书、裁定书后十日以内通知本院负有监督职责的部门：

（一）批准或者决定延长侦查羁押期限的……"

3. 其他规定

《人民检察院办理延长侦查羁押期限案件的规定》第四条："侦查机关需要延长侦查羁押期限的，应当在侦查羁押期限届满七日前，向同级人民检察院移送以下材料：

（一）提请批准延长侦查羁押期限意见书和延长侦查羁押期限案情报告；

（二）立案决定书、逮捕证以及重新计算侦查羁押期限决定书等相关法律文书复印件；

（三）罢免、辞去县级以上人大代表或者报请许可对其采取强制措施手续等文书；

（四）案件的其他情况说明。

人民检察院直接受理立案侦查的案件，需要延长侦查羁押期限的，侦查部门应当依照本条第一款的规定向本院侦查监督部门移送延长侦查羁押期限意见书和前款规定的有关材料。"

第五条："侦查机关应当在延长侦查羁押期限案情报告中详细写明犯罪嫌疑人基本情况、采取强制措施的具体情况、主要案情和捕后侦查工作进展情况、下一步侦查工作计划、延长侦查羁押期限的具体理由和法律依据、继续羁押的必要以及提请批准延长侦查羁押期限的起止日期。

人民检察院直接受理立案侦查的案件，侦查部门应当在延长侦查羁押期限意见书中详细写明前款规定的内容。”

第八条：“人民检察院侦查监督部门应当在提请延长侦查羁押期限案件审查报告中详细写明受案和审查过程、犯罪嫌疑人基本情况、采取强制措施的情况和羁押地点、主要案情、延长侦查羁押期限的理由和法律依据、继续羁押的必要、提请批准延长侦查羁押期限的起止日期以及审查意见。”

第九条：“人民检察院侦查监督部门办理延长侦查羁押期限案件，应当审查以下内容：

（一）本院或者下级人民检察院的逮捕决定是否符合法律规定；

（二）犯罪嫌疑人逮捕后侦查工作进展情况；

（三）下一步侦查计划是否具体明确；

（四）延长侦查羁押期限的理由、日期是否符合法律规定；

（五）犯罪嫌疑人有无继续羁押的必要；

（六）有无超期羁押等违法情况；

（七）其他需要审查的内容。”

（三）文书结构

1. 首部

首部需注明所在省（自治区、直辖市）的名称，不能只写地区级市、县、区院名。如果是涉外案件，要注明“中华人民共和国”字样。文书名称，即“提（报）请批准延长侦查羁押期限报告书”。文号生成格式为：“××检××请延〔20××〕×号”。

2. 正文

（1）抬头，被报请单位。为上一级人民检察院，应该写明全称。

（2）犯罪嫌疑人基本情况。应注明犯罪嫌疑人基本信息，包含姓名、性别、出生年月日、公民身份号码、民族、接受教育程度、户籍所在地、住所地、工作单位、前科劣迹情况以及被执行逮捕的时间、单位、被羁押场所等（若为二延、三延、特别延期则写明此前已延长侦查羁押期限的情况及批准机关）。

（3）案件主要事实。主要叙写根据现有的证据，检察机关可以认定的犯罪事实，包括犯罪时间、地点、经过、手段、目的、动机、危害后果等与定罪有关的事实要素，应当围绕刑法规定的该罪构成要件，简明扼要叙述。对于只有一个犯罪嫌疑人的案件，犯罪嫌疑人实施多次犯罪的犯罪事实应逐一列举；同时触犯数个罪名的犯罪嫌疑人的犯罪事实应该按照主次顺序分别列举；对于共同犯罪的案件，写明犯罪嫌疑人的共同犯罪事实及各自在共同犯罪中的地位和作用后，按照犯罪嫌疑人的主次顺序，分别叙述各个犯罪嫌疑人的单独犯罪事实。

（4）延长侦查羁押期限的理由和依据。分为三部分，一是捕后侦查羁押期间所开展的相关侦查工作。应当详细列举侦查羁押期间侦查工作的情况，如调取物证、书证、讯问犯罪嫌疑人、询问相关证人等，应当逐项说明该证据证明的事项或者需要解决的证据问题，若为一延，应对照逮捕后继续侦查提纲等列明已经开展的工作，若为二延、三延、特别延期则依次列明第一次、第二次、第三次批准延长侦查羁押期限后所开展侦查取证工作，如已向公安机关发出继续侦查取证等收集证据要求的案件，应当对照继续侦查提纲等写明公安机关开展侦查的情况。此外，对于检察机关已经开展部分自行补充侦查工作的，应当将自行补充侦查工作部分纳入考虑中。二是下一步侦查计划。围绕需要继续解决的证据等问题，详细列明待开展侦查工作的具体内容、计划时间、工作量等。三是侦查羁押必要性分析。结合案件基本事实，已经开展的侦查工作以及待开展的侦查工作，紧紧围绕刑事诉讼法规定的条件，结合对犯罪嫌疑人社会危险性的分析，从程序与实体两个方面综合分析需要延长侦查羁押期限的理由。

（5）审查意见。应当明确符合批准延长侦查羁押期限的法律依据，延长侦查羁押期限的起止时间。

3. 尾部

落款及日期，加盖院印。

（四）文书模板及制作说明

1. 文书模板

×××人民检察院

提请批准延长侦查
羁押期限报告书

（存　根）

××检××请延〔20××〕×号

案由＿＿＿＿＿＿＿＿＿＿

犯罪嫌疑人基本情况＿＿＿＿＿＿

＿＿＿＿＿＿＿＿＿＿＿＿

提请批准延长理由＿＿＿＿＿＿

提请批准延长期限＿＿＿＿＿＿

批准人＿＿＿＿＿＿＿＿＿

承办人＿＿＿＿＿＿＿＿＿

填发人＿＿＿＿＿＿＿＿＿

填发时间＿＿＿＿＿＿＿＿

第一联　统一保存

×××人民检察院

提请批准延长侦查
羁押期限报告书

（副　本）

××检××请延〔20××〕×号

＿＿＿＿人民检察院：

＿＿＿＿人民检察院＿＿＿年＿＿月＿＿日以＿＿＿号逮捕决定书批准/决定逮捕并于＿＿＿年＿＿月＿＿日予以执行的涉嫌＿＿＿犯罪的犯罪嫌疑人＿＿＿，因＿＿＿＿＿＿＿＿＿＿＿，期限届满不能侦查终结，经本院审查认为该犯罪嫌疑人＿＿＿＿＿＿＿＿＿（说明继续羁押必要性的理由和依据），仍有继续羁押的必要，根据《中华人民共和国刑事诉讼法》第＿＿条的规定，特提请批准对该犯罪嫌疑人延长侦查羁押期限＿＿个月，自＿＿＿年＿＿月＿＿日至＿＿＿年＿＿月＿＿日。

20××年××月××日
（院印）

第二联　附卷

×××人民检察院

提请批准延长侦查
羁押期限报告书

××检××请延〔20××〕×号

＿＿＿＿人民检察院：

＿＿＿＿人民检察院＿＿＿年＿＿月＿＿日以＿＿＿号逮捕决定书批准/决定逮捕并于＿＿＿年＿＿月＿＿日予以执行的涉嫌＿＿＿犯罪的犯罪嫌疑人＿＿＿，因＿＿＿＿＿＿＿＿＿＿＿，期限届满不能侦查终结，经本院审查认为该犯罪嫌疑人＿＿＿＿＿＿＿＿＿（说明继续羁押必要性的理由和依据），仍有继续羁押的必要，根据《中华人民共和国刑事诉讼法》第＿＿条的规定，特提请批准对该犯罪嫌疑人延长侦查羁押期限＿＿个月，自＿＿＿年＿＿月＿＿日至＿＿＿年＿＿月＿＿日。

20××年××月××日
（院印）

第三联　报送有权批准的人民检察院

2. 制作说明

（1）本文书依据《中华人民共和国刑事诉讼法》第一百五十六条、第一百五十八条、第一百五十九条的规定制作。为人民检察院在报请上级人民检察院批准延长侦查羁押期限时使用。

（2）本文书共三联，第一联统一保存备查，第二联附卷，第三联报送有权批准的人民检察院。

2.5.2 法律文书：批准延长侦查羁押期限决定书

（一）基本概念

批准延长侦查羁押期限决定书，是上级人民检察院批准下级人民检察院或侦查机关提请批准延长侦查羁押期限时使用的法律文书。

（二）相关依据

《中华人民共和国刑事诉讼法》第一百五十六条："对犯罪嫌疑人逮捕后的侦查羁押期限不得超过二个月。案情复杂、期限届满不能终结的案件，可以经上一级人民检察院批准延长一个月。"

第一百五十八条："下列案件在本法第一百五十六条规定的期限届满不能侦查终结的，经省、自治区、直辖市人民检察院批准或者决定，可以延长二个月：

（一）交通十分不便的边远地区的重大复杂案件；

（二）重大的犯罪集团案件；

（三）流窜作案的重大复杂案件；

（四）犯罪涉及面广，取证困难的重大复杂案件。"

第一百五十九条："对犯罪嫌疑人可能判处十年有期徒刑以上刑罚，依照本法第一百五十八条规定延长期限届满，仍不能侦查终结的，经省、自治区、直辖市人民检察院批准或者决定，可以再延长二个月。"

（三）文书结构

批准延长侦查羁押期限决定书为三联填充式文书，各联之间须填写文书编号，并加盖骑缝章。各联的基本内容与制作要求如下：

1. 第一联

本联主要用于审批程序，不附入卷中，由办案部门统一留存。

（1）首部。本部分包括批准延长侦查羁押期限的人民检察院名称，即“批准延长侦查羁押期限决定书”；文书名称下方标注“（存根）”字样。文号生成格式为：“××检××准延〔20××〕×号”，其中，“检”前为批准延长侦查羁押期限的人民检察院简称；“准延”前空格处为具体办案部门简称即“×部”；在“〔 〕”内注明文书签发年度；在“号”前空格处填写文书在当年的序号。

（2）正文。依次填写：案由；犯罪嫌疑人基本情况，包括姓名、性别、年龄、工作单位、住址、公民身份号码、是否人大代表或政协委员；送达机关；批准延长理由；延长期限起止时间；批准人、承办人、填发人姓名；填发日期。

（3）在表格的下方标注“第一联统一保存”。

2. 第二联

（1）首部。本部分与存根叙写内容基本相同，唯一不同之处在于文书名称下方注“（副本）”字样。

（2）正文。依次填写提请批准延长侦查羁押期限的人民检察院名称；提请批准延长侦查羁押期限的侦查机关的名称；侦查机关的简称，如“你局”“你厅”等；提请批准延长侦查羁押期限的时间；提请批准延长侦查羁押期限报告书的文号；犯罪嫌疑人姓名；批准延长侦查羁押期限的期限；起止年月日。

（3）尾部。填发文书的日期，并加盖批准延长侦查羁押期限的人民检察院院印。

在表格下方标注“第二联附卷”。

3. 第三联

本联送达提请批准延长侦查羁押期限的机关。正本与副本的制作内容与要求基本相同，不同之处在于：一是首部文书名称下方无须加注；二是在表格下方注明“第三联送达提请机关”。

（四）文书模板及制作说明

1. 文书模板

××× 人民检察院

批准延长侦查羁押期限决定书

（存　根）

××检××准延〔20××〕×号

案由________

犯罪嫌疑人基本情况________

____

送达机关________

批准延长理由________

延长期限自____年__月__日起至____年____月__日止，共__个月。

批准人________

承办人________

填发人________

填发时间________

第一联　统一保存

××× 人民检察院

批准延长侦查羁押期限决定书

（副　本）

××检××准延〔20××〕×号

________：

你______于______年____月____日以________号文书提请批准延长犯罪嫌疑人________的侦查羁押期限，经审查认为________（延长侦查羁押期限的理由），且________（说明继续羁押必要性的理由、依据），确有羁押的必要，根据《中华人民共和国刑事诉讼法》第________条的规定，批准对犯罪嫌疑人________延长羁押期限____个月，自______年____月____日至______年____月____日。

20××年××月××日

（院印）

第二联　附卷

××× 人民检察院

批准延长侦查羁押期限决定书

××检××准延〔20××〕×号

________：

你______于______年____月____日以________号文书提请批准延长犯罪嫌疑人________的侦查羁押期限，经审查认为________（延长侦查羁押期限的理由），且________（说明继续羁押必要性的理由、依据），确有羁押的必要，根据《中华人民共和国刑事诉讼法》第________条的规定，批准对犯罪嫌疑人________延长羁押期限______个月，自______年____月____日至______年____月____日。

20××年××月××日

（院印）

第三联　送达提请机关

2. 制作说明

(1) 本文书依据《中华人民共和国刑事诉讼法》第一百五十六条、第一百五十八条、第一百五十九条的规定制作。是上级人民检察院批准下级人民检察院或侦查机关提请批准延长侦查羁押期限时使用。

(2) 本文书共三联，第一联统一保存备查，第二联附卷，第三联送达提请机关。

2.5.3 法律文书：延长侦查羁押期限决定书

(一) 基本概念

延长侦查羁押期限决定书，是省级以上人民检察院对本院直接侦查的案件决定延长侦查羁押期限时使用的法律文书。

(二) 相关依据

《中华人民共和国刑事诉讼法》第一百五十六条："对犯罪嫌疑人逮捕后的侦查羁押期限不得超过二个月。案情复杂、期限届满不能终结的案件，可以经上一级人民检察院批准延长一个月。"

第一百五十八条："下列案件在本法第一百五十六条规定的期限届满不能侦查终结的，经省、自治区、直辖市人民检察院批准或者决定，可以延长二个月：

(一) 交通十分不便的边远地区的重大复杂案件；

(二) 重大的犯罪集团案件；

(三) 流窜作案的重大复杂案件；

(四) 犯罪涉及面广，取证困难的重大复杂案件。"

第一百五十九条："对犯罪嫌疑人可能判处十年有期徒刑以上刑罚，依照本法第一百五十八条规定延长期限届满，仍不能侦查终结的，经省、自治区、直辖市人民检察院批准或者决定，可以再延长二个月。"

(三) 文书结构

本文书为四联填充式文书，各联之间须填写文书编号，并加盖骑缝章。各联的基本内容与制作要求如下：

1. 第一联

本联主要用于审批程序，不附入卷中，由办案部门统一留存。

（1）首部。本部分包括作出延长侦查羁押期限决定的人民检察院名称，标题即“延长侦查羁押期限决定书”；文书名称下方标注“（存根）”字样；文号生成格式为：“××检××延决〔20××〕×号”。

（2）正文。依次填写：案由；犯罪嫌疑人基本情况，包括姓名、性别、年龄、工作单位、住址、公民身份号码、是否人大代表或政协委员；送达机关；延长原因；延长期限起止时间；批准人、承办人、填发人姓名；填发日期。

表格的下方标注“第一联统一保存”。

2. 第二联

（1）首部。本部分与存根叙写内容基本相同，不同之处在于文书名称下方注“（副本）”字样。

（2）正文。依次写明作出逮捕决定的日期、文号、案由、犯罪嫌疑人姓名，期限届满不能侦查终结的原因，继续羁押必要性的理由和依据。决定延长侦查羁押期限的法律依据、延长羁押期限的时长及起止日期等。

（3）尾部。填发文书的日期，并加盖决定延长侦查羁押期限的人民检察院院印。表格下方标注“第二联负责捕诉的部门附卷”。

3. 第三联

（1）首部。本部分与第二联叙写内容基本相同，不同之处在于文书名称下方无“（副本）”字样。

（2）正文。依次写明作出逮捕决定的日期、文号、案由、犯罪嫌疑人姓名，期限届满不能侦查终结的原因，继续羁押必要性的理由和依据。决定延长侦查羁押期限的法律依据、延长羁押期限的时长及起止日期等。

（3）尾部。填发文书的日期，并加盖决定延长侦查羁押期限的人民检察院院印。填写向犯罪嫌疑人宣告情况，即宣告时间、宣告人及犯罪嫌疑人签名（捺印）。表格下方标注“第三联向犯罪嫌疑人宣告后负责侦查的部门附卷”。

4. 第四联

（1）首部。本部分包括作出延长侦查羁押期限决定的人民检察院名称，标题即“延长侦查羁押期限决定书”。文号与前三联相同。

（2）正文。抬头，写明要送达的看守所或监狱名称。正文具体内容与第二、三联相同。

（3）尾部。填发文书的日期，并加盖决定延长侦查羁押期限的人民检察院院印。表格下方标注“第四联送达看守所/监狱”。

（四）文书模板及制作说明

1. 文书模板

××× 人民检察院

延长侦查羁押期限决定书

（存　根）

××检××延决〔20××〕×号

案由____________________

犯罪嫌疑人基本情况____________________

____

送达机关____________________

延长原因____________________

延长期限自____年__月__日起至____年____月__日止，共__个月。

批准人____________________

承办人____________________

填发人____________________

填发时间____________________

第一联　统一保存

××× 人民检察院

延长侦查羁押期限决定书

（副　本）

××检××延决〔20××〕×号

本院______年____月____日____号逮捕决定书以涉嫌________批准/决定逮捕犯罪嫌疑人________一案，因________________期限届满不能侦查终结，经本院审查认为____________________（说明继续羁押必要性的理由和依据），仍有继续羁押的必要，根据《中华人民共和国刑事诉讼法》第________条的规定，决定延长犯罪嫌疑人________的侦查羁押期限______个月，自______年____月____日起至______年____月____日止。

20××年××月××日

（院印）

第二联　负责捕诉的部门附卷

×××人民检察院

延长侦查羁押期限决定书

××检××延决〔20××〕×号

本院______年____月____日______号逮捕决定书以涉嫌______批准/决定逮捕犯罪嫌疑人_________一案，因____________________________________期限届满不能侦查终结，经本院审查认为______________（说明继续羁押必要性的理由和依据），仍有继续羁押的必要，根据《中华人民共和国刑事诉讼法》第______条的规定，决定延长犯罪嫌疑人______的侦查羁押期限______个月，自______年____月____日起至______年____月____日止。

20××年××月××日

（院印）

本决定已于______年__月____日向我宣告。

犯罪嫌疑人：__________

宣 告 人：__________

第三联 向犯罪嫌疑人宣告后负责侦查的部门附卷

×××人民检察院

延长侦查羁押期限决定书

××检××延决〔20××〕×号

________：（看守所/监狱名称）

本院______年____月____日____号逮捕决定书以涉嫌________犯罪批准/决定逮捕犯罪嫌疑人____一案，因____期限届满不能侦查终结，根据《中华人民共和国刑事诉讼法》第______条的规定，决定延长犯罪嫌疑人________的侦查羁押期限____个月，自______年____月____日起至______年____月____日止。

20××年××月××日

（院印）

第四联 送达看守所/监狱

2. 制作说明

（1）本文书依据《中华人民共和国刑事诉讼法》第一百五十六条、第一百五十八条、第一百五十九条的规定制作。是省级以上人民检察院对本院直接侦查的案件决定延长侦查羁押期限时使用。

（2）本文书共四联，第一联统一保存备查，第二联由负责捕诉的部门附卷，第三联向犯罪嫌疑人宣告后由负责侦查的部门附卷，第四联送达看守所/监狱。

2.5.4 法律文书：不批准延长侦查羁押期限决定书

（一）基本概念

不批准延长侦查羁押期限决定书，是上级人民检察院不批准下级人民检察院或者侦查机关提请批准延长侦查羁押期限时所使用的法律文书。

（二）相关依据

《中华人民共和国刑事诉讼法》第一百五十六条："对犯罪嫌疑人逮捕后的侦查羁押期限不得超过二个月。案情复杂、期限届满不能终结的案件，可以经上一级人民检察院批准延长一个月。"

第一百五十八条："下列案件在本法第一百五十六条规定的期限届满不能侦查终结的，经省、自治区、直辖市人民检察院批准或者决定，可以延长二个月：

（一）交通十分不便的边远地区的重大复杂案件；

（二）重大的犯罪集团案件；

（三）流窜作案的重大复杂案件；

（四）犯罪涉及面广，取证困难的重大复杂案件。"

第一百五十九条："对犯罪嫌疑人可能判处十年有期徒刑以上刑罚，依照本法第一百五十八条规定延长期限届满，仍不能侦查终结的，经省、自治区、直辖市人民检察院批准或者决定，可以再延长二个月。"

（三）文书结构

本文书为三联填充式文书，各联之间须填写文书编号，并加盖骑缝章。各联的基本内容与制作要求如下：

1. 第一联

本联主要用于审批程序，不附入卷中，由办案部门统一留存。

（1）首部。本部分包括作出不批准延长侦查羁押期限决定的人民检察院名称，标题即“不批准延长侦查羁押期限决定书”；文书名称下方标注“（存根）”字样；文号生成格式为：“××检××不准延〔20××〕×号”。

（2）正文。依次填写：案由；犯罪嫌疑人基本情况，包括姓名、性别、年龄、工作单位、住址、公民身份号码、是否人大代表或政协委员；送达机关；不批准理由；审批人、承办人、填发人姓名；填发时间。

2. 第二联

（1）首部。本部分与存根叙写内容基本相同，不同之处在于文书名称下方注“（副本）”字样。

（2）正文。抬头写明提请批准延长侦查羁押期限的人民检察院或侦查机关的名称。依次写明提请批准延长侦查羁押期限的日期、文号、犯罪嫌疑人姓名，明确审查结论，即“经审查认为：该犯罪嫌疑人不符合《中华人民共和国刑事诉讼法》规定的延长侦查羁押期限情形，决定不批准延长该犯罪嫌疑人侦查羁押期限”。

（3）尾部。填发文书的日期，并加盖人民检察院院印。

3. 第三联

送达提请机关，结构内容与第二联副本相同。

（四）文书模板及制作说明

1. 文书模板

×××人民检察院

不批准延长侦查羁押期限决定书

（存　根）

××检××不准延〔20××〕×号

案由______

犯罪嫌疑人基本情况______

______

送达机关______

不批准理由______

审批人______

承办人______

填发人______

填发时间______

第一联　统一保存

×××人民检察院

不批准延长侦查羁押期限决定书

（副　本）

××检××准延〔20××〕×号

______：

你______于______年______月______日以______号文书提请批准延长犯罪嫌疑人______的侦查羁押期限，经审查认为：该犯罪嫌疑人不符合《中华人民共和国刑事诉讼法》规定的延长侦查羁押期限情形，决定不批准延长该犯罪嫌疑人侦查羁押期限。

20××年××月××日

（院印）

第二联　附卷

×××人民检察院

不批准延长侦查羁押期限决定书

××检××不准延〔20××〕×号

______：

你______于______年______月______日以______号文书提请批准延长犯罪嫌疑人______的侦查羁押期限，经审查认为：该犯罪嫌疑人不符合《中华人民共和国刑事诉讼法》规定的延长侦查羁押期限情形，决定不批准延长该犯罪嫌疑人侦查羁押期限。

20××年××月××日

（院印）

第三联　送达提请机关

2. 制作说明

（1）本文书依据《中华人民共和国刑事诉讼法》第一百五十六条、第一百五十八条、第一百五十九条的规定制作。是上级人民检察院不批准下级人民检察院或者侦查机关提请批准延长侦查羁押期限时使用。

（2）本文书共三联，第一联统一保存备查，第二联附卷，第三联送达提请机关。

2.5.5　法律文书：延长侦查羁押期限通知书

（一）基本概念

延长侦查羁押期限通知书，是人民检察院向犯罪嫌疑人、看守所通知延长侦查羁押期限时使用的法律文书。

（二）相关依据

《中华人民共和国刑事诉讼法》第一百五十六条："对犯罪嫌疑人逮捕后的侦查羁押期限不得超过二个月。案情复杂、期限届满不能终结的案件，可以经上一级人民检察院批准延长一个月。"

第一百五十七条："因为特殊原因，在较长时间内不宜交付审判的特别重大复杂的案件，由最高人民检察院报请全国人民代表大会常务委员会批准延期审理。"

第一百五十八条："下列案件在本法第一百五十六条规定的期限届满不能侦查终结的，经省、自治区、直辖市人民检察院批准或者决定，可以延长二个月：

（一）交通十分不便的边远地区的重大复杂案件；

（二）重大的犯罪集团案件；

（三）流窜作案的重大复杂案件；

（四）犯罪涉及面广，取证困难的重大复杂案件。"

第一百五十九条："对犯罪嫌疑人可能判处十年有期徒刑以上刑罚，依照本法第一百五十八条规定延长期限届满，仍不能侦查终结的，经省、自治区、直辖市人民检察院批准或者决定，可以再延长二个月。"

（三）文书结构

本文书为三联填充式文书，第一联为存根，不附入卷中，由办案部门统一留存；第二联向犯罪嫌疑人宣告后附卷；第三联送达看守所。

1. 第一联

（1）首部。制作文书的人民检察院需注明所在省（自治区、直辖市）的名称，不能只写地区级市、县、区院名。文书名称，即“延长侦查羁押期限通知书”。文号生成格式为：“××检××延通〔20××〕×号”。

（2）正文。依次填写：案由、犯罪嫌疑人基本情况、送达机关、延长原因、延长期限起止日期及时长、批准人、承办人、填发人、填发时间。

2. 第二联

（1）首部。标题及文号与第一联相同。

（2）正文。抬头写明宣告对象，即犯罪嫌疑人的姓名。依次写明作出逮捕决定的时间、文号、案由、犯罪嫌疑人姓名，因侦查期限届满不能侦查终结批准延长侦查羁押期限的主体、延长侦查羁押期限宣告对象犯罪嫌疑人的姓名、延长侦查羁押期限的时长和起止日期。

（3）尾部。填发文书的日期，并加盖通知延长侦查羁押期限的人民检察院院印。

向犯罪嫌疑人宣告情况，包括宣告时间、宣告人及犯罪嫌疑人签名（捺印）确认。

3. 第三联

本联内容与第二联一致，但没有向犯罪嫌疑人宣告情况。

（四）文书模板及制作说明

1. 文书模板

×××人民检察院

延长侦查羁押期限通知书

（存　根）

××检××延通〔20××〕×号

案由________________

犯罪嫌疑人基本情况________________

____

送达机关________________

延长原因________________

延长期限自____年____月____日起至____年____月____日止，共____个月。

批准人________________

承办人________________

填发人________________

填发时间________________

第一联　统一保存

×××人民检察院

延长侦查羁押期限通知书

××检××延通〔20××〕×号

________：

本院____年____月____日____号逮捕决定书以涉嫌________犯罪决定的逮捕犯罪嫌疑人____________，因____________________期限届满不能侦查终结，根据《中华人民共和国刑事诉讼法》第____条的规定，经____批准，延长犯罪嫌疑人______的侦查羁押期限____个月，自____年____月____日起至____年____月____日止。

特此通知。

20××年××月××日

（院印）

本决定已于　年　月　日向我宣告。

犯罪嫌疑人：________

宣　告　人：________

第二联　向犯罪嫌疑人宣告后附卷

×××人民检察院

延长侦查羁押期限通知书

××检××延通〔20××〕×号

________：

本院____年____月____日____号逮捕决定书以涉嫌________犯罪决定的逮捕犯罪嫌疑人____________，因____________________期限届满不能侦查终结，根据《中华人民共和国刑事诉讼法》第____条的规定，经____批准，延长犯罪嫌疑人______的侦查羁押期限____个月，自____年____月____日起至____年__月____日止。

特此通知。

20××年××月××日

（院印）

第三联　送达看守所

2. 制作说明

（1）本文书依据《中华人民共和国刑事诉讼法》第一百五十六条、第一百五十八条、第一百五十九条的规定制作。是向犯罪嫌疑人、看守所通知延长侦查羁押期限时使用。

（2）本文书共三联，第一联统一保存备查，第二联向犯罪嫌疑人宣告后附卷，第三联送达看守所。

2.5.6 工作文书：延长侦查羁押期限审查表

（一）基本概念

延长侦查羁押期限审查表，是人民检察院审查办理延长侦查羁押期限案件时使用的工作文书。包括直接受理的侦查案件和公安机关侦查的案件，在对犯罪嫌疑人逮捕后的侦查羁押期限届满后不能侦查终结时，延长侦查羁押期限时使用。

（二）相关依据

1. 法律依据

《中华人民共和国刑事诉讼法》第一百五十六条："对犯罪嫌疑人逮捕后的侦查羁押期限不得超过二个月。案情复杂、期限届满不能终结的案件，可以经上一级人民检察院批准延长一个月。"

第一百五十七条："因为特殊原因，在较长时间内不宜交付审判的特别重大复杂的案件，由最高人民检察院报请全国人民代表大会常务委员会批准延期审理。"

第一百五十八条："下列案件在本法第一百五十六条规定的期限届满不能侦查终结的，经省、自治区、直辖市人民检察院批准或者决定，可以延长二个月：

（一）交通十分不便的边远地区的重大复杂案件；

（二）重大的犯罪集团案件；

（三）流窜作案的重大复杂案件；

（四）犯罪涉及面广，取证困难的重大复杂案件。"

第一百五十九条："对犯罪嫌疑人可能判处十年有期徒刑以上刑罚，依照本法第一百五十八条规定延长期限届满，仍不能侦查终结的，经省、自治区、直辖市人民检察院批准或者决定，可以再延长二个月。"

2. 司法解释规定

《人民检察院刑事诉讼规则》第三百零五条："人民检察院办理直接受理侦查的案件，对犯罪嫌疑人逮捕后的侦查羁押期限不得超过二个月。案情复杂、期限届满不能终结的案件，可以经上一级人民检察院批准延长一个月。"

第三百零六条："设区的市级人民检察院和基层人民检察院办理直接受理侦查的案件，符合刑事诉讼法第一百五十八条规定，在本规则第三百零五条规定的期限届满前不能侦查终结的，经省级人民检察院批准，可以延长二个月。

省级人民检察院直接受理侦查的案件，有前款情形的，可以直接决定延长二个月。"

第三百零七条："设区的市级人民检察院和基层人民检察院办理直接受理侦查的案件，对犯罪嫌疑人可能判处十年有期徒刑以上刑罚，依照本规则第三百零六条的规定依法延长羁押期限届满，仍不能侦查终结的，经省级人民检察院批准，可以再延长二个月。

省级人民检察院办理直接受理侦查的案件，有前款情形的，可以直接决定再延长二个月。"

第三百零八条："最高人民检察院办理直接受理侦查的案件，依照刑事诉讼法的规定需要延长侦查羁押期限的，直接决定延长侦查羁押期限。"

第三百零九条："公安机关需要延长侦查羁押期限的，人民检察院应当要求其在侦查羁押期限届满七日前提请批准延长侦查羁押期限。

人民检察院办理直接受理侦查的案件，负责侦查的部门认为需要延长侦查羁押期限的，应当按照前款规定向本院负责捕诉的部门移送延长侦查羁押期限意见书及有关材料。

对于超过法定羁押期限提请延长侦查羁押期限的，不予受理。"

第三百一十条："人民检察院审查批准或者决定延长侦查羁押期限，由负责捕诉的部门办理。

受理案件的人民检察院对延长侦查羁押期限的意见审查后，应当提出是否同意延长侦查羁押期限的意见，将公安机关延长侦查羁押期限的意见和本院的审查意见层报有决定权的人民检察院审查决定。”

第三百一十一条：“对于同时具备下列条件的案件，人民检察院应当作出批准延长侦查羁押期限一个月的决定：

（一）符合刑事诉讼法第一百五十六条的规定；

（二）符合逮捕条件；

（三）犯罪嫌疑人有继续羁押的必要。”

第三百一十二条：“犯罪嫌疑人虽然符合逮捕条件，但经审查，公安机关在对犯罪嫌疑人执行逮捕后二个月以内未有效开展侦查工作或者侦查取证工作没有实质进展的，人民检察院可以作出不批准延长侦查羁押期限的决定。

犯罪嫌疑人不符合逮捕条件，需要撤销下级人民检察院逮捕决定的，上级人民检察院在作出不批准延长侦查羁押期限决定的同时，应当作出撤销逮捕的决定，或者通知下级人民检察院撤销逮捕决定。”

第三百一十三条：“有决定权的人民检察院作出批准延长侦查羁押期限或者不批准延长侦查羁押期限的决定后，应当将决定书交由最初受理案件的人民检察院送达公安机关。

最初受理案件的人民检察院负责捕诉的部门收到批准延长侦查羁押期限决定书或者不批准延长侦查羁押期限决定书，应当书面告知本院负责刑事执行检察的部门。”

第三百一十四条：“因为特殊原因，在较长时间内不宜交付审判的特别重大复杂的案件，由最高人民检察院报请全国人民代表大会常务委员会批准延期审理。”

（三）文书结构

1. 首部

该部分写明办理延长侦查羁押期限的人民检察院全称，标题为“延长侦查羁押期限审查表”。

2. 正文

按表格依次序写受理日期、侦查机关、批准（决定）逮捕机关、提延类型、犯罪嫌疑人基本情况、简要案情、提请延押理由等。

3. 尾部

（四）文书模板及制作说明

1. 文书模板

×××人民检察院

延长侦查羁押期限审查表

受理日期	×××	侦查机关	×××
批准（决定）逮捕机关	×××	提延类型	×××
犯罪嫌疑人	犯罪嫌疑人×××，涉案案由×××，于××××年××月××日被执行逮捕，此次提请延期开始日期××××年××月××日，截止日期××××年××月××日。		
简要案情	×××		
提请延押理由	×××		
备注			

2. 制作说明

（1）本文书根据《中华人民共和国刑事诉讼法》第一百五十六条、第一百五十七条、第一百五十八条、第一百五十九条和《人民检察院刑事诉讼规则》第三百零五条至第三百一十四条的规定制作。为人民检察院审查延长侦查羁押期限案件时使用。

（2）本文书由承办部门填写。

2.5.7 工作文书：报请批准延长侦查羁押期限报告书

（一）基本概念

报请批准延长侦查羁押期限报告书，是人民检察院报请上一级人民检察院批准延长侦查羁押期限时使用的工作文书。

（二）相关依据

《中华人民共和国刑事诉讼法》第一百五十六条："对犯罪嫌疑人逮捕后的侦查羁押期限不得超过二个月。案情复杂、期限届满不能终结的案件，可以经上一级人民检察院批准延长一个月。"

第一百五十七条："因为特殊原因，在较长时间内不宜交付审判的特别重大复杂的案件，由最高人民检察院报请全国人民代表大会常务委员会批准延期审理。"

第一百五十八条："下列案件在本法第一百五十六条规定的期限届满不能侦查终结的，经省、自治区、直辖市人民检察院批准或者决定，可以延长二个月：

（一）交通十分不便的边远地区的重大复杂案件；

（二）重大的犯罪集团案件；

（三）流窜作案的重大复杂案件；

（四）犯罪涉及面广，取证困难的重大复杂案件。"

第一百五十九条："对犯罪嫌疑人可能判处十年有期徒刑以上刑罚，依照本法第一百五十八条规定延长期限届满，仍不能侦查终结的，经省、自治区、直辖市人民检察院批准或者决定，可以再延长二个月。"

（三）文书结构

1. 首部

写明提出报请批准延长侦查羁押期限的人民检察院全称，标题为"报请批准延长侦查羁押期限报告书"。

2. 正文

抬头写明需要报请的上级人民检察院全称。简述案件来源，即收到公安机关报请批准延长侦查羁押期限的时间、公安机关名称、案由及犯罪嫌疑人姓名等。

依次写明犯罪嫌疑人基本情况、案件主要事实、延长侦查羁押期限的理由和依据、审查意见等。延长侦查期限的理由和依据应当说明捕后侦查羁押期间所做的侦查工作、下一步侦查计划、侦查羁押必要性分析。审查意见应列明法律依据。

3. 尾部

落款为报告日期并加盖院印。

（四）文书模板及制作说明

1. 文书模板

×××人民检察院

报请批准延长侦查羁押期限报告书

×××（上级检察院）:

本院于××××年××月××日接到×××对涉嫌×××的犯罪嫌疑人×××提请批准延长侦查羁押期限的相关材料，经审查，现报告如下。

一、犯罪嫌疑人基本情况

犯罪嫌疑人×××（曾用名×××，绰号×××），（性别）×，××××年××月××日出生，公民身份号码×××，（民族）××，（接受教育程度）××，户籍所在地×××，住×××。工作单位×××。于××××年××月××日被×××单位执行逮捕，现羁押于×××。

二、案件主要事实

×××

三、延长侦查羁押期限的理由和依据

1. 捕后侦查羁押期间所做的侦查工作

2. 下一步侦查计划

3. 侦查羁押必要性分析

四、审查意见

经本院审查认为，该犯罪嫌疑人（不）符合《中华人民共和国刑事诉讼法》第一百五十六条/第一百五十七条/第一百五十八条/第一百五十九条的规定，有（无）延长侦查羁押期限的必要，特报请你院审查决定。

20××年××月××日

（院印）

2. 制作说明。

（1）本文书依据《中华人民共和国刑事诉讼法》第一百五十六条、第一百五十七条、第一百五十八条、第一百五十九条的规定制作。为人民检察院报请上一级人民检察院批准延长侦查羁押期限时使用。

（2）本文书一式二份，第一份附卷，第二份报送有权批准的人民检察院。

2.5.8 工作文书：延长侦查羁押期限意见书

（一）基本概念

延长侦查羁押期限意见书，是人民检察院办理延长侦查羁押期限案件过程中对于延长羁押的必要性进行审查时制作的工作文书。

（二）相关依据

《中华人民共和国刑事诉讼法》第一百五十六条：“对犯罪嫌疑人逮捕后的侦查羁押期限不得超过二个月。案情复杂、期限届满不能终结的案件，可以经上一级人民检察院批准延长一个月。”

第一百五十八条：“下列案件在本法第一百五十六条规定的期限届满不能侦查终结的，经省、自治区、直辖市人民检察院批准或者决定，可以延长二个月：

（一）交通十分不便的边远地区的重大复杂案件；

（二）重大的犯罪集团案件；

（三）流窜作案的重大复杂案件；

（四）犯罪涉及面广，取证困难的重大复杂案件。”

第一百五十九条：“对犯罪嫌疑人可能判处十年有期徒刑以上刑罚，依照本法第一百五十八条规定延长期限届满，仍不能侦查终结的，经省、自治区、直辖市人民检察院批准或者决定，可以再延长二个月。”

（三）文书结构

1. 首部

标题及文号。写明延长侦查羁押期限的人民检察院全称，标题为“延长侦查羁押期限意见书”。文号生成格式为：“××检××延〔20××〕×号”。

2. 正文

（1）犯罪嫌疑人基本情况。应注明犯罪嫌疑人基本信息，包含姓名、性别、出生年月日、公民身份号码、民族、接受教育程度、户籍所在地、住所地、工作单位、前科劣迹情况以及被执行逮捕的时间、单位、被羁押场所等（若为二延、三延、特别延期则写明此前已延长侦查羁押期限的情况及批准机关）。

（2）案件来源及诉讼过程。案件来源部分叙述延长侦查羁押期限案件的来源，明确是一延、二延、三延或者特别延长案件。诉讼过程部分载明案件发案、立案、提请批准逮捕、报请延长侦查羁押期限的具体过程及办案机关名称。

（3）涉嫌主要犯罪事实。主要叙写根据现有的证据，检察机关可以认定的犯罪事实，包括犯罪时间、地点、经过、手段、目的、动机、危害后果等与定罪有关的事实要素，应当围绕刑法规定的该罪构成要件，简明扼要叙述。对于只有一个犯罪嫌疑人的案件，犯罪嫌疑人实施多次犯罪的犯罪事实应逐一列举；同时触犯数个罪名的犯罪嫌疑人的犯罪事实应该按照主次顺序分别列举；对于共同犯罪的案件，写明犯罪嫌疑人的共同犯罪事实及各自在共同犯罪中的地位和作用后，按照犯罪嫌疑人的主次顺序，分别叙述各个犯罪嫌疑人的单独犯罪事实。

（4）延长侦查羁押期限的时间、理由和法律依据。主要分为三部分，一是应当详细列举侦查羁押期间开展的全部侦查工作（含检察机关自行补充侦查）的情况，如调取物证、书证、讯问犯罪嫌疑人、询问相关证人等，应当逐项说明该证据证明的事项或者需要解决的证据问题。二是下一步侦查计划，围绕需要继续解决的证据等问题，详细列明待开展侦查工作的具体内容、计划时间、工作量等。三是侦查羁押必要性分析，结合案件基本事实，已经开展的侦查工作以及待开展的侦查工作，围绕刑事诉讼法规定的条件，结合对犯罪嫌疑人社会危险性的分析，从程序与实体两个方面综合分析需要延长侦查羁押期限的理由。明确法律依据以及符合批准延长侦查羁押期限的法律依据，延长侦查羁押期限的起止时间。

3. 尾部

此致，本院职务犯罪检察部门。落款，文书制发日期，并加盖侦查部门印章。

（四）文书模板及制作说明

1. 文书模板

×××人民检察院

延长侦查羁押期限意见书

××检××延〔20××〕×号

一、犯罪嫌疑人基本情况

犯罪嫌疑人×××，性别×，××××年××月××日出生，公民身份号码，民族，籍贯，文化程度，政治面貌（如系人大代表、政协委员，一并写明具体级、届代表、委员及代表、委员号），工作单位，职务，职级，现住址等（有多名犯罪嫌疑人的，应按涉嫌犯罪情节轻重逐一写明）。

二、案件来源及诉讼过程

犯罪嫌疑人×××涉嫌×××一案……（案件来源，具体为自首、单位或者公民举报、上级交办、有关部门移送、本院其他部门移送以及办案中发现等)。××××年××月××日，我院依法对犯罪嫌疑人×××以×××罪立案侦查，××××年××月××日对×××刑事拘留(或采取其他强制措施情况)，××××年××月××日逮捕，现羁押于×××看守所。

三、涉嫌主要犯罪事实

经初步查明，……（围绕刑法规定的犯罪构成要件，具体叙述犯罪嫌疑人涉嫌的主要犯罪事实)

上述事实，有……证据证明，且已经查证属实。

四、延长羁押期限的时间、理由和法律依据

鉴于……（叙述延长侦查羁押期限的事实依据及具体理由)。根据《中华人民共和国刑事诉讼法》第一百五十六条（或者第一百五十八条、第一百五十九条）的规定，移送审查延长侦查羁押期限。

此致

(本院职务犯罪检察部门)

20××年××月××日

(部门印)

2. 制作说明

本文书依据《中华人民共和国刑事诉讼法》第一百五十六条、第一百五十八条、第一百五十九条的规定制作。为人民检察院侦查部门移送职务犯罪检察部门审查延长侦查羁押期限时使用。

2.5.9　工作文书：提请批准特别延期审理案件审查报告

(一) 基本概念

提请批准特别延期审理案件审查报告，是层报最高人民检察院报请全国人民代表大会常务委员会批准延期审理时所使用的工作文书。

（二）相关依据

1. 法律依据

《中华人民共和国刑事诉讼法》第一百五十七条："因为特殊原因，在较长时间内不宜交付审判的特别重大复杂的案件，由最高人民检察院报请全国人民代表大会常务委员会批准延期审理。"

2. 司法解释规定

《人民检察院刑事诉讼规则》第三百一十四条："因为特殊原因，在较长时间内不宜交付审判的特别重大复杂的案件，由最高人民检察院报请全国人民代表大会常务委员会批准延期审理。"

（三）文书结构

1. 首部

注明提请批准特别延期审理所在省（自治区、直辖市）的人民检察院名称，不能只写地区级市、县、区院名。标题为"提请批准特别延期审理案件审查报告"。

2. 正文

（1）抬头，写明层报的上一级人民检察院名称。简要叙写案件来源，"我院于20××年××月××日收到×××（单位）提请批准特别延期审理的×××案的文书及相关材料"。

（2）犯罪嫌疑人基本情况。写明犯罪嫌疑人的姓名、性别、出生年月日、公民身份号码、民族、文化程度、政治面貌、职业或者工作单位及职务、住址、曾受到刑事、行政处罚的情况、采取强制措施后被羁押的地点、家庭情况等。

（3）采取强制措施情况。写明延长侦查羁押期限的次数、时间、批准机关，以及重新计算侦查羁押期限的情况。

（4）案件事实及证据。概括性叙述犯罪事实，并针对犯罪事实简要列明相关证据材料。

（5）需要说明的问题。叙明延长侦查羁押期限的原因和法律依据；继续延长侦查羁押必要性分析等。

（6）本院意见。简要写明对犯罪嫌疑人涉嫌的犯罪事实、证据、罪名，法定最高刑，继续延长侦查羁押期限的必要性的分析，提出是否同意延长侦查羁押期限的意见及法律依据。审查报告结尾写明“根据《中华人民共和国刑事诉讼法》第一百五十七条的规定，建议将此案报请全国人民代表大会常务委员会审查”。

3. 尾部

落款，审查报告的报送日期并加盖院印。

（四）文书模板及制作说明

1. 文书模板

×××人民检察院

提请批准特别延期审理案件审查报告

×××人民检察院：

我院于20××年××月××日收到×××（单位）提请批准特别延期审理的×××案的文书及相关材料。现已审查完毕，报告如下：

一、犯罪嫌疑人基本情况

犯罪嫌疑人×××（写明犯罪嫌疑人的姓名、性别、出生年月日、公民身份号码、民族、文化程度、政治面貌、职业或者工作单位及职务、住址、曾受到刑事、行政处罚的情况、采取强制措施后被羁押的地点、家庭情况等）。

二、采取强制措施情况

（写明延长侦查羁押期限的次数、时间、批准机关，以及重新计算侦查羁押期限的情况）

三、案件事实及证据

（一）审查逮捕的事实及证据

（二）审查逮捕后的侦查事实及证据

（概括性叙述犯罪事实，并针对犯罪事实简要列明相关证据材料）。

四、需要说明的问题

（一）延长侦查羁押期限的原因和法律依据

（二）继续延长侦查羁押必要性分析

五、本院意见

本院认为，×××（简要写明对犯罪嫌疑人涉嫌的犯罪事实、证据、罪名，法定最高刑，继续延长侦查羁押期限的必要性的分析，提出是否同意延长侦查羁押期限的意见及法律依据）。根据《中华人民共和国刑事诉讼法》第一百五十七条的规定，建议将此案报请全国人民代表大会常务委员会审查。

20××年××月××日

（院印）

2. 制作说明

（1）本文书依据《中华人民共和国刑事诉讼法》第一百五十七条和《人民检察院刑事诉讼规则》第三百一十四条的规定制作。为层报最高人民检察院报请全国人民代表大会常务委员会批准延期审理时使用。

（2）本文书在侦查羁押期限届满前连同卷宗报送上级人民检察院。

（3）本文书加盖人民检察院印章。

2.5.10 工作文书：提请批准特别延期审理案件报告书

（一）基本概念

提请批准特别延期审理案件报告书，是最高人民检察院报请全国人民代表大会常务委员会批准延期审理时使用的工作文书。

（二）相关依据

1. 法律依据

《中华人民共和国刑事诉讼法》第一百五十七条："因为特殊原因，在较长时间内不宜交付审判的特别重大复杂的案件，由最高人民检察院报请全国人民代表大会常务委员会批准延期审理。”

2. 司法解释规定

《人民检察院刑事诉讼规则》第三百一十四条：“因为特殊原因，在较长时间内不宜交付审判的特别重大复杂的案件，由最高人民检察院报请全国人民代表大会常务委员会批准延期审理。”

（三）文书结构

1. 第一联

用于承办单位附卷。

（1）首部。标题单位“最高人民检察院”，文书名称，即“提请批准特别延期审理案件报告书”，文书名称下方注“（副本）”字样。文号生成格式为：“高检××请延〔20××〕×号”。

（2）正文。抬头，写明全国人民代表大会常务委员会。依次叙写案件来源，即作出批准逮捕决定的人民检察院名称、作出批准逮捕决定的时间、法律文书文号、被批准逮捕的犯罪嫌疑人姓名；侦查期限届满，不宜交付审判的原因；提请批准特别延期的法律依据；提请批准特别延期的时长及起止时间。

（3）尾部。填发文书的日期，并加盖最高人民检察院院印。

2. 第二联

用于送达全国人民代表大会常务委员会。结构内容与第一联一致，但文书名称下方注“（正本）”字样。

（四）文书模板及制作说明

1. 文书模板

最高人民检察院

提请批准特别延期审理案件报告书

（副　本）

高检××请延〔20××〕×号

________：

×××人民检察院于______年____月____日以______________号逮捕决定书批准逮捕的犯罪嫌疑人______，因________________，侦查羁押期限届满，不宜交付审判，根据《中华人民共和国刑事诉讼法》第____条的规定。特提请批准对犯罪嫌疑人____________延长侦查羁押期限____月，自______年____月____日至______年____月____日。

20××年××月××日

（院印）

第一联　附卷

最高人民检察院

提请批准特别延期审理案件报告书

（正　本）

高检××请延〔20××〕×号

________：

×××人民检察院于______年____月____日以______________号逮捕决定书批准逮捕的犯罪嫌疑人______，因________________，侦查羁押期限届满，不宜交付审判，根据《中华人民共和国刑事诉讼法》第____条的规定。特提请批准对犯罪嫌疑人____________延长侦查羁押期限____月，自______年____月____日至______年____月____日。

20××年××月××日

（院印）

第二联　送达全国人民代表大会常务委员会

2. 制作说明

（1）本文书依据《中华人民共和国刑事诉讼法》第一百五十七条和《人民检察院刑事诉讼规则》第三百一十四条的规定制作。为最高人民检察院报请全国人民代表大会常务委员会批准延期审理时使用。

（2）本文书共两联，第一联附卷，第二联送达全国人民代表大会常务委员会。

（3）本文书加盖最高人民检察院印章。

2.5.11 工作文书：准予撤回决定书

（一）基本概念

准予撤回决定书，是人民检察院同意侦查机关或侦查部门提出撤回延长犯罪嫌疑人侦查羁押期限意见时使用的工作文书。

（二）相关依据

《中华人民共和国刑事诉讼法》第一百五十六条："对犯罪嫌疑人逮捕后的侦查羁押期限不得超过二个月。案情复杂、期限届满不能终结的案件，可以经上一级人民检察院批准延长一个月。"

第一百五十七条："因为特殊原因，在较长时间内不宜交付审判的特别重大复杂的案件，由最高人民检察院报请全国人民代表大会常务委员会批准延期审理。"

第一百五十八条："下列案件在本法第一百五十六条规定的期限届满不能侦查终结的，经省、自治区、直辖市人民检察院批准或者决定，可以延长二个月：

（一）交通十分不便的边远地区的重大复杂案件；

（二）重大的犯罪集团案件；

（三）流窜作案的重大复杂案件；

（四）犯罪涉及面广，取证困难的重大复杂案件。"

第一百五十九条："对犯罪嫌疑人可能判处十年有期徒刑以上刑罚，依照本法第一百五十八条规定延长期限届满，仍不能侦查终结的，经省、自治区、直辖市人民检察院批准或者决定，可以再延长二个月。”

第一百六十三条：“在侦查过程中，发现不应对犯罪嫌疑人追究刑事责任的，应当撤销案件；犯罪嫌疑人已被逮捕的，应当立即释放，发给释放证明，并且通知原批准逮捕的人民检察院。”

（三）文书结构

1. 首部

首部中检察机关的名称应为全称，即要注明所在省（自治区、直辖市）名称，不能只写地区级市、县、区院名。

发往单位。即提出撤回的单位，行文上顶格书写。发往单位只能是侦查机关或检察机关侦查部门，不能是派出所、刑侦支队等。

2. 正文

本部分为格式模板：“你单位（部门）于20××年××月××日提出撤回延长犯罪嫌疑人×××的侦查羁押期限意见，本院（部门）经审查认为，同意你单位（部门）的撤回意见。”填写过程中应注意，第一部分空格是年月日，应填写阿拉伯数字；第二部分空格是犯罪嫌疑人姓名，应与侦查机关撤回文书相对应。

3. 尾部

落款为发出日期，日期上加盖院印或者部门印。

（四）文书模板及制作说明

1. 文书模板

×××人民检察院

准予撤回决定书

××检××延准撤〔20××〕×号

×××（侦查机关或侦查部门）：

你单位（部门）于20××年××月××日提出撤回延长犯罪嫌疑人

×××的侦查羁押期限意见，本院（部门）经审查认为，同意你单位（部门）的撤回意见。

20××年××月××日
（院印或部门印）

2. 制作说明

（1）本文书参考《中华人民共和国刑事诉讼法》有关报请延长侦查羁押期限、撤销案件的规定制作。为同意侦查机关或侦查部门提出撤回延长犯罪嫌疑人侦查羁押期限意见时使用。

（2）本文书发送提出撤回延长犯罪嫌疑人侦查羁押期限意见的侦查机关或侦查部门。

（3）本文书需加盖院印或者部门印。

第六节　羁押必要性审查案件适用文书

羁押必要性审查案件适用文书，是人民检察院依据刑事诉讼法相关规定，对被逮捕的犯罪嫌疑人、被告人有无继续羁押的必要性进行审查，对不需要继续羁押的，建议办案机关予以释放或者变更强制措施的监督活动中所使用的相关文书。

2.6.1　法律文书：羁押必要性审查建议书

（一）基本概念

羁押必要性审查建议书，是人民检察院负责捕诉的部门在羁押必要性审查结束后，认为不需要对犯罪嫌疑人、被告人继续羁押的，向侦查机关或者人民法院提出释放或者变更强制措施的建议时使用的法律文书。

（二）相关依据

1. 法律依据

《中华人民共和国刑事诉讼法》第九十五条：“犯罪嫌疑人、被告人被逮捕后，人民检察院仍应当对羁押的必要性进行审查。对不需要继续羁押的，应当建议予以释放或者变更强制措施。有关机关应当在十日以内将处理情况通知人民检察院。”

2. 司法解释规定

《人民检察院刑事诉讼规则》第五百七十四条：“人民检察院在办案过程中可以依职权主动进行羁押必要性审查。

犯罪嫌疑人、被告人及其法定代理人、近亲属或者辩护人可以申请人民检察院进行羁押必要性审查。申请时应当说明不需要继续羁押的理由，有相关证据或者其他材料的应当提供。

看守所根据在押人员身体状况，可以建议人民检察院进行羁押必要性审查。”

第五百七十五条：“负责捕诉的部门依法对侦查和审判阶段的羁押必要性进行审查。经审查认为不需要继续羁押的，应当建议公安机关或者人民法院释放犯罪嫌疑人、被告人或者变更强制措施。

审查起诉阶段，负责捕诉的部门经审查认为不需要继续羁押的，应当直接释放犯罪嫌疑人或者变更强制措施。

负责刑事执行检察的部门收到有关材料或者发现不需要继续羁押的，应当及时将有关材料和意见移送负责捕诉的部门。”

第五百七十六条：“办案机关对应的同级人民检察院负责控告申诉检察的部门或者负责案件管理的部门收到羁押必要性审查申请后，应当在当日移送本院负责捕诉的部门。

其他人民检察院收到羁押必要性审查申请的，应当告知申请人向办案机关对应的同级人民检察院提出申请，或者在二日以内将申请材料移送办案机关对应的同级人民检察院，并告知申请人。”

第五百七十七条：“人民检察院可以采取以下方式进行羁押必要性审查：

（一）审查犯罪嫌疑人、被告人不需要继续羁押的理由和证明材料；

（二）听取犯罪嫌疑人、被告人及其法定代理人、辩护人的意见；

（三）听取被害人及其法定代理人、诉讼代理人的意见，了解是否达成和解协议；

（四）听取办案机关的意见；

（五）调查核实犯罪嫌疑人、被告人的身体健康状况；

（六）需要采取的其他方式。

必要时，可以依照有关规定进行公开审查。”

第五百七十八条：“人民检察院应当根据犯罪嫌疑人、被告人涉嫌的犯罪事实、主观恶性、悔罪表现、身体状况、案件进展情况、可能判处的刑罚和有无再危害社会的危险等因素，综合评估有无必要继续羁押犯罪嫌疑人、被告人。”

第五百七十九条：“人民检察院发现犯罪嫌疑人、被告人具有下列情形之一的，应当向办案机关提出释放或者变更强制措施的建议：

（一）案件证据发生重大变化，没有证据证明有犯罪事实或者犯罪行为系犯罪嫌疑人、被告人所为的；

（二）案件事实或者情节发生变化，犯罪嫌疑人、被告人可能被判处拘役、管制、独立适用附加刑、免予刑事处罚或者判决无罪的；

（三）继续羁押犯罪嫌疑人、被告人，羁押期限将超过依法可能判处的刑期的；

（四）案件事实基本查清，证据已经收集固定，符合取保候审或者监视居住条件的。”

第五百八十条：“人民检察院发现犯罪嫌疑人、被告人具有下列情形之一，且具有悔罪表现，不予羁押不致发生社会危险性的，可以向办案机关提出释放或者变更强制措施的建议：

（一）预备犯或者中止犯；

（二）共同犯罪中的从犯或者胁从犯；

（三）过失犯罪的；

（四）防卫过当或者避险过当的；

（五）主观恶性较小的初犯；

（六）系未成年人或者已满七十五周岁的人；

（七）与被害方依法自愿达成和解协议，且已经履行或者提供担保的；

（八）认罪认罚的；

（九）患有严重疾病、生活不能自理的；

（十）怀孕或者正在哺乳自己婴儿的妇女；

（十一）系生活不能自理的人的唯一扶养人；

（十二）可能被判处一年以下有期徒刑或者宣告缓刑的；

（十三）其他不需要继续羁押的情形。”

第五百八十一条：“人民检察院向办案机关发出释放或者变更强制措施建议书的，应当说明不需要继续羁押犯罪嫌疑人、被告人的理由和法律依据，并要求办案机关在十日以内回复处理情况。

人民检察院应当跟踪办案机关对释放或者变更强制措施建议的处理情况。办案机关未在十日以内回复处理情况的，应当提出纠正意见。”

第五百八十二条：“对于依申请审查的案件，人民检察院办结后，应当将提出建议的情况和公安机关、人民法院的处理情况，或者有继续羁押必要的审查意见和理由及时书面告知申请人。”

3. 其他规定

最高人民检察院、公安部《人民检察院、公安机关羁押必要性审查、评估工作规定》第二十一条：“人民检察院经审查认为需要对犯罪嫌疑人、被告人予以释放或者变更强制措施的，在侦查和审判阶段，应当规范制作羁押必要性审查建议书，说明不需要继续羁押犯罪嫌疑人、被告人的理由和法律依据，及时送达公安机关或者人民法院。在审查起诉阶段的，应当制作决定释放通知书、取保候审决定书或者监视居住决定书，交由公安机关执行。

侦查阶段，公安机关认为需要对犯罪嫌疑人释放或者变更强制措施的，应当制作释放通知书、取保候审决定书或者监视居住决定书，同时将处理情况通知原批准逮捕的人民检察院。”

第二十二条：“人民检察院向公安机关、人民法院发出羁押必要性审查建议书后，应当跟踪公安机关、人民法院处理情况。

公安机关、人民法院应当在收到建议书十日以内将处理情况通知人民检察院。认为需要继续羁押的，应当说明理由。

公安机关、人民法院未在十日以内将处理情况通知人民检察院的，人民检察院应当依法提出监督纠正意见。”

（三）文书结构

1. 首部

首部需注明所在省（自治区、直辖市）的名称，不能只写地区级市、县、区院名。标题“羁押必要性审查建议书”，文号生成格式为：“××检××羁审建〔20××〕×号”。

2. 正文

（1）发往单位。列明发往的侦查机关或者人民法院具体名称。

（2）不需要继续羁押的理由及证据分析。应当紧紧围绕是否符合逮捕的两个条件，有证据证明可能判处徒刑以上刑罚，采取取保候审措施不足以防止发生社会危险性，根据相关羁押必要性审查的法定条件，对照案件事实与证据进行综合分析。主要叙写对犯罪嫌疑人、被告人是否有羁押必要性进行调查核实后提出建议的理由和法律依据，在理由部分先叙写调查核实后认定的事实，然后对证明事实的证据简要分析，如调查过程中收集的谅解书、证人证言、听证笔录等证据。

（3）建议意见及依据。根据《中华人民共和国刑事诉讼法》第九十五条的规定，建议侦查机关或者人民法院对犯罪嫌疑人/被告人予以释放/变更强制措施。相关单位需将处理情况十日以内通知检察机关。并写明未采纳检察机关建议的，请说明理由和依据。

3. 尾部

落款为羁押必要性审查建议书发出日期，日期上加盖院印。

（四）文书模板及制作说明

1. 文书模板

×××人民检察院

羁押必要性审查建议书

××检××羁审建〔20××〕×号

________：

本院根据《中华人民共和国刑事诉讼法》第九十五条的规定，依法对逮捕后羁押于________看守所的犯罪嫌疑人/被告人________的羁押必要性进行了审查。经审查，本院认为不需要继续羁押犯罪嫌疑人/被告人________，理由是：……上述事实有以下证据予以证明：……

根据《中华人民共和国刑事诉讼法》第九十五条的规定，建议你________对犯罪嫌疑人/被告人________予以释放/变更强制措施。请你________将处理情况十日以内通知本院。未采纳本院建议的，请说明理由和依据。

20××年××月××日

（院印）

2. 制作说明

（1）本文书依据《中华人民共和国刑事诉讼法》第九十五条，《人民检察院刑事诉讼规则》第五百七十四条至第五百八十条的规定制作。为人民检察院负责捕诉的部门在羁押必要性审查结束后，认为不需要对犯罪嫌疑人、被告人继续羁押的，向侦查机关或者人民法院提出释放或者变更强制措施的建议时使用。

（2）负责刑事执行检察的部门在工作中收到有关材料或者发现不需要继续羁押的情况，将有关材料和意见移送负责捕诉的部门时，适用部门间流转的工作文书。

（3）本文书一式二份，一份审查部门附卷，一份送达被建议单位（部门）。

2.6.2 法律文书：决定释放通知书

（一）基本概念

决定释放通知书，是人民检察院对已拘留的犯罪嫌疑人不需要逮捕，或需要变更拘留、逮捕措施，或拘留、逮捕超过法定期限，以及决定撤销案件或不起诉后，通知执行机关释放在押犯罪嫌疑人时所使用的法律文书。

（二）相关依据

《中华人民共和国刑事诉讼法》第九十四条："人民法院、人民检察院对于各自决定逮捕的人，公安机关对于经人民检察院批准逮捕的人，都必须在逮捕后的二十四小时以内进行讯问。在发现不应当逮捕的时候，必须立即释放，发给释放证明。"

第九十五条："犯罪嫌疑人、被告人被逮捕后，人民检察院仍应当对羁押的必要性进行审查。对不需要继续羁押的，应当建议予以释放或者变更强制措施。有关机关应当在十日以内将处理情况通知人民检察院。"

第九十九条："人民法院、人民检察院或者公安机关对被采取强制措施法定期限届满的犯罪嫌疑人、被告人，应当予以释放、解除取保候审、监视居住或者依法变更强制措施。犯罪嫌疑人、被告人及其法定代理人、近亲属或者辩护人对于人民法院、人民检察院或者公安机关采取强制措施法定期限届满的，有权要求解除强制措施。"

第一百六十三条："在侦查过程中，发现不应对犯罪嫌疑人追究刑事责任的，应当撤销案件；犯罪嫌疑人已被逮捕的，应当立即释放，发给释放证明，并且通知原批准逮捕的人民检察院。"

第一百六十六条："人民检察院对直接受理的案件中被拘留的人，应当在拘留后的二十四小时以内进行讯问。在发现不应当拘留的时候，必须立即释放，发给释放证明。”

第一百六十七条：“人民检察院对直接受理的案件中被拘留的人，认为需要逮捕的，应当在十四日以内作出决定。在特殊情况下，决定逮捕的时间可以延长一日至三日。对不需要逮捕的，应当立即释放；对需要继续侦查，并且符合取保候审、监视居住条件的，依法取保候审或者监视居住。”

第一百七十八条：“不起诉的决定，应当公开宣布，并且将不起诉决定书送达被不起诉人和他的所在单位。如果被不起诉人在押，应当立即释放。”

（三）文书结构

本文书为四联填充式文书。第一联存根，主要用于审批程序，不附入卷中，由办案部门统一留存；第二联由承办部门附卷；第三联送达执行机关；第四联执行机关退回后附卷。

1. 第一联

（1）首部。检察机关名称，注明所在省（自治区、直辖市）的名称，不能只写地区级市、县、区院名。文书名称，即“决定释放通知书”，下方标注“（存根）”字样；文号生成格式为：“××检××释〔20××〕×号”。

（2）正文。依次填写：案由；犯罪嫌疑人基本情况，包括姓名、性别、出生日期、公民身份号码、工作单位、住址、是否人大代表或政协委员；强制措施种类；决定释放原因；批准人、承办人、填发人姓名；填发时间。

2. 第二联

（1）首部。本部分与存根叙写内容基本相同，不同之处在于文书名称下方注“（副本）”字样。

（2）正文。抬头写明羁押强制措施的执行机关；依次填写羁押强制措施的决定机关、决定日期、被采取羁押强制措施的犯罪嫌疑人姓名、性别、出生年月日、住址等基本情况、现羁押场所；决定释放的原因、法律依据。

(3) 尾部。填发文书的日期，并加盖院印。

3. 第三联

与第二联结构内容一致，但文书名称“决定释放通知书”下方无“（副本）”字样。

4. 第四联

本联由释放决定的执行机关执行后填写退回。

(四) 文书模板与制作说明

1. 文书模板

×××人民检察院

决定释放通知书

（存　根）

××检××释〔20××〕×号

案由________

犯罪嫌疑人基本情况（姓名、性别、出生日期、公民身份号码、工作单位、住址、是否人大代表、政协委员）________

____

____

强制措施种类________

决定释放原因________

批准人________

承办人________

填发人________

填发时间________

第一联　统一保存

×××人民检察院

决定释放通知书

（副　本）

××检××释〔20××〕×号

________：

________人民检察院（侦查机关）于______年____月____日决定/批准逮捕（拘留）的犯罪嫌疑人______，性别____，________年____月____日出生，住________，现羁押于________看守所，因________，根据《中华人民共和国刑事诉讼法》第____条的规定决定释放，请即执行。

此致

____

20××年××月××日

（院印）

第二联　附卷

×××人民检察院

决定释放通知书

×× 检 ×× 释〔20××〕×号

______：

______人民检察院（侦查机关）于______年____月____日决定/批准逮捕（拘留）的犯罪嫌疑人______，性别____，______年____月____日出生，住______，现羁押于______看守所，因______，根据《中华人民共和国刑事诉讼法》第____条的规定决定释放，请即执行。

此致

______

20××年××月××日

（院印）

第三联　送达执行机关

×××人民检察院

决定释放通知书

（回　执）

______：

现将______号决定释放通知书的执行情况通知如下：______
______
______
______
______
______。

20××年××月××日

（公章）

第四联　执行机关退回后附卷

2. 制作说明

（1）本文书依据《中华人民共和国刑事诉讼法》第九十四条、第九十五条、第九十九条、第一百六十三条、第一百六十六条、第一百六十七条、第一百七十八条的规定制作。为人民检察院对已拘留的犯罪嫌疑人不需要逮捕，或需要变更拘留、逮捕措施，或拘留、逮捕超过法定期限，以及决定撤销案件或不起诉后，通知执行机关释放在押犯罪嫌疑人时使用。

（2）释放原因与法律依据要相互对应。

（3）本文书共四联，第一联统一保存备查，第二联附卷，第三联送达执行机关，第四联执行机关退回后附卷。

2.6.3 法律文书：羁押必要性审查结果通知书

（一）基本概念

羁押必要性审查结果通知书，是检察机关对于依申请启动羁押必要性审查的案件，在案件办结后将案件办结情况、审查意见和理由书面告知申请人时所使用的法律文书。

（二）相关依据

1. 法律依据

《中华人民共和国刑事诉讼法》第九十五条："犯罪嫌疑人、被告人被逮捕后，人民检察院仍应当对羁押的必要性进行审查。对不需要继续羁押的，应当建议予以释放或者变更强制措施。有关机关应当在十日以内将处理情况通知人民检察院。"

2. 司法解释规定

《人民检察院刑事诉讼规则》第五百八十二条："对于依申请审查的案件，人民检察院办结后，应当将提出建议的情况和公安机关、人民法院的处理情况，或者有继续羁押必要的审查意见和理由及时书面告知申请人。"

3. 其他规定

最高人民检察院、公安部《人民检察院、公安机关羁押必要性审查、评估工作规定》第二十三条："对于依申请或者看守所建议开展羁押必要性审查的，人民检察院办结后，应当制作羁押必要性审查结果通知书，将提出建议情况和公安机关、人民法院处理情况，或者有继续羁押必要的审查意见和理由及时书面告知申请人或者看守所。

公安机关依申请对继续羁押的必要性进行评估后，认为有继续羁押的必要，不同意变更强制措施的，应当书面告知申请人并说明理由。"

（三）文书结构

本文书为三联填充式文书。第一联存根，用于审批程序，不附入卷中，由办案部门统一留存；第二联由承办人附卷；第三联送达申请人。

1. 第一联

（1）首部。检察机关名称，注明所在省（自治区、直辖市）的名称，不能只写地区级市、县、区院名。文书名称，即"羁押必要性审查结果通知书"，下方标注"（存根）"字样；文号生成格式为："××检羁审通〔20××〕×号"。

（2）正文。依次填写：申请人基本情况，包括姓名、年龄、与被申请人关系；审查结果；批准人、承办人、填发人姓名；填发时间。

2. 第二联

（1）首部。本部分与第一联叙写内容相同，不同之处在于文书名称下方标注"（副本）"字样。

（2）正文。抬头写明申请人姓名；依次填写羁押场所、被采取强制措施的犯罪嫌疑人（被告人）姓名；羁押必要性审查结论及理由；包括在侦查或审判环节，检察机关提出建议及建议采纳情况。

（3）尾部。填发文书的日期，并加盖院印。

3. 第三联

第三联与第二联结构内容一致，但文书名称"决定释放通知书"下方无"（副本）"字样。

（四）文书模板及制作说明

1. 文书模板

×××人民检察院

羁押必要性审查结果通知书

（存　根）

××检羁审通〔20××〕×号

申请人基本情况：

姓名________

年龄________

与被申请人关系________

审查结果________

批准人________

承办人________

填发人________

填发时间________

第一联　统一保存

×××人民检察院

羁押必要性审查结果通知书

（副　本）

××检羁审通〔20××〕×号

________：

你申请对羁押于________看守所的犯罪嫌疑人（被告人）________进行羁押必要性审查一案。经审查，本院认为有（没有）继续羁押必要，理由是：________

（本院已向________，建议已（未）被采纳）。

特此通知。

20××年××月××日

（院印）

第二联　附卷

×××人民检察院

羁押必要性审查结果通知书

××检羁审通〔20××〕×号

________：

你申请对羁押于________看守所的犯罪嫌疑人（被告人）________进行羁押必要性审查一案。经审查，本院认为有（没有）继续羁押必要，理由是：________

（本院已向________，建议已（未）被采纳）。

特此通知。

20××年××月××日

（院印）

第三联　送达申请人

2. 制作说明

（1）本文书一式三份，第一联统一保存备查，第二联附卷，第三联送达申请人。

（2）本文书应加盖人民检察院印章。

（3）本文书以人为单位制作。

2.6.4　工作文书：羁押必要性审查报告

（一）基本概念

羁押必要性审查报告，是人民检察院办理羁押必要性审查案件过程中依据事实和法律而制作的反映案件全部情况，形成办理意见并用以内部报告审批的工作文书。

（二）相关依据

1. 法律依据

《中华人民共和国刑事诉讼法》第九十五条："犯罪嫌疑人、被告人被逮捕后，人民检察院仍应当对羁押的必要性进行审查。对不需要继续羁押的，应当建议予以释放或者变更强制措施。有关机关应当在十日以内将处理情况通知人民检察院。"

2. 司法解释规定

《人民检察院刑事诉讼规则》第五百七十三条："犯罪嫌疑人、被告人被逮捕后，人民检察院仍应当对羁押的必要性进行审查。"

第五百七十四条："人民检察院在办案过程中可以依职权主动进行羁押必要性审查。

犯罪嫌疑人、被告人及其法定代理人、近亲属或者辩护人可以申请人民检察院进行羁押必要性审查。申请时应当说明不需要继续羁押的理由，有相关证据或者其他材料的应当提供。

看守所根据在押人员身体状况，可以建议人民检察院进行羁押必要性审查。"

第五百七十五条："负责捕诉的部门依法对侦查和审判阶段的羁押必

要性进行审查。经审查认为不需要继续羁押的，应当建议公安机关或者人民法院释放犯罪嫌疑人、被告人或者变更强制措施。

审查起诉阶段，负责捕诉的部门经审查认为不需要继续羁押的，应当直接释放犯罪嫌疑人或者变更强制措施。

负责刑事执行检察的部门收到有关材料或者发现不需要继续羁押的，应当及时将有关材料和意见移送负责捕诉的部门。”

第五百七十六条：“办案机关对应的同级人民检察院负责控告申诉检察的部门或者负责案件管理的部门收到羁押必要性审查申请后，应当在当日移送本院负责捕诉的部门。

其他人民检察院收到羁押必要性审查申请的，应当告知申请人向办案机关对应的同级人民检察院提出申请，或者在二日以内将申请材料移送办案机关对应的同级人民检察院，并告知申请人。”

第五百七十七条：“人民检察院可以采取以下方式进行羁押必要性审查：

（一）审查犯罪嫌疑人、被告人不需要继续羁押的理由和证明材料；

（二）听取犯罪嫌疑人、被告人及其法定代理人、辩护人的意见；

（三）听取被害人及其法定代理人、诉讼代理人的意见，了解是否达成和解协议；

（四）听取办案机关的意见；

（五）调查核实犯罪嫌疑人、被告人的身体健康状况；

（六）需要采取的其他方式。

必要时，可以依照有关规定进行公开审查。”

第五百七十八条：“人民检察院应当根据犯罪嫌疑人、被告人涉嫌的犯罪事实、主观恶性、悔罪表现、身体状况、案件进展情况、可能判处的刑罚和有无再危害社会的危险等因素，综合评估有无必要继续羁押犯罪嫌疑人、被告人。”

第五百七十九条：“人民检察院发现犯罪嫌疑人、被告人具有下列情形之一的，应当向办案机关提出释放或者变更强制措施的建议：

（一）案件证据发生重大变化，没有证据证明有犯罪事实或者犯罪行为系犯罪嫌疑人、被告人所为的；

（二）案件事实或者情节发生变化，犯罪嫌疑人、被告人可能被判处拘役、管制、独立适用附加刑、免予刑事处罚或者判决无罪的；

（三）继续羁押犯罪嫌疑人、被告人，羁押期限将超过依法可能判处的刑期的；

（四）案件事实基本查清，证据已经收集固定，符合取保候审或者监视居住条件的。”

第五百八十条：“人民检察院发现犯罪嫌疑人、被告人具有下列情形之一，且具有悔罪表现，不予羁押不致发生社会危险性的，可以向办案机关提出释放或者变更强制措施的建议：

（一）预备犯或者中止犯；

（二）共同犯罪中的从犯或者胁从犯；

（三）过失犯罪的；

（四）防卫过当或者避险过当的；

（五）主观恶性较小的初犯；

（六）系未成年人或者已满七十五周岁的人；

（七）与被害方依法自愿达成和解协议，且已经履行或者提供担保的；

（八）认罪认罚的；

（九）患有严重疾病、生活不能自理的；

（十）怀孕或者正在哺乳自己婴儿的妇女；

（十一）系生活不能自理的人的唯一扶养人；

（十二）可能被判处一年以下有期徒刑或者宣告缓刑的；

（十三）其他不需要继续羁押的情形。”

3. 其他规定

最高人民检察院、公安部《人民检察院　公安机关羁押必要性审查、评估工作规定》，全文共二十七条，对检察机关、公安机关开展羁押必要性审查、评估工作的职责分工、启动程序、内容方式、标准把握、监督管理等羁押必要性审查案件办理的实体和程序相关问题作出了明确具体的规定。

（三）文书结构

1. 首部。首部需注明所在省（自治区、直辖市）的名称，不能只写地区级市、县、区院名。文书名称，即“羁押必要性审查报告”。

2. 正文

（1）犯罪嫌疑人/被告人基本情况。应注明犯罪嫌疑人/被告人基本信息，包含姓名、性别、年龄、拘留时间、逮捕时间、羁押地点、涉嫌罪名。

（2）诉讼阶段及办案机关。注明案件所处的诉讼阶段及办案机关的全称。

（3）案件来源。需写明案件启动是系依职权或依申请，并列明依职权发现线索的时间或依申请收到材料的时间。

（4）简要案情。主要叙写根据现有的证据，检察机关审查认定的犯罪事实，包括犯罪时间、地点、经过、手段、目的、动机、危害后果等与定罪有关的事实要素，应当围绕刑法规定的该罪构成要件，简明扼要叙述。对于只有一个犯罪嫌疑人的案件，犯罪嫌疑人实施多次犯罪的犯罪事实应逐一列举；同时触犯数个罪名的犯罪嫌疑人的犯罪事实应该按照主次顺序分别列举；对于共同犯罪的案件，写明犯罪嫌疑人的共同犯罪事实及各自在共同犯罪中的地位和作用后，按照犯罪嫌疑人的主次顺序，分别叙述各个犯罪嫌疑人的单独犯罪事实，并列明证明上述事实的相关证据，如调查过程中收集的谅解书、证人证言、听证笔录。

（5）审查情况。主要对事实证据进行分析论证，阐明得出结论的判断思考过程。

（6）检察官意见。应当写明是否认定不需要对犯罪嫌疑人、被告人继续羁押，并是否向侦查机关或者人民法院提出释放或者变更强制措施建议。

3. 尾部

备注可选择叙写需注意的事项等。

（四）文书模板及制作说明

1. 文书模板

×××人民检察院

羁押必要性审查报告

<table>
<tr><td>姓名</td><td></td><td>性别</td><td></td><td>年龄</td><td></td></tr>
<tr><td>拘留时间</td><td></td><td colspan="2">逮捕时间</td><td colspan="2"></td></tr>
<tr><td>羁押地点</td><td></td><td colspan="2">涉嫌罪名</td><td colspan="2"></td></tr>
<tr><td colspan="2">诉讼阶段及办案机关</td><td colspan="4"></td></tr>
<tr><td>来源</td><td>依职权/依申请</td><td colspan="2">发现/收到时间</td><td colspan="2"></td></tr>
<tr><td>简要
案情</td><td colspan="5"></td></tr>
<tr><td>审查
情况</td><td colspan="5"></td></tr>
<tr><td>检察官
意　见</td><td colspan="5"></td></tr>
<tr><td>备注</td><td colspan="5"></td></tr>
</table>

2. 制作说明

（1）该文书系对犯罪嫌疑人、被告人被逮捕后，人民检察院对其羁押的必要性进行审查时制作的文书。

（2）本文书以人为单位制作。

2.6.5 工作文书：羁押必要性审查意见报告

（一）基本概念

羁押必要性审查意见报告，是人民检察院未检部门办理羁押必要性审查案件使用的内部工作文书，为启动羁押必要性审查程序时使用。其功能和内容与羁押必要性审查报告一致。

（二）相关依据

1. 法律依据

《中华人民共和国刑事诉讼法》第九十五条："犯罪嫌疑人、被告人被逮捕后，人民检察院仍应当对羁押的必要性进行审查。对不需要继续羁押的，应当建议予以释放或者变更强制措施。有关机关应当在十日以内将处理情况通知人民检察院。"

第九十七条："犯罪嫌疑人、被告人及其法定代理人、近亲属或者辩护人有权申请变更强制措施。人民法院、人民检察院和公安机关收到申请后，应当在三日以内作出决定；不同意变更强制措施的，应当告知申请人，并说明不同意的理由。"

2. 司法解释规定

《人民检察院刑事诉讼规则》第五百七十五条："负责捕诉的部门依法对侦查和审判阶段的羁押必要性进行审查。经审查认为不需要继续羁押的，应当建议公安机关或者人民法院释放犯罪嫌疑人、被告人或者变更强制措施。

审查起诉阶段，负责捕诉的部门经审查认为不需要继续羁押的，应当直接释放犯罪嫌疑人或者变更强制措施。

负责刑事执行检察的部门收到有关材料或者发现不需要继续羁押的，

应当及时将有关材料和意见移送负责捕诉的部门。”

（三）文书结构

1. 首部

标题为“羁押必要性审查意见报告”。

2. 正文

（1）犯罪嫌疑人（被告人）及相关诉讼参与人基本情况。写明犯罪嫌疑人的姓名、性别、出生年月日、公民身份号码、民族或国籍、文化程度、政治面貌、职业或者工作单位及职务、住址、曾受到刑事、行政处罚的情况、采取强制措施后被羁押的地点、家庭情况等。

写明法定代理人、合适成年人、辩护人等诉讼参与人基本情况。

（2）原案的简要情况和诉讼阶段。写明犯罪嫌疑人（被告人）涉嫌的主要犯罪事实以及目前案件所处的诉讼阶段。

（3）审查经过。启动审查情况，启动羁押必要性审查决定作出的时间，启动审查的理由及主要证据情况。

具体审查经过，包括对犯罪嫌疑人、被告人提出的证明材料进行审查，听取犯罪嫌疑人、被告人及其法定代理人、近亲属、辩护人的意见，听取被害人及其法定代理人、诉讼代理人、近亲属及其他有关人员的意见，了解是否达成和解协议，听取现阶段办案机关的意见，调查核实犯罪嫌疑人、被告人的身体健康状况，调查犯罪嫌疑人、被告人在看守所羁押期间的表现，开展社会调查、心理测评与疏导及进行不公开审查的情况，不公开审查过程中各方的一致性意见或者存在的主要分歧，量化评估情况等。

（4）需要说明的问题。简述与羁押必要性审查工作有关的问题和需要延伸办案职能的相关工作意见、建议和监督事项等。

（5）承办人意见。通过对办理该羁押必要性审查案件过程中所取得证据材料的综合分析和评估，得出犯罪嫌疑人、被告人是否具有继续羁押必要性、是否向办案机关提出释放或者变更强制措施建议的意见。

3. 尾部

落款，承办人姓名及审结日期。

（四）文书模板及制作说明

1. 文书模板

羁押必要性审查意见报告

一、犯罪嫌疑人（被告人）及相关诉讼参与人基本情况

犯罪嫌疑人（被告人）×××（曾用名、与案情有关的别名、冒名、化名或者绰号，不报姓名的代号），性别，出生日期（作案时×周岁），公民身份号码，民族或国籍（外国人或无国籍人），出生地，文化程度，就读学校或职业（或工作单位及岗位），住址（户籍地和实际居住地均要写明）。犯罪嫌疑人曾受刑事、行政处罚情况。因涉嫌×××罪，于××××年××月××日被×××（决定单位）刑事拘留；××××年××月××日经×批准，××××年××月××日被×××（执行单位）执行逮捕，现羁押于×××。

法定代理人……（姓名、与犯罪嫌疑人/被告人的关系、住址、联系方式等）

合适成年人……（若合适成年人为犯罪嫌疑人/被告人所在学校、单位或者居住地的村民委员会、居民委员会、未成年人保护组织的代表，应写明姓名、单位、职业或身份；若合适成年人为犯罪嫌疑人/被告人其他成年亲属的，应写明姓名、与犯罪嫌疑人的关系、住址、联系方式）

辩护人……（写姓名、×××律师事务所律师，系法律援助律师的，注明指派的法律援助机构；不是律师的写明单位、职务或职业）

二、原案的简要情况和诉讼阶段

犯罪嫌疑人（被告人）×××涉嫌犯罪的主要事实是：……。目前案件处于×××阶段。

三、审查经过

（一）启动审查情况

××××年××月××日，本院决定对犯罪嫌疑人（被告人）×××进行羁押必要性启动审查，理由是：……，主要证据是：……。

（二）具体审查经过

立案后，我们进行了以下工作：……（包括对犯罪嫌疑人、被告人提出的证明材料进行审查，听取犯罪嫌疑人、被告人及其法定代理人、近亲属、辩护人的意见，听取被害人及其法定代理人、诉讼代理人、近亲属及其他有关人员的意见，了解是否达成和解协议，听取现阶段办案机关的意见，调查核实犯罪嫌疑人、被告人的身体健康状况，调查犯罪嫌疑人、被告人在看守所羁押期间的表现，开展社会调查、心理测评与疏导及进行不公开审查的情况，不公开审查过程中各方的一致性意见或者存在的主要分歧，量化评估情况等），形成了以下证据材料：……。

四、需要说明的问题

（简述与羁押必要性审查工作有关的问题和需要延伸办案职能的相关工作意见、建议和监督事项，无内容的可略）

五、承办人意见

承办人认为，……（通过对办理该羁押必要性审查案件过程中所取得证据材料的综合分析和评估，得出犯罪嫌疑人、被告人是否具有继续羁押必要性、是否向办案机关提出释放或者变更强制措施建议的意见）。

承办人：×××
20××年××月××日

2. 制作说明

（1）根据《中华人民共和国刑事诉讼法》第九十五条的规定，犯罪嫌疑人/被告人及其法定代理人、近亲属或者辩护人申请变更强制措施的，可以参照本文书简要制作。

（2）本文书以案为单位制作，经审批后附卷。办理过程中，内设机构之间需要使用函件的，可以自行制作。

第七节　重新计算侦查羁押期限案件适用文书

重新计算侦查羁押期限案件适用文书，是人民检察院负责捕诉的部门依据《中华人民共和国刑事诉讼法》第一百六十条规定，办理本院负责侦查的部门移送的重新计算侦查羁押期限案件以及各级人民检察院对同级侦查机关报送备案的重新计算侦查羁押期限案件进行审查的案件过程中所使用的相关文书。

2.7.1 法律文书：重新计算侦查羁押期限决定书

（一）基本概念

重新计算侦查羁押期限决定书，是人民检察院在侦查期间，发现已被逮捕的犯罪嫌疑人另有重要罪行，决定自发现之日起重新计算侦查羁押期限，并告知犯罪嫌疑人时所使用的法律文书。

（二）相关依据

1. 法律依据

《中华人民共和国刑事诉讼法》第一百六十条第一款："在侦查期间，发现犯罪嫌疑人另有重要罪行的，自发现之日起依照本法第一百五十六条的规定重新计算侦查羁押期限。"

2. 司法解释规定

《人民检察院刑事诉讼规则》第三百一十五条："人民检察院在侦查期间发现犯罪嫌疑人另有重要罪行的，自发现之日起依照本规则第三百零五条的规定重新计算侦查羁押期限。

另有重要罪行是指与逮捕时的罪行不同种的重大犯罪或者同种的影响罪名认定、量刑档次的重大犯罪。"

第三百一十六条："人民检察院重新计算侦查羁押期限，应当由负责侦查的部门提出重新计算侦查羁押期限的意见，移送本院负责捕诉的部门审查。负责捕诉的部门审查后应当提出是否同意重新计算侦查羁押期限的意见，报检察长决定。"

（三）文书结构

本文书为三联填充式文书，第一联统一保存备查；第二联由负责捕诉的部门附卷；第三联向犯罪嫌疑人宣告后由负责侦查的部门附卷。

1. 第一联

（1）首部。本部分包括作出重新计算侦查羁押期限决定的人民检察院名称；文书名称，即“重新计算侦查羁押期限决定书”。文号生成格式为：“××检××重计〔20××〕×号”。

（2）正文。依次填写：案由；犯罪嫌疑人基本情况，包括姓名、性别、年龄、工作单位、住址、公民身份号码、是否人大代表或者政协委员；逮捕时间；涉嫌罪名；侦查中发现另有的重要罪行；重新计算羁押期限开始时间；批准人、承办人、填发人姓名；填发时间。

表格下方标注“第一联统一保存”。

2. 第二联

（1）首部。本部分与第一联内容相同，唯一不同之处在于文书名称下方标注“（副本）”字样。

（2）正文。依次填写：逮捕决定书时间；逮捕决定书文号；犯罪嫌疑人涉嫌罪名；犯罪嫌疑人姓名；侦查中发现其另有罪行；决定重新计算侦查羁押期限开始的时间。

（3）尾部。填发文书日期，并加盖作出决定的人民检察院院印。

在表格下方标注“第二联负责捕诉的部门附卷”。

3. 第三联

本联与第二联内容基本相同，不同之处在于：一是首部文书名称下方无须加注；二是尾部增加一栏，犯罪嫌疑人填写宣告时间并签名，宣告人签名；三是表格下方标明“负责侦查的部门附卷”。

（四）文书模板及制作说明

1. 文书模板

×××人民检察院
重新计算侦查羁押期限决定书
（存　根）

____

××检××重计〔20××〕×号

案由______________________

犯罪嫌疑人基本情况______________________

____

逮捕时间______________________

涉嫌罪名______________________

侦查中发现另有的重要罪行______________

重新计算羁押期限开始时间______________

批准人______________________

承办人______________________

填发人______________________

填发时间______________________

第一联　统一保存

×××人民检察院
重新计算侦查羁押期限决定书
（副　本）

____

××检××重计〔20××〕×号

______院______年____月____日______号逮捕决定书以涉嫌______犯罪批准/决定逮捕的犯罪嫌疑人______，侦查中发现其另犯有______罪行，根据《中华人民共和国刑事诉讼法》第一百六十条的规定，决定自______年____月____日起重新计算侦查羁押期限。

20××年××月××日
（院印）

第二联　负责捕诉的部门附卷

×××人民检察院
重新计算侦查羁押期限决定书

____

××检××重计〔20××〕×号

______院______年____月____日______号逮捕决定书以涉嫌______犯罪批准/决定逮捕的犯罪嫌疑人______，侦查中发现其另犯有______罪行，根据《中华人民共和国刑事诉讼法》第一百六十条的规定，决定自______年____月____日起重新计算侦查羁押期限。

20××年××月××日
（院印）

本决定已于______年____月____日向我宣告。

犯罪嫌疑人：__________

宣　告　人：__________

第三联　负责侦查的部门附卷

2. 制作说明

（1）本文书依据《中华人民共和国刑事诉讼法》第一百六十条第一款的规定制作。是人民检察院在侦查期间，发现已被逮捕的犯罪嫌疑人另有重要罪行，决定自发现之日起重新计算侦查羁押期限，并告知犯罪嫌疑人时使用。

（2）本文书共三联，第一联统一保存备查；第二联由负责捕诉的部门附卷；第三联向犯罪嫌疑人宣告后由负责侦查的部门附卷。

2.7.2　工作文书：提请重新计算侦查羁押期限意见书

（一）基本概念

提请重新计算侦查羁押期限意见书，是人民检察院侦查部门在侦查期间发现犯罪嫌疑人另有重要罪行，需要提请重新计算侦查羁押期限时所使用的工作文书。

（二）相关依据

《中华人民共和国刑事诉讼法》第一百六十条第一款："在侦查期间，发现犯罪嫌疑人另有重要罪行的，自发现之日起依照本法第一百五十六条的规定重新计算侦查羁押期限。"

（三）文书结构

1. 首部

标题及文号。首部需注明所在省（自治区、直辖市）的名称，不能只写地区级市、县、区院名。文书名称，即"提请重新计算侦查羁押期限意见书"，下方标注"（第　次）"；文号生成格式为："×检××请重计〔20××〕×号"。

2. 正文

（1）犯罪嫌疑人基本情况。应注明犯罪嫌疑人基本信息，包含姓名、性别、出生年月日、公民身份号码、民族、接受教育程度、户籍所在地、住所地、工作单位、前科劣迹情况以及被执行逮捕的时间、单位、被羁押场所等。

（2）新发现的重要罪行。该部分主要围绕新发现的重要罪行的情况进行详细阐述。该部分应当写明新发现罪行的时间、新发现罪行的基本情况，包括犯罪时间、地点、经过、手段、目的、动机、危害后果等与定罪有关的事实要素，应当围绕刑法规定的该罪构成要件，简明扼要叙述，并分析相关证据情况。

（3）重新计算侦查羁押期限的理由及起始时间。结合新发现重要罪行的事实，阐述是否可以认定为“重要”罪行，如属与逮捕时的罪行不同种的重大犯罪，或虽与逮捕时同种罪行，但属将影响罪名认定、量刑档次的重大犯罪。阐明重新计算侦查羁押期限的必要性，并明确重新计算的起始时间。

3. 尾部

落款人民检察院侦查部门及文书生成日期。

（四）文书模板及制作说明

1. 文书模板

×××人民检察院

提请重新计算侦查羁押期限意见书

（第　次）

×检××请重计〔20××〕×号

一、犯罪嫌疑人基本情况

犯罪嫌疑人×××，性别×，××××年××月××日出生，公民身份号码，民族，籍贯，文化程度，政治面貌（如系人大代表、政协委员，一并写明具体级、届代表、委员及代表、委员号），工作单位，职务，职级，现住址等。（有多名犯罪嫌疑人的，应按涉嫌犯罪情节轻重逐一写明）

犯罪嫌疑人×××于××××年××月××日，因涉嫌×××罪被我院立案侦查；××××年××月××日，因涉嫌×××罪由我院决定，并由×××公安局执行刑事拘留；××××年××月××日，因涉嫌×××罪由×××院决定，并由×××公安局执行逮捕，现羁押于×××看守所。

二、新发现的重要罪行

在侦查×××涉嫌×××犯罪期间，××××年××月××日，发现其另有重要罪行：……。

三、重新计算侦查羁押期限的理由及起始时间

综上所述，侦查过程中发现的犯罪嫌疑人×××的行为，涉嫌×××罪，且属与逮捕时的罪行不同种的重大犯罪（或虽与逮捕时同种罪行，但属将影响罪名认定、量刑档次的重大犯罪），依照《中华人民共和国刑事诉讼法》第一百六十条第一款之规定，特提请批准对犯罪嫌疑人×××自××××年××月××日起重新计算侦查羁押期限。

此致

____

侦查部门

20××年××月××日

2. 制作说明

（1）本文书依据《中华人民共和国刑事诉讼法》第一百六十条第一款的规定制作。是检察院侦查部门在侦查期间发现犯罪嫌疑人另有重要罪行需要提请重新计算侦查羁押期限时使用。

（2）本文书主要内容包括犯罪嫌疑人基本情况、新发现的重要罪行、重新计算侦查羁押期限的理由及起始时间等。

2.7.3　工作文书：重新计算侦查羁押期限案件审查报告

（一）基本概念

重新计算侦查羁押期限案件审查报告，是人民检察院侦查部门在侦查期间，发现已被逮捕的犯罪嫌疑人另有重要罪行，审查是否需要自发现之日起重新计算侦查羁押期限时所使用的工作文书。

（二）相关依据

1. 法律依据

《中华人民共和国刑事诉讼法》第一百六十条第一款："在侦查期间，发现犯罪嫌疑人另有重要罪行的，自发现之日起依照本法第一百五十六条的规定重新计算侦查羁押期限。"

2. 司法解释规定

《人民检察院刑事诉讼规则》第三百一十五条："人民检察院在侦查期间发现犯罪嫌疑人另有重要罪行的，自发现之日起依照本规则第三百零五条的规定重新计算侦查羁押期限。

另有重要罪行是指与逮捕时的罪行不同种的重大犯罪或者同种的影响罪名认定、量刑档次的重大犯罪。"

第三百一十六条："人民检察院重新计算侦查羁押期限，应当由负责侦查的部门提出重新计算侦查羁押期限的意见，移送本院负责捕诉的部门审查。负责捕诉的部门审查后应当提出是否同意重新计算侦查羁押期限的意见，报检察长决定。"

第三百一十七条："对公安机关重新计算侦查羁押期限的备案，由负责捕诉的部门审查。负责捕诉的部门认为公安机关重新计算侦查羁押期限不当的，应当提出纠正意见。"

第三百一十九条："负责捕诉的部门审查延长侦查羁押期限、审查重新计算侦查羁押期限，可以讯问犯罪嫌疑人，听取辩护律师和侦查人员的意见，调取案卷及相关材料等。"

（三）文书结构

1. 首部

首部需注明所在省（自治区、直辖市）的名称，不能只写地区级市、县、区院名。文书名称，即"重新计算侦查羁押期限案件审查报告"。

2. 正文

(1) 受案和审查过程。简要注明受案、审查经过。

(2) 犯罪嫌疑人基本情况。注明犯罪嫌疑人基本信息，包含姓名、性别、出生年月日、公民身份号码、民族、文化程度、户籍所在地、住所地、工作单位、前科劣迹情况以及被执行逮捕的时间、单位、被羁押场所等。

(3) 移送重新计算侦查羁押期限理由。结合新发现重要罪行的事实，阐述是否可以认定为"重要"罪行，如属与逮捕时的罪行不同种的重大犯罪，或虽与逮捕时同种罪行，但属将影响罪名认定、量刑档次的重大犯罪。阐明重新计算侦查羁押期限的必要性，并明确重新计算的起始时间。

(4) 审查意见。经审查是否重新计算侦查羁押期限。

3. 尾部

落款案件承办人姓名及审结日期。

(四) 文书模板及制作说明

1. 文书模板

×××人民检察院

重新计算侦查羁押期限案件审查报告

一、受案和审查过程

本院于××××年××月××日接到×××部门移送的对犯罪嫌疑人×××重新计算侦查羁押期限相关材料，承办人（讯问犯罪嫌疑人、听取了辩护人意见），审查了案卷及相关材料，现已审查完毕。

二、犯罪嫌疑人基本情况

犯罪嫌疑人×××（曾用名×××，绰号×××），（性别）×，××××年××月××日出生，公民身份号码×××，（民族）××，文化程度××，户籍所在地×××，住×××。工作单位×××。于××××年××月××日被×××单位执行逮捕，现羁押于×××看守所。

三、移送重新计算侦查羁押期限理由

侦查机关/部门在侦查犯罪嫌疑人×××涉嫌×××犯罪期间，

××××年××月××日，发现其另有重要罪行：……。（述明发现重要罪行的具体情况，是否与逮捕时的罪行是不同种的重大犯罪或者同种的影响罪名认定、量刑档次的重大犯罪）

四、审查意见

犯罪嫌疑人×××涉嫌×××犯罪被逮捕后，发现其另有重要罪行（述明罪名、情节、可能的量刑档次等内容），依据《中华人民共和国刑事诉讼法》第一百六十条第一款规定，自××××年××月××日起重新计算侦查羁押期限（如不同意重新计算侦查羁押期限，述明不同意的理由及法律依据；如认为公安机关重新计算侦查羁押期限不当的，提出纠正意见）。

承办人：×××

20××年××月××日

2. 制作说明

（1）本文书依据《中华人民共和国刑事诉讼法》第一百六十条，《人民检察院刑事诉讼规则》第三百一十五条、第三百一十六条、第三百一十七条、第三百一十九条的规定制作。是人民检察院在侦查期间，发现已被逮捕的犯罪嫌疑人另有重要罪行，审查是否需要自发现之日起重新计算侦查羁押期限时使用。

（2）本文书适用于由人民检察院立案侦查的案件。

（3）对公安机关侦查案件开展重新计算侦查羁押期限备案审查，可参照此文书制作工作文书。

2.7.4 工作文书：不予重新计算侦查羁押期限通知书

（一）基本概念

不予重新计算侦查羁押期限通知书，是人民检察院捕诉部门对本院侦查部门移送的重新计算侦查羁押期限案件，不予重新计算侦查羁押期限时所使用的法律文书。

（二）相关依据

1. 法律依据

《中华人民共和国刑事诉讼法》第一百六十条第一款："在侦查期间，发现犯罪嫌疑人另有重要罪行的，自发现之日起依照本法第一百五十六条的规定重新计算侦查羁押期限。"

2. 司法解释规定

《人民检察院刑事诉讼规则》第三百一十五条："人民检察院在侦查期间发现犯罪嫌疑人另有重要罪行的，自发现之日起依照本规则第三百零五条的规定重新计算侦查羁押期限。

另有重要罪行是指与逮捕时的罪行不同种的重大犯罪或者同种的影响罪名认定、量刑档次的重大犯罪。"

第三百一十六条："人民检察院重新计算侦查羁押期限，应当由负责侦查的部门提出重新计算侦查羁押期限的意见，移送本院负责捕诉的部门审查。负责捕诉的部门审查后应当提出是否同意重新计算侦查羁押期限的意见，报检察长决定。"

（三）文书结构

1. 首部

标题和文号。首部需注明所在省（自治区、直辖市）的名称，不能只写地区级市、县、区院名。文书名称，即"不予重新计算侦查羁押期限通知书"。文号生成格式为："××检××不予重计〔20××〕×号"。

2. 正文

抬头为本院侦查部门。

叙明移送重新计算侦查羁押期限的日期、犯罪嫌疑人姓名。列明："经审查认为，决定对犯罪嫌疑人×××不予重新计算侦查羁押期限"。

3. 尾部

落款文书制发日期，并加盖捕诉部门印章。

（四）文书模板及制作说明

1. 文书模板

×××人民检察院

不予重新计算侦查羁押期限通知书

××检××不予重计〔20××〕×号

×××本院办案部门：

你局于××××年××月××日移送的对犯罪嫌疑人×××重新计算侦查羁押期限的文书及相关材料收悉。经审查认为，决定对犯罪嫌疑人×××不予重新计算侦查羁押期限。

特此通知。

20××年××月××日

（部门印）

2. 制作说明

（1）本文书依据《中华人民共和国刑事诉讼法》第一百六十条，《人民检察院刑事诉讼规则》第三百一十五条、第三百一十六条的规定制作。是检察院捕诉部门对本院侦查部门移送的重新计算侦查羁押期限案件，不予重新计算侦查羁押期限时使用。

（2）本文书一式二份，第一份捕诉部门留存，第二份移送本院侦查部门。

第三章

公诉检察文书

第一节　一审公诉案件适用文书

一审公诉案件适用文书，是人民检察院办理同级侦查机关移送审查起诉和本院自侦部门移送审查起诉，上级院交办或者同级院移送的、下级院报送的审查起诉案件、监察机关移送审查起诉的案件过程中所使用的相关文书。

3.1.1　法律文书：审查起诉阶段委托辩护人、申请法律援助告知书

（一）基本概念

审查起诉阶段委托辩护人、申请法律援助告知书，是根据《刑事诉讼法》相关规定，对于本案犯罪嫌疑人，在审查起诉阶段告知其在审查起诉阶段有权委托辩护人、申请法律援助的法律文书。

（二）相关依据

《中华人民共和国刑事诉讼法》第三十四条第一款：“犯罪嫌疑人自被侦查机关第一次讯问或者采取强制措施之日起，有权委托辩护人；在侦查期间，只能委托律师作为辩护人。被告人有权随时委托辩护人。”

第三十五条：“犯罪嫌疑人、被告人因经济困难或者其他原因没有委托辩护人的，本人及其近亲属可以向法律援助机构提出申请。对符合法律援助条件的，法律援助机构应当指派律师为其提供辩护。

犯罪嫌疑人、被告人是盲、聋、哑人，或者是尚未完全丧失辨认或者控制自己行为能力的精神病人，没有委托辩护人的，人民法院、人民检察院和公安机关应当通知法律援助机构指派律师为其提供辩护。

犯罪嫌疑人、被告人可能被判处无期徒刑、死刑，没有委托辩护人的，人民法院、人民检察院和公安机关应当通知法律援助机构指派律师

为其提供辩护。”

第一百七十二条：“人民检察院对于监察机关、公安机关移送起诉的案件，应当在一个月以内作出决定，重大、复杂的案件，可以延长十五日；犯罪嫌疑人认罪认罚，符合速裁程序适用条件的，应当在十日以内作出决定，对可能判处的有期徒刑超过一年的，可以延长至十五日。

人民检察院审查起诉的案件，改变管辖的，从改变后的人民检察院收到案件之日起计算审查起诉期限。”

第一百七十三条：“人民检察院审查案件，应当讯问犯罪嫌疑人，听取辩护人或者值班律师、被害人及其诉讼代理人的意见，并记录在案。辩护人或者值班律师、被害人及其诉讼代理人提出书面意见的，应当附卷。

犯罪嫌疑人认罪认罚的，人民检察院应当告知其享有的诉讼权利和认罪认罚的法律规定，听取犯罪嫌疑人、辩护人或者值班律师、被害人及其诉讼代理人对下列事项的意见，并记录在案：

（一）涉嫌的犯罪事实、罪名及适用的法律规定；

（二）从轻、减轻或者免除处罚等从宽处罚的建议；

（三）认罪认罚后案件审理适用的程序；

（四）其他需要听取意见的事项。

人民检察院依照前两款规定听取值班律师意见的，应当提前为值班律师了解案件有关情况提供必要的便利。”

第一百七十四条：“犯罪嫌疑人自愿认罪，同意量刑建议和程序适用的，应当在辩护人或者值班律师在场的情况下签署认罪认罚具结书。

犯罪嫌疑人认罪认罚，有下列情形之一的，不需要签署认罪认罚具结书：

（一）犯罪嫌疑人是盲、聋、哑人，或者是尚未完全丧失辨认或者控制自己行为能力的精神病人的；

（二）未成年犯罪嫌疑人的法定代理人、辩护人对未成年人认罪认罚有异议的；

（三）其他不需要签署认罪认罚具结书的情形。”

第二百七十八条：“未成年犯罪嫌疑人、被告人没有委托辩护人的，人民法院、人民检察院、公安机关应当通知法律援助机构指派律师为其提供辩护。”

（三）文书结构

本文书一式三联，第一联存根，第二联附卷，第三联交犯罪嫌疑人，第二、三联文书结构相同。

1. 首部

首部由制作文书的人民检察院、文书名称、文书编号三部分组成。制作文书的人民检察院需注明所在省（自治区、直辖市）的名称，不能只写地区级市、县、区院名。文书名称，即“审查起诉阶段委托辩护人/申请法律援助告知书”。第一联文书名称下方标注“（存根）”字样，第二联文书名称下方标注“（副本）”字样，第三联无标注。文号生成格式为：“××检××诉委辩/申援〔20××〕×号”。

2. 正文

第一联写明案由、案件编号、犯罪嫌疑人姓名、性别、出生日期、批准人、承办人、填发人、填发时间等。

第二、三联正文文书结构相同。写明发往对象，即涉案犯罪嫌疑人，行文上顶格书写。

首句，依据《人民检察院刑事诉讼法律文书格式样本（2020版）》中的要求，开头及首句的模板是“我院对________一案已经收到________移送起诉的材料。根据《中华人民共和国刑事诉讼法》第三十四条、第三十五条、第二百七十八条之规定，现告知你有权委托辩护人。如果因经济困难或者其他原因，可以申请法律援助”。制作文书时应在开头部位写明移送案由、监察或侦查机关。

犯罪嫌疑人因经济困难或者其他原因没有委托辩护人的，本人及其近亲属可以向法律援助机构提出申请。对于符合法律援助条件的，法律援助机构应当指派律师为其提供辩护。犯罪嫌疑人是盲、聋、哑人，或者是尚未完全丧失辨认或者控制自己行为能力的精神病人、可能被判处无期徒刑、死刑、未成年犯罪嫌疑人没有委托辩护人的，人民检察院应当通知法律援助机构指派律师为其提供辩护。

3. 尾部

落款为发出日期，日期上加盖院印。第二联中要有犯罪嫌疑人签字，并注明日期及捺印。

（四）文书模板及制作说明

1. 文书模板

×××人民检察院

审查起诉阶段委托辩护人/申请法律援助告知书

（存　根）

××检××诉委辩/申援〔20××〕×号

案由________________

案件编号________________

犯罪嫌疑人______性别______出生日期______

批准人________________

承办人________________

填发人________________

填发时间________________

第一联　统一保存

×××人民检察院

审查起诉阶段委托辩护人/申请法律援助告知书

（副　本）

××检××诉委辩/申援〔20××〕×号

________：

我院对____________一案已经收到____________移送起诉的材料。根据《中华人民共和国刑事诉讼法》第三十四条、第三十五条、第二百七十八条之规定，现告知你有权委托辩护人。如果因经济困难或者其他原因，可以申请法律援助。

如果属于盲、聋、哑人/尚未完全丧失辨认或者控制自己行为能力的精神病人/可能被判处无期徒刑或者死刑的人/未成年人，根据《中华人民共和国刑事诉讼法》第三十五条、第二百七十八条之规定，没有委托辩护人的，人民检察院将通知法律援助机构指派律师提供辩护。

20××年××月××日

（院印）

本告知书已收到。

犯罪嫌疑人：

年　月　日

第二联　附卷

×××人民检察院

审查起诉阶段委托辩护人/申请法律援助告知书

××检××诉委辩/申援〔20××〕×号

________：

我院对____________一案已经收到____________移送起诉的材料。根据《中华人民共和国刑事诉讼法》第三十四条、第三十五条、第二百七十八条之规定，现告知你有权委托辩护人。如果因经济困难或者其他原因，可以申请法律援助。

如果属于盲、聋、哑人/尚未完全丧失辨认或者控制自己行为能力的精神病人/可能被判处无期徒刑或者死刑的人/未成年人，根据《中华人民共和国刑事诉讼法》第三十五条、第二百七十八条之规定，没有委托辩护人的，人民检察院将通知法律援助机构指派律师提供辩护。

20××年××月××日

（院印）

第三联　交犯罪嫌疑人

2. 制作说明

（1）在全国检察业务应用系统2.0中默认制式格式中送达单位、文号等提示文字，在需要办案人填写位置有横线提醒。办案人员在编辑文书时，上述信息应参考起诉意见书等进行填写，同时将提示文字、横线删除，保证文书制作质量。

（2）该文书共三联，一联存根，一联犯罪嫌疑人签字捺手印后附卷，一联交犯罪嫌疑人。

3.1.2 法律文书：委托诉讼代理人告知书

（一）基本概念

委托诉讼代理人告知书，是人民检察院根据《刑事诉讼法》等相关规定，对刑事犯罪案件的被害人，在审查起诉阶段告知其有权委托诉讼代理人时所使用的法律文书。本文书宣告时由被害人签署。

（二）相关依据

《中华人民共和国刑事诉讼法》第四十六条第一款："公诉案件的被害人及其法定代理人或者近亲属，附带民事诉讼的当事人及其法定代理人，自案件移送审查起诉之日起，有权委托诉讼代理人。自诉案件的自诉人及其法定代理人，附带民事诉讼的当事人及其法定代理人，有权随时委托诉讼代理人。"

（三）文书结构

本文书一式二联，第一联附卷，第二联交被害人，第一、二联文书结构相同。

1. 首部

首部由制作文书的人民检察院、文书名称、文书编号三部分组成。制作文书的人民检察院需注明所在省（自治区、直辖市）的名称，不能只写地区级市、县、区院名。文书名称，即"委托诉讼代理人告知书"。文号生成格式为："××检××诉委代〔20××〕×号"。

2. 正文

发往对象，即涉案被害人，行文上顶格书写。

首句，依据《人民检察院刑事诉讼法律文书格式样本（2020版）》中的要求，开头及首句的模板是“________：我院对________一案已经收到________移送审查起诉的材料。根据《中华人民共和国刑事诉讼法》第四十六条之规定，现告知你有权委托诉讼代理人”。制作文书时应写明被害人姓名、移送案由、监察或侦查机关。

3. 尾部

落款为发出日期，日期上加盖院印。第一联由被害人签字、注明日期及捺指印。

（四）文书模板及制作说明

1. 文书模板

×××人民检察院

委托诉讼代理人告知书

（副　本）

××检××诉委代〔20××〕×号

________：

我院对________一案已经收到________移送审查起诉的材料。根据《中华人民共和国刑事诉讼法》第四十六条之规定，现告知你有权委托诉讼代理人。

公诉案件的被害人及其法定代理人或者近亲属，附带民事诉讼的当事人及其法定代理人，自案件移送审查起诉之日起，有权委托诉讼代理人。自诉案件的自诉人及其法定代理人，附带民事诉讼的当事人及其法定代理人，有权随时委托诉讼代理人。

20××年××月××日

（院印）

本告知书已收到

被害人：

年　月　日

第一联　附卷

×××人民检察院

委托诉讼代理人告知书

××检××诉委代〔20××〕×号

________：

我院对________一案已经收到________移送审查起诉的材料。根据《中华人民共和国刑事诉讼法》第四十六条之规定，现告知你有权委托诉讼代理人。

公诉案件的被害人及其法定代理人或者近亲属，附带民事诉讼的当事人及其法定代理人，自案件移送审查起诉之日起，有权委托诉讼代理人。自诉案件的自诉人及其法定代理人，附带民事诉讼的当事人及其法定代理人，有权随时委托诉讼代理人。

20××年××月××日

（院印）

第二联　交被害人

2. 制作说明

(1) 该填充式文书填录过程中，被害人姓名、案由、移送侦查机关按案件事实进行填写。

(2) 该文书共二联，一联被害人或被害人家属签字捺手印后附卷，一联交被害人或被害人家属。

3.1.3 法律文书：提请有关人员出庭意见书

(一) 基本概念

提请有关人员出庭意见书，是人民检察院在法庭审理过程中因现有证据材料不能证明证据收集合法性时，提请人民法院通知有关侦查人员或者其他人员出庭说明情况时所使用的法律文书。

(二) 相关依据

1. 法律依据

《中华人民共和国刑事诉讼法》第五十九条："在对证据收集的合法性进行法庭调查的过程中，人民检察院应当对证据收集的合法性加以证明。

现有证据材料不能证明证据收集的合法性的，人民检察院可以提请人民法院通知有关侦查人员或者其他人员出庭说明情况；人民法院可以通知有关侦查人员或者其他人员出庭说明情况。有关侦查人员或者其他人员也可以要求出庭说明情况。经人民法院通知，有关人员应当出庭。"

2. 司法解释规定

最高人民法院《关于适用〈中华人民共和国刑事诉讼法〉的解释》第一百三十五条第一款："法庭决定对证据收集的合法性进行调查的，由公诉人通过宣读调查、侦查讯问笔录、出示提讯登记、体检记录、对讯问合法性的核查材料等证据材料，有针对性地播放讯问录音录像，提请法庭通知有关调查人员、侦查人员或者其他人员出庭说明情况等方式，证明证据收集的合法性。"

（三）文书结构

本文书共三联，第一联存根，第二联附卷，第三联送达人民法院。第二、三联文书结构一致。

1. 第一联

本联主要用于审批程序，不附入卷中，由办案部门统一留存。

2. 第二、三联

（1）首部。需注明所在省（自治区、直辖市）的名称，不能只写地区级市、县、区院名。文号生成格式为："××检××出庭〔20××〕×号"。第二联文书名称下标注"（副本）"字样。

（2）正文。根据《人民检察院刑事诉讼法律文书格式样本（2020版）》中的要求，开头及首句的模板是"本院以________号________书向你院提起________的被告人________一案，根据《中华人民共和国刑事诉讼法》第五十九条的规定，提请你院通知________（侦查人员/其他人员所在单位）的________（姓名，性别，出生日期，公民身份号码）出庭，说明收集证据的有关情况"。

该填充式文书填录过程中，与填充类文书制作基本要领及注意事项一致。按以下层次叙写：写明起诉书文号、被告人姓名、案件名称、提请出庭人员所在单位、姓名、性别、出生日期、公民身份号码。

发往单位，即庭审法院，行文左顶格书写。

附件部分，制作本文书时应附有对证据收集的合法性情况说明及相关材料。

（3）尾部。落款为发出日期，日期上加盖公章。

（四）文书模板及制作说明

1. 文书模板

×××人民检察院
提请有关人员出庭意见书
（存　根）

××检××出庭〔20××〕×号

案由________________
被告人基本情况（姓名、性别、出生日期、公民身份号码、工作单位、住址、是否人大代表、政协委员）________________
____
____
送达机关________________
提请出庭人员姓名________________
提请出庭人员所在单位________________
提请出庭理由________________
批准人________________
承办人________________
填发人________________
填发日期________________

第一联　统一保存

×××人民检察院
提请有关人员出庭意见书
（副　本）

××检××出庭〔20××〕×号

本院以________号________书向你院提起________的被告人________一案，根据《中华人民共和国刑事诉讼法》第五十九条的规定，提请你院通知________（侦查人员/其他人员所在单位）的________（姓名，性别，出生日期，公民身份号码）出庭，说明收集证据的有关情况。

此致
________人民法院

20××年××月××日
（院印）

附件：本院对证据收集的合法性情况说明及相关材料

第二联　附卷

×××人民检察院
提请有关人员出庭意见书

××检××出庭〔20××〕×号

本院以________号________书向你院提起________的被告人________一案，根据《中华人民共和国刑事诉讼法》第五十九条的规定，提请你院通知________（侦查人员/其他人员所在单位）的________（姓名，性别，出生日期，公民身份号码）出庭，说明收集证据的有关情况。

此致
________法院

20××年××月××日
（院印）

附件：本院对证据收集的合法性情况说明及相关材料

第三联　送达人民法院

2. 制作说明

（1）本文书依据《中华人民共和国刑事诉讼法》第五十九条的规定制作。是人民检察院在法庭审理过程中现有证据材料不能证明证据收集合法性时，提请人民法院通知有关调查/侦查人员或者其他人员出庭说明情况时使用。

（2）制作本文书时应附有对证据收集的合法性情况说明及相关材料。

（3）本文书共三联，第一联统一保存备查，第二联附卷，第三联送达人民法院。

3.1.4 法律文书：补充侦查决定书

（一）基本概念

补充侦查决定书，是人民检察院要求侦查机关补充侦查时所使用的法律文书，适用于审查起诉阶段。

（二）相关依据

1. 法律依据

《中华人民共和国刑事诉讼法》第一百七十五条第一、二款：“人民检察院审查案件，可以要求公安机关提供法庭审判所必需的证据材料；认为可能存在本法第五十六条规定的以非法方法收集证据情形的，可以要求其对证据收集的合法性作出说明。

人民检察院审查案件，对于需要补充侦查的，可以退回公安机关补充侦查，也可以自行侦查。”

2. 司法解释规定

《人民检察院刑事诉讼规则》第二百五十七条：“对于批准逮捕后要求公安机关继续侦查、不批准逮捕后要求公安机关补充侦查或者审查起诉阶段退回公安机关补充侦查的案件，人民检察院应当分别制作继续侦查提纲或者补充侦查提纲，写明需要继续侦查或者补充侦查的事项、理由、侦查方向、需补充收集的证据及其证明作用等，送交公安机关。”

第三百四十二条：“人民检察院认为犯罪事实不清、证据不足或者存在遗漏罪行、遗漏同案犯罪嫌疑人等情形需要补充侦查的，应当制作补充侦查提纲，连同案卷材料一并退回公安机关补充侦查。人民检察院也可以自行侦查，必要时可以要求公安机关提供协助。”

第三百四十七条：“补充侦查期限届满，公安机关未将案件重新移送起诉的，人民检察院应当要求公安机关说明理由。

人民检察院发现公安机关违反法律规定撤销案件的，应当提出纠正意见。”

（三）文书结构

1. 首部

首部由制作文书的人民检察院、文书名称、文书编号三部分组成。制作文书的人民检察院需注明所在省（自治区、直辖市）的名称，不能只写地区级市、县、区院名。文书名称，即“补充侦查决定书”。文号生成格式为：“××检××补侦〔20××〕×号”。

2. 正文

（1）开头及首句。根据《人民检察院刑事诉讼法律文书格式样本（2020版）》中的要求，开头及首句的模板是“你________于________年________月________日以________号文书移送起诉的________一案，经本院审查认为：________________。根据《中华人民共和国刑事诉讼法》第一百七十五条第二款之规定，现决定将此案退回你________补充侦查。请在收到本决定书后一个月内将补充侦查材料移送我院”。该填充式文书填录过程中，办案人对全案证据情况进行分析，认为需要退回补充侦查的情形填写至横线位置，填写内容应当精准，明确说明退回补充侦查的内容，建议选填事实不清、证据不足/存在遗漏罪行/存在遗漏同案犯/对证据收集合法性作出说明等。

（2）发往单位。即侦查机关，行文左顶格书写。

（3）附件，补充侦查提纲。补充侦查提纲的正文内容主要包括补充侦查的方向、补充侦查的主要事项和工作以及相关工作要求。

补充侦查的方向。应当具体阐明补充理由，包括案件事实不清、证据不足的具体表现和问题；阐明补充侦查的方向和取证目的。

补充侦查的主要事项和工作。应当明确需要补充具体事项和需要补充收集的证据目录；根据起诉和审判的证据标准，明确补充、完善证据需要达到的必备要素；有遗漏罪行的，应当指出在起诉意见书中没有认定的犯罪嫌疑人的罪行；有遗漏同案犯罪嫌疑人需要追究刑事责任的，应当建议补充移送；其他需要列明的事项。

相关工作要求。对补充侦查过程中需要注意的问题予以提示。

3. 尾部

落款为发出日期，日期上加盖院印。

附件退回补充侦查提纲的尾部应当写明联系人及联系电话。

（四）文书模板及制作说明

1. 文书模板

×××人民检察院

补充侦查决定书

（副　本）

××检×× 补侦〔20××〕×号

你________于______年____月____日以______号文书移送起诉的______一案，经本院审查认为：________。根据《中华人民共和国刑事诉讼法》第一百七十五条第二款之规定，现决定将此案退回你________补充侦查。请在收到本决定书后一个月内将补充侦查材料移送我院。

此致

____

20××年××月××日

（院印）

附件：补充侦查提纲

第一联　附卷

×××人民检察院

补充侦查决定书

××检×× 补侦〔20××〕×号

你________于______年____月____日以______号文书移送起诉的______一案，经本院审查认为：________。根据《中华人民共和国刑事诉讼法》第一百七十五条第二款之规定，现决定将此案退回你________补充侦查。请在收到本决定书后一个月内将补充侦查材料移送我院。

此致

____

20××年××月××日

（院印）

第二联　送达侦查机关

关于×××一案的退回补充侦查提纲

×××（侦查机关名称）：

你局（或其他称谓）以________号起诉意见书移送起诉的犯罪嫌疑人×××（姓名）涉嫌×××（罪名）一案，为有效地指控犯罪，根据《中华人民共和国刑事诉讼法》第一百七十五条第二款的规定，决定将案件退回你局（或其他称谓）补充侦查。

一、补充侦查的方向

本院审查认为：……。

二、补充侦查的主要事项和工作

根据上述情况，请你局（或其他称谓）查明以下事项，并重点做好相关工作：

1. 为查明……，调取（核查、询问、讯问、梳理）……

2. 为核实……，调取（核查、询问、讯问、梳理）……

……

三、相关工作要求

补充侦查过程中，注意以下问题：

1. ……

2. ……

联系人：

联系电话：

备注：本提纲供开展补充侦查工作参考，不得装入侦查案卷。

20××年××月××日

（院印）

2. 制作说明

（1）本文书根据《中华人民共和国刑事诉讼法》第一百七十五条第二款之规定，《人民检察院刑事诉讼规则》第二百五十七条、第三百四十二条、第三百四十七条之规定制作，是人民检察院要求侦查机关补充侦查时使用，适用于起诉阶段。

（2）本文书的文号“××检××补侦〔20××〕×号”由作出补充侦查决定的具体业务部门分别按顺序编号。

（3）本文书共二联，第一联附卷，第二联送达侦查机关。

（4）退回补充侦查提纲共两份，一份附卷，一份送达侦查机关。

3.1.5　法律文书：提供法庭审判所需证据材料通知书

（一）基本概念

提供法庭审判所需证据材料通知书，是人民检察院在审查起诉、法庭审理过程中，负责捕诉的部门要求监察、侦查机关提供证据材料时所使用的法律文书。

（二）相关依据

1. 法律依据

《中华人民共和国刑事诉讼法》第一百七十五条第一款：“人民检察院审查案件，可以要求公安机关提供法庭审判所必需的证据材料；认为可能存在本法第五十六条规定的以非法方法收集证据情形的，可以要求其对证据收集的合法性作出说明。”

第二百零四条：“在法庭审判过程中，遇有下列情形之一，影响审判进行的，可以延期审理：

（一）需要通知新的证人到庭，调取新的物证，重新鉴定或者勘验的；

（二）检察人员发现提起公诉的案件需要补充侦查，提出建议的；

（三）由于申请回避而不能进行审判的。”

2. 司法解释规定

《人民检察院刑事诉讼规则》第三百四十条：“人民检察院对监察机关或者公安机关移送的案件进行审查后，在人民法院作出生效判决之前，认为需要补充提供证据材料的，可以书面要求监察机关或者公安机关提供。”

第四百二十二条第一款：“在审判过程中，对于需要补充提供法庭审判所必需的证据或者补充侦查的，人民检察院应当自行收集证据和进行侦查，必要时可以要求监察机关或者公安机关提供协助；也可以书面要求监察机关或者公安机关补充提供证据。”

（三）文书结构

1. 首部

首部由制作文书的人民检察院、文书名称、文书编号三部分组成。制作文书的人民检察院需注明所在省（自治区、直辖市）的名称，不能只写地区级市、县、区院名。文书名称，即“提供法庭审判所需证据材料通知书”。文号生成格式为：“××检××诉提证〔20××〕×号”。

2. 正文

发往单位，即需要提供庭审裁判所必需的证据材料的单位，行文上顶格书写。

文书首句的模板是“你______（监察/侦查机关简称）以______号起诉意见书移送起诉（或者侦查）的犯罪嫌疑人______涉嫌______一案，为有效地指控犯罪，根据《中华人民共和国刑事诉讼法》第一百七十五条第一款的规定，请提供法庭审判所需的下列证据材料：……（列出法庭审判所必须提供的证据材料要求）”。需按要求写明移送审查起诉的单位、起诉意见书文号、犯罪嫌疑人姓名及案件名称。

法庭审判所必须提供的证据材料要求，需要侦查机关调取的内容参照补充侦查提纲编写要领。

3. 尾部

落款为发出日期，日期上加盖院印。

（四）文书模板及制作说明

1. 文书模板

×××人民检察院

提供法庭审判所需证据材料通知书

××检××诉提证〔20××〕×号

________（监察/侦查机关名称）：

你________（监察/侦查机关简称）以________号起诉意见书移送起

诉（或者侦查）的犯罪嫌疑人________涉嫌________一案，为有效地指控犯罪，根据《中华人民共和国刑事诉讼法》第一百七十五条第一款的规定，请提供法庭审判所需的下列证据材料：

……（列出法庭审判所必须提供的证据材料要求）。

20××年××月××日

（院印）

2. 制作说明

（1）根据《中华人民共和国刑事诉讼法》第一百七十五条第一款、第二百零四条，《人民检察院刑事诉讼规则》第三百四十条、第四百二十二条，为人民检察院在审查起诉、法庭审理过程中，负责捕诉的部门要求监察/侦查机关提供证据材料时使用。

（2）本文书一式二份，一份附卷，一份送达监察机关/侦查机关。

3.1.6　法律文书：报送（移送）案件意见书

（一）基本概念

报送（移送）案件意见书，是人民检察院依法对公安机关、监察机关报送的案件和自行侦查的案件，经审查认为应当由上级人民检察院或其他同级检察院受理时所用的文书。

（二）相关依据

1. 法律依据

《中华人民共和国刑事诉讼法》第一百七十二条第二款：“人民检察院审查起诉的案件，改变管辖的，从改变后的人民检察院收到案件之日起计算审查起诉期限。”

2. 司法解释规定

《人民检察院刑事诉讼规则》第十六条：“上级人民检察院在必要的时候，可以直接立案侦查或者组织、指挥、参与侦查下级人民检察院管辖的案件。下级人民检察院认为案情重大、复杂，需要由上级人民检察院立案侦查的案件，可以请求移送上级人民检察院立案侦查。”

第三百二十八条第一、二款：“各级人民检察院提起公诉，应当与人民法院审判管辖相适应。负责捕诉的部门收到移送起诉的案件后，经审查认为不属于本院管辖的，应当在发现之日起五日以内经由负责案件管理的部门移送有管辖权的人民检察院。

属于上级人民法院管辖的第一审案件，应当报送上级人民检察院，同时通知移送起诉的公安机关；属于同级其他人民法院管辖的第一审案件，应当移送有管辖权的人民检察院或者报送共同的上级人民检察院指定管辖，同时通知移送起诉的公安机关。”

（三）文书结构

1. 首部

首部由制作文书的人民检察院、文书名称、文书编号三部分组成。制作文书的人民检察院需注明所在省（自治区、直辖市）的名称，不能只写地区级市、县、区院名。文书名称，即“报送（移送）案件意见书”。文号生成格式为：“××检××报（移）诉〔20××〕×号”。

2. 正文

（1）发往单位，即需要报送（移送）案件的检察院。

（2）开头及首句的模板是“（监察/侦查机关）于（受理日期）以__________号起诉意见书向本院移送起诉的犯罪嫌疑人__________涉嫌__________一案，经本院审查：”这句填空式模句意在开头部位写明案源、案由。

（3）犯罪嫌疑人基本情况，在全国检察业务应用系统2.0中默认制式格式中根据案卡填录内容自动生成犯罪嫌疑人的姓名、性别、出生日期、户籍、住址等基础信息，办案人需对该情况进行核对，保证准确填录。

（4）审查认定的犯罪事实及证据，办案人根据证据进行审查后，明确犯罪嫌疑人经审查认定的犯罪事实及证据，确定触犯的罪名后，简明扼要写明涉嫌主要犯罪事实，列明主要证据，针对全案证据情况进行分析。

(5) 改变管辖的理由，根据《人民检察院刑事诉讼规则》相关规定，写明报送（移送）案件的原因和理由。

3. 尾部

落款为发出日期，日期上加盖院印。

(四) 文书模板及制作说明

1. 文书模板

×××人民检察院

报送（移送）案件意见书

××检××报（移）诉〔20××〕×号

________人民检察院：

(监察/侦查机关) 于(受理日期) 以________号起诉意见书向本院移送起诉的犯罪嫌疑人________涉嫌________一案，经本院审查：

一、犯罪嫌疑人基本情况

犯罪嫌疑人×××……（写明姓名、性别、出生年月日、公民身份号码、民族、文化程度、职业或者工作单位及职务、户籍地、住址、曾受到刑事处罚以及与本案定罪量刑相关的行政处罚的情况和因本案采取强制措施的情况等）

二、审查认定的犯罪事实及证据

……

三、改变管辖的理由

根据《中华人民共和国刑事诉讼法》第一百七十二条及《人民检察院刑事诉讼规则》第________条的规定，现将案件报送（或者移送）你院，请予审查。

20××年××月××日

（院印）

2. 制作说明

（1）本文书依据《中华人民共和国刑事诉讼法》第一百七十二条第二款，《人民检察院刑事诉讼规则》第十六条、第三百二十八条等规定制作。为人民检察院受理同级监察/侦查机关移送起诉的案件后，认为属于上一级人民检察院或移送同级人民检察院审查起诉的，而报送上一级人民检察院或移送同级人民检察院时使用。

（2）本文书的文号由发出机关分别按照顺序编号。

（3）本文书一式二份，一份附卷，一份报送上一级人民检察院或移送同级人民检察院。

3.1.7 法律文书：交办案件通知书

（一）基本概念

交办案件通知书，是上级人民检察院向下级人民检察院交办需要改变管辖的审查起诉案件时所使用的文书。

（二）相关依据

1. 法律依据

《中华人民共和国刑事诉讼法》第二十条：“基层人民法院管辖第一审普通刑事案件，但是依照本法由上级人民法院管辖的除外。”

第二十一条：“中级人民法院管辖下列第一审刑事案件：

（一）危害国家安全、恐怖活动案件；

（二）可能判处无期徒刑、死刑的案件。”

第二十二条：“高级人民法院管辖的第一审刑事案件，是全省（自治区、直辖市）性的重大刑事案件。”

第二十三条：“最高人民法院管辖的第一审刑事案件，是全国性的重大刑事案件。”

第一百七十二条第二款：“人民检察院审查起诉的案件，改变管辖的，从改变后的人民检察院收到案件之日起计算审查起诉期限。”

2. 司法解释规定

《人民检察院刑事诉讼规则》第三百二十八条第三款："上级人民检察院受理同级公安机关移送起诉的案件，认为属于下级人民法院管辖的，可以交下级人民检察院审查，由下级人民检察院向同级人民法院提起公诉的，同时通知移送起诉的公安机关。"

（三）文书结构

1. 首部

首部由制作文书的人民检察院、文书名称、文书编号三部分组成。制作文书的人民检察院需注明所在省（自治区、直辖市）的名称，不能只写地区级市、县、区院名。文书名称，即"交办案件通知书"。文号生成格式为："××检××交诉〔20××〕×号"。

2. 正文

（1）写明发往单位，即被交办案件的下级人民检察院，行文上顶格书写。

（2）写明案件来源和案由。模板为："________监察/（侦查机关名称）于________年________月________日以________号起诉意见书向本院移送起诉的犯罪嫌疑人________涉嫌________一案，（对于负责侦查的部门，写为本院于________年________月________日侦查终结的犯罪嫌疑人________涉嫌________一案）"。

（3）写明案件情况，审查认定的犯罪事实及证据情况等。书写为：查明的案件情况，本院审查认定的该案犯罪事实及其证据、适用法律的意见，以及交由下级检察机关办理的理由。

（4）交办适用的法律依据。书写为：根据《中华人民共和国刑事诉讼法》第一百七十二条及《人民检察院刑事诉讼规则》第三百二十八条的规定。

（5）决定结果。书写为：现将案件移交你院审查办理。

3. 尾部

注明年月日，加盖院印。

（四）文书模板及制作说明

1. 文书模板

×××人民检察院

交办案件通知书

××检××交诉〔20××〕×号

________检察院（下级院）：

________监察/（侦查机关名称）于________年______月______日以________号起诉意见书向本院移送起诉的犯罪嫌疑人______涉嫌______一案，（对于负责侦查的部门，写为本院于________年______月______日侦查终结的犯罪嫌疑人________涉嫌________一案）经审查：

……（以下写明查明的案件情况，本院审查认定的该案犯罪事实及其证据、适用法律的意见，以及交由下级检察机关办理的理由）根据《中华人民共和国刑事诉讼法》第一百七十二条及《人民检察院刑事诉讼规则》第三百二十八条的规定，现将案件移交你院审查办理。

20××年××月××日

（上级院印）

2. 制作说明

（1）本文书依据《中华人民共和国刑事诉讼法》第二十条、第二十一条、第二十二条、第二十三条、第一百七十二条，《人民检察院刑事诉讼规则》第三百二十八条等规定制作。为上级人民检察院向下级人民检察院交办需要改变管辖的审查起诉案件时使用。

（2）本文书一式二份，一份附卷，一份送达下级人民检察院。

3.1.8　法律文书：补充移送起诉通知书

（一）基本概念

补充移送起诉通知书，是人民检察院在要求补充移送起诉遗漏罪行或者其他应当追究刑事责任的犯罪嫌疑人时所使用的文书，适用于起诉阶段。

审查起诉过程中，发现遗漏罪行或者其他应当追究刑事责任的犯罪嫌疑人的，应当要求公安机关补充侦查或者补充移送起诉。对于犯罪事实清楚，证据确实、充分的，也可以直接提起公诉。

（二）相关依据

1. 法律依据

《中华人民共和国刑事诉讼法》第一百七十一条第（二）项："人民检察院审查案件的时候，必须查明：……（二）有无遗漏罪行和其他应当追究刑事责任的人。"

2. 司法解释规定

《人民检察院刑事诉讼规则》第三百五十六条："人民检察院在办理公安机关移送起诉的案件中，发现遗漏罪行或者有依法应当移送起诉的同案犯罪嫌疑人未移送起诉的，应当要求公安机关补充侦查或者补充移送起诉。对于犯罪事实清楚，证据确实、充分的，也可以直接提起公诉。"

（三）文书结构

1. 首部

首部由制作文书的人民检察院、文书名称、文书编号三部分组成。制作文书的人民检察院需注明所在省（自治区、直辖市）的名称，不能只写地区级市、县、区院名。文书名称，即"补充移送起诉通知书"。文号生成格式为："××检××补诉〔20××〕×号"。

2. 正文

发往单位，即移送审查起诉的侦查机关，行文上顶格书写。

依据《人民检察院刑事诉讼法律文书格式样本（2020版）》中的要求，开头及首句的模板是“你________于（受理日期）以________号起诉意见书移送本院起诉的犯罪嫌疑人________一案，经审查，本院认为该案还有……（其他犯罪嫌疑人或犯罪事实）需移送本院起诉”。

主文部分写明起诉意见书文号、犯罪嫌疑人姓名及案件名称。漏罪、漏人情况。写明需要补充移送起诉的犯罪嫌疑人姓名或犯罪事实，触犯的刑法条款，需要起诉的理由。如果需要补充移送起诉多名犯罪嫌疑人的，应分别叙写。

3. 尾部

落款为发出日期，日期上加盖院印。

（四）文书模板及制作说明

1. 文书模板

×××人民检察院

补充移送起诉通知书

××检××补诉〔20××〕×号

________（侦查机关）：

你________于（受理日期）以________号起诉意见书移送本院起诉的犯罪嫌疑人________一案，经审查，本院认为该案还有……（其他犯罪嫌疑人或犯罪事实）需移送本院起诉。

……（需要补充移送起诉的犯罪嫌疑人姓名或犯罪事实，触犯的刑法条款，需要起诉的理由）

根据《中华人民共和国刑事诉讼法》第一百七十一条第二项之规定，要求你________（及时或者在一定期限内）补充移送起诉，并提供必需的证据材料。

20××年××月××日

（院印）

2. 制作说明

（1）本文书依据《中华人民共和国刑事诉讼法》第一百七十一条之规定，为人民检察院在要求补充移送起诉遗漏罪行或者其他应当追究刑事责任的犯罪嫌疑人时使用，适用于起诉阶段。

（2）本文书一式二份，一份附卷，一份送达侦查机关。

3.1.9 法律文书：起诉书（适用自然人犯罪案件）

（一）基本概念

起诉书（适用自然人犯罪案件），是人民检察院对公诉案件经过审查，认为犯罪嫌疑人的犯罪事实已经查清，证据确实、充分，依法应当追究刑事责任，代表国家将犯罪嫌疑人提起公诉，交付人民法院审判时所制作的法律文书①。它是人民法院对公诉案件依法进行审判活动的合法依据，也是庭审中公诉人出庭指控犯罪、发表公诉意见、参加法庭调查和辩论以及被告人及其辩护人对指控的犯罪进行法庭辩护的基础。起诉书（适用自然人犯罪案件）即以自然人为起诉对象的法律文书。

（二）相关依据

1. 法律依据

（1）《中华人民共和国人民检察院组织法》第二十条："人民检察院行使下列职权：……（三）对刑事案件进行审查，决定是否提起公诉，对决定提起公诉的案件支持公诉……"

（2）《中华人民共和国刑事诉讼法》第一百八十六条："人民法院对提起公诉的案件进行审查后，对于起诉书中有明确的指控犯罪事实的，应当决定开庭审理。"

2. 司法解释规定

《人民检察院刑事诉讼规则》第三百五十八条："人民检察院决定起诉的，应当制作起诉书。

① 马宏俊主编：《法律文书学》，法律出版社2022年版，第98页。

起诉书的主要内容包括：

（一）被告人的基本情况，包括姓名、性别、出生年月日、出生地和户籍地、公民身份号码、民族、文化程度、职业、工作单位及职务、住址，是否受过刑事处分及处分的种类和时间，采取强制措施的情况等；

（二）案由和案件来源；

（三）案件事实，包括犯罪的时间、地点、经过、手段、动机、目的、危害后果等与定罪量刑有关的事实要素。起诉书叙述的指控犯罪事实的必备要素应当明晰、准确。被告人被控有多项犯罪事实的，应当逐一列举，对于犯罪手段相同的同一犯罪可以概括叙写；

（四）起诉的根据和理由，包括被告人触犯的刑法条款、犯罪的性质及认定的罪名、处罚条款、法定从轻、减轻或者从重处罚的情节，共同犯罪各被告人应负的罪责等；

（五）被告人认罪认罚情况，包括认罪认罚的内容、具结书签署情况等。

被告人真实姓名、住址无法查清的，可以按其绰号或者自报的姓名、住址制作起诉书，并在起诉书中注明。被告人自报的姓名可能造成损害他人名誉、败坏道德风俗等不良影响的，可以对被告人编号并按编号制作起诉书，附具被告人的照片，记明足以确定被告人面貌、体格、指纹以及其他反映被告人特征的事项。

起诉书应当附有被告人现在处所，证人、鉴定人、需要出庭的有专门知识的人的名单，需要保护的被害人、证人、鉴定人的化名名单，查封、扣押、冻结的财物及孳息的清单，附带民事诉讼、附带民事公益诉讼情况以及其他需要附注的情况。

证人、鉴定人、有专门知识的人的名单应当列明姓名、性别、年龄、职业、住址、联系方式，并注明证人、鉴定人是否出庭。”

（三）文书结构

起诉书应由首部、被告人的基本情况、案由和案件的审查过程、案件事实、证据、起诉的理由和决定事项、尾部、附注事项八个部分组成。分别按照首部、正文、尾部的结构逐一介绍。

1. 首部

制作文书的人民检察院的名称：除最高人民检察院外，各地方人民检察院的名称前应注明省（自治区、直辖市）的名称；对涉外案件提起公诉时，各级人民检察院的名称前均应注明“中华人民共和国”的字样。

文书名称，即“起诉书”。文号由制作起诉书的人民检察院的简称、案件性质（“刑诉”）、起诉年度、案件顺序号组成。其中，年度须用四位数字表述。文号写在该行的最右端，上下各空一行。

2. 被告人的基本情况

该部分应当按照格式中所列要素的顺序叙写。被告人如有与案情有关的曾用名、别名、化名或者绰号的，应当在其姓名后面用括号注明；被告人是外国人的，应当在其中文译名后面用括号注明外文姓名。确实无法查明其真实姓名的，按其自报姓名并在括号中注明系自报姓名。被告人的出生日期一般应以公历为准。除未成年人外，如果确实查不清出生日期的，也可以注明年龄。对尚未办理身份证的，应当注明。被告人的住址应写被告人的经常居住地，住址与户籍地一致的，无须重复书写。被告人是外国人时，应注明国籍、护照号码、国外居所。

对被告人曾受到过行政处罚、刑事处罚的，应当在起诉书中写明，其中，行政处罚限于与定罪有关的情况。一般应先写受到行政处罚的情况，再写受到刑事处罚的情况。叙写行政处罚时，应注明处罚的时间、种类、处罚单位；叙写刑事处罚时，应当注明处罚的时间、原因、种类、决定机关、释放时间。

对采取强制措施情况的叙写，必须注明原因、种类，批准或者决定的机关和时间、执行的机关和时间。被采取过多种强制措施的，应按照执行时间的先后分别叙写。

同案被告人有二人以上的，按照主从关系的顺序叙写。

3. 案由和案件的审查过程

根据案件的不同情况，分别依照格式的要求叙写。叙写退回补充侦查、延长审查起诉期限时，应注明日期、原由。

4. 案件事实

案件事实部分，是起诉书的重点。叙写案件事实，应当注意以下几点：

对起诉书所指控的所有犯罪事实，无论是一人一罪、多人一罪，还是一人多罪、多人多罪，都必须逐一列举。

叙述案件事实，要按照合理的顺序进行。一般可按照时间先后顺序；一人多罪的，应当按照各种犯罪的轻重顺序叙述，把重罪放在前面，把次罪、轻罪放在后面；多人多罪的，应当按照主犯、从犯或者重罪、轻罪的顺序叙述，突出主犯、重罪。

起诉书与审查报告认定事实不应完全一致，审查报告认定事实尽量翔实，起诉书则精简得当。叙写案件事实时，应围绕犯罪构成要件描述事实，避免出现遗漏或模糊不清，可以根据案件事实的不同情况，具体应当把握以下原则：

一是对重大案件、具有较大影响的案件、检察机关直接受理立案侦查的案件，都必须详细写明具体犯罪事实的时间、地点，实施行为的经过、手段、目的、动机、危害后果和被告人案发后的表现及认罪态度等内容，特别要将属于犯罪构成要件或者与定罪量刑有关的事实要素列为重点。既要避免发生遗漏，也要避免将没有证据证明或者证据不足，以及与定罪量刑无关的事项写入起诉书，做到层次清楚、重点突出。

二是对一般刑事案件，通常也应当详细写明案件事实，但对其中作案多起但犯罪手段、危害后果等情节相同的案件事实，可以先对相同的情节进行概括叙述，然后再逐一列举出每起事实的具体时间、结果等情况，而不必详细叙述每一起犯罪事实的过程。

对共同犯罪案件中有同案犯在逃的，应在其后写明“另案处理”字样。

在语言表述方面，应描述客观行为，不要使用“盗窃”“抢劫”等结论性词语；不要使用带有贬义、强烈感情色彩、道德评判、法律评价的词语。

5. 证据

应当在起诉书中指明证据的名称、种类，但不必对证据与事实、证据与证据之间的关系进行具体的分析、论证。叙写证据时，一般应当采取“一事一证”的方式，即在每一起案件事实后，写明据以认定的主要证据。对于作案多起的一般刑事案件，如果案件事实是概括叙述的，证据的叙写也可以采取“一罪一证”的方式，即在该种犯罪后概括写明主要证据的种类，而不再指出认定每一起案件事实的证据。

证据种类顺序应按照《中华人民共和国刑事诉讼法》第五十条所列的证据种类顺序依次列明，没有对应证据的证据种类无须列明。

按照文书样式先写明证据种类，而后列举主要证据名称，证据内容较多无法在起诉书载明的，必要时可附证据清单、证人名单等。

对于物证、书证、鉴定意见、视听资料、电子数据等证据应写明证据来源。

6. 起诉理由和决定事项

对行为性质、危害程度、情节轻重，要结合犯罪的各构成要件进行概括性地表述，突出本罪的特征，语言要精练、准确。

对法律条文的引用，要准确、完整、具体，写明条、款、项。

对于量刑情节的认定，应当遵循如下原则：一是对于具备轻重不同的法定量刑情节，一般应当在起诉书中作出认定。但对于适用普通程序的案件，涉及自首、立功等可能因特定因素发生变化的情节，也可以在案件事实之后仅对有关事实作客观表述。二是对于酌定量刑情节，可以根据案件的具体情况，从有利于出庭支持公诉的角度出发，决定是否在起诉书中作出认定。

7. 尾部

起诉书应当署具体承办案件检察官和检察官助理的姓名。起诉书的年月日，为签发起诉书的日期。

8. 附注

附注事项部分，要在附注中说明被告人现在处所，具体包括在押被告人的羁押场所或监视居住、取保候审的处所；写明全案移送案卷的册数；注明证人、鉴定人、需要出庭的有专门知识的人的名单，需要保护的被害人、证人、鉴定人的名单；注明是否提起附带民事诉讼及主体、附带民事诉讼状的份数、有关涉案财物的情况等。

（四）文书模板及制作说明

1. 文书模板

×××人民检察院

起诉书

××检××刑诉〔20××〕×号

被告人……（写明姓名、性别、出生年月日、公民身份号码、民族、文化程度、职业或者工作单位及职务、出生地和户籍地、住址、曾受到刑事处罚以及与本案定罪量刑相关的行政处罚的情况和因本案采取强制措施的情况等）

本案由×××（侦查机关）侦查终结，以被告人×××涉嫌×××罪，于××××年××月××日向本院移送审查起诉。本院受理后，于××××年××月××日已告知被告人有权委托辩护人，××××年××月××日已告知被害人及其法定代理人（近亲属）、附带民事诉讼的当事人及其法定代理人有权委托诉讼代理人，依法讯问了被告人，听取了辩护人×××、被害人×××及其诉讼代理人×××的意见，审查了全部案件材料……（写明退回补充侦查、延长审查起诉期限等情况）。

[对于侦查机关移送审查起诉的需变更管辖权的案件，表述为："本案由×××（侦查机关）侦查终结，以被告人×××涉嫌×××罪，于××××年××月××日向×××人民检察院移送审查起诉。×××人民检察院于××××年××月××日转至（交由）本院审查起诉。本院受理后，于××××年××月××日已告知被告人有权……"

对于本院侦查终结并移送审查起诉的案件，表述为："被告人×××涉嫌×××罪一案，由本院侦查终结，于××××年××月××日移送审查起诉。本院于××××年××月××日已告知被告人有权……"

对于其他人民检察院侦查终结的需变更管辖权的案件，表述为："本案由×××人民检察院侦查终结，以被告人×××涉嫌×××罪移送审查起诉，×××人民检察院于××××年××月××日转至（交由）本院审查起诉。本院受理后，于××××年××月××日已告知被告人有权……”]

经依法审查查明：……（写明经检察机关审查认定的犯罪事实，包括犯罪时间、地点、经过、手段、目的、动机、危害后果等与定罪、量刑有关的事实要素。应当根据具体案件情况，围绕刑法规定的该罪的构成要件叙写）

（对于只有一个犯罪嫌疑人的案件，犯罪嫌疑人实施多次犯罪的，犯罪事实应逐一列举；同时触犯数个罪名的犯罪嫌疑人的犯罪事实应该按照主次顺序分类列举。对于共同犯罪的案件，写明犯罪嫌疑人的共同犯罪事实及各自在共同犯罪中的地位和作用后，按照犯罪嫌疑人的主次顺序，分别叙明各个犯罪嫌疑人的单独犯罪事实）

认定上述事实的证据如下：

……（针对上述犯罪事实，分别列举证据）

本院认为，……（概述被告人行为的性质、危害程度、情节轻重），其行为触犯了《中华人民共和国刑法》第×××条（引用罪状、法定刑条款），犯罪事实清楚，证据确实、充分，应当以×××罪追究其刑事责任。根据《中华人民共和国刑事诉讼法》第一百七十六条的规定，提起公诉，请依法判处。

此致

×××人民法院

检　察　官×××

检察官助理×××

20××年××月××日

（院印）

附：1. 被告人现在处所。具体包括在押被告人的羁押场所或监视居住、取保候审的处所

2. 案卷材料和证据××册

3. 证人、鉴定人、需要出庭的专门知识的人的名单，需要保护的被害人、证人、鉴定人的名单
4. 有关涉案款物情况
5. 被害人（单位）附带民事诉讼情况
6. 其他需要附注的事项

2. 制作说明

（1）上列起诉书的格式供各级人民检察院依法将公诉案件的自然人犯罪被告人向人民法院提起公诉时选用。

（2）本文书有正副本之分，正本送人民法院，副本存检察内卷。

（3）正本上不写“本件与原本核对无异”，应将其制成专用印章，加盖在正本末页的年月日的左下。

3.1.10 法律文书：起诉书（适用单位犯罪案件）

（一）基本概念

起诉书（适用单位犯罪案件），是人民检察院以单位犯罪被告人为指控对象，代表国家提起公诉，交付人民法院审判时所制作的法律文书。

（二）相关依据

1. 法律依据

《中华人民共和国刑事诉讼法》第一百八十六条：“人民法院对提起公诉的案件进行审查后，对于起诉书中有明确的指控犯罪事实的，应当决定开庭审理。”

2. 司法解释规定

《人民检察院刑事诉讼规则》第三百五十八条：“人民检察院决定起诉的，应当制作起诉书。

起诉书的主要内容包括：

（一）被告人的基本情况，应当写明犯罪单位的名称和组织机构代码、所在地址、联系方式，法定代表人和诉讼代表人的姓名、职务、联

系方式；如果还有应当负刑事责任的直接负责的主管人员或其他直接责任人员，应当按上述被告人基本情况的内容叙写；

（二）案由和案件来源；

（三）案件事实，包括犯罪的时间、地点、经过、手段、动机、目的、危害后果等与定罪量刑有关的事实要素。起诉书叙述的指控犯罪事实的必备要素应当明晰、准确。被告人被控有多项犯罪事实的，应当逐一列举，对于犯罪手段相同的同一犯罪可以概括叙写；

（四）起诉的根据和理由，包括被告人触犯的刑法条款、犯罪的性质及认定的罪名、处罚条款、法定从轻、减轻或者从重处罚的情节，共同犯罪各被告人应负的罪责等；

（五）被告人认罪认罚情况，包括认罪认罚的内容、具结书签署情况等。

起诉书应当附有被告人现在处所，证人、鉴定人、需要出庭的有专门知识的人的名单，需要保护的被害人、证人、鉴定人的化名名单，查封、扣押、冻结的财物及孳息的清单，附带民事诉讼、附带民事公益诉讼情况以及其他需要附注的情况。

证人、鉴定人、有专门知识的人的名单应当列明姓名、性别、年龄、职业、住址、联系方式，并注明证人、鉴定人是否出庭。”

（三）文书结构

起诉书应由首部、被告人（被告单位）的基本情况、案由和案件的审查过程、案件事实、证据、起诉的理由和决定事项、尾部、附注事项八个部分组成。分别按照首部、正文、尾部的结构逐一介绍。

1. 首部

制作文书的人民检察院的名称：除最高人民检察院外，各地方人民检察院的名称前应注明省（自治区、直辖市）的名称；对涉外案件提起公诉时，各级人民检察院的名称前均应注明“中华人民共和国”的字样。

文书名称，即“起诉书”。文号由制作起诉书的人民检察院的简称、案件性质（“刑诉”）、起诉年度、案件顺序号组成。其中，年度须用四位数字表述。文号写在该行的最右端，上下各空一行。

2. 被告人（被告单位）的基本情况

被告单位的名称应当是工商营业执照上的全称。如果被告单位的名称较长，可以在起诉书首次出现该单位名称时用括号注明其简称，在起诉书之后的叙述中引用其简称。简称要能代表公司的经营属性并考虑社会公众的接受习惯。

单位犯罪后，单位发生分立、合并或者资产重组等其他情况的，只要承受该单位权利义务的单位存在，应当追究单位犯罪的刑事责任。如果原单位名称发生更改的，仍以原单位（名称）作为被告单位。

当一案有多个被告单位、被告人时，应按照先单位后自然人的顺序排列，作为直接负责的主管人员和其他直接责任人员的被告人，应紧接着其所属的被告单位排列。

3. 案由和案件的审查过程

根据案件的不同情况，分别依照格式的要求叙写。叙写退回补充侦查、延长审查起诉期限时，应注明日期、原由。

4. 案件事实

该部分是起诉书的重点。叙写案件事实，应当注意以下几点：

对起诉书所指控的所有犯罪事实必须逐一列举。

叙述案件事实，要按照合理的顺序进行。一般可按照时间先后顺序；单位犯多罪的，应当按照各种犯罪的轻重顺序叙述，把重罪放在前面，把次罪、轻罪放在后面。

起诉书与审查报告认定事实不应完全一致，审查报告认定事实尽量翔实，起诉书则精简得当。叙写案件事实时，应围绕犯罪构成要件描述事实，避免出现遗漏或模糊不清，可以根据案件事实的不同情况，具体应当把握以下原则：一是对重大案件、具有较大影响的案件、检察机关直接受理立案侦查的案件，都必须详细写明具体犯罪事实的时间、地点，实施行为的经过、手段、目的、动机、危害后果和被告人案发后的表现及认罪态度等内容，特别要将属于犯罪构成要件或者与定罪量刑有关的事实要素列为重点。既要避免发生遗漏，也要避免将没有证据证明或者证据不足，以及与定罪量刑无关的事项写入起诉书，做到层次清楚、重点突出。二是对一般刑事案件，通常也应当详细写明案件事实，但对其中作案多起但犯罪手段、危害后果等方面相同的案件事实，可以先对相同的情节进行概括叙述，然后再逐一列举出每起事实的具体时间、结果等情况，而不必详细叙述每一起犯罪事实的过程。

在语言表述方面，应描述客观行为，不要使用结论性词语；不要使用带有贬义或强烈感情色彩或道德评判或法律评价的词语。

5. 证据

应当在起诉书中指明证据的名称、种类，但不必对证据与事实、证据与证据之间的关系进行具体的分析、论证。叙写证据时，一般应当采取“一事一证”的方式，即在每一起案件事实后，写明据以认定的主要证据。对于作案多起的一般刑事案件，如果案件事实是概括叙述的，证据的叙写也可以采取“一罪一证”的方式，即在该种犯罪后概括写明主要证据的种类，而不再指出认定每一起案件事实的证据。

证据种类顺序应按照《中华人民共和国刑事诉讼法》第五十条所列的证据种类顺序依次列明，没有对应证据的证据种类无须列明。

按照文书样式先写明证据种类，而后列举主要证据名称，证据内容较多无法在起诉书载明的，必要时可附证据清单、证人名单等。

对于物证、书证、鉴定意见、视听资料、电子数据等证据应写明证据来源。

6. 起诉理由和决定事项

对行为性质、危害程度、情节轻重，要结合犯罪的各构成要件进行概括性地表述，突出本罪的特征，语言要精练、准确。

对法律条文的引用，要准确、完整、具体，写明条、款、项。

对于量刑情节的认定，应当遵循如下原则：一是对于具备轻重不同的法定量刑情节，一般应当在起诉书中作出认定。但对于适用普通程序的案件，涉及自首、立功等可能因特定因素发生变化的情节，也可以在案件事实之后仅对有关事实作客观表述。二是对于酌定量刑情节，可以根据案件的具体情况，从有利于出庭支持公诉的角度出发，决定是否在起诉书中作出认定。

7. 尾部

起诉书应当署具体承办案件检察官和检察官助理的姓名。起诉书的年月日，为签发起诉书的日期。

8. 附注

附注事项部分，要在附注中说明被告人现在处所，具体包括在押被告人的羁押场所或监视居住、取保候审的处所；写明全案移送案卷的册数；注明证人、鉴定人、需要出庭的有专门知识的人的名单，需要保护的被害人、证人、鉴定人的名单；注明是否提起附带民事诉讼及主体、附带民事诉讼状的份数、有关涉案财物的情况等。

（四）文书模板及制作说明

1. 文书模板

×××人民检察院

起诉书

××检××刑诉〔20××〕×号

被告单位×××……（写明单位名称、组织机构代码、住所地、法定代表人姓名、职务等）

诉讼代表人×××……（写明姓名、性别、年龄、工作单位、职务）

被告人×××……（写明直接负责的主管人员、其他直接责任人员的姓名、性别、出生年月日、公民身份号码、民族、文化程度、职业或者工作单位及职务、户籍地、住址、曾受到刑事处罚以及与本案定罪量刑相关的行政处罚的情况和因本案采取强制措施的情况等）

本案由×××（侦查机关）侦查终结，以被告单位×××涉嫌×××罪，被告人×××涉嫌×××罪，于××××年××月××日向本院移送审查起诉。本院受理后，于××××年××月××日已告知被告单位和被告人有权委托辩护人，××××年××月××日已告知被害人及其法定代理人（近亲属）（被害单位及其诉讼代表人）、附带民事诉讼的当事人及其法定代理人有权委托诉讼代理人，依法讯问了被告人，听取了被告单位的辩护人×××、被告人的辩护人×××、被害人×××及其诉讼代理人×××的意见，审查了全部案件材料。……（写明退回补充侦查、延长审查起诉期限等情况）

[对于侦查机关移送审查起诉的需变更管辖权的案件，表述为："本案由×××（侦查机关）侦查终结，以被告单位×××涉嫌×××罪，被告人×××涉嫌×××罪，于××××年××月××日向×××人民检察院移送审查起诉。×××人民检察院于××××年××月××日转至（交由）本院审查起诉。本院受理后，于××××年××月××日已告知被告人有权……"

对于本院侦查终结并移送审查起诉的案件，表述为："被告单位×××涉嫌×××罪，被告人×××涉嫌×××罪一案，由本院侦查终结，于××××年××月××日移送审查起诉。本院于××××年××月××日已告知被告人有权……"

对于其他人民检察院侦查终结的需变更管辖权的案件，表述为："本案由×××人民检察院侦查终结，以被告单位×××涉嫌×××罪，被告人×××涉嫌×××罪移送审查起诉，×××人民检察院于××××年××月××日转至（交由）本院审查起诉。本院受理后，于××××年××月××日已告知被告人有权……"]

经依法审查查明：……（写明经检察机关审查认定的犯罪事实包括犯罪时间、地点、经过、手段、目的、动机、危害后果等与定罪、量刑有关的事实要素。应当根据具体案件情况，围绕刑法规定的该罪的构成要件叙写）

认定上述事实的证据如下：

……（针对上述犯罪事实，分别列举证据）

本院认为，……（分别概述被告单位、被告人行为的性质、危害程度、情节轻重），其行为触犯了《中华人民共和国刑法》第×××条（引用罪状、法定刑条款），犯罪事实清楚，证据确实、充分，应当以×××罪追究其刑事责任。根据《中华人民共和国刑事诉讼法》第一百七十六条的规定，提起公诉，请依法判处。

此致

×××人民法院

检　察　官　×××

检察官助理　×××

20××年××月××日

（院印）

附：1. 被告人现在处所：具体包括在押被告人的羁押场所或监视居住、取保候审的处所

2. 案卷材料和证据

3. 证人、鉴定人、需要出庭的专门知识的人的名单，需要保护的被害人、证人、鉴定人的名单

4. 有关涉案款物情况

5. 被害人（单位）附带民事诉讼情况

6. 其他需要附注的事项

2. 制作说明

（1）上列起诉书的格式供各级人民检察院依法将公诉案件的单位犯罪被告人向人民法院提起公诉时选用。

（2）本文书有正副本之分，正本送人民法院，副本存检察内卷。

（3）正本上不写“本件与原本核对无异”，应将其制成专用印章，加盖在正本末页的年月日的左下方。

3.1.11　法律文书：起诉书（适用刑事附带民事）

（一）基本概念

起诉书（适用刑事附带民事），是人民检察院在针对犯罪行为提起公

诉同时，为附带解决由于被告人的犯罪行为使被害人遭受物质损失的赔偿问题而提起附带民事诉讼时所制作的法律文书。

（二）相关依据

《中华人民共和国刑事诉讼法》第一百零一条："被害人由于被告人的犯罪行为而遭受物质损失的，在刑事诉讼过程中，有权提起附带民事诉讼。被害人死亡或者丧失行为能力的，被害人的法定代理人、近亲属有权提起附带民事诉讼。"

（三）文书结构

起诉书应由首部、被告人（被告单位）的基本情况、诉讼请求、事实证据和理由、起诉的理由和根据、尾部、附注事项七部分内容组成。

1. 首部

制作文书的人民检察院的名称：除最高人民检察院外，各地方人民检察院的名称前应注明省（自治区、直辖市）的名称；对涉外案件提起公诉时，各级人民检察院的名称前均应注明"中华人民共和国"的字样。

文书名称，即"刑事附带民事起诉书"。文号由制作起诉书的人民检察院的简称、案件性质（"刑诉"）、起诉年度、案件顺序号组成。其中，年度须用四位数字表述。文号写在该行的最右端，上下各空一行。

2. 被告人（被告单位）的基本情况

被告单位的名称应当是工商营业执照上的全称。如果被告单位的名称较长，可以在起诉书首次出现该单位名称时用括号注明其简称，在起诉书之后的叙述中引用其简称。简称要能代表公司的经营属性并考虑社会公众的接受习惯。

单位犯罪后，单位发生分立、合并或者资产重组等其他情况的，只要承受该单位权利义务的单位存在，应当追究单位犯罪的刑事责任。如果原单位名称发生更改的，仍以原单位（名称）作为被告单位。

当一案有多个被告单位、被告人时，应按照先单位后自然人的顺序排列，作为直接负责的主管人员和其他直接责任人员的被告人，应紧接着其所属的被告单位排列。

3. 诉讼请求

写明具体的诉讼请求，即被告人依法应当承担的民事责任。

4. 事实证据和理由

本部分写明检察机关审查认定的导致国家、集体财产损失的犯罪事实及有关证据。

5. 起诉理由和根据

概述被告人应承担民事责任的理由、引用被告人应承担民事责任的法律条款。对法律条文的引用，要准确、完整、具体，写明条、款、项。并说明本院对被告人犯罪行为依法追究刑事责任的情况。

6. 尾部

此致部分，写明刑事附带民事起诉书送达的人民法院全称。

起诉书应当署具体承办案件检察官和检察官助理的姓名。本文书的年月日，为签发起诉书的日期。

7. 附注

附注事项部分，写明刑事附带民事起诉书副本份数。注明其他需要附注的事项。

（四）文书模板及制作说明

1. 文书模板

×××人民检察院

刑事附带民事起诉书

××检××刑附民诉〔20××〕×号

被告人（被告单位）……（写明姓名、性别、公民身份号码、年龄、民族、文化程度、职业、工作单位及职务、住址、是否刑事案件被告人等）

（对于被告单位，写明单位名称、住所地、是否刑事案件被告单位、法定代表人姓名、职务等）

被害单位……（写明单位名称、所有制性质、住所地、法定代表人

姓名、职务等）

诉讼请求：

……（写明具体的诉讼请求）

事实证据和理由：

……（写明检察机关审查认定的导致国家、集体财产损失的犯罪事实及有关证据）

本院认为，……（概述被告人应承担民事责任的理由），根据……（引用被告人应承担民事责任的法律条款）的规定，应承担赔偿责任。因被告人×××的上述行为构成×××罪，依法应当追究刑事责任，本院已于××××年××月××日以×××号起诉书向你院提起公诉。现根据《中华人民共和国刑事诉讼法》第一百零一条第二款的规定，提起附带民事诉讼，请依法裁判。

此致

×××人民法院

检 察 官　×××

检察官助理　×××

20××年××月××日

（院印）

附：1. 刑事附带民事起诉书副本一式×份

2. 其他需要附注的事项

2. 制作说明

（1）上列起诉书的格式供各级人民检察院依法将公诉案件的被告人向人民法院提起公诉及提起附带民事诉讼时选用。

（2）本文书有正副本之分，正本送人民法院，副本存检察内卷。

（3）正本上不写“本件与原本核对无异”，应将其制成专用印章，加盖在正本末页的年月日的左下方。

3.1.12 法律文书：刑事附带民事财产保全申请书

（一）基本概念

刑事附带民事财产保全申请书，是人民检察院在国家财产、集体财产遭受损失，提起公诉时进行附带民事诉讼申请人民法院采取保全措施时所使用的法律文书。

（二）相关依据

1. 法律依据

《中华人民共和国刑事诉讼法》第一百零一条第二款："如果是国家财产、集体财产遭受损失的，人民检察院在提起公诉的时候，可以提起附带民事诉讼。"

第一百零二条："人民法院在必要的时候，可以采取保全措施，查封、扣押或者冻结被告人的财产。附带民事诉讼原告人或者人民检察院可以申请人民法院采取保全措施。人民法院采取保全措施，适用民事诉讼法的有关规定。"

2. 司法解释规定

最高人民法院《关于人民法院办理财产保全案件若干问题的规定（2020修正）》第一条："当事人、利害关系人申请财产保全，应当向人民法院提交申请书，并提供相关证据材料。

申请书应当载明下列事项：

（一）申请保全人与被保全人的身份、送达地址、联系方式；

（二）请求事项和所根据的事实与理由；

（三）请求保全数额或者争议标的；

（四）明确的被保全财产信息或者具体的被保全财产线索；

（五）为财产保全提供担保的财产信息或资信证明，或者不需要提供担保的理由；

（六）其他需要载明的事项。

法律文书生效后，进入执行程序前，债权人申请财产保全的，应当写明生效法律文书的制作机关、文号和主要内容，并附生效法律文书副本。”

（三）文书结构

1. 首部

首部由制作文书的人民检察院、文书名称、文书编号三部分组成。制作文书的人民检察院须注明所在省（自治区、直辖市）的名称，不能只写地区级市、县、区院名。文书名称，即“刑事附带民事财产保全申请书”。文号生成格式为：“××检××附保〔20××〕×号”。

2. 正文

发往单位，应发往的人民法院全称，行文上顶格书写。

首句的模板是“本院于________年______月______日以________号__________书向你院提起________的被告人×××涉嫌×××罪一案，根据《中华人民共和国刑事诉讼法》第一百零一条第二款、第一百零二条的规定，向你院申请财产保全”。这句填充式文书，应在开头部位写明起诉书日期、起诉书文号、被告人姓名、涉嫌罪名等内容。

被申请人信息。被申请人为个人的，写明被申请人的姓名，性别、出生日期、民族、籍贯、职业或者工作单位和职务、住址；被申请人为单位的，写明单位名称，组织机构代码，法定代表人或代表的姓名、职务。

请求事项。本部分写明需要进行诉讼保全的财产的位置、数量、金额等情况。

3. 尾部

落款日期为制发日期，日期上加盖院印。

（四）文书模板及制作说明

1. 文书模板

×××人民检察院

刑事附带民事财产保全申请书

××检××附保〔20××〕×号

________人民法院：

本院于________年________月________日以________号________书向你院提起________的被告人×××涉嫌×××罪一案，根据《中华人民共和国刑事诉讼法》第一百零一条第二款、第一百零二条的规定，向你院申请财产保全。

被申请人：________（被申请人为个人的，写明姓名，性别、出生日期、民族、籍贯、职业或者工作单位和职务、住址；被申请人为单位的，写明单位名称，组织机构代码，法定代表人或代表的姓名、职务）

请求事项：

请求人民法院对被申请人的下列财产进行诉讼保全：

1. ……

2. （写明财产的位置、数量、金额等情况）

20××年××月××日

（院印）

2. 制作说明

（1）本文书依据《中华人民共和国刑事诉讼法》第一百零一条第二款、第一百零二条的规定制作，为人民检察院在国家财产、集体财产遭受损失时，提起公诉时进行附带民事诉讼申请人民法院采取保全措施时使用。

（2）制作本文书时应当写明被申请人和被申请财产的具体情况。办案人员应针对全案证据情况进行分析，确定需要保全的财产，并对财产的位置、数量、金额等情况填写清楚。填写后将提示文字删除。

（3）申请书内容及制作参考格式内容。起诉书的文号、日期、被告人姓名、涉案罪名需与起诉书一致。同一被告人涉嫌多个罪名的，需要列清所有罪名，不得遗漏或以“等”概括。

（4）正本加盖“正本”印章，副本加盖“副本”印章，正本送人民法院，副本存检察内卷附卷。法院名称填写全称，不得省略“人民”两个字。送达法院为提起公诉的法院。

（5）正本上不写“本件与原本核对无异”，应将其制成专用印章，加盖在副本末页的年月日的左下方、附项的上方。

（6）文书结尾落款处右下角加盖院印，院印的位置要骑年盖月并删除提示文字。

3.1.13　法律文书：适用简易程序建议书

（一）基本概念

适用简易程序建议书，是人民检察院建议人民法院在审理提起公诉案件时适用简易程序所使用的法律文书。

（二）相关依据

1. 法律依据

《中华人民共和国刑事诉讼法》第二百一十四条：“基层人民法院管辖的案件，符合下列条件的，可以适用简易程序审判：

（一）案件事实清楚、证据充分的；

（二）被告人承认自己所犯罪行，对指控的犯罪事实没有异议的；

（三）被告人对适用简易程序没有异议的。

人民检察院在提起公诉的时候，可以建议人民法院适用简易程序。”

第二百一十五条：“有下列情形之一的，不适用简易程序：

（一）被告人是盲、聋、哑人，或者是尚未完全丧失辨认或者控制自己行为能力的精神病人的；

（二）有重大社会影响的；

（三）共同犯罪案件中部分被告人不认罪或者对适用简易程序有异议的；

（四）其他不宜适用简易程序审理的。”

2. 司法解释规定

最高人民法院《关于适用〈中华人民共和国刑事诉讼法〉的解释》第三百六十条：“具有下列情形之一的，不适用简易程序：

（一）被告人是盲、聋、哑人的；

（二）被告人是尚未完全丧失辨认或者控制自己行为能力的精神病人的；

（三）案件有重大社会影响的；

（四）共同犯罪案件中部分被告人不认罪或者对适用简易程序有异议的；

（五）辩护人作无罪辩护的；

（六）被告人认罪但经审查认为可能不构成犯罪的；

（七）不宜适用简易程序审理的其他情形。”

（三）文书结构

本文书为三联填充式文书。第一联存根由办案部门统一保存，按填充项目要求填录相关内容备查。第二联附卷，第三联送达人民法院。第二、三联结构、内容相同。

1. 首部

首部由制作文书的人民检察院、文书名称、文书编号三部分组成。制作文书的人民检察院需注明所在省（自治区、直辖市）的名称，不能只写地区级市、县、区院名。文书名称，即“适用简易程序建议书”。文号生成格式为：“××检××简建〔20××〕×号”。

2. 正文

建议书内容，本部分为填充内容，按要求填录，起诉书文号由全国检察统一业务应用系统 2.0 自动生成，案件名称应与起诉书保持一致。

发往单位，即审理案件的法院，行文上顶格书写。简易程序建议书发往同级人民法院，与起诉书保持一致。

3. 尾部

落款为发出日期，日期上加盖院印。

（四）文书模板及制作说明

1. 文书模板

×××人民检察院

适用简易程序建议书

（存　根）

××检××简建〔20××〕×号

案由______

被告人基本情况（姓名、性别、出生日期、公民身份号码、工作单位、住址、是否人大代表、政协委员）______

______

______

送达机关______

适用简易程序理由______

批准人______

承办人______

填发人______

填发时间______

第一联　统一保存

×××人民检察院

适用简易程序建议书

（副　本）

××检××简建〔20××〕×号

本院以______号起诉书提起公诉的______一案，经本院审查，符合《中华人民共和国刑事诉讼法》第二百一十四条的规定，建议你院对此案适用简易程序审理。

此致

______人民法院

20××年××月××日

（院印）

第二联　附卷

×××人民检察院

适用简易程序建议书

××检××简建〔20××〕×号

本院以______号起诉书提起公诉的______一案，经本院审查，符合《中华人民共和国刑事诉讼法》第二百一十四条的规定，建议你院对此案适用简易程序审理。

此致

______人民法院

20××年××月××日

（院印）

第三联　送达人民法院

2. 制作要点

（1）本文书依据《中华人民共和国刑事诉讼法》第二百一十四条的规定制作。为人民检察院在建议人民法院适用简易程序时使用。

（2）简易程序建议书发往同级人民法院，与起诉书发往单位保持一致。

（3）落款为发出日期，应使用阿拉伯数字。

（4）本文书共三联，第一联统一保存备查，第二联附卷，第三联送达人民法院。

3.1.14　法律文书：证人（鉴定人）名单

（一）基本概念

证人（鉴定人）名单，是人民检察院提起公诉、制作起诉书时应当一并移送的能够证明案件事实的证人、鉴定人信息的法律文书。

（二）相关依据

《人民检察院刑事诉讼规则》第三百五十八条："人民检察院决定起诉的，应当制作起诉书。

起诉书的主要内容包括：

（一）被告人的基本情况，包括姓名、性别、出生年月日、出生地和户籍地、公民身份号码、民族、文化程度、职业、工作单位及职务、住址，是否受过刑事处分及处分的种类和时间，采取强制措施的情况等；如果是单位犯罪，应当写明犯罪单位的名称和组织机构代码、所在地址、联系方式，法定代表人和诉讼代表人的姓名、职务、联系方式；如果还有应当负刑事责任的直接负责的主管人员或其他直接责任人员，应当按上述被告人基本情况的内容叙写；

（二）案由和案件来源；

（三）案件事实，包括犯罪的时间、地点、经过、手段、动机、目的、危害后果等与定罪量刑有关的事实要素。起诉书叙述的指控犯罪事实的必备要素应当明晰、准确。被告人被控有多项犯罪事实的，应当逐一列举，对于犯罪手段相同的同一犯罪可以概括叙写；

（四）起诉的根据和理由，包括被告人触犯的刑法条款、犯罪的性质及认定的罪名、处罚条款、法定从轻、减轻或者从重处罚的情节，共同犯罪各被告人应负的罪责等；

（五）被告人认罪认罚情况，包括认罪认罚的内容、具结书签署情况等。

被告人真实姓名、住址无法查清的，可以按其绰号或者自报的姓名、住址制作起诉书，并在起诉书中注明。被告人自报的姓名可能造成损害他人名誉、败坏道德风俗等不良影响的，可以对被告人编号并按编号制作起诉书，附具被告人的照片，记明足以确定被告人面貌、体格、指纹以及其他反映被告人特征的事项。

起诉书应当附有被告人现在处所，证人、鉴定人、需要出庭的有专门知识的人的名单，需要保护的被害人、证人、鉴定人的化名名单，查封、扣押、冻结的财物及孳息的清单，附带民事诉讼、附带民事公益诉讼情况以及其他需要附注的情况。

证人、鉴定人、有专门知识的人的名单应当列明姓名、性别、年龄、职业、住址、联系方式，并注明证人、鉴定人是否出庭。”

（三）文书结构

1. 首部

首部由制作文书的人民检察院、文书名称、文书编号三部分组成。制作文书的人民检察院需注明所在省（自治区、直辖市）的名称，不能只写地区级市、县、区院名。文书名称，即“证人（鉴定人）名单”。文号生成格式为：“××检××诉证（鉴）人〔20××〕×号”。

2. 正文

案由，即被告人姓名及涉嫌罪名，应与起诉书保持一致。

证人（鉴定人）信息，本部分为填充表格，按要求填录完整即可。具体而言：

证人、鉴定人的名单应当列明姓名、性别、出生日期、职业、住址、联系方式，并注明证人、鉴定人是否出庭。

姓名。填写证人、鉴定人合法身份证件上的姓名，如果没有合法身份证件的，填写在户籍登记中使用的姓名。如果证人、鉴定人是外国人，除应当填写其合法身份证件上的姓名外，还应当同时写明汉语译名。

出生日期。按照合法身份证件上的出生日期填录。

职业。按照证人提供的信息填录，如无固定职业，户籍地为村屯的填录为农民，户籍地为城镇的填录为无业。鉴定人的职业填录为鉴定人。

地址及联系方式。证人应填录其经常居住地及联系方式。鉴定人应填录其工作单位名称及地址。

3. 尾部

落款为发出日期，日期上加盖院印。

（四）文书模板及制作说明

1. 文书模板

×××人民检察院

证人（鉴定人）名单

××检××诉证（鉴）人〔20××〕×号

案由____________________

序号	姓名	性别	出生日期	民族	职业	通信地址或者工作单位地址、联系方式

20××年××月××日

（院印）

2. 制作说明

（1）本文书依据《人民检察院刑事诉讼规则》第三百五十八条的规定制作，人民检察院提起公诉时随卷移送。

（2）需要保护的被害人、证人、鉴定人的化名名单参照本文书。

（3）名单填完后余下的空格应划掉，并注明“以下空白”字样。

（4）本文书一式二份，一份移送人民法院，一份附卷。

3.1.15 法律文书：申请证人（鉴定人、有专门知识的人）出庭名单

（一）基本概念

申请证人（鉴定人、有专门知识的人）出庭名单，是人民检察院在办理刑事案件时，因办案需要，需证人、鉴定人、有专门知识的人出庭作证或说明情况时所制作的法律文书。

（二）相关依据

1. 法律依据

《中华人民共和国刑事诉讼法》第六十一条：“证人证言必须在法庭上经过公诉人、被害人和被告人、辩护人双方质证并且查实以后，才能作为定案的根据。法庭查明证人有意作伪证或者隐匿罪证的时候，应当依法处理。”

第六十二条：“凡是知道案件情况的人，都有作证的义务。

生理上、精神上有缺陷或者年幼，不能辨别是非、不能正确表达的人，不能作证人。”

第一百八十七条：“人民法院决定开庭审判后，应当确定合议庭的组成人员，将人民检察院的起诉书副本至迟在开庭十日以前送达被告人及其辩护人。

在开庭以前，审判人员可以召集公诉人、当事人和辩护人、诉讼代理人，对回避、出庭证人名单、非法证据排除等与审判相关的问题，了解情况，听取意见。

人民法院确定开庭日期后，应当将开庭的时间、地点通知人民检察院，传唤当事人，通知辩护人、诉讼代理人、证人、鉴定人和翻译人员，传票和通知书至迟在开庭三日以前送达。公开审判的案件，应当在开庭三日以前先期公布案由、被告人姓名、开庭时间和地点。

上述活动情形应当写入笔录，由审判人员和书记员签名。”

第一百九十二条：“公诉人、当事人或者辩护人、诉讼代理人对证人证言有异议，且该证人证言对案件定罪量刑有重大影响，人民法院认为证人有必要出庭作证的，证人应当出庭作证。

人民警察就其执行职务时目击的犯罪情况作为证人出庭作证，适用前款规定。

公诉人、当事人或者辩护人、诉讼代理人对鉴定意见有异议，人民法院认为鉴定人有必要出庭的，鉴定人应当出庭作证。经人民法院通知，鉴定人拒不出庭作证的，鉴定意见不得作为定案的根据。”

第一百九十三条：“经人民法院通知，证人没有正当理由不出庭作证的，人民法院可以强制其到庭，但是被告人的配偶、父母、子女除外。

证人没有正当理由拒绝出庭或者出庭后拒绝作证的，予以训诫，情节严重的，经院长批准，处以十日以下的拘留。被处罚人对拘留决定不服的，可以向上一级人民法院申请复议。复议期间不停止执行。”

第一百九十七条：“法庭审理过程中，当事人和辩护人、诉讼代理人有权申请通知新的证人到庭，调取新的物证，申请重新鉴定或者勘验。

公诉人、当事人和辩护人、诉讼代理人可以申请法庭通知有专门知识的人出庭，就鉴定人作出的鉴定意见提出意见。

法庭对于上述申请，应当作出是否同意的决定。”

2. 司法解释规定

（1）最高人民法院《关于适用〈中华人民共和国刑事诉讼法〉的解释》第二百四十六条：“公诉人可以提请法庭通知证人、鉴定人、有专门知识的人、调查人员、侦查人员或者其他人员出庭，或者出示证据。被害人及其法定代理人、诉讼代理人，附带民事诉讼原告人及其诉讼代理人也可以提出申请。

在控诉方举证后，被告人及其法定代理人、辩护人可以提请法庭通知证人、鉴定人、有专门知识的人、调查人员、侦查人员或者其他人员出庭，或者出示证据。”

第二百四十七条：“控辩双方申请证人出庭作证，出示证据，应当说明证据的名称、来源和拟证明的事实。法庭认为有必要的，应当准许；对方提出异议，认为有关证据与案件无关或者明显重复、不必要，法庭经审查异议成立的，可以不予准许。”

第二百四十九条：“公诉人、当事人或者辩护人、诉讼代理人对证人证言有异议，且该证人证言对定罪量刑有重大影响，或者对鉴定意见有异议，人民法院认为证人、鉴定人有必要出庭作证的，应当通知证人、鉴定人出庭。

控辩双方对侦破经过、证据来源、证据真实性或者合法性等有异议，申请调查人员、侦查人员或者有关人员出庭，人民法院认为有必要的，应当通知调查人员、侦查人员或者有关人员出庭。”

第二百五十条：“公诉人、当事人及其辩护人、诉讼代理人申请法庭通知有专门知识的人出庭，就鉴定意见提出意见的，应当说明理由。法庭认为有必要的，应当通知有专门知识的人出庭。

申请有专门知识的人出庭，不得超过二人。有多种类鉴定意见的，可以相应增加人数。”

第二百五十一条：“为查明案件事实、调查核实证据，人民法院可以依职权通知证人、鉴定人、有专门知识的人、调查人员、侦查人员或者其他人员出庭。”

第二百五十二条：“人民法院通知有关人员出庭的，可以要求控辩双方予以协助。”

第二百五十三条：“证人具有下列情形之一，无法出庭作证的，人民法院可以准许其不出庭：

（一）庭审期间身患严重疾病或者行动极为不便的；

（二）居所远离开庭地点且交通极为不便的；

（三）身处国外短期无法回国的；

（四）有其他客观原因，确实无法出庭的。

具有前款规定情形的，可以通过视频等方式作证。”

第二百五十四条："证人出庭作证所支出的交通、住宿、就餐等费用，人民法院应当给予补助。"

第二百五十五条："强制证人出庭的，应当由院长签发强制证人出庭令，由法警执行。必要时，可以商请公安机关协助。"

第二百五十六条："证人、鉴定人、被害人因出庭作证，本人或者其近亲属的人身安全面临危险的，人民法院应当采取不公开其真实姓名、住址和工作单位等个人信息，或者不暴露其外貌、真实声音等保护措施。辩护律师经法庭许可，查阅对证人、鉴定人、被害人使用化名情况的，应当签署保密承诺书。

审判期间，证人、鉴定人、被害人提出保护请求的，人民法院应当立即审查；认为确有保护必要的，应当及时决定采取相应保护措施。必要时，可以商请公安机关协助。"

第二百五十七条："决定对出庭作证的证人、鉴定人、被害人采取不公开个人信息的保护措施的，审判人员应当在开庭前核实其身份，对证人、鉴定人如实作证的保证书不得公开，在判决书、裁定书等法律文书中可以使用化名等代替其个人信息。"

第二百五十八条："证人出庭的，法庭应当核实其身份、与当事人以及本案的关系，并告知其有关权利义务和法律责任。证人应当保证向法庭如实提供证言，并在保证书上签名。"

第二百五十九条："证人出庭后，一般先向法庭陈述证言；其后，经审判长许可，由申请通知证人出庭的一方发问，发问完毕后，对方也可以发问。

法庭依职权通知证人出庭的，发问顺序由审判长根据案件情况确定。"

第二百六十条："鉴定人、有专门知识的人、调查人员、侦查人员或者其他人员出庭的，参照适用前两条规定。"

（2）《人民检察院刑事诉讼规则》第三百五十八条："人民检察院决定起诉的，应当制作起诉书……

起诉书应当附有被告人现在处所，证人、鉴定人、需要出庭的有专门知识的人的名单，需要保护的被害人、证人、鉴定人的化名名单，查封、扣押、冻结的财物及孳息的清单，附带民事诉讼、附带民事公益诉讼情况以及其他需要附注的情况。

证人、鉴定人、有专门知识的人的名单应当列明姓名、性别、年龄、职业、住址、联系方式，并注明证人、鉴定人是否出庭。”

第四百零四条：“公诉人对证人证言有异议，且该证人证言对案件定罪量刑有重大影响的，可以申请人民法院通知证人出庭作证。

人民警察就其执行职务时目击的犯罪情况作为证人出庭作证，适用前款规定。

公诉人对鉴定意见有异议的，可以申请人民法院通知鉴定人出庭作证。经人民法院通知，鉴定人拒不出庭作证的，公诉人可以建议法庭不予采纳该鉴定意见作为定案的根据，也可以申请法庭重新通知鉴定人出庭作证或者申请重新鉴定。

必要时，公诉人可以申请法庭通知有专门知识的人出庭，就鉴定人作出的鉴定意见提出意见。

当事人或者辩护人、诉讼代理人对证人证言、鉴定意见有异议的，公诉人认为必要时，可以申请人民法院通知证人、鉴定人出庭作证。”

第四百零五条：“证人应当由人民法院通知并负责安排出庭作证。

对于经人民法院通知而未到庭的证人或者出庭后拒绝作证的证人的证言笔录，公诉人应当当庭宣读。

对于经人民法院通知而未到庭的证人的证言笔录存在疑问，确实需要证人出庭作证，且可以强制其到庭的，公诉人应当建议人民法院强制证人到庭作证和接受质证。”

（三）文书结构

1. 首部

首部由制作文书的人民检察院、文书名称、文书编号三部分组成。制作文书的人民检察院需注明所在省（自治区、直辖市）的名称，不能只写地区级市、县、区院名。文书名称，即“申请证人（鉴定人、有专门知识的人）出庭名单”。文号生成格式为：“××检××诉出庭〔20××〕×号”。

2. 正文

案由，即被告人姓名及涉嫌罪名。

需要按照姓名、性别、出生日期、民族、职业、出庭身份、通信地址或者工作单位地址、联系方式逐一进行填写。

3. 尾部

落款为发出日期，日期上加盖院印。

(四) 文书模板及制作说明

1. 文书模板

×××人民检察院

申请证人（鉴定人、有专门知识的人）

出庭名单

××检××诉出庭〔20××〕×号

案由＿＿＿＿＿＿＿＿＿＿＿＿＿＿＿＿＿＿＿＿＿＿＿＿

序号	姓名	性别	出生日期	民族	职业	出庭身份	通信地址或者工作单位地址、联系方式

20××年××月××日

（院印）

2. 制作说明

(1) 本文书依据《中华人民共和国刑事诉讼法》第一百八十七条、第一百九十二条、第一百九十七条，《人民检察院刑事诉讼规则》第三百五十八条、第四百零四条的规定制作。为人民检察院申请证人、鉴定人、有专门知识的人出庭时使用。提起公诉时不能确定出庭名单的，可以不附出庭名单。

(2) 名单填完后余下的空格应划掉，并注明“以下空白”字样。

(3) 本文书一式二份，一份移送人民法院，一份附卷。

3.1.16 法律文书：派员出席法庭通知书

(一) 基本概念

派员出席法庭通知书，是人民法院审理的一审、二审、再审案件，人民检察院在收到人民法院出庭通知后，通知人民法院指派检察人员出席法庭时所使用的文书。

(二) 相关依据

1. 法律依据

《中华人民共和国刑事诉讼法》第一百八十九条：“人民法院审判公诉案件，人民检察院应当派员出席法庭支持公诉。”

第二百一十六条：“适用简易程序审理案件，对可能判处三年有期徒刑以下刑罚的，可以组成合议庭进行审判，也可以由审判员一人独任审判；对可能判处的有期徒刑超过三年的，应当组成合议庭进行审判。

适用简易程序审理公诉案件，人民检察院应当派员出席法庭。”

第二百三十五条：“人民检察院提出抗诉的案件或者第二审人民法院开庭审理的公诉案件，同级人民检察院都应当派员出席法庭。第二审人民法院应当在决定开庭审理后及时通知人民检察院查阅案卷。人民检察院应当在一个月以内查阅完毕。人民检察院查阅案卷的时间不计入审理期限。”

第二百五十六条：“人民法院按照审判监督程序重新审判的案件，由原审人民法院审理的，应当另行组成合议庭进行。如果原来是第一审案件，应当依照第一审程序进行审判，所作的判决、裁定，可以上诉、抗诉；如果原来是第二审案件，或者是上级人民法院提审的案件，应当依照第二审程序进行审判，所作的判决、裁定，是终审的判决、裁定。

人民法院开庭审理的再审案件，同级人民检察院应当派员出席法庭。”

2. 司法解释规定

《人民检察院刑事诉讼规则》第三百九十条：“提起公诉的案件，人民检察院应当派员以国家公诉人的身份出席第一审法庭，支持公诉。”

第四百三十三条：“适用简易程序审理的公诉案件，人民检察院应当派员出席法庭。”

第四百四十一条：“人民法院适用速裁程序审理的案件，人民检察院应当派员出席法庭。”

（三）文书结构

本文书共三联，第一联存根，办案部门统一留存；第二联附卷；第三联送达人民法院。第二、三联文书结构、内容一致，第二联文书名称下方标注“（副本）”字样。

1. 首部

首部由制作文书的人民检察院、文书名称、文书编号三部分组成。制作文书的人民检察院需注明所在省（自治区、直辖市）的名称，不能只写地区级市、县、区院名。文书名称，即“派员出席法庭通知书”。文号生成格式为：“××检××派〔20××〕×号”。

2. 正文

正文的模板是“你院定于________年________月________日开庭审理的________案，根据《中华人民共和国刑事诉讼法》第________条的规定，本院决定指派________代表本院出席法庭依法执行职务”。正文之下另起一行空两格写“此致”。再下一行顶格写“________人民法院”。此处法院名称应与首部检察院名称相对应。

3. 尾部

落款为发出日期，日期上加盖院印。

（四）文书模板及制作说明

1. 文书模板

××× 人民检察院

派员出席法庭通知书

（存　根）

××检××派〔20××〕×号

案由________________

被告人基本情况（姓名、性别、出生日期、公民身份号码、工作单位、住址、是否人大代表、政协委员）________________

____

被指派出庭人员________________

批准人________________

承办人________________

填发人________________

填发时间________________

第一联　统一保存

××× 人民检察院

派员出席法庭通知书

（副　本）

××检××派〔20××〕×号

你院定于______年______月______日开庭审理的______案，根据《中华人民共和国刑事诉讼法》第______条的规定，本院决定指派______代表本院出席法庭依法执行职务。

此致

______

20××年××月××日

（院印）

第二联　附卷

××× 人民检察院

派员出席法庭通知书

××检××派〔20××〕×号

你院定于______年______月______日开庭审理的______案，根据《中华人民共和国刑事诉讼法》第______条的规定，本院决定指派______代表本院出席法庭依法执行职务。

此致

______

20××年××月××日

（院印）

第三联　送达人民法院

2. 制作说明

（1）本文书依据《中华人民共和国刑事诉讼法》第一百八十九条、第二百一十六条、第二百三十五条、第二百五十六条的规定制作。是人民检察院在通知人民法院指派检察人员出席法庭时使用。

（2）本文书共三联，第一联统一保存备查，第二联附卷，第三联送达人民法院。

（3）本文书加盖人民检察院印章。

3.1.17　法律文书：提讯提解证

（一）基本概念

提讯提解证，是检察人员在看守所对犯罪嫌疑人进行讯问，或者因辨认、鉴定、侦查实验或追缴犯罪有关财物的需要，经检察长批准，提押犯罪嫌疑人出所时所使用的法律文书。

（二）相关依据

《中华人民共和国刑事诉讼法》第八十八条："人民检察院审查批准逮捕，可以讯问犯罪嫌疑人；有下列情形之一的，应当讯问犯罪嫌疑人：

（一）对是否符合逮捕条件有疑问的；

（二）犯罪嫌疑人要求向检察人员当面陈述的；

（三）侦查活动可能有重大违法行为的。

人民检察院审查批准逮捕，可以询问证人等诉讼参与人，听取辩护律师的意见；辩护律师提出要求的，应当听取辩护律师的意见。"

第一百六十四条："人民检察院对直接受理的案件的侦查适用本章规定。"

第一百七十三条："人民检察院审查案件，应当讯问犯罪嫌疑人，听取辩护人或者值班律师、被害人及其诉讼代理人的意见，并记录在案。辩护人或者值班律师、被害人及其诉讼代理人提出书面意见的，应当附卷。

犯罪嫌疑人认罪认罚的，人民检察院应当告知其享有的诉讼权利和认罪认罚的法律规定，听取犯罪嫌疑人、辩护人或者值班律师、被害人及其诉讼代理人对下列事项的意见，并记录在案：

（一）涉嫌的犯罪事实、罪名及适用的法律规定；

（二）从轻、减轻或者免除处罚等从宽处罚的建议；

（三）认罪认罚后案件审理适用的程序；

（四）其他需要听取意见的事项。

人民检察院依照前两款规定听取值班律师意见的，应当提前为值班律师了解案件有关情况提供必要的便利。”

（三）文书结构

1. 首部

首部制作文书的人民检察院需注明所在省（自治区、直辖市）的名称，不能只写地区级市、县、区院名。文书名称，即“提讯提解证”。“看守所提讯专用章”由羁押场所加盖，“办案机关印”加盖院印，并填写发证日期。

2. 正文

第一页按表格内容依次填写犯罪嫌疑人、被告人姓名、性别、出生日期等基本信息；法定羁押起止时间；羁押期限变更情况。

第二页按表格所列项目如实记载提讯提解情况。每提讯、提解一次，在提讯、提解证上登记一行。

3. 尾部

附注情况，文书的使用说明。

（四）文书模板及制作说明

1. 文书模板

×××人民检察院

提讯提解证

看守所提讯专用章　　　　　　　　　　　　　　办案机关印

发证日期　　　　年　　月　　日

犯罪嫌疑人、被告人姓名		性别		出生日期	年　月　日
法定羁押起止时间	自　　年　　月　　日至　　年　　月　　日				

羁押期限变更情况	变更原因	
	新的起止时间	自　　年　月　日至　　年　月　日 填写人：
	变更原因	
	新的起止时间	自　　年　月　日至　　年　月　日 填写人：
	变更原因	
	新的起止时间	自　　年　月　日至　　年　月　日 填写人：
	变更原因	
	新的起止时间	自　　年　月　日至　　年　月　日 填写人：
	变更原因	
	新的起止时间	自　　年　月　日至　　年　月　日 填写人：

提讯、提解时间	提讯、提解人员	收监或回所时间	看守所值班民警签名	备注
年 月 日 时 分		年 月 日 时 分		
年 月 日 时 分		年 月 日 时 分		
年 月 日 时 分		年 月 日 时 分		
年 月 日 时 分		年 月 日 时 分		
年 月 日 时 分		年 月 日 时 分		
年 月 日 时 分		年 月 日 时 分		
年 月 日 时 分		年 月 日 时 分		
年 月 日 时 分		年 月 日 时 分		

注：1. 办案机关办理送押或者换押手续时，将此证交由看守所填写并加盖提讯专用章；2. 对超过《提讯提解证》上注明的法定羁押起止时间提讯、提解的，看守所应当拒绝；3. 属于提解出所情形的，须在“备注”中注明；4. 办案机关未改变的，提讯、提解记录栏目可复印使用。

2. 制作说明

（1）本文书依据《中华人民共和国刑事诉讼法》第八十八条、第一百六十四条、第一百七十三条的规定制作。为人民检察院从看守所提讯犯罪嫌疑人，提解在押犯罪嫌疑人出所时使用。

（2）本文书以人为单位制作，每提讯、提解一次，在提讯、提解证上登记一行。经检察长批准，提解犯罪嫌疑人出所辨认、鉴定、侦查实验或者追缴犯罪有关财物的，应当将提讯、提解证交由监管人员保存，将犯罪嫌疑人还押后取回。

(3) 本文书一联，使用完后附卷。

3.1.18 法律文书：换押证

(一) 基本概念

换押证，是检察机关在整个刑事诉讼过程中，对在押的犯罪嫌疑人、被告人依法变更刑事诉讼程序，办理换押手续时使用的法律文书。

(二) 相关依据

最高人民法院、最高人民检察院、公安部《关于羁押犯罪嫌疑人、被告人实行换押和羁押期限变更通知制度的通知》，关于“换押和通知范围”规定，具有下列情形之一的，办案机关应当办理换押手续：

1. 侦查机关侦查终结，移送人民检察院审查起诉的；

2. 人民检察院退回侦查机关补充侦查的，以及侦查机关补充侦查完毕后重新移送人民检察院审查起诉的；

3. 人民检察院提起公诉，移送人民法院审理的；

4. 审理过程中，人民检察院建议补充侦查，人民法院决定延期审理的，以及人民检察院补充侦查完毕后提请人民法院恢复审理的；

5. 人民检察院对人民法院第一审判决或者裁定提出抗诉以及被告人、自诉人及其法定代理人不服人民法院第一审判决或者裁定提出上诉，第二审人民法院受理的；

6. 第二审人民法院裁定撤销原判，发回原审人民法院重新审判的；

7. 中级人民法院判处死刑的第一审案件进入死刑复核程序，或者死刑复核法院与第二审人民法院不属同一法院，案件进入死刑复核程序，以及死刑复核后人民法院裁定不核准死刑发回重新审判的；

8. 案件在侦查、审查起诉以及审判阶段改变办案机关的。

(三) 文书结构

本文书为五联填充式文书。第一联由移送机关附卷，第二联送达看守所，第三联由看守所附卷，第四联由在押人员留存，第五联为看守所回执。

1. 首部

首部制作文书的人民检察院需注明所在省（自治区、直辖市）的名称，不能只写地区级市、县、区院名。文书名称，即“换押证”。文号生成格式为：“（　　）换字〔　〕 号”。本部分五联结构内容均一致。本证五联编号，由移送机关统一填写。“（　）”内为移送机关简称，“〔　〕”内为发文年度，“〔　〕”后为发文顺序号。

2. 正文

换押证内容，本部分为填充内容，犯罪嫌疑人、被告人身份信息应与其有效身份证件保持一致。犯罪嫌疑人、被告人自然信息按照合法身份证件上的信息填录。

列明案件因何原因换押，以及换押至何单位。五联内容一致。

“该案现因________”分别填写：侦查机关侦查终结，移送人民检察院审查起诉；人民检察院退回侦查机关补充侦查；侦查机关补充侦查完毕后重新移送人民检察院审查起诉；人民检察院提起公诉；审理过程中人民检察院建议补充侦查，人民法院决定延期审理；人民检察院补充侦查完毕后提请人民法院恢复审理；人民检察院对一审判决或者裁定提出抗诉；被告人不服一审判决或者裁定提出上诉；二审法院裁定撤销原判发回重审；案件进入死刑复核程序；不核准死刑发回重审；改变办案机关。

“以________形式”根据具体情况分别选填“直接送达、邮寄、传真、电子换押”等。

3. 尾部

第一、二联落款文书发出日期，加盖移送机关印章。

第三联同时载明接收机关收案时间，并填写羁押期限截止日期。落款日期分别加盖移送机关印章、接收机关印章。

第四联落款填写文书填发人，文书填发日期，并加盖接收机关印章。

第五联由看守所填写，落款填写时间加盖看守所印章。

（四）文书模板及制作说明

1. 文书模板

×××人民检察院

换押证

（　　）换字〔　〕号

犯罪嫌疑人（被告人）________，性别____，______年____月____日出生，涉嫌________________（同案人________________）。现羁押于________看守所。该案现因____，于______年____月____日以____________________形式移送（退回）____________________院（局）。

20××年××月××日

（移送机关印）

第一联　移送机关附卷

×××人民检察院

换押证

（　　）换字〔　〕号

________看守所：

犯罪嫌疑人（被告人）________，性别____，______年____月____日出生，涉嫌________________（同案人________________）。该案现因____，于______年____月____日以____________________形式移送（退回）____________________院（局）。

20××年××月××日

（移送机关印）

第二联　送达看守所

×××人民检察院

换押证

（　　）换字〔　〕号

________看守所：

犯罪嫌疑人（被告人）________，性别____，____年____月____日出生，涉嫌__________（同案人____________）。该案现因________________________________，于______年____月____日以____________形式移送（退回）____________________院（局）。

接收机关收案时间：______年____月____日，羁押期限至______年____月____日。

20××年××月××日　20××年××月××日

（移送机关印）　（接收机关印）

第三联　看守所附卷

×××人民检察院

换押证

（　　）换字〔　〕号

犯罪嫌疑人（被告人）________，性别____，____年____月____日出生，涉嫌__________（同案人____________）。该案现因________________________________，于______年____月____日以____________形式移送（退回）____________院（局）。羁押期限至______年____月____日。

填发人：

20××年××月××日

（接收机关印）

第四联　在押人员留存

×××人民检察院

换押证

（　　）换字〔　〕号

________院（局）：

犯罪嫌疑人（被告人）________，性别____，____年____月____日出生，涉嫌__________（同案人____________）。该案现因________________________________，于______年____月____日以____________形式移送（退回）____________________院（局）。

接收机关收案时间：______年____月____日，羁押期限至______年____月____日。该案已办理完毕换押手续。

20××年××月××日

（看守所印）

第五联　看守所回执

2. 制作说明

（1）案件移送最高人民法院死刑复核的，由移送的人民法院填写本证第一、二联。最高人民法院不核准死刑发回重审的，由接收的人民法院填写第三、四联。第三联中移送机关的内容，由接收机关代填。侦查机关将案件移送审查起诉后，应在全国检察业务应用系统 2.0 中回填换押证信息，用印后移送文书至看守所。退回补充侦查或提起公诉时应同时制作换押证，用印后移送文书至公安机关或法院，同时发起换押至看守所。

（2）电子换押情况。侦查机关将案件移送审查起诉后，应在全国检察业务应用系统 2.0 中填写换押证信息，用印后系统内移送文书至看守所。退回补充侦查或提起公诉时应同时制作换押证，用印后移送文书至公安机关或法院，同时发起换押至看守所。

3.1.19 法律文书：公诉意见书

（一）基本概念

公诉意见书，是刑事案件法庭审理过程中，出庭公诉人在法庭辩论环节针对案件事实、证据和法律适用问题发表意见时使用的法律文书。

（二）法律相关依据

1. 法律依据

《中华人民共和国刑事诉讼法》第一百八十九条："人民法院审判公诉案件，人民检察院应当派员出席法庭支持公诉。"

第一百九十八条第二款："经审判长许可，公诉人、当事人和辩护人、诉讼代理人可以对证据和案件情况发表意见并且可以互相辩论。"

第二百零九条："人民检察院发现人民法院审理案件违反法律规定的诉讼程序，有权向人民法院提出纠正意见。"

2. 司法解释规定

（1）《人民检察院刑事诉讼规则》第三百九十二条："人民法院决定开庭审判的，公诉人应当做好以下准备工作：

（一）进一步熟悉案情，掌握证据情况；

（二）深入研究与本案有关的法律政策问题；

（三）充实审判中可能涉及的专业知识；

（四）拟定讯问被告人、询问证人、鉴定人、有专门知识的人和宣读、出示、播放证据的计划并制定质证方案；

（五）对可能出现证据合法性争议的，拟定证明证据合法性的提纲并准备相关材料；

（六）拟定公诉意见，准备辩论提纲；

（七）需要对出庭证人等的保护向人民法院提出建议或者配合工作的，做好相关准备。”

（2）最高人民法院《关于适用〈中华人民共和国刑事诉讼法〉的解释》第二百八十一条：“法庭辩论应当在审判长的主持下，按照下列顺序进行：

（一）公诉人发言；

（二）被害人及其诉讼代理人发言；

（三）被告人自行辩护；

（四）辩护人辩护；

（五）控辩双方进行辩论。”

（三）文书结构

1. 首部

首部应写明人民检察院名称、文书名称、被告人姓名、案由、起诉书号。

（1）写明标题，即居中写文书的名称，即“公诉意见书”。

（2）被告人基本情况及案由。先写被告人姓名（被告人为单位的写其名称），后写案由（起诉书认定的涉嫌罪名），最后写起诉书文号。注：此三项内容不必宣读。

2. 正文

正文应阐明检察人员出庭支持公诉的法律根据、法庭上国家公诉人身份、职责、案件的具体情况、证据以及法律依据等。

（1）抬头，也称呼告语。根据合议庭组成人员情况书写，或写为

"审判长、审判员"，或写为"审判长、人民陪审员"，或写为"审判长、审判员、人民陪审员"，独任审判的写为"审判员"。

（2）出庭任务和法律依据。此段文字表述为"根据《中华人民共和国刑事诉讼法》第一百八十九条、第一百九十八条和第二百零九条等规定，我（们）受×××检察院的指派，代表本院，以国家公诉人的身份，出席法庭支持公诉，并依法对刑事诉讼实行法律监督。现对本案证据和案件情况发表如下意见，请法庭注意"。

（3）具体意见。包括但不限于以下五个方面内容：

对法庭调查的简要概括；

进行证据分析，认定被告人的罪行；

进行案情分析，概括案情的全貌，揭露被告人犯罪的社会危害性；

进行法治教育；

进行法律上的论证，指明被告人触犯的刑法条款，阐明被告人应负的法律责任。

（4）结束语（小结全文）。其文字表述为"综上所述，起诉书认定本案被告人×××的犯罪事实清楚，证据确实、充分，依法应当认定被告人有罪，并建议________（根据是否认罪认罚等情况提出量刑建议或从重、从轻、减轻处罚等意见）"。

3. 尾部

落款公诉人姓名，公诉意见当庭发表时间。

（四）文书模板及制作说明

1. 文书模板

×××人民检察院

公诉意见书

被告人：×××

案由：×××

起诉书号：×××

审判长、审判员（人民陪审员）：

根据《中华人民共和国刑事诉讼法》第一百八十九条、第一百九十八条和第二百零九条等规定，我（们）受×××检察院的指派，代表本院，以国家公诉人的身份，出席法庭支持公诉，并依法对刑事诉讼实行法律监督。现对本案证据和案件情况发表如下意见，请法庭注意。

一、根据法庭调查的情况，概述法庭质证的情况、各证据的证明作用，并运用各证据之间的逻辑关系证明被告人的犯罪事实清楚，证据确实充分。

二、根据被告人的犯罪事实，论证应适用的法律条款并提出定罪及从重、从轻、减轻处罚等意见。

三、根据庭审情况，在揭露被告人犯罪行为的社会危害性的基础上，做必要的法制宣传和教育工作。

综上所述，起诉书认定本案被告人×××的犯罪事实清楚，证据确实、充分，依法应当认定被告人有罪，并建议________（根据是否认罪认罚等情况提出量刑建议或从重、从轻、减轻处罚等意见）。

公诉人：

20××年××月××日当庭发表

2. 制作说明

（1）本文书依据《中华人民共和国刑事诉讼法》第一百八十九条、第一百九十八条、第二百零九条等规定制作。是公诉人在法庭上对证据和案件情况集中发表意见时使用。

（2）本文书集中表达公诉人意见，制作和发表时注意与答辩意见等法庭上公诉人发表的意见合理分工，各有所侧重。

3.1.20 法律文书：量刑建议书

（一）基本概念

量刑建议书，是人民检察院对提起公诉的被告人，依法就其适用的刑罚种类、幅度及执行方式等向人民法院提出建议所制作的法律文书[①]。

（二）法律相关依据

1. 法律依据

《中华人民共和国刑事诉讼法》第一百七十六条："人民检察院认为犯罪嫌疑人的犯罪事实已经查清，证据确实、充分，依法应当追究刑事责任的，应当作出起诉决定，按照审判管辖的规定，向人民法院提起公诉，并将案卷材料、证据移送人民法院。

犯罪嫌疑人认罪认罚的，人民检察院应当就主刑、附加刑、是否适用缓刑等提出量刑建议，并随案移送认罪认罚具结书等材料。"

2. 司法解释规定

《人民检察院刑事诉讼规则》第二百七十四条："认罪认罚案件，人民检察院向人民法院提起公诉的，应当提出量刑建议，在起诉书中写明被告人认罪认罚情况，并移送认罪认罚具结书等材料。量刑建议可以另行制作文书，也可以在起诉书中写明。"

第三百六十四条："人民检察院提起公诉的案件，可以向人民法院提出量刑建议。除有减轻处罚或者免除处罚情节外，量刑建议应当在法定量刑幅度内提出。建议判处有期徒刑、管制、拘役的，可以具有一定的幅度，也可以提出具体确定的建议。

提出量刑建议的，可以制作量刑建议书，与起诉书一并移送人民法院。量刑建议书的主要内容应当包括被告人所犯罪行的法定刑、量刑情节、建议人民法院对被告人判处刑罚的种类、刑罚幅度、可以适用的刑罚执行方式以及提出量刑建议的依据和理由等。

认罪认罚案件的量刑建议，按照本章第二节的规定办理。"

第四百一十八条："人民检察院向人民法院提出量刑建议的，公诉人应当在发表公诉意见时提出。

对认罪认罚案件，人民法院经审理认为人民检察院的量刑建议明显不当向人民检察院提出的，或者被告人、辩护人对量刑建议提出异议的，

---

① 马宏俊主编：《法律文书学》，法律出版社2022年版，第100—101页。

人民检察院可以调整量刑建议。”

（三）文书结构

1. 首部

首部制作文书的人民检察院需注明所在省（自治区、直辖市）的名称，不能只写地区级市、县、区院名。文书名称，即“量刑建议书”。文号生成格式为：“××检××量建〔20××〕×号”。

2. 正文

第一段按照文书模板，填充被告人姓名、罪名；写明被告人所触犯的法律条款，注意需要写到具体项；写明被告人触犯的具体罪名以及法定刑。正文第二段要具体准确列明法定、酌定量刑情节。

要总结提出量刑建议所依据的法律条款，建议判处的刑罚，需列明种类及幅度或单处附加刑或者免予刑事处罚、刑罚执行的方式（是否适用缓刑）以及是否并处附加刑。

3. 尾部

落款署具体承办案件公诉人的姓名；年月日为审批文书的日期。

（四）文书模板及制作说明

1. 文书模板

×××人民检察院

量刑建议书

××检××量建〔20××〕×号

被告人________（写明姓名、罪名）一案，经本院审查认为，被告人______（写明姓名）的行为已触犯《中华人民共和国刑法》第______条第______款第______项之规定，犯罪事实清楚，证据确实、充分，应当以________（写明姓名）涉嫌________罪（写明罪名）追究其刑事责任，其法定刑为________（法定刑档）。

因其具有以下量刑情节：

1. 法定从重处罚情节：________________

2. 法定从轻、减轻或者免除处罚情节：________________

3. 酌定从重处罚情节：________________

4. 酌定从轻处罚情节：________________

5. 其他：________________

故根据________（法律依据，写明法条，具体到款）的规定，建议判处被告人________（主刑种类及幅度或单处附加刑或者免予刑事处罚），________（执行方式），并处（附加刑）。

此致

________法院

检察官×××

20××年××月××日

（院印）

2. 制作说明

（1）本文书是依据《中华人民共和国刑事诉讼法》第一百七十六条，《人民检察院刑事诉讼规则》第二百七十四条、第三百六十四条、第四百一十八条。

（2）本文书以人为单位制作。

（3）本文书一式二份，一份送达人民法院，一份留存附卷。

3.1.21　法律文书：延期审理建议书

（一）基本概念

延期审理建议书，是人民检察院对于已经提起公诉的刑事案件，在同级人民法院判决宣告前，发现足以影响审判进行的事由，向同级人民法院提请延期审理的法律文书。

（二）相关依据

1. 法律依据

《中华人民共和国刑事诉讼法》第二百零四条："在法庭审判过程中，遇有下列情形之一，影响审判进行的，可以延期审理：

（一）需要通知新的证人到庭，调取新的物证，重新鉴定或者勘验的；

（二）检察人员发现提起公诉的案件需要补充侦查，提出建议的；

（三）由于申请回避而不能进行审判的。"

2. 司法解释规定

《人民检察院刑事诉讼规则》第四百一十条第三款："公诉人不能当庭证明证据收集的合法性，需要调查核实的，可以建议法庭休庭或者延期审理。"

第四百二十条："在法庭审判过程中，遇有下列情形之一的，公诉人可以建议法庭延期审理：

（一）发现事实不清、证据不足，或者遗漏罪行、遗漏同案犯罪嫌疑人，需要补充侦查或者补充提供证据的；

（二）被告人揭发他人犯罪行为或者提供重要线索，需要补充侦查进行查证的；

（三）发现遗漏罪行或者遗漏同案犯罪嫌疑人，虽不需要补充侦查和补充提供证据，但需要补充、追加起诉的；

（四）申请人民法院通知证人、鉴定人出庭作证或者有专门知识的人出庭提出意见的；

（五）需要调取新的证据，重新鉴定或者勘验的；

（六）公诉人出示、宣读开庭前移送人民法院的证据以外的证据，或者补充、追加、变更起诉，需要给予被告人、辩护人必要时间进行辩护准备的；

（七）被告人、辩护人向法庭出示公诉人不掌握的与定罪量刑有关的证据，需要调查核实的；

（八）公诉人对证据收集的合法性进行证明，需要调查核实的。

在人民法院开庭审理前发现具有前款情形之一的，人民检察院可以建议人民法院延期审理。”

第四百二十一条第二款：“公诉人在法庭审理过程中建议延期审理的次数不得超过两次，每次不得超过一个月。”

第四百三十六条：“转为普通程序审理的案件，公诉人需要为出席法庭进行准备的，可以建议人民法院延期审理。”

第四百四十七条第二款：“人民检察院在接到第二审人民法院决定开庭、查阅案卷通知后，可以查阅或者调阅案卷材料。查阅或者调阅案卷材料应当在接到人民法院的通知之日起一个月以内完成。在一个月以内无法完成的，可以商请人民法院延期审理。”

（三）文书结构

本文书为三联填充式文书。第一联存根由办案部门统一保存，按填充项目要求填录相关内容备查；第二联附卷；第三联送达人民法院。第二、三联结构、内容相同。

1. 首部

首部制作文书的检察院需注明所在省（自治区、直辖市）的名称，不能只写地区级市、县、区院名。文书名称，即“延期审理建议书”。文号生成格式为：“××检××延〔20××〕×号”。

2. 正文

延期审理建议内容，本部分为填充内容，按要求填录案件名称。

发往单位，即审理案件的法院，行文上顶格书写。发往同级人民法院，与起诉书保持一致。

3. 尾部

落款为发出日期，日期上加盖院印。

（四）文书模板及制作说明

1. 文书模板

×××人民检察院

延期审理建议书

（存　根）

××检××延〔20××〕×号

案由________________

被告人基本情况（姓名、性别、出生日期、公民身份号码、工作单位、住址、是否人大代表、政协委员）________________

____

____

送达机关________________

建议延期审理的理由________________

批准人________________

承办人________________

填发人________________

填发日期________________

第一联　统一保存

×××人民检察院

延期审理建议书

（副　本）

××检××延〔20××〕×号

对于____________一案，根据《中华人民共和国刑事诉讼法》第二百零四条的规定，建议你院对该案延期审理。

此致

________人民法院

20××年××月××日

（院印）

第二联　附卷

×××人民检察院

延期审理建议书

××检××延〔20××〕×号

对于________一案，根据《中华人民共和国刑事诉讼法》第二百零四条的规定，建议你院对该案延期审理。

此致

________人民法院

20××年××月××日

（院印）

第三联　送达人民法院

2. 制作说明

（1）本文书依据《中华人民共和国刑事诉讼法》第二百零四条的规定制作。是人民检察院在建议人民法院延期审理时使用。人民检察院办理第二审案件、再审案件时建议人民法院延期审理的，可参照一并使用该文书。

（2）本文书的文号在全国检察业务应用系统 2.0 中自动生成。

（3）本文书为填充式文书，文书主文部分需写明与此文书对应的提起公诉的案件名称（被告人姓名、案由）、送达的人民法院名称、制作时间，并加盖人民检察院印章使用。

（4）本文书共三联，第一联统一保存备查，第二联附卷，第三联送达人民法院。

3.1.22　法律文书：补充起诉决定书

（一）基本概念

补充起诉决定书，是人民检察院对于已经提起公诉的刑事案件，在同级人民法院判决宣告前，发现被告人（包括被告单位）有遗漏罪行需要追究且证据达到提起公诉的条件，向人民法院补充移送起诉时使用的法律文书。

（二）相关依据

1. 法律依据

《中华人民共和国刑事诉讼法》第一百七十六条：“人民检察院认为犯罪嫌疑人的犯罪事实已经查清，证据确实、充分，依法应当追究刑事责任的，应当作出起诉决定，按照审判管辖的规定，向人民法院提起公诉，并将案卷材料、证据移送人民法院。

犯罪嫌疑人认罪认罚的，人民检察院应当就主刑、附加刑、是否适用缓刑等提出量刑建议，并随案移送认罪认罚具结书等材料。”

2. 司法解释规定

《人民检察院刑事诉讼规则》第四百二十三条：“人民法院宣告判决前，人民检察院发现被告人的真实身份或者犯罪事实与起诉书中叙述的身份或者指控犯罪事实不符的，或者事实、证据没有变化，但罪名、适用法律与起诉书不一致的，可以变更起诉。发现遗漏同案犯罪嫌疑人或者罪行的，应当要求公安机关补充移送起诉或者补充侦查；对于犯罪事实清楚，证据确实、充分的，可以直接追加、补充起诉。”

第四百二十五条：“在法庭审理过程中，人民法院建议人民检察院补充侦查、补充起诉、追加起诉或者变更起诉的，人民检察院应当审查有关理由，并作出是否补充侦查、补充起诉、追加起诉或者变更起诉的决定。人民检察院不同意的，可以要求人民法院就起诉指控的犯罪事实依法作出裁判。”

第四百二十六条：“变更、追加、补充或者撤回起诉应当以书面方式在判决宣告前向人民法院提出。”

（三）文书结构

1. 首部

首部制作文书的人民检察院需注明所在省（自治区、直辖市）的名称，不能只写地区级市、县、区院名。文书名称，即“补充起诉决定书”。文号生成格式为：“××检××刑补诉〔20××〕×号”。

2. 正文

补充起诉说明，该部分为填充式文书，写明已提起公诉案件名称、起诉书文号及补充遗漏罪行被告人姓名（被告单位名称）。

补充起诉事实与证据，该部分要求同起诉书撰写要求。

起诉要求和根据，该部分要求同起诉书撰写要求。

对原起诉书效力说明，本部分要明确该案原起诉书或变更起诉决定书是否具有效力。

3. 尾部

发往单位，行文上顶格书写，同级人民法院，与起诉书一致。

落款检察官、检察官助理姓名，文书发出日期上加盖院印。

(四) 文书模板及制作说明

1. 文书模板

×××人民检察院

补充起诉决定书

××检××刑补诉〔20××〕×号

被告人________一案，本院以________号起诉书向你院提起公诉，在审理过程中，发现被告人________有遗漏的罪行应当一并起诉和审理。现根据查明的事实对________号起诉书作如下补充：

案件事实及证据：(同起诉书格式要求)

本院认为，被告人________（姓名、罪状)，其行为触犯了《中华人民共和国刑法》第________条，犯罪事实清楚，证据确实充分，应当以________罪追究其刑事责任。依据《中华人民共和国刑事诉讼法》第一百七十六条及《人民检察院刑事诉讼规则》第四百二十三条的规定，补充起诉，请依法判处。

________号起诉书仍然具有法律效力。

此致

________法院

检　察　官×××

检察官助理×××

20××年××月××日

(院印)

2. 制作说明

（1）本文书依据《中华人民共和国刑事诉讼法》第一百七十六条第一款，《人民检察院刑事诉讼规则》第四百二十三条、第四百二十五条、第四百二十六条的规定制作。是人民检察院对已经提起公诉的（刑事）案件，在人民法院宣告判决前，发现被告人（被告单位）有遗漏罪行需要追究且证据达到提起公诉的条件，向人民法院移送的文书。

（2）本文书的文号在全国检察业务应用系统2.0中自动生成。

（3）对于补充起诉说明，要写明已提起公诉案件名称（被告人姓名或单位名称、案由〈被告人为多人多案由，需要写清指控每名被告人涉嫌罪名〉）、起诉书文号（原起诉书已变更起诉的，标明变更起诉书文号）及补充遗漏罪行被告人姓名（被告单位名称）。

（4）对原起诉书效力说明，补充起诉决定书要对原起诉书或变更起诉决定书效力情况进行说明。

（5）本文书份数要求同起诉书制作要求一致。

3.1.23 法律文书：追加起诉决定书

（一）基本概念

追加起诉决定书，是人民检察院对于已经提起公诉的刑事案件，在同级人民法院判决宣告前，发现遗漏同案犯需要追究且指控该同案犯证据达到提起公诉的条件，向人民法院移送的法律文书。

（二）相关依据

1. 法律依据

《中华人民共和国刑事诉讼法》第一百七十六条："人民检察院认为犯罪嫌疑人的犯罪事实已经查清，证据确实、充分，依法应当追究刑事责任的，应当作出起诉决定，按照审判管辖的规定，向人民法院提起公诉，并将案卷材料、证据移送人民法院。

犯罪嫌疑人认罪认罚的，人民检察院应当就主刑、附加刑、是否适用缓刑等提出量刑建议，并随案移送认罪认罚具结书等材料。"

2. 司法解释规定

《人民检察院刑事诉讼规则》第四百二十三条："人民法院宣告判决前，人民检察院发现被告人的真实身份或者犯罪事实与起诉书中叙述的身份或者指控犯罪事实不符的，或者事实、证据没有变化，但罪名、适用法律与起诉书不一致的，可以变更起诉。发现遗漏同案犯罪嫌疑人或者罪行的，应当要求公安机关补充移送起诉或者补充侦查；对于犯罪事实清楚，证据确实、充分的，可以直接追加、补充起诉。"

第四百二十五条："在法庭审理过程中，人民法院建议人民检察院补充侦查、补充起诉、追加起诉或者变更起诉的，人民检察院应当审查有关理由，并作出是否补充侦查、补充起诉、追加起诉或者变更起诉的决定。人民检察院不同意的，可以要求人民法院就起诉指控的犯罪事实依法作出裁判。"

第四百二十六条："变更、追加、补充或者撤回起诉应当以书面方式在判决宣告前向人民法院提出。"

（三）文书结构

1. 首部

首部制作文书的人民检察院需注明所在省（自治区、直辖市）的名称，不能只写地区级市、县、区院名。文书名称，即"追加起诉决定书"。文号生成格式为："××检××刑补诉〔20××〕×号"。

2. 正文

追加起诉说明，该部分为填充式文书，要写明已提起公诉案件名称[被告人姓名或单位名称、案由、起诉书文号及追加被告人姓名（被告单位名称）]、触犯罪名。

追加起诉被告人（被告单位）基本情况，该部分要求同起诉书撰写要求。

案件事实、证据，该部分要求同起诉书撰写要求。

起诉要求和根据，该部分要求同起诉书撰写要求。

对原起诉书效力说明，本部分要明确该案原起诉书或变更起诉决定书是否具有效力。

3. 尾部

发往单位，行文上顶格书写，同级人民法院，与起诉书一致。

落款检察官、检察官助理姓名，落款为发出日期，日期上加盖院印。

附件部分同起诉书制作内容及要求。

（四）文书模板及制作说明

1. 文书模板

×××人民检察院

追加起诉决定书

××检××刑追诉〔20××〕×号

被告人________涉嫌________罪一案，本院以________号起诉书向你院提起公诉。在审理过程中，发现被告人________涉嫌________罪应当一并起诉和审理。现根据查明的事实对________号起诉书作如下补充：

被告人（姓名、性别、出生日期、公民身份号码、民族、文化程度、职业、工作单位及职务、户籍所在地、住址，前科情况，强制措施情况）

经依法审查查明：

……

认定上述事实的证据如下：

1. 物证：……；2. 书证：……；3. 证人证言：证人×××的证言；4. 被害人陈述：被害人×××的陈述；5. 被告人的供述与辩解：被告人×××的供述与辩解；6. 鉴定意见：……；7. 勘验、检查、辨认、侦查实验等笔录：……；8. 视听资料、电子数据：……。

本院认为，被告人________（简述罪状），其行为触犯了《中华人民共和国刑法》第________条，犯罪事实清楚，证据确实、充分，应当以________罪追究其刑事责任。依据《中华人民共和国刑事诉讼法》第一百七十六条及《人民检察院刑事诉讼规则》第四百二十三条的规定，追加起诉，请依法判处。

________号起诉书仍然具有法律效力。

此致

________法院

检　察　官×××

检察官助理×××

20××年××月××日

（院印）

附件：1. 被告人现在处所（具体包括在押被告人的羁押场所或监视居住、取保候审的处所）

2. 案卷材料和证据×册

3. 证人、鉴定人、需要出庭的专门知识的人的名单，需要保护的被害人、证人、鉴定人的名单

4. 有关涉案款物情况

5. 被害人（单位）附带民事诉讼情况

6. 其他需要附注的事项

2. 制作说明

（1）本文书依据《中华人民共和国刑事诉讼法》第一百七十六条，《人民检察院刑事诉讼规则》第四百二十三条、第四百二十五条、第四百二十六条的规定制作。是人民检察院对已经提起公诉的案件，在人民法院宣告判决前，发现遗漏需要追究同案犯刑事责任且证据达到提起公诉的条件时，向人民法院移送的文书。

（2）本文书的文号在全国检察业务应用系统 2.0 中自动生成。

（3）对于追加起诉说明，要写明已提起公诉案件名称（被告人姓名或单位名称、案由〈被告人为多人多案由，需要写清指控每名被告人涉嫌罪名〉）、起诉书文号（原起诉书已变更起诉的，标明变更起诉书文号）及追加被告人姓名（被告单位名称）、触犯罪名。

（4）对原起诉书效力说明，追加起诉决定书要对原起诉书或变更起诉决定书效力情况进行说明。

（5）本文书份数要求同起诉书制作要求一致。

3.1.24 法律文书：变更起诉决定书

（一）基本概念

变更起诉决定书，是人民检察院依法制作的对起诉书主要内容进行变更的法律文书。

（二）相关依据

1. 法律依据

《中华人民共和国刑事诉讼法》第一百七十六条第一款："人民检察院认为犯罪嫌疑人的犯罪事实已经查清，证据确实、充分，依法应当追究刑事责任的，应当作出起诉决定，按照审判管辖的规定，向人民法院提起公诉，并将案卷材料、证据移送人民法院。"

2. 司法解释规定

《人民检察院刑事诉讼规则》第四百二十三条："人民法院宣告判决前，人民检察院发现被告人的真实身份或者犯罪事实与起诉书中叙述的身份或者指控犯罪事实不符的，或者事实、证据没有变化，但罪名、适用法律与起诉书不一致的，可以变更起诉。发现遗漏同案犯罪嫌疑人或者罪行的，应当要求公安机关补充移送起诉或者补充侦查；对于犯罪事实清楚，证据确实、充分的，可以直接追加、补充起诉。"

第四百二十五条："在法庭审理过程中，人民法院建议人民检察院补充侦查、补充起诉、追加起诉或者变更起诉的，人民检察院应当审查有关理由，并作出是否补充侦查、补充起诉、追加起诉或者变更起诉的决定。人民检察院不同意的，可以要求人民法院就起诉指控的犯罪事实依法作出裁判。"

第四百二十六条："变更、追加、补充或者撤回起诉应当以书面方式在判决宣告前向人民法院提出。"

（三）文书结构

1. 首部

首部制作文书的人民检察院需注明所在省（自治区、直辖市）的名称，不能只写地区级市、县、区院名。文书名称，即“变更起诉决定书”。文号生成格式为：“××检××刑变诉〔20××〕×号”。

2. 正文

变更起诉说明，该部分为填充式文书，要写明已提起公诉案件名称、被告人姓名或单位名称、案由、起诉书文号及被告人姓名（被告单位名称）、触犯罪名。

被告人身份变更情况，被告人真实身份与起诉书中叙述身份不符的，写明变更后被告人的真实身份。

认定事实变更情况，发现案件事实与起诉书指控的事实不符的，写明变更后认定的案件事实。

适用法律变更情况，适用法律需要变更的，写明被告人及其罪状，变更适用的法条及罪名。

变更起诉的法律依据。即“根据《人民检察院刑事诉讼规则》第四百二十三条的规定，变更起诉，请依法判处”。

对原起诉书效力说明，本部分要明确该案原起诉书或变更起诉决定书是否具有效力。

3. 尾部

发往单位，行文上顶格书写，同级人民法院，与起诉书一致。

落款署检察官与检察官助理姓名，落款为发出日期，日期上加盖院印。

（四）文书模板及制作说明

1. 文书模板

×××人民检察院

变更起诉决定书

××检××刑变诉〔20××〕×号

被告人__________一案，本院以__________号起诉书向你院提起公诉，在开庭审理过程中，发现案件事实与起诉书指控的事实不符（被告人________的真实身份与起诉书中叙述的身份不符）。现根据查明的事实对________号起诉书作如下变更：

被告人的身份变更为：

认定的事实变更为：

适用的法律变更为：被告人________（姓名、罪状），其行为触犯了《中华人民共和国刑法》第________条，犯罪事实清楚，证据确实充分，应当以________罪追究其刑事责任。根据《人民检察院刑事诉讼规则》第四百二十三条的规定，变更起诉，请依法判处。

________号起诉书未被变更部分仍然具有法律效力。

此致

________人民法院

检　察　官×××
检察官助理×××
20××年××月××日
（院印）

2. 制作说明

（1）本文书依据《人民检察院刑事诉讼规则》第四百二十三条的规

定制作。是人民检察院在法庭审理中变更起诉时使用。

（2）人民法院宣告判决前，人民检察院发现被告人的真实身份或者犯罪事实与起诉书中叙述的身份或者指控犯罪事实不符的，或者事实、证据没有变化，但罪名、适用法律与起诉书不一致的，可以变更起诉，适用本文书。被告人身份、认定的事实和适用的法律等的叙写以及其他问题，参照起诉书格式样本。

（3）本文书的份数和送达参照起诉书，应当一式八份，每增加一名被告人增加文书五份。

3.1.25 法律文书：撤回起诉决定书

（一）基本概念

撤回起诉决定书，是在人民法院宣告判决前，人民检察院发现不存在犯罪事实、犯罪事实并非被告人所为，或者情节显著轻微、危害不大，不认为是犯罪，以及证据不足或证据发生变化，不符合起诉条件，被告人因未达到刑事责任年龄，不负刑事责任，法律、司法解释发生变化等因素导致不应当追究被告人刑事责任时，依法向人民法院撤回起诉时所制作的法律文书。

（二）相关依据

1. 法律依据

《中华人民共和国刑事诉讼法》第一百七十六条第一款：“人民检察院认为犯罪嫌疑人的犯罪事实已经查清，证据确实、充分，依法应当追究刑事责任的，应当作出起诉决定，按照审判管辖的规定，向人民法院提起公诉，并将案卷材料、证据移送人民法院。”

2. 司法解释规定

《人民检察院刑事诉讼规则》第四百二十四条：“人民法院宣告判决前，人民检察院发现具有下列情形之一的，经检察长批准，可以撤回起诉：

（一）不存在犯罪事实的；

（二）犯罪事实并非被告人所为的；

（三）情节显著轻微、危害不大，不认为是犯罪的；

（四）证据不足或证据发生变化，不符合起诉条件的；

（五）被告人因未达到刑事责任年龄，不负刑事责任的；

（六）法律、司法解释发生变化导致不应当追究被告人刑事责任的；

（七）其他不应当追究被告人刑事责任的。

对于撤回起诉的案件，人民检察院应当在撤回起诉后三十日以内作出不起诉决定。需要重新调查或者侦查的，应当在作出不起诉决定后将案卷材料退回监察机关或者公安机关，建议监察机关或者公安机关重新调查或者侦查，并书面说明理由。

对于撤回起诉的案件，没有新的事实或者新的证据，人民检察院不得再行起诉。

新的事实是指原起诉书中未指控的犯罪事实。该犯罪事实触犯的罪名既可以是原指控罪名的同一罪名，也可以是其他罪名。

新的证据是指撤回起诉后收集、调取的足以证明原指控犯罪事实的证据。"

第四百二十六条："变更、追加、补充或者撤回起诉应当以书面方式在判决宣告前向人民法院提出。"

（三）文书结构

文书共三联，第一联统一保存备查，第二联附卷，第三联送达人民法院。第一联按要求填写案件基本信息，第二、三联结构内容为：

1. 首部

首部需注明所在院的具体名称，文书名称，即"撤回起诉决定书"。文号生成格式为："××检××撤诉〔20××〕×号"。

2. 正文

主体部分的模板是："本院以__________号起诉书提起公诉的被告人________________________一案，因________，本院决定撤回起诉，原________号起诉书即行作废，请予注销。"需写明撤回起诉原因。

3. 尾部

写明发往单位，落款为发出日期，日期上加盖院印。

（四）文书模板及制作说明

1. 文书模板

×××人民检察院

撤回起诉决定书

（存　根）

××检××撤诉〔20××〕×号

案由________________

被告人基本情况（姓名、性别、出生日期、工作单位、住址、公民身份号码、是否人大代表、政协委员）________________

____

____

送达机关________________

撤回起诉理由________________

批准人________________

承办人________________

填发人________________

填发日期________________

第一联　统一保存

×××人民检察院

撤回起诉决定书

（副　本）

××检××撤诉〔20××〕×号

本院以________号起诉书提起公诉的被告人________________一案，因________，本院决定撤回起诉，原______号起诉书即行作废，请予注销。

此致

________人民法院

20××年××月××日

（院印）

第二联　附卷

×××人民检察院

撤回起诉决定书

××检××撤诉〔20××〕×号

本院以________号起诉书提起公诉的被告人________________一案，因________，本院决定撤回起诉，原______号起诉书即行作废，请予注销。

此致

________人民法院

20××年××月××日

（院印）

第三联　送达人民法院

2. 制作说明

（1）本文书依据《人民检察院刑事诉讼规则》第四百二十四条的规定制作。是人民检察院在作出撤回起诉决定时使用。

（2）本文书以被撤回起诉的被告人为单位制作。

（3）本文书共三联，第一联统一保存备查，第二联附卷，第三联送达人民法院。

3.1.26 法律文书：不起诉决定书（适用法定不起诉）

（一）基本概念

不起诉决定书（适用法定不起诉），是检察机关依据法定不起诉条件作出不起诉决定时所适用的法律文书。

（二）相关依据

1. 法律依据

（1）《中华人民共和国人民检察院组织法》第二十条第三项："人民检察院行使下列职权：……（三）对刑事案件进行审查，决定是否提起公诉，对决定提起公诉的案件支持公诉……"

（2）《中华人民共和国刑事诉讼法》第十六条："有下列情形之一的，不追究刑事责任，已经追究的，应当撤销案件，或者不起诉，或者终止审理，或者宣告无罪：

（一）情节显著轻微，危害不大，不认为是犯罪的；

（二）犯罪已过追诉时效期限的；

（三）经特赦令免除刑罚的；

（四）依照刑法告诉才处理的犯罪，没有告诉或者撤回告诉的；

（五）犯罪嫌疑人、被告人死亡的；

（六）其他法律规定免予追究刑事责任的。"

第一百七十七条第一款："犯罪嫌疑人没有犯罪事实，或者有本法第十六条规定的情形之一的，人民检察院应当作出不起诉的决定。"

2. 司法解释规定

《人民检察院刑事诉讼规则》第三百七十二条："人民检察院决定不起诉的，应当制作不起诉决定书。

不起诉决定书的主要内容包括：

（一）被不起诉人的基本情况，包括姓名、性别、出生年月日、出生地和户籍地、公民身份号码、民族、文化程度、职业、工作单位及职务、住址，是否受过刑事处分，采取强制措施的情况以及羁押处所等；如果是单位犯罪，应当写明犯罪单位的名称和组织机构代码、所在地址、联系方式，法定代表人和诉讼代表人的姓名、职务、联系方式；

（二）案由和案件来源；

（三）案件事实，包括否定或者指控被不起诉人构成犯罪的事实以及作为不起诉决定根据的事实；

（四）不起诉的法律根据和理由，写明作出不起诉决定适用的法律条款；

（五）查封、扣押、冻结的涉案财物的处理情况；

（六）有关告知事项。"

（三）文书结构

1. 首部

首部需注明人民检察院的具体名称，文书名称，即"不起诉决定书"。文号生成格式为："××检××刑不诉〔20××〕×号"。

2. 正文

（1）被不起诉人的基本情况，写明姓名、性别、出生年月日、公民身份号码、民族、文化程度、职业或工作单位及职务（国家机关工作人员利用职权实施的犯罪，应当写明犯罪期间在何单位任何职）、户籍地、住址（被不起诉人住址写居住地，如果户籍所在地与暂住地不一致的，应当写明户籍所在地和暂住地），是否受过刑事处罚，采取强制措施的种类、时间、决定机关等。

（2）案由和案件来源。

（3）案件事实包括否定或者指控被不起诉人构成犯罪的事实，以及作为不起诉决定根据的事实。

（4）起诉的法律根据和理由，写明作出不起诉决定适用的法律条款。
（5）查封扣押冻结的涉案财物和处理情况。
（6）有关告知事项。
3. 尾部
署制发文书的检察院名称，落款为发出日期，日期上加盖院印。

（四）文书模板及制作说明

1. 文书模板

×××人民检察院

不起诉决定书

××检××刑不诉〔20××〕×号

被不起诉人……〔写明姓名、性别、出生年月日、公民身份号码、民族、文化程度、职业或工作单位及职务（国家机关工作人员利用职权实施的犯罪，应当写明犯罪期间在何单位任何职）、户籍地、住址（被不起诉人住址写居住地，如果户籍所在地与暂住地不一致的，应当写明户籍所在地和暂住地），是否受过刑事处罚，采取强制措施的种类、时间、决定机关等〕

（如系被不起诉单位，则应写明名称、住所地等）

辩护人……（写姓名、单位）

本案由×××（监察/侦查机关名称）调查/侦查终结，以被不起诉人×××涉嫌×××罪，于××××年××月××日向本院移送起诉。

（如果是自侦案件，此处写“被不起诉人×××涉嫌×××一案，由本院侦查终结，于××××年××月××日移送起诉或不起诉”；如果案件是其他人民检察院移送的，此处应当将指定管辖、移送单位以及移送时间等写清楚）

（如果案件曾经退回补充调查/侦查，应当写明退回补充调查/侦查的日期、次数以及再次移送起诉时间）

经本院依法审查查明：

[如果是根据《中华人民共和国刑事诉讼法》第十六条第一项即监察/侦查机关移送起诉认为行为构成犯罪，经检察机关审查后认定行为情节显著轻微、危害不大，不认为是犯罪而决定不起诉的，则不起诉决定书应当先概述监察/侦查机关移送起诉意见书认定的犯罪事实（如果是检察机关的自侦案件，则这部分不写），然后叙写检察机关审查认定的事实及证据，重点反映显著轻微的情节和危害程度较小的结果。如果是行为已构成犯罪，本应当追究刑事责任，但审查过程中有《中华人民共和国刑事诉讼法》第十六条第二至六项法定不追究刑事责任的情形，因而决定不起诉的，应当重点叙明符合法定不追究刑事责任的事实和证据，充分反映出法律规定的内容。如果是根据《中华人民共和国刑事诉讼法》第一百七十七条第一款中的没有犯罪事实而决定不起诉的，应当重点叙明不存在犯罪事实或者犯罪事实并非被不起诉人所为]

本院认为，×××（被不起诉人的姓名）的上述行为，情节显著轻微、危害不大，不构成犯罪。依照《中华人民共和国刑事诉讼法》第十六条第一项和第一百七十七条第一款的规定，决定对×××（被不起诉人的姓名）不起诉。

（如果是根据《中华人民共和国刑事诉讼法》第十六条第二至六项法定不追究刑事责任的情形而决定的不起诉，重点阐明不追究被不起诉人刑事责任的理由及法律依据，最后写不起诉的法律依据；如果是根据《中华人民共和国刑事诉讼法》第一百七十七条第一款中的没有犯罪事实而决定不起诉的，指出被不起诉人没有犯罪事实，再写不起诉的法律依据）

查封、扣押、冻结的涉案款物的处理情况。

被害人如果不服本决定，可以自收到本决定书后七日以内向×××人民检察院申诉，请求提起公诉；也可以不经申诉，直接向×××人民法院提起自诉。

×××人民检察院

20××年××月××日

（院印）

2. 制作说明

（1）本文书根据《中华人民共和国刑事诉讼法》第一百七十七条第一款规定决定不起诉时使用。

（2）被告人身份、认定的事实和适用的法律等的叙写以及其他问题，参照起诉书格式样本。

（3）本文书以被不起诉人为对象制作，对涉嫌构成共同犯罪同一案件中的不同被不起诉人应分别制作不起诉决定书，对涉嫌单位犯罪案件的被不起诉单位、被不起诉直接负责主管人员、其他直接责任人员等也应分别制作不起诉决定书并按规定送达。

（4）该文书的份数和送达参照起诉书，一式八份。

3.1.27 法律文书：不起诉决定书（适用相对不起诉）

（一）基本概念

不起诉决定书（适用相对不起诉），是检察机关依据相对不起诉条件作出不起诉决定时所适用的法律文书。

（二）相关依据

1. 法律依据

《中华人民共和国刑事诉讼法》第一百七十七条第二款的规定作出的不起诉决定，即“对于犯罪情节轻微，依照刑法规定不需要判处刑罚或者免除刑罚的，人民检察院可以作出不起诉决定。”

2. 司法解释规定

《人民检察院刑事诉讼规则》第三百七十条：“人民检察院对于犯罪情节轻微，依照刑罚规定不需要判处刑罚或者免除刑罚的，经检察长批准，可以作出不起诉决定。”

（三）文书结构

1. 首部

首部制作文书的人民检察院需注明所在省（自治区、直辖市）的名称，不能只写地区级市、县、区院名。文书名称，即“不起诉决定书”。

文号生成格式为："××检××刑不诉〔20××〕×号"。

2. 正文

（1）被不起诉人基本情况。被不起诉人的基本情况按文书中所列项目顺序叙明。如系被不起诉单位，则应写明名称、住所地，并以被不起诉单位代替不起诉书格式中的"被不起诉人"。

（2）辩护人基本情况。此部分包括辩护人姓名、单位。如系法律援助律师，应当写明指派的法律援助机构名称等。

（3）案由和案件来源。其中"案由"应当写移送起诉时或者侦查终结时认定的行为性质，而不是负责捕诉的部门认定的行为性质。

案件来源包括监察、公安、国家安全机关移送、本院侦查终结、其他人民检察院移送等情况。

应当写明移送起诉的时间和退回补充调查/侦查的情况（包括退回补充侦查日期、次数和再次移送日期）。写明本院受理日期。

（4）案件事实情况。此部分包括否定或者指控被不起诉人构成犯罪的事实及作为不起诉决定根据的事实。

（5）不起诉理由、法律依据和决定事项部分。在制作这部分时应当注意下面几个问题：所引用的法律应当引全称；所引用的法律条款要用汉字将条、款、项引全。

（6）告知事项。应当根据《人民检察院刑事诉讼规则》第三百八十五条的规定写明被不起诉人享有申诉权。

凡是有被害人的案件，应当根据《中华人民共和国刑事诉讼法》第一百八十条的规定写明被害人享有申诉权及起诉权。

3. 尾部

署制发文书人民检察院名及签发日期，加盖院印。

（四）文书模板及制作说明

1. 文书模板

×××人民检察院

不起诉决定书

××检××刑不诉〔20××〕×号

被不起诉人……〔写明姓名、性别、出生年月日、公民身份号码、民族、文化程度、职业或工作单位及职务（国家机关工作人员利用职权实施的犯罪，应当写明犯罪期间在何单位任何职）和户籍地、住址（被不起诉人住址写居住地，如果户籍所在地与暂住地不一致的，应当写明户籍所在地和暂住地），是否受过刑事处罚，采取强制措施的种类、时间、决定机关等〕

（如系被不起诉单位，则应写明名称、住所地等）

辩护人……（写姓名、单位）

本案由×××（监察/侦查机关名称）调查/侦查终结，以被不起诉人×××涉嫌×××罪，于××××年××月××日向本院移送起诉。

（如果是自侦案件，此处写“被不起诉人×××涉嫌×××一案，由本院调查/侦查终结，于××××年××月××日移送起诉或不起诉。”如果案件是其他人民检察院移送的，此处应当将指定管辖、移送单位以及移送时间等写清楚）

（如果案件曾经退回补充侦查，应当写明退回补充侦查的日期、次数以及再次移送起诉时间）

经本院依法审查查明：

……

（概括叙写案件事实，其重点内容是有关被不起诉人具有的法定情节和检察机关酌情作出不起诉决定的具体理由的事实。要将检察机关审查后认定的事实和证据写清楚，不必叙写调查/侦查机关移送审查时认定的事实和证据。对于证据不足的事实，不能写入不起诉决定书中。在事实部分中表述犯罪情节时应当以犯罪构成要件为标准，还要将体现其情节轻微的事实及符合不起诉条件的特征叙述清楚。叙述事实之后，应当将证明“犯罪情节”的各项证据一一列举，以阐明犯罪情节如何轻微）

本院认为，×××实施了《中华人民共和国刑法》第×××条规定的行为，但犯罪情节轻微，具有×××情节（此处写明认罪认罚、从轻、减轻或者免除刑事处罚具体情节的表现），根据《中华人民共和国刑法》第×××条的规定，不需要判处刑罚（或者免除刑罚）。依据《中华人民共和国刑事诉讼法》第一百七十七条第二款的规定，决定对×××（被不起诉人的姓名）不起诉。

查封、扣押、冻结的涉案款物的处理情况。

被不起诉人如不服本决定，可以自收到本决定书后七日内向本院申诉。

被害人如不服本决定，可以自收到本决定书后七日以内向×××人民检察院申诉，请求提起公诉；也可以不经申诉，直接向×××人民法院提起自诉。

×××人民检察院

20××年××月××日

（院印）

2. 制作说明

（1）本文书系根据《中华人民共和国刑事诉讼法》第一百七十七条第二款的规定作出不起诉决定时使用。

（2）本文书以人为单位制作。对涉嫌构成共同犯罪同一案件中的不同被不起诉人应分别制作不起诉决定书，对涉嫌单位犯罪案件的被不起诉单位、被不起诉直接负责主管人员、其他直接责任人员等也应分别制作不起诉决定书并按规定送达。该文书的份数和送达参照起诉书，一式八份。

（3）本文书有正本、副本之分，其中正本归入正卷，副本送被害人或者其近亲属及其诉讼代理人、被不起诉人及其辩护人以及被不起诉人所在单位。

3.1.28 法律文书：不起诉决定书（适用存疑不起诉）

（一）基本概念

不起诉决定书（适用存疑不起诉），是检察机关根据法律、司法解释所规定的存疑不起诉的条件作出不起诉决定时所制作的法律文书。

（二）相关依据

1. 法律依据

《中华人民共和国刑事诉讼法》第一百七十五条第四款："对于二次补充侦查的案件，人民检察院仍然认为证据不足，不符合起诉条件的，应当作出不起诉的决定。"

2. 司法解释规定

《人民检察院刑事诉讼规则》第三百六十七条："人民检察院对于二次退回补充调查或者补充侦查的案件，仍然认为证据不足，不符合起诉条件的，经检察长批准，依法作出不起诉决定。

人民检察院对于经过一次退回补充调查或者补充侦查的案件，认为证据不足，不符合起诉条件，且没有再次退回补充调查或者补充侦查必要的，经检察长批准，可以作出不起诉决定。"

（三）文书结构

1. 首部

首部制作文书的人民检察院需注明所在省（自治区、直辖市）的名称，不能只写地区级市、县、区院名。文书名称，即"不起诉决定书"。文号生成格式为："××检××刑不诉〔20××〕×号"。

2. 正文

（1）被不起诉人基本情况。被不起诉人的基本情况按文书中所列项目顺序叙明。如系被不起诉单位，则应写明名称、住所地，并以被不起诉单位代替不起诉书格式中的"被不起诉人"。

（2）辩护人基本情况。此部分包括辩护人姓名、单位。如系法律援助律师，应当写明指派的法律援助机构名称等。

（3）案由和案件来源。其中案由应当写移送起诉时或者侦查终结时认定的行为性质，而不是负责捕诉的部门认定的行为性质。

案件来源包括监察、公安、国家安全机关移送、本院侦查终结、其他人民检察院移送等情况。应当写明移送起诉的时间和退回补充调查/侦查的情况（包括退回补充侦查日期、次数和再次移送日期）。写明本院受理日期。

（4）案件事实情况。此部分包括否定或者指控被不起诉人构成犯罪的事实及作为不起诉决定根据的事实。

（5）不起诉理由、法律依据和决定事项部分。在制作这部分时应当注意下面几个问题：所引用的法律应当引全称。所引用的法律条款要用汉字将条、款、项引全。

3. 尾部

署制发文书的检察院名称，落款为发出日期，日期上加盖院印。

（四）文书模板及制作说明

1. 文书模板

×××人民检察院

不起诉决定书

××检××刑不诉〔20××〕×号

被不起诉人……〔写明姓名、性别、出生年月日、公民身份号码、民族、文化程度、职业或工作单位及职务（国家机关工作人员利用职权实施的犯罪，应当写明犯罪期间在何单位任何职）和户籍地、住址（被不起诉人住址写居住地，如果户籍所在地与暂住地不一致的，应当写明户籍所在地和暂住地），是否受过刑事处罚，采取强制措施的种类、时间、决定机关等〕

（如系被不起诉单位，则应写明名称、住所地等）

辩护人……（写姓名、单位）

本案由×××（监察/侦查机关名称）调查/侦查终结，以被不起诉人×××涉嫌×××罪，于××××年××月××日移送本院审查起诉。

（如果是自侦案件，此处写“被不起诉人×××涉嫌×××一案，由本院侦查终结，于××××年××月××日移送起诉或不起诉”；如果案件是其他人民检察院移送的，此处应当将指定管辖、移送单位以及移送时间等写清楚）

（如果案件曾经退回补充调查/侦查，应当写明退回补充调查/侦查的日期、次数以及再次移送起诉时间）

×××（侦查机关名称）移送起诉认定……（概括叙述监察/侦查机关认定的事实），经本院审查并退回补充调查/侦查，本院仍然认为×××（监察/侦查机关名称）认定的犯罪事实不清、证据不足（或本案证据不足）（应当概括写明事实不清、证据不足的具体情况），不符合起诉条件。依照《中华人民共和国刑事诉讼法》第一百七十五条第四款的规定，决定对×××（被不起诉人的姓名）不起诉。

（如系检察机关直接受理案件，则写为：本案经本院侦查终结后，在审查起诉期间，经两次补充侦查，本院仍认为本案证据不足，不符合起诉条件。依照《中华人民共和国刑事诉讼法》第一百七十五条第四款的规定，决定对×××不起诉）

查封、扣押、冻结的涉案款物的处理情况。

被害人如不服本决定，可以自收到本决定书后七日以内向×××人民检察院申诉，请求提起公诉；也可以不经申诉，直接向×××人民法院提起自诉。

×××人民检察院

20××年××月××日

（院印）

2. 制作说明

（1）本文书是根据《中华人民共和国刑事诉讼法》第一百七十五条第四款之规定作出不起诉决定时适用。

（2）本文书以人为单位制作。文书的份数和送达参照起诉书，一式八份。

（3）本文书应当有正本、副本之分，其中正本归入正卷，副本送被害人或者其近亲属及其诉讼代理人、被不起诉人及其辩护人以及被不起诉人所在单位。

3.1.29　法律文书：移送不起诉案件材料通知书

（一）基本概念

移送不起诉案件材料通知书，是人民检察院在对被害人不服不起诉决定而向人民法院起诉，人民法院受理案件后，将该案有关案件材料移送人民法院时使用的法律文书。

（二）相关依据

1. 法律依据

《中华人民共和国刑事诉讼法》第一百八十条："对于有被害人的案件，决定不起诉的，人民检察院应当将不起诉决定书送达被害人。被害人如果不服，可以自收到决定书后七日以内向上一级人民检察院申诉，请求提起公诉。人民检察院应当将复查决定告知被害人。对人民检察院维持不起诉决定的，被害人可以向人民法院起诉。被害人也可以不经申诉，直接向人民法院起诉。人民法院受理案件后，人民检察院应当将有关案件材料移送人民法院。"

2. 司法解释规定

《人民检察院刑事诉讼规则》第三百七十七条："不起诉决定书应当送达被害人或者其近亲属及其诉讼代理人、被不起诉人及其辩护人以及被不起诉人所在单位。送达时，应当告知被害人或者其近亲属及其诉讼代理人，如果对不起诉决定不服，可以自收到不起诉决定书后七日以内向上一级人民检察院申诉；也可以不经申诉，直接向人民法院起诉。依照刑事诉讼法第一百七十七条第二款作出不起诉决定的，应当告知被不起诉人，如果对不起诉决定不服，可以自收到不起诉决定书后七日以内向人民检察院申诉。"

第三百八十四条："人民检察院收到人民法院受理被害人对被不起诉人起诉的通知后，应当终止复查，将作出不起诉决定所依据的有关案卷材料移送人民法院。"

（三）文书结构

本文书为三联填充式文书。第一联存根，第二联送达人民法院，第三联系回执，由受送达的人民法院填写退回后附卷。第一联存根填写相关信息备查，由办案部门统一保存，不附卷；第二联送达人民法院，文书结构为：

1. 首部

首部制作文书的人民检察院需注明所在省（自治区、直辖市）的名称，不能只写地区级市、县、区院名。文书名称，即“移送不起诉案件材料通知书”。文号生成格式为：“××检××移不诉〔20××〕×号”。

2. 正文

发往单位，即被害人直接起诉的法院，行文上顶格书写。

主文开头及首句的模板是“接你院________号________书，被不起诉人________涉嫌________一案，被害人直接向你院起诉。依据《中华人民共和国刑事诉讼法》第一百八十条的规定，现将有关案件材料移送你院，请查收”。检察机关应在开头部位写明接收到受理法院的文书号。

具体内容，本部分要求填写被害人向法院直接起诉的原案件名称及被不起诉人的相关信息。

附件部分填写需要移送法院的卷宗数量及其他证据材料的有关情况。

3. 尾部

落款为发出日期，日期上加盖院印。

第三联首部与第一、二联相同，主文内容由法院填写，日期加盖法院公章。

（四）文书模板及制作说明

1. 文书模板

×××人民检察院

移送不起诉案件材料通知书

（存　根）

××检××移不诉〔20××〕×号

案由________________

被不起诉人________________

被害人________________

发往单位________________

批准人________________

承办人________________

填发人________________

填发时间________________

第一联　统一保存

×××人民检察院

移送不起诉案件材料通知书

××检××移不诉〔20××〕×号

________人民法院：

接你院____________号________书，被不起诉人__________涉嫌__________一案，被害人直接向你院起诉。依据《中华人民共和国刑事诉讼法》第一百八十条的规定，现将有关案件材料移送你院，请查收。

附件：1. 卷宗______册______页

2. 证据材料

20××年××月××日

（院印）

第二联　送达人民法院

×××人民检察院

移送不起诉案件材料通知书

（回　执）

________人民检察院：

本院已收到你院________号移送不起诉案件材料通知书及随附卷宗________册________页及证据材料。

________人民法院

收件人________

20××年××月××日

（公章）

第三联　退回后附卷

2. 制作说明

（1）本文书依据《中华人民共和国刑事诉讼法》第一百八十条，《人民检察院刑事诉讼规则》第三百七十七条、第三百八十四条等规定制作。被害人不服检察院不起诉决定向人民法院起诉，人民法院受理案件后，人民检察院应当将有关案件材料移送人民法院时使用。

（2）本文书的文号“××检××移不诉〔20××〕×号”由移送不起诉案件材料通知书的具体业务部门分别按顺序编号。

（3）本文书共三联，第一联统一保存备查，第二联送达人民法院，第三联退回后附卷。

3.1.30 法律文书：移送有关主管机关处理违法所得意见书

（一）基本概念

移送有关主管机关处理违法所得意见书，是人民检察院对于决定不起诉的案件，认为需要没收违法所得的，通过提出检察意见，移送有关主管机关处理时所制作的文书。

（二）相关依据

1. 法律依据

《中华人民共和国刑事诉讼法》第一百七十七条第三款：“人民检察院决定不起诉的案件，应当同时对侦查中查封、扣押、冻结的财物解除查封、扣押、冻结。对被不起诉人需要给予行政处罚、处分或者需要没收其违法所得的，人民检察院应当提出检察意见，移送有关主管机关处理。有关主管机关应当将处理结果及时通知人民检察院。”

2. 司法解释规定

《人民检察院刑事诉讼规则》第三百七十五条：“人民检察院决定不起诉的案件，需要没收违法所得的，经检察长批准，应当提出检察意见，移送有关主管机关处理，并要求有关主管机关及时通报处理情况。具体程序可以参照本规则第二百四十八条的规定办理。”

3. 其他规定

最高人民检察院《关于推进行政执法与刑事司法衔接工作的规定》第八条第二款："检察意见书应当写明采取和解除刑事强制措施，查封、扣押、冻结涉案财物以及对被不起诉人予以训诫或者责令具结悔过、赔礼道歉、赔偿损失等情况。对于需要没收违法所得的，人民检察院应当将查封、扣押、冻结的涉案财物一并移送。对于在办案过程中收集的相关证据材料，人民检察院可以一并移送。"

（三）文书结构

本文书为五联填充式文书，第一联存根，由办案部门按要求填写后统一留存备查，不附卷；第二联副本联附卷；第三联送达被不起诉人；第四联送达有关主管机关；第五联为回执联，由有关主管机关填写退回后附卷。具体结构如下：

1. 首部

首部制作文书的人民检察院需注明所在省（自治区、直辖市）的名称，不能只写地区级市、县、区院名。文书名称，即"移送有关主管机关处理违法所得意见书"，第一联文书下方标注"(存根)"字样，第二联文书下方标注"（副本)"字样，第五联文书下方标注"（回执)"字样。第一、二、三、四联的文号生成格式为："××检××移违〔20××〕×号"，第五联无文号。

2. 正文

发往单位，第二、四联文书的发往单位即有权处理违法所得的主管机关名称单位，行文上顶格书写。第三联送达被不起诉人，无发往单位。

文书主要内容，第二、四联的模板是"被不起诉人__________涉嫌________一案，具有《中华人民共和国刑事诉讼法》第________条规定的情形……"，检察机关向有关主管机关应写明没收违法所得的理由和法律依据。

第三联送达被不起诉人中"现移送________依法处理"填录的是最终移送处理的主管机关；"向________人民检察院申诉"，应参照《中华人民共和国刑事诉讼法》第一百八十一条规定，填写本级人民检察院。

主要是告知被不起诉人的权利和义务。

第五联退回附卷，主要填写的是接收移送有关主管机关处理违法所得意见书的单位给予检察机关的回执。

3. 尾部

落款为发出日期，日期上加盖公章。

（四）文书模板及制作说明

1. 文书模板

×××人民检察院

移送有关主管机关
处理违法所得意见书

（存　根）

××检××移违〔20××〕×号

案由________
被不起诉人________
性别________出生日期________
工作单位________
住址________
不起诉决定书文号________
处理违法所得的主管机关________
批准人________
承办人________
填发人________
填发时间________

第一联　统一保存

×××人民检察院

移送有关主管机关
处理违法所得意见书

（副　本）

××检××移违〔20××〕×号

________（有关主管机关名称）：

被不起诉人______涉嫌________一案，具有《中华人民共和国刑事诉讼法》第______条规定的情形，本院于______年____月____日作出不起诉决定。根据《中华人民共和国刑事诉讼法》第一百七十七条的规定，现将被不起诉人______需要没收的违法所得予以移送，请依法处理。

附件：1. 不起诉决定书
2. 移送有关主管机关处理违法所得清单

20××年××月××日
（院印）

第二联　附卷

×××人民检察院

移送有关主管机关
处理违法所得意见书

××检××移违〔20××〕×号

根据《中华人民共和国刑事诉讼法》第一百七十七条的规定，你（单位）的违法所得应予没收，现移送________依法处理。

你（单位）如不服本处理意见，可在收到本文书后向________人民检察院申诉。

附件：移送有关主管机关处理违法所得清单

20××年××月××日
（院印）

第三联　送达被不起诉人

× × ×人民检察院

移送有关主管机关处理违法所得意见书

× ×检× ×移违〔20× ×〕 ×号

________（有关主管机关名称）：

被不起诉人________涉嫌________一案，具有《中华人民共和国刑事诉讼法》第______条规定的情形，本院于______年______月______日作出不起诉决定。根据《中华人民共和国刑事诉讼法》第一百七十七条的规定，现将被不起诉人________需要没收的违法所得予以移送，请依法处理。

附件：1. 不起诉决定书

2. 移送有关主管机关处理违法所得清单

20× ×年× ×月× ×日

（院印）

第四联　送达有关主管机关

× × ×人民检察院

移送有关主管机关处理违法所得意见书

（回　执）

________人民检察院：

你院________年________月________日以________号移送有关主管机关处理违法所得意见书移送的违法所得及清单和不起诉决定书收悉。

此复

20× ×年× ×月× ×日

（公章）

第五联　退回后附卷

2. 制作说明

（1）本文书依据《中华人民共和国刑事诉讼法》第一百七十七条等规定制作。是人民检察院对决定不起诉的案件，需要没收犯罪嫌疑人违法所得的，移送有关主管机关处理时使用。

（2）本文书与移送有关主管机关处理违法所得清单一并使用。

（3）本文书共五联，第一联统一保存备查，第二联附卷，第三联送达被不起诉人，第四联送达有关主管机关，第五联退回后由有关主管机关填写盖章后附卷。

3.1.31　法律文书：移送有关主管机关处理违法所得清单

（一）基本概念

移送有关主管机关处理违法所得清单，是与移送有关主管机关处理违法所得意见书配套使用的“子文书”，是一种法律文书。本文书以清单列表的形式载明需要移送有关机关处理的违法所得的名称、数量、单位、特征等基本信息。

（二）相关依据

1. 法律依据

《中华人民共和国刑事诉讼法》第一百七十七条第三款：“人民检察院决定不起诉的案件，应当同时对侦查中查封、扣押、冻结的财物解除查封、扣押、冻结。对被不起诉人需要给予行政处罚、处分或者需要没收其违法所得的，人民检察院应当提出检察意见，移送有关主管机关处理。有关主管机关应当将处理结果及时通知人民检察院。”

2. 司法解释规定

《人民检察院刑事诉讼规则》第二百四十八条：“人民检察院撤销案件时，对犯罪嫌疑人的违法所得及其他涉案财产应当区分不同情形，作出相应处理：

（一）因犯罪嫌疑人死亡而撤销案件，依照刑法规定应当追缴其违法所得及其他涉案财产的，按照本规则第十二章第四节的规定办理。

（二）因其他原因撤销案件，对于查封、扣押、冻结的犯罪嫌疑人违法所得及其他涉案财产需要没收的，应当提出检察意见，移送有关主管机关处理。

（三）对于冻结的犯罪嫌疑人存款、汇款、债券、股票、基金份额等财产需要返还被害人的，可以通知金融机构、邮政部门返还被害人；对于查封、扣押的犯罪嫌疑人的违法所得及其他涉案财产需要返还被害人的，直接决定返还被害人。

人民检察院申请人民法院裁定处理犯罪嫌疑人涉案财产的，应当向人民法院移送有关案卷材料。”

第三百七十五条：“人民检察院决定不起诉的案件，需要没收违法所得的，经检察长批准，应当提出检察意见，移送有关主管机关处理，并要求有关主管机关及时通报处理情况。具体程序可以参照本规则第二百四十八条的规定办理。”

3. 其他规定

最高人民检察院《关于推进行政执法与刑事司法衔接工作的规定》第八条第二款：“检察意见书应当写明采取和解除刑事强制措施，查封、扣押、冻结涉案财物以及对被不起诉人予以训诫或者责令具结悔过、赔礼道歉、赔偿损失等情况。对于需要没收违法所得的，人民检察院应当将查封、扣押、冻结的涉案财物一并移送。对于在办案过程中收集的相关证据材料，人民检察院可以一并移送。”

（三）文书结构

1. 首部

首部制作文书的人民检察院需注明所在省（自治区、直辖市）的名称，不能只写地区级市、县、区院名。文书名称，即“移送有关主管机关处理违法所得清单”。案由应填录为×××涉嫌×××罪一案。

2. 正文

清单正文为表格。表格项目有：编号、名称、数量、单位、特征、备注，应当根据处理违法所得的具体内容准确填录。

表格下方有批准人、承办人、被不起诉人，应按照有审批此清单的负责人、提交此清单的办案人、涉及的被不起诉人填写。

3. 尾部

落款为制发日期，日期上加盖院印。

（四）文书模板及制作说明

1. 文书模板

×××人民检察院

移送有关主管机关处理违法所得清单

案由＿＿＿＿＿＿＿＿＿＿＿＿＿＿＿＿＿＿＿＿＿＿＿＿

编号	名称	数量	单位	特征	备注

批准人：

承办人：

被不起诉人：

20××年××月××日

（院印）

第　　页共　　页

2. 制作说明

（1）本文书依据《中华人民共和国刑事诉讼法》第一百七十七条第三款的规定制作。为人民检察院对决定不起诉的案件，需要没收犯罪嫌疑人违法所得的，移送有关主管机关处理时使用。

（2）本文书与移送有关主管机关处理违法所得意见书一并使用。

（3）本文书一式四份，一份附卷，一份送达有关主管机关，一份送达被不起诉人，一份送达被扣押、冻结违法所得保管人。四份清单使用同一编号。

3.1.32　法律文书：撤销不起诉决定书

（一）基本概念

撤销不起诉决定书，是人民检察院在发现不起诉决定确有错误，撤销不起诉决定时使用的法律文书。

（二）相关依据

1. 法律依据

《中华人民共和国刑事诉讼法》第一百七十九条：“对于公安机关移送起诉的案件，人民检察院决定不起诉的，应当将不起诉决定书送达公安机关。公安机关认为不起诉的决定有错误的时候，可以要求复议，如果意见不被接受，可以向上一级人民检察院提请复核。”

第一百八十条：“对于有被害人的案件，决定不起诉的，人民检察院应当将不起诉决定书送达被害人。被害人如果不服，可以自收到决定书后七日以内向上一级人民检察院申诉，请求提起公诉。人民检察院应当将复查决定告知被害人。对人民检察院维持不起诉决定的，被害人可以向人民法院起诉。被害人也可以不经申诉，直接向人民法院起诉。人民法院受理案件后，人民检察院应当将有关案件材料移送人民法院。”

第一百八十一条：“对于人民检察院依照本法第一百七十七条第二款规定作出的不起诉决定，被不起诉人如果不服，可以自收到决定书后七日以内向人民检察院申诉。人民检察院应当作出复查决定，通知被不起诉的人，同时抄送公安机关。”

2. 司法解释规定

《人民检察院刑事诉讼规则》第三百八十五条：“对于人民检察院依照刑事诉讼法第一百七十七条第二款规定作出的不起诉决定，被不起诉人不服，在收到不起诉决定书后七日以内提出申诉的，应当由作出决定的人民检察院负责捕诉的部门进行复查；被不起诉人在收到不起诉决定书七日以后提出申诉的，由负责控告申诉检察的部门进行审查。经审查，认为不起诉决定正确的，出具审查结论直接答复申诉人，并做好释法说理工作；认为不起诉决定可能存在错误的，移送负责捕诉的部门复查。

人民检察院应当将复查决定书送达被不起诉人、被害人。复查后，撤销不起诉决定，变更不起诉的事实或者法律依据的，应当同时将复查决定书抄送移送起诉的监察机关或者公安机关。”

第三百八十八条：“人民检察院发现不起诉决定确有错误，符合起诉条件的，应当撤销不起诉决定，提起公诉。”

第三百八十九条：“最高人民检察院对地方各级人民检察院的起诉、不起诉决定，上级人民检察院对下级人民检察院的起诉、不起诉决定，发现确有错误的，应当予以撤销或者指令下级人民检察院纠正。”

（三）文书结构

本文书共四联，第一联由办案部门按要求填写相关信息后统一保存备查，第二联附卷，第三联送达被不起诉人。如果是上级人民检察院撤销的，应当制作第四联，送达作出不起诉决定的下级人民检察院。

1. 首部

首部制作文书的人民检察院需注明所在省（自治区、直辖市）的名称，不能只写地区级市、县、区院名。文书名称，即“撤销不起诉决定书”。第一联文书名称下方标注“（存根）”字样，第二联文书名称下方标注“（副本）”字样。第一、二、三、四联文号生成格式为：“××检××撤不诉〔20××〕×号”，文号应为系统自动生成，无须填录。

2. 正文

文书内容，第二、三联模板是“________于________年________月________日以__________号不起诉决定书对被不起诉人______________决定不起诉。现因______________________，决定撤销________号不起诉决定书”。按照文书模板要求，检察机关应分别填写：作出原不起诉决定的检察机关全称、原不起诉决定作出日期、原不起诉决定书文号、被不起诉人姓名/单位名称、撤销不起诉决定书原因。

第四联模板是“________人民检察院：你院于________年________

月________日以________号不起诉决定书对被不起诉人____________决定不起诉。现因_______________，决定撤销___________号不起诉决定书。”按照文书模板要求，检察机关应分别填写：作出原不起诉决定的检察机关全称、原不起诉决定作出日期、原不起诉决定书文号、被不起诉人姓名/单位名称、撤销不起诉决定书原因。

3. 尾部

落款为作出撤销不起诉决定日期，日期上加盖公章。

（四）文书模板及制作说明

1. 文书模板

×××人民检察院

撤销不起诉决定书

（存　根）

××检××撤不诉〔20××〕×号

案由________________

被不起诉人________________

申诉人（提请复议、复核机关）________________

申诉（提请复议、复核）理由________________

撤销理由________________

批准人________________

承办人________________

填发人________________

填发时间________________

第一联　统一保存

×××人民检察院

撤销不起诉决定书

（副　本）

××检××撤不诉〔20××〕×号

________于____年____月____日以________号不起诉决定书对被不起诉人________决定不起诉。现因________________，决定撤销____号不起诉决定书。

20××年××月××日

（院印）

第二联　附卷

××× 人民检察院

撤销不起诉决定书

××检××撤不诉〔20××〕×号

__________于______年____月____日以________号不起诉决定书对被不起诉人________决定不起诉。现因____，决定撤销________号不起诉决定书。

20××年××月××日

（院印）

第三联　送达被不起诉人

××× 人民检察院

撤销不起诉决定书

××检××撤不诉〔20××〕×号

________人民检察院：

你院于______年____月____日以________号不起诉决定书对被不起诉人________决定不起诉。现因____，决定撤销________号不起诉决定书。

20××年××月××日

（院印）

第四联　送达下级人民检察院

2. 制作说明

（1）本文书依据《中华人民共和国刑事诉讼法》第一百七十九条、第一百八十条、第一百八十一条，《人民检察院刑事诉讼规则》第三百八十五条、第三百八十八条、第三百八十九条的规定制作。是人民检察院在发现不起诉决定确有错误，撤销不起诉决定时使用。

（2）本文书共四联，第一联统一保存备查，第二联附卷，第三联送达被不起诉人。如果是上级人民检察院撤销的，应当制作第四联，送达作出不起诉决定的下级人民检察院。

3.1.33 法律文书：提请抗诉报告书

（一）基本概念

提请抗诉报告书，是人民检察院发现同级人民法院已经发生法律效力的判决、裁定确有错误时，向上一级检察院提请抗诉时使用的法律文书。

（二）相关依据

1. 法律依据

《中华人民共和国刑事诉讼法》第二百五十四条第三款："最高人民检察院对各级人民法院已经发生法律效力的判决和裁定，上级人民检察院对下级人民法院已经发生法律效力的判决和裁定，如果发现确有错误，有权按照审判监督程序向同级人民法院提出抗诉。"

2. 司法解释规定

《人民检察院刑事诉讼规则》第五百九十五条："人民检察院对已经发生法律效力的判决、裁定的申诉复查后，认为需要提请或者提出抗诉的，报请检察长决定。

地方各级人民检察院对不服同级人民法院已经发生法律效力的判决、裁定的申诉复查后，认为需要提出抗诉的，应当提请上一级人民检察院抗诉。

上级人民检察院对下一级人民检察院提请抗诉的申诉案件进行审查

后，认为需要提出抗诉的，应当向同级人民法院提出抗诉。

人民法院开庭审理时，同级人民检察院应当派员出席法庭。”

（三）文书结构

1. 首部

（1）制作文书的人民检察院名称。除最高人民检察院外，各地方人民检察院的名称前应写明省（自治区、直辖市）的名称；对涉外案件提起公诉时，各级人民检察院的名称前均应注明“中华人民共和国”的字样。

（2）文书名称，即“×××人民检察院提请抗诉报告书”。

（3）文号，由全国检察业务应用系统 2.0 自动生成，生成格式为：“××检××提抗〔20××〕×号”。

2. 正文

（1）报请单位，即上级人民检察院名称。

（2）提请抗诉的起因，即发现同级人民法院的判决、裁定错误，注意写明收到判决、裁定的时间及判决、裁定的时间、文号、罪名、被告人姓名。

（3）原审被告人情况、诉讼经过。简述原审被告人的基本情况，诉讼经过应写明案件的立案侦查、审查逮捕、审查起诉、二审上诉、发回重审、再审等所经历的诉讼过程。

（4）审查认定后的犯罪事实。事实表述应准确、简洁、全面、客观、真实，对于与原案和原判认定不一致的事实，应重点写明。

（5）一审法院、二审法院的审判情况。写明判决、裁定认定的犯罪事实、判决理由和法律根据，关键性的原话要引用。

（6）判决、裁定错误之处，提请抗诉的理由和法律根据。这是重点部分，首先要简洁明了地写明判决、裁定错误之处，然后从事实、理由、法律适用等方面条理清晰、有针对性地进行论述，文风要做到简洁、得体，句句落到实处。

（7）本院检察委员会讨论情况要围绕检察委员会决议的形成过程、决议结果叙写。

（8）提请事项。一般表述为“为保证法律的统一正确实施，特提请你院通过审判监督程序对此案提出抗诉。现将本案案卷随文上报，请予审查”。

3. 尾部

（1）附件应包括：原审被告人现在处所、案卷材料××册。

（2）落款的年月日，为签发提请抗诉报告书的日期。

（四）文书模板及制作说明

1. 文书模板

×××人民检察院

提请抗诉报告书

××检××提抗〔20××〕×号

________人民检察院：

本院于_____年____月____日收到________人民法院______年____月____日对被告人________涉嫌________一案的________号刑事判决（裁定）书。经本院审查认为：该判决（裁定）确有错误。现将审查情况报告如下：

一、原审被告人基本情况

原审被告人（写明姓名、性别、出生年月日、户籍地、住址、公民身份号码、民族、文化程度、职业或者工作单位及职务、住址、曾受到行政处罚、刑事处罚的情况、采取临时保护性约束措施的情况等）

……（一人有多个强制措施的，按强制措施序号以上述格式添加）

多个原审被告人的，按上述要求分别列明。

二、诉讼经过

……

三、审查认定后的犯罪事实

……

四、一审法院、二审法院的审判情况

……

五、判决、裁定错误之处，提请抗诉的理由和法律根据

……

六、本院检察委员会讨论情况

……

为保证法律的统一正确实施，特提请你院通过审判监督程序对此案提出抗诉。现将本案案卷随文上报，请予审查。

附件：1. 卷宗________册

2. 原审被告人现在处所

20××年××月××日

（院印）

2. 制作说明

（1）本文书依照《中华人民共和国刑事诉讼法》第二百五十四条第三款及《人民检察院刑事诉讼规则》第五百九十五条第一款、第二款的规定制作。是下级人民检察院审查发现同级人民法院已经生效的判决、裁定确有错误而提请上级人民检察院依法抗诉时使用。

（2）本文书一份附卷，提请最高人民检察院抗诉时报二十二份；提请其他上一级人民检察院抗诉时根据各地要求份数上报。在报送提请抗诉报告书的同时，应当将所涉案卷一并附上。

3.1.34 法律文书：起诉书（适用认罪认罚案件、自然人犯罪）

（一）基本概念

起诉书（适用认罪认罚案件、自然人犯罪），是人民检察院在办理被告人认罪认罚案件中，依照法定的诉讼程序，代表国家向人民法院对自然人被告提起公诉时使用的法律文书。

（二）相关依据

1. 法律依据

《中华人民共和国刑事诉讼法》第一百七十六条："人民检察院认为犯罪嫌疑人的犯罪事实已经查清，证据确实、充分，依法应当追究刑事责任的，应当作出起诉决定，按照审判管辖的规定，向人民法院提起公诉，并将案卷材料、证据移送人民法院。

犯罪嫌疑人认罪认罚的，人民检察院应当就主刑、附加刑、是否适用缓刑等提出量刑建议，并随案移送认罪认罚具结书等材料。"

2. 司法解释规定

《人民检察院刑事诉讼规则》第三百五十八条："人民检察院决定起诉的，应当制作起诉书。

起诉书的主要内容包括：

（一）被告人的基本情况，包括姓名、性别、出生年月日、出生地和户籍地、公民身份号码、民族、文化程度、职业、工作单位及职务、住址，是否受过刑事处分及处分的种类和时间，采取强制措施的情况等；如果是单位犯罪，应当写明犯罪单位的名称和组织机构代码、所在地址、联系方式，法定代表人和诉讼代表人的姓名、职务、联系方式；如果还有应当负刑事责任的直接负责的主管人员或其他直接责任人员，应当按上述被告人基本情况的内容叙写；

（二）案由和案件来源；

（三）案件事实，包括犯罪的时间、地点、经过、手段、动机、目的、危害后果等与定罪量刑有关的事实要素。起诉书叙述的指控犯罪事实的必备要素应当明晰、准确。被告人被控有多项犯罪事实的，应当逐一列举，对于犯罪手段相同的同一犯罪可以概括叙写；

（四）起诉的根据和理由，包括被告人触犯的刑法条款、犯罪的性质及认定的罪名、处罚条款、法定从轻、减轻或者从重处罚的情节，共同犯罪各被告人应负的罪责等；

（五）被告人认罪认罚情况，包括认罪认罚的内容、具结书签署情况等。

被告人真实姓名、住址无法查清的，可以按其绰号或者自报的姓名、住址制作起诉书，并在起诉书中注明。被告人自报的姓名可能造成损害他人名誉、败坏道德风俗等不良影响的，可以对被告人编号并按编号制作起诉书，附具被告人的照片，记明足以确定被告人面貌、体格、指纹以及其他反映被告人特征的事项。

起诉书应当附有被告人现在处所，证人、鉴定人、需要出庭的有专门知识的人的名单，需要保护的被害人、证人、鉴定人的化名名单，查封、扣押、冻结的财物及孳息的清单，附带民事诉讼、附带民事公益诉讼情况以及其他需要附注的情况。

证人、鉴定人、有专门知识的人的名单应当列明姓名、性别、年龄、职业、住址、联系方式，并注明证人、鉴定人是否出庭。”

第三百五十九条：“人民检察院提起公诉的案件，应当向人民法院移送起诉书、案卷材料、证据和认罪认罚具结书等材料。

起诉书应当一式八份，每增加一名被告人增加起诉书五份。

关于被害人姓名、住址、联系方式、被告人被采取强制措施的种类、是否在案及羁押处所等问题，人民检察院应当在起诉书中列明，不再单独移送材料；对于涉及被害人隐私或者为保护证人、鉴定人、被害人人身安全，而不宜公开证人、鉴定人、被害人姓名、住址、工作单位和联系方式等个人信息的，可以在起诉书中使用化名。但是应当另行书面说明使用化名的情况并标明密级，单独成卷。”

（三）文书结构

认罪认罚案件起诉书格式由首部、被告人基本情况、案由和案件审查过程、案件事实、证据、起诉的根据和理由、尾部、附件八项内容组成。下面按首部、正文、尾部三部分加以介绍。

1. 首部

（1）制作文书的人民检察院名称。除最高人民检察院外，各地方人民检察院的名称前应写明省（自治区、直辖市）的名称；对涉外案件提起公诉时，各级人民检察院的名称前均应注明“中华人民共和国”的字样。

（2）文书名称，即“起诉书”。

（3）文号，由全国检察业务应用系统2.0自动生成，格式为：“××检××刑诉〔20××〕×号”。

2. 正文

（1）被告人基本情况。姓名。被告人如果有与案件有关的曾用名、别名、化名或者绰号的，应当在其姓名后用括号注明。要注意区分曾用名、别名、化名、绰号的区别。曾用名是指被告人在读书或工作期间曾经使用过的名字，案发前已不再使用；别名一般是被告人除本名之外的姓名，包括昵称、小名等；化名通常是为了隐藏原本身份而临时使用的名字。上述名称一般为被告人本人或家庭成员所起。绰号又称外号、诨号，在部分地区也称为花名，一般为家庭成员以外的人员所起。

被告人与案件有关名字是指该曾用名、别名、化名、绰号与证明案件事实的证据材料有联系。如在共同犯罪案件中，某被告人的曾用名、别名、绰号只是其家庭成员或亲友知晓，其他同案犯并不了解，或者虽然知晓但并不称呼，并且案件的相关材料也与该曾用名、别名、绰号没有联系，则无须在起诉书中写明；如果虽然在共同犯罪中没有使用该曾用名、别名、绰号，但其他案件材料（如证人证言、书证）提及，则表明与案件有关，应当在被告人姓名后括号注明。

被告人是外国人的，应当在中文姓名或者译名后面用括号注明其外文姓名，并且注明国籍、护照号码、国外住所。

被告人是又聋又哑人或者盲人，应当在其姓名后具体注明。

根据刑事诉讼法的规定，被告人不讲真实姓名、身份不明的，人民检察院可以按照被告人自报的姓名向人民法院起诉，起诉书中应当注明。被告人自报的姓名可能造成损害他人名誉、败坏道德风俗等不良影响的，可以对被告人编号。

出生年月日。以公历为准，年月日应当用阿拉伯数字叙写。出生日期无法查清，不影响定罪量刑的，可以注明年龄；与定罪量刑有关的，应当通过骨龄测定等生物技术手段确定年龄。

居民身份证上记载的号码应表述为“公民身份号码”，用阿拉伯数字，且不能移行，“号码”二字后不加冒号。对尚未办理居民身份证的，应当注明。

文化程度。一般以户口登记为准，但有证据证实更高学历的，应当以实际取得的学历为准。文化程度包括以下层次：博士、硕士、大学、大专、中专（中技）、高中、初中、小学，被告人系文盲的直接注明。需要注意的是，起诉书中的学历实质上是指控事实的有机组成部分，主要体现被告人对笔录阅读、理解无误，对认罪认罚等制度的理解符合社会一般人的认知，不会出现重大误解等。因此，如果户籍学历与自报学历不一致的，可以按照自报学历加以认定，对于自报如初二肄业的可模糊表述为初中文化。

职业或者工作单位及职务。这里的职业是指被告人在没有具体工作单位的情况下必须标明其所从事的工作。对农村户口进城务工人员，犯罪行为与所在单位没有任何关系的，其职业表述为“务工人员”；犯罪行为与所在单位存在关联，其职业表述为“×××企业员工”。对个体经营人员表述为“个体工商户”，对无业人员直接表述为“无业”。如果被告人有具体的工作单位，则写明其工作单位和职务，这里只表述案发时的单位，起诉时已被单位除名的表述为“原系”，未除名的表述为“系”。职务犯罪案件只表述与犯罪有关的职务，同样表述为“原系”或“系”。被告人的工作单位或职务有变动，并且这种变动与起诉书指控犯罪有关的应当注明变动情况，与起诉书指控犯罪无关的变动则无须写明。

住址。有固定居住地，表述为“住”，有暂时居住地，表述为“暂住”。对居无定所的，原则上直接表述户籍地。

曾受到行政处罚、刑事处罚的情况。对被告人曾经受到与定罪量刑有关的行政处罚、刑事处罚，应当在起诉书中写明。在表述前期受到行政处罚与刑事处罚的情况时，应当先写被告人受到行政处罚的情况，再写被告人受到刑事处罚的情况。行政处罚应当注明处罚的时间、原因、种类、处罚主体。刑事处罚应当注明处罚的时间、原因、种类（原则上只表述主刑，附加刑不予表述，但附加刑独立适用时应当表述）、判决机关、释放时间等。对有可能构成累犯的，要查明释放时间。

因本案采取强制措施的情况。写明采取强制措施的原因、种类、批准或者决定的机关和时间、执行机关和时间。被采取过多种强制措施的，应当按执行时间顺序先后写明。

多名被告人的情况。同案被告人有二人以上的，按照主从关系或罪行由重到轻的顺序叙写，包括强制措施的原因、种类、批准或者决定的机关及时间、执行机关及时间。当单位犯罪、自然人犯罪并存时，应按照先单位后自然人的顺序叙写。有多名被告人且拘留时间、执行逮捕时间、机关相同的，可以在各被告人基本情况叙写完毕后，另起一自然段，合并叙述。

（2）案由和案件审查过程。案由和案件审查过程部分，应当叙写告知被告人认罪认罚可能导致的法律后果以及听取被告人及其辩护人、被害人及其诉讼代理人意见的情况；被告人没有辩护人的，应当写明听取值班律师意见的情况。

侦查机关、案由和移送审查起诉的时间。

依法告知的情况，特别注意写明告知被告人认罪认罚可能导致的法律后果情况。

审查起诉工作的简要情况。特别注意写明听取被告人及其辩护人（值班律师）、被害人及其诉讼代理人的意见的情况。如果没有被害人或被害人没有诉讼代理人的，不予表述。被告人同意适用的审理程序应当予以表述。

诉讼进程情况。包括延长审查起诉的法定事由及期限、退回补充侦查的法定事由、退查的时间及检察机关重新收案的时间等情况。

（3）案件事实。案件事实是起诉书的核心，《人民检察院刑事诉讼规则》第三百五十八条第三项细化为："犯罪的时间、地点、经过、手段、动机、目的、危害后果等与定罪量刑有关的事实要素"。

事实表述的明确性原则。一般情况下，完整的案件事实应紧紧围绕"七何"（何时、何人、何地、何行为、何手段、何工具、何后果）要素展开。但并非所有案件，都必须明确这七个要素。用于审判对象的案件事实中，事实要素可被分为构成要件要素及非构成要件要素。前者是追究刑事责任的依据，后者是将审判对象特定化、明确化而需要借助的事实。从“七何”要素角度考虑，“何人”与“何行为（何事）”属于构成要件要素，其他要素究竟属于构成要件要素还是非构成要件要素则需根据具体涉嫌的罪名而定。对于《刑事诉讼法》规定的“明确的指控犯罪事实”而言，构成要件要素缺一不可，而非构成要件要素则可以视个案中审判对象特定化的具体要求而定，不一定全部明确。

事实表述和证据的印证原则。案件事实中影响定罪量刑的情节应做到“能查尽查”，对于确实无法查清的事实在起诉书中应慎重表述。案件事实中部分量刑情节确有疑问的，按照证据存疑有利于被告人处理。

文字表述应坚持中立、客观、理性原则。事实表述应准确、简洁、全面、客观、真实描述犯罪事实。

案件事实从内容上一般应具体写明以下诸项事实要素：无论是一人一罪、多人一罪，还是一人多罪、多人多罪，犯罪事实都要分行逐一叙写。叙述案件事实要按照合理的顺序进行，一般可按照先单位犯罪后自然人犯罪、先共同犯罪后单独犯罪，表述上按照时间先后顺序。一人多罪的，也可按照重罪在前，轻罪在后的顺序；多人多罪的，应按主犯、从犯或重罪、轻罪的顺序叙述，突出主犯、重罪。

量刑情节。自首、立功、坦白等法定情节，应当在案件事实后予以表述，表述中要结合认定自首、立功等司法解释和意见规定，区别不同情形分别加以表述。涉案双方达成刑事和解、被告人退赃、被害人谅解等情形，也应在案件事实后一并表述。

涉案财物的处理。作案工具、赃款、赃物如果对应某笔犯罪事实，可在该笔事实表述后直接列明作案工具、赃款、赃物的去向；如不能对应某笔犯罪事实，则在案件事实后综合表述该作案工具、赃款、赃物的去向或查扣情况。

（4）证据。证据部分，针对犯罪事实，应当在起诉书中列举犯罪事实证据和量刑情节证据，应当在起诉书中阐明证据的名称、种类，并概述证明的内容，一般应当分组归纳叙写，必要时也可以逐一叙写。

犯罪事实和证据列举要有机结合。被告人犯一罪的，列举证据采取“一事一证”还是“一罪一证”的方式，可视具体情况而定。对有数个犯罪事实的，可在每叙述一个犯罪事实后，列举出相关的主要证据。对于被告人犯数罪的案件，一般应当采取“一罪一证”的叙述方式，即第一种罪名的犯罪事实叙述完毕后，接着写证据部分，然后再叙述第二种罪名的犯罪事实，叙述完毕后再写证据部分，以此类推。

证据的种类应当按照刑事诉讼法中证据种类的顺序排列，物证和书证要分列，列举证据时要写明主要证据的种类和内容。

（5）起诉的根据和理由。对于法定、酌定量刑情节，根据案件的具体情况，在起诉书中予以说明；量刑建议可以提出相对明确的量刑幅度，也可以根据案件具体情况，提出确定刑期的量刑建议，单独附量刑建议书的，量刑建议可以不在起诉书中表述。

罪状表述。概括说明被告人的行为特征及其触犯的刑法条文和涉嫌罪名。对于行为特征，要根据行为性质、危害程度、情节轻重，结合犯罪构成要件进行概括性表述。对法律条文的引用，要精确、完整、具体，精确到条、款、项。犯数罪的，应分别写明罪状和触犯法条罪名。

法定情节表述。对于被告人的法定从重、从轻、减轻处罚的情节应当作出性质上的认定，同时引用相关刑法条文。

提起公诉的法律依据。表述为“根据《中华人民共和国刑事诉讼法》第一百七十六条的规定，提起公诉，请依法判处”。

量刑建议。认罪认罚的简易案件，量刑建议可在起诉书中直接表述；也可以另行制作量刑建议书，随起诉书一并移送法院。

3. 尾部

（1）尾部“此致”两字居左，前空两格，两字间不空格。

（2）起诉书应当署具体承办案件检察官和检察官助理的姓名，公诉人为二人以上时，署名应纵向排列。

（3）起诉书的年月日，为签发起诉书的日期。

（4）附件应包括：被告人现在处所（具体包括在押被告人的羁押场所或监视居住、取保候审的处所）、案卷材料和证据××册、认罪认罚具结书、量刑建议书××份（单独制作量刑建议书时移送）、有关涉案款物情况、被害人（单位）附带民事诉讼情况、其他需要附注的事项等。

起诉书有正副本之分，正本一份送人民法院，根据被告人、辩护人人数增加相应副本。检察内卷存副本。“正本”“副本”标注在起诉书首部“起诉书”右侧空白处，“本件与原本核对无异”标注在起诉书出庭检察人员落款左侧空白处，“骑缝章”标注在起诉书前后页左侧装订连接（缝）处，对只有一页或者单页双面的起诉书，不用“骑缝章”。

（四）文书模板及制作说明

1. 文书模板

×××人民检察院

起诉书

××检××刑诉〔20××〕×号

被告人……（写明姓名、性别、出生年月日、公民身份号码、民族、文化程度、职业或者工作单位及职务、户籍地、住址、曾受到刑事处罚以及与本案定罪量刑相关的行政处罚的情况和因本案采取强制措施的情况等）

本案由×××（监察/侦查机关）调查/侦查终结，以被告人×××涉嫌×××罪，于××××年××月××日向本院移送起诉。本院受理后，于××××年××月××日已告知被告人有权委托辩护人和认罪认罚可能导致的法律后果，××××年××月××日已告知被害人及其法定代理人（近亲属）、附带民事诉讼的当事人及其法定代理人有权委托诉讼代理人，依法讯问了被告人，听取了被告人及其辩护人（值班律师）、被害人及其诉讼代理人的意见，审查了全部案件材料……（写明退回补充调查/侦查、延长审查起诉期限等情况）。被告人同意本案适用速裁/简易/普通程序审理。

经依法审查查明：

……（写明经检察机关审查认定的犯罪事实包括犯罪时间、地点、经过、手段、目的、动机、危害后果，以及被告人到案后自愿如实供述自己的罪行，与被害人达成和解协议或者赔偿被害人损失，取得被害人谅解等与定罪、量刑有关的事实要素。应当根据具体案件情况，围绕刑

法规定的该罪的构成要件叙写）

（对于只有一个犯罪嫌疑人的案件，犯罪嫌疑人实施多次犯罪的，犯罪事实应逐一列举；同时触犯数个罪名的犯罪嫌疑人的犯罪事实应该按照主次顺序分类列举。对于共同犯罪的案件，写明犯罪嫌疑人的共同犯罪事实及各自在共同犯罪中的地位和作用后，按照犯罪嫌疑人的主次顺序，分别叙明各个犯罪嫌疑人的单独犯罪事实）

认定上述事实的证据如下：

……（针对上述犯罪事实，列举证据，包括犯罪事实证据和量刑情节证据）

上述证据收集程序合法，内容客观真实，足以认定指控事实。被告人×××对指控的犯罪事实和证据没有异议，并自愿认罪认罚。

本院认为，……（概述被告人行为的性质、危害程度、情节轻重），其行为触犯了《中华人民共和国刑法》第××条（引用罪状、法定刑条款），犯罪事实清楚，证据确实、充分，应当以×××罪追究其刑事责任。被告人×××认罪认罚，依据《中华人民共和国刑事诉讼法》第十五条的规定，可以从宽处理。……（阐述认定的法定、酌定量刑情节，并引用相关法律条款），建议判处被告人×××……（阐述具体量刑建议，包括主刑、附加刑的刑种、刑期，以及刑罚执行方式；建议判处财产刑的，写明确定的数额。也可以单独附量刑建议书，量刑建议不在起诉书中表述）根据《中华人民共和国刑事诉讼法》第一百七十六条的规定，提起公诉，请依法判处。

此致

×××法院

检　察　官×××

检察官助理×××

20××年××月××日

（院印）

附件：1. 被告人现在处所：具体包括在押被告人的羁押场所或监视居住、取保候审的处所
2. 案卷材料和证据×册
3. 认罪认罚具结书一份
4. 量刑建议书一份（单独制作量刑建议书时移送）
5. 有关涉案款物情况
6. 被害人附带民事诉讼情况
7. 其他需要附注的事项

2. 制作说明

本文书依据《中华人民共和国刑事诉讼法》第一百七十六条及《人民检察院刑事诉讼规则》第三百五十八条、第三百五十九条的规定制作。本起诉书的格式供各级人民检察院办理自然人认罪认罚案件时使用。

3.1.35 法律文书：起诉书（适用认罪认罚案件、单位犯罪）

（一）基本概念

起诉书（适用认罪认罚案件、单位犯罪），是人民检察院办理被告人为单位的认罪认罚案件时，向人民法院提起公诉，移交人民法院审判所适用的法律文书。

（二）相关依据

1. 法律依据

《中华人民共和国刑事诉讼法》第一百七十六条："人民检察院认为犯罪嫌疑人的犯罪事实已经查清，证据确实、充分，依法应当追究刑事责任的，应当作出起诉决定，按照审判管辖的规定，向人民法院提起公诉，并将案卷材料、证据移送人民法院。

犯罪嫌疑人认罪认罚的，人民检察院应当就主刑、附加刑、是否适用缓刑等提出量刑建议，并随案移送认罪认罚具结书等材料。"

2. 司法解释规定

《人民检察院刑事诉讼规则》第三百五十八条："人民检察院决定起诉的，应当制作起诉书。

起诉书的主要内容包括：

（一）被告人的基本情况，包括姓名、性别、出生年月日、出生地和户籍地、公民身份号码、民族、文化程度、职业、工作单位及职务、住址，是否受过刑事处分及处分的种类和时间，采取强制措施的情况等；如果是单位犯罪，应当写明犯罪单位的名称和组织机构代码、所在地址、联系方式，法定代表人和诉讼代表人的姓名、职务、联系方式；如果还有应当负刑事责任的直接负责的主管人员或其他直接责任人员，应当按上述被告人基本情况的内容叙写；

（二）案由和案件来源；

（三）案件事实，包括犯罪的时间、地点、经过、手段、动机、目的、危害后果等与定罪量刑有关的事实要素。起诉书叙述的指控犯罪事实的必备要素应当明晰、准确。被告人被控有多项犯罪事实的，应当逐一列举，对于犯罪手段相同的同一犯罪可以概括叙写；

（四）起诉的根据和理由，包括被告人触犯的刑法条款、犯罪的性质及认定的罪名、处罚条款、法定从轻、减轻或者从重处罚的情节，共同犯罪各被告人应负的罪责等；

（五）被告人认罪认罚情况，包括认罪认罚的内容、具结书签署情况等。

被告人真实姓名、住址无法查清的，可以按其绰号或者自报的姓名、住址制作起诉书，并在起诉书中注明。被告人自报的姓名可能造成损害他人名誉、败坏道德风俗等不良影响的，可以对被告人编号并按编号制作起诉书，附具被告人的照片，记明足以确定被告人面貌、体格、指纹以及其他反映被告人特征的事项。

起诉书应当附有被告人现在处所，证人、鉴定人、需要出庭的有专门知识的人的名单，需要保护的被害人、证人、鉴定人的化名名单，查封、扣押、冻结的财物及孳息的清单，附带民事诉讼、附带民事公益诉讼情况以及其他需要附注的情况。

证人、鉴定人、有专门知识的人的名单应当列明姓名、性别、年龄、职业、住址、联系方式，并注明证人、鉴定人是否出庭。”

第三百五十九条：“人民检察院提起公诉的案件，应当向人民法院移送起诉书、案卷材料、证据和认罪认罚具结书等材料。

起诉书应当一式八份，每增加一名被告人增加起诉书五份。

关于被害人姓名、住址、联系方式、被告人被采取强制措施的种类、是否在案及羁押处所等问题，人民检察院应当在起诉书中列明，不再单独移送材料；对于涉及被害人隐私或者为保护证人、鉴定人、被害人人身安全，而不宜公开证人、鉴定人、被害人姓名、住址、工作单位和联系方式等个人信息的，可以在起诉书中使用化名。但是应当另行书面说明使用化名的情况并标明密级，单独成卷。”

（三）文书结构

认罪认罚案件起诉书格式由首部、被告单位基本情况、案由和案件审查过程、案件事实、证据、起诉的根据和理由、尾部、附件八项内容组成。下面按首部、正文、尾部三部分加以介绍。

1. 首部

（1）制作文书的人民检察院名称。除最高人民检察院外，各地方人民检察院的名称前应写明省（自治区、直辖市）的名称；对涉外案件提起公诉时，各级人民检察院的名称前均应注明“中华人民共和国”的字样。

（2）文书名称，即“起诉书”。

（3）文号，由统一业务应用系统自动生成，格式为：“××检××刑诉〔20××〕×号”。

2. 正文

（1）被告单位基本情况。被告单位的名称应当是工商营业执照上的全称。如果被告单位的名称较长，可以在起诉书首次出现该单位名称时用括号注明其简称，在起诉书之后的叙述中引用其简称。简称要能代表公司的经营属性并考虑社会公众的接受习惯。

单位犯罪后，单位发生分立、合并或者其他资产重组情况的，只要承受该单位权利义务的单位存在，应当追究单位犯罪的刑事责任。如果原单位名称发生更改的，仍以原单位（名称）作为被告单位。

当一案有多个被告单位、被告人时，应按照先单位后自然人的顺序排列，作为直接负责的主管人员和其他直接责任人员的被告人，应紧接着其所属的被告单位排列。

（2）案由和案件审查过程。案由和案件的审查过程部分，应当叙写告知被告单位、被告人认罪认罚可能导致的法律后果以及听取被告单位、被告人及其辩护人，被害人及其诉讼代理人意见的情况；被告单位、被告人没有辩护人的，应当写明听取值班律师意见的情况。

侦查机关、案由和移送审查起诉的时间。

依法告知的情况，特别注意写明告知被告人认罪认罚可能导致的法律后果情况。

审查起诉工作的简要情况。特别注意写明听取被告人及其辩护人（值班律师）、被害人及其诉讼代理人的意见的情况。如果没有被害人或被害人没有诉讼代理人的，不予表述。被告人同意适用的审理程序应当予以表述。

诉讼进程情况。包括延长审查起诉的法定事由及期限、退回补充侦查的法定事由、退查的时间及检察机关重新收案的时间等情况。

（3）案件事实。案件事实是起诉书的核心，《人民检察院刑事诉讼规则》第三百五十八条第三项细化为："犯罪的时间、地点、经过、手段、动机、目的、危害后果等与定罪量刑有关的事实要素"。

事实表述的明确性原则。一般情况下，完整的案件事实应紧紧围绕"七何"（何时、何人、何地、何行为、何手段、何工具、何后果）要素展开。但并非所有案件，都必须明确这七个要素。用于审判对象的案件事实中，事实要素可被分为构成要件要素及非构成要件要素。前者是追究刑事责任的依据，后者是将审判对象特定化、明确化而需要借助的事实。从"七何"要素角度考虑，"何人"与"何行为（何事）"属于构成要件要素，其他要素究竟属于构成要件要素还是非构成要件要素则需根据具体涉嫌的罪名而定。对于刑事诉讼法规定的"明确的指控犯罪事实"而言，构成要件要素缺一不可，而非构成要件要素则可以视个案中审判对象特定化的具体要求而定，不一定全部明确。

事实表述和证据的印证原则。案件事实中影响定罪量刑的情节应做到“能查尽查”，对于确实无法查清的事实在起诉书中应慎重表述。案件事实中部分量刑情节确有疑问的，按照证据存疑有利于被告人处理。

文字表述应坚持中立、客观、理性原则。事实表述应准确、简洁、全面、客观、真实描述犯罪事实。

案件事实从内容上一般应具体写明以下诸项事实要素：无论是一人一罪、多人一罪，还是一人多罪、多人多罪，犯罪事实都要分行逐一叙写。叙述案件事实要按照合理的顺序进行，一般可按照先单位犯罪后自然人犯罪、先共同犯罪后单独犯罪，表述上按照时间先后顺序。一人多罪的，也可按照重罪在前，轻罪在后的顺序；多人多罪的，应按主犯、从犯或重罪、轻罪的顺序叙述，突出主犯、重罪。

自首、立功、坦白等法定情节，应当在案件事实后予以表述，表述中要结合认定自首、立功等司法解释和意见规定，区别不同情形分别加以表述。涉案双方达成刑事和解、被告人退赃、被害人谅解等情形，也应在案件事实后一并表述。

作案工具、赃款、赃物如果对应某笔犯罪事实，可在该笔事实表述后直接列明作案工具、赃款、赃物的去向；如不能对应某笔犯罪事实，则在案件事实后综合表述该作案工具、赃款、赃物的去向或查扣情况。

（4）证据。证据部分，针对犯罪事实，应当在起诉书中列举犯罪事实证据和量刑情节证据，应当在起诉书中阐明证据的名称、种类，并概述证明的内容，一般应当分组归纳叙写，必要时也可以逐一叙写。

犯罪事实和证据列举要有机结合。被告人犯一罪的，列举证据采取“一事一证”还是“一罪一证”的方式，可视具体情况而定。对有数个犯罪事实的，可在每叙述一个犯罪事实后，列举出相关的主要证据。对于被告人犯数罪的案件，一般应当采取“一罪一证”的叙述方式，即第一种罪名的犯罪事实叙述完毕后，接着写证据部分，然后再叙述第二种罪名的犯罪事实，叙述完毕后再写证据部分，以此类推。

证据的种类应当按照刑事诉讼法中证据种类的顺序排列，物证和书证要分列，列举证据时要写明主要证据的种类和内容。

（5）起诉的根据和理由。对于法定、酌定量刑情节，根据案件的具体情况，在起诉书中予以说明；量刑建议可以提出相对明确的量刑幅度，也可以根据案件具体情况，提出确定刑期的量刑建议，单独附量刑建议书的，量刑建议可以不在起诉书中表述。

罪状表述。概括说明被告人的行为特征及其触犯的刑法条文和涉嫌罪名。对于行为特征，要根据行为性质、危害程度、情节轻重，结合犯罪构成要件进行概括性表述。对法律条文的引用，要精确、完整、具体，精确到条、款、项。犯数罪的，应分别写明罪状和触犯法条罪名。

法定情节表述。对于被告人的法定从重、从轻、减轻处罚的情节应当作出性质上的认定，同时引用相关刑法条文。

提起公诉的法律依据。表述为“根据《中华人民共和国刑事诉讼法》第一百七十六条的规定，提起公诉，请依法判处”。

量刑建议。认罪认罚的简易案件，量刑建议可在起诉书中直接表述；也可以另行制作量刑建议书，随起诉书一并移送法院。

3. 尾部

（1）尾部“此致”两字居左，前空两格，两字间不空格。

（2）起诉书应当署具体承办案件检察官和检察官助理的姓名，公诉人为二人以上时，署名应纵向排列。

（3）起诉书的年月日，为签发起诉书的日期。

（4）附件应包括：被告人现在处所（具体包括在押被告人的羁押场所或监视居住、取保候审的处所）、案卷材料和证据××册、认罪认罚具结书、量刑建议书××份（单独制作量刑建议书时移送）、有关涉案款物情况、被害人（单位）附带民事诉讼情况、其他需要附注的事项等。

起诉书有正副本之分，正本一份送人民法院，根据被告人、辩护人人数增加相应副本。检察内卷存副本。“正本”“副本”标注在起诉书首部“起诉书”右侧空白处，“本件与原本核对无异”标注在起诉书出庭检察人员落款左侧空白处，“骑缝章”标注在起诉书前后页左侧装订连接（缝）处，对只有一页或者单页双面的起诉书，不用“骑缝章”。

（四）文书模板及制作说明

1. 文书模板

×××人民检察院

起诉书

××检××刑诉〔20××〕×号

被告单位……（写明单位名称、组织机构代码、住所地、法定代表人姓名、职务等）

诉讼代表人……（写明姓名、性别、出生日期、工作单位、职务）

被告人……（写明直接负责的主管人员、其他直接责任人员的姓名、性别、出生年月日、公民身份号码、民族、文化程度、职业或者工作单位及出生地和职务户籍地、住址、曾受到刑事处罚以及与本案定罪量刑相关的行政处罚的情况和因本案采取强制措施的情况等）

本案由×××（监察/侦查机关）调查/侦查终结，以被告单位×××涉嫌×××罪，被告人×××涉嫌×××罪，于××××年××月××日向本院移送起诉。本院受理后，于××××年××月××日已告知被告单位、被告人有权委托辩护人和认罪认罚可能导致的法律后果，××××年××月××日已告知被害人及其法定代理人（近亲属）（被害单位及其诉讼代表人）、附带民事诉讼的当事人及其法定代理人有权委托诉讼代理人，依法讯问了被告人，听取了被告单位的辩护人（值班律师）、被告人的辩护人（值班律师）、被害人及其诉讼代理人的意见，审查了全部案件材料。……（写明退回补充侦查、延长审查起诉期限等情况）。被告人同意本案适用速裁/简易/普通程序审理。

经依法审查查明：……（写明经检察机关审查认定的犯罪事实包括犯罪时间、地点、经过、手段、目的、动机、危害后果，以及被告人到案后自愿如实供述自己的罪行，与被害人达成和解协议或者赔偿被害人损失，取得被害人谅解等与定罪、量刑有关的事实要素。应当根据具体

案件情况，围绕刑法规定的该罪的构成要件叙写）

认定上述事实的证据如下：

……（针对上述犯罪事实，分别列举证据，包括犯罪事实证据和量刑情节证据）

上述证据收集程序合法，内容客观真实，足以认定指控事实。被告人×××对指控的犯罪事实和证据没有异议，并自愿认罪认罚。

本院认为，……（分别概述被告单位、被告人行为的性质、危害程度、情节轻重），其行为触犯了《中华人民共和国刑法》第××条（引用罪状、法定刑条款），犯罪事实清楚，证据确实、充分，应当以×××罪追究其刑事责任。被告单位×××、被告人×××认罪认罚，依据《中华人民共和国刑事诉讼法》第十五条的规定，可以从宽处理。……（阐述认定的法定、酌定量刑情节，并引用相关法律条款），建议判处被告单位、被告人……（阐述具体量刑建议）。根据《中华人民共和国刑事诉讼法》第一百七十六条的规定，提起公诉，请依法判处。

此致

×××人民法院

检　察　官×××

检察官助理×××

××××年××月××日

（院印）

附件：1. 被告人现在处所：具体包括在押被告人的羁押场所或监视居住、取保候审的处所

2. 案卷材料和证据××册××页

3. 有关涉案款物情况

4. 被害人（单位）附带民事诉讼情况

5. 认罪认罚具结书一份

6. 其他需要附注的事项

2. 制作说明

本文书依据《中华人民共和国刑事诉讼法》第一百七十六条及《人民检察院刑事诉讼规则》第三百五十八条、第三百五十九条的规定制作。本起诉书的格式供各级人民检察院办理被告人为单位的认罪认罚案件时使用。

3.1.36　法律文书：量刑建议调整书

（一）基本概念

量刑建议调整书，是检察机关在案件审理过程中，以案件事实为基础，综合被告人各项法定、酌定量刑情节，在先前量刑建议书的基础上，对被告人的刑罚向审判机关提出调整建议的法律文书。

（二）相关依据

1. 法律依据

《中华人民共和国刑事诉讼法》第二百零一条："对于认罪认罚案件，人民法院依法作出判决时，一般应当采纳人民检察院指控的罪名和量刑建议，但有下列情形的除外：

（一）被告人的行为不构成犯罪或者不应当追究其刑事责任的；

（二）被告人违背意愿认罪认罚的；

（三）被告人否认指控的犯罪事实的；

（四）起诉指控的罪名与审理认定的罪名不一致的；

（五）其他可能影响公正审判的情形。

人民法院经审理认为量刑建议明显不当，或者被告人、辩护人对量刑建议提出异议的，人民检察院可以调整量刑建议。人民检察院不调整量刑建议或者调整量刑建议后仍然明显不当的，人民法院应当依法作出判决。"

2. 司法解释规定

(1)《人民检察院刑事诉讼规则》第二百七十四条："认罪认罚案件，人民检察院向人民法院提起公诉的，应当提出量刑建议，在起诉书中写明被告人认罪认罚情况，并移送认罪认罚具结书等材料。量刑建议可以另行制作文书，也可以在起诉书中写明。"

第三百六十四条："人民检察院提起公诉的案件，可以向人民法院提出量刑建议。除有减轻处罚或者免除处罚情节外，量刑建议应当在法定量刑幅度内提出。建议判处有期徒刑、管制、拘役的，可以具有一定的幅度，也可以提出具体确定的建议。

提出量刑建议的，可以制作量刑建议书，与起诉书一并移送人民法院。量刑建议书的主要内容应当包括被告人所犯罪行的法定刑、量刑情节、建议人民法院对被告人判处刑罚的种类、刑罚幅度、可以适用的刑罚执行方式以及提出量刑建议的依据和理由等。

认罪认罚案件的量刑建议，按照本章第二节的规定办理。"

第四百一十八条："人民检察院向人民法院提出量刑建议的，公诉人应当在发表公诉意见时提出。

对认罪认罚案件，人民法院经审理认为人民检察院的量刑建议明显不当向人民检察院提出的，或者被告人、辩护人对量刑建议提出异议的，人民检察院可以调整量刑建议。"

（2）"两高三部"《关于适用认罪认罚从宽制度的指导意见》第四十一条："人民法院经审理，认为量刑建议明显不当，或者被告人、辩护人对量刑建议有异议且有理有据的，人民法院应当告知人民检察院，人民检察院可以调整量刑建议。人民法院认为调整后的量刑建议适当的，应当予以采纳；人民检察院不调整量刑建议或者调整后仍然明显不当的，人民法院应当依法作出判决。

适用速裁程序审理的，人民检察院调整量刑建议应当在庭前或者当庭提出。调整量刑建议后，被告人同意继续适用速裁程序的，不需要转换程序处理。"

（三）文书结构

1. 首部

制作文书的人民检察院名称，应写明省（自治区、直辖市）的名称；对涉外案件提起公诉时，各级人民检察院的名称前均应注明"中华人民共和国"的字样。文书名称，即"量刑建议调整书"。文号生成格式为："××检××量建调〔20××〕×号"，由全国检察业务应用系统 2.0 自动生成。

2. 正文

案件基本情况、先前量刑建议基本情况，写明起诉书文号、罪名、先前的量刑建议、调整量刑的原因等信息。

具体调整量刑内容，写明调整量刑后，对各个被告人所建议的刑罚。

3. 尾部

文书发往单位，受理起诉的人民法院，行文上顶格书写。

落款署检察官姓名，文书发出日期，并在日期上加盖院印

（四）文书模板及制作说明

1. 文书模板

×××人民检察院

量刑建议调整书

××检××量建调〔20××〕×号

被告人________涉嫌________一案，本院以________号起诉书向你院提起公诉，并建议判处被告人______________（写明原量刑建议）。因______________（写明原因）现对量刑建议作如下调整：

建议判处被告人____。

（指控多个犯罪中仅对部分犯罪的量刑建议变更或指控多个被告人仅对部分被告人量刑建议变更时，写明：“________号起诉书/量刑建议书中的量刑建议未被变更内容仍然具有法律效力”）

此致

________人民法院

检察官×××

20××年××月××日

（院印）

2. 制作说明

（1）本文书依据《中华人民共和国刑事诉讼法》第二百零一条，《人民检察院刑事诉讼规则》第二百七十四条、第三百六十四条、第四百一十八条，“两高三部”《关于适用认罪认罚从宽制度的指导意见》第四十一条的规定制作。是人民检察院对提起公诉的案件需进行量刑建议调整时使用。

（2）对量刑建议作出变更的，应写明变更原因。例如，因人民法院经审理认为量刑建议明显不当向人民检察院提出，或者被告人、辩护人对量刑建议提出异议等。

（3）指控被告人犯有数罪或者一案中有多名被告人，需要对多个犯罪或者多个被告人的量刑建议调整的，应当对该各罪或者各被告人分别写明量刑建议调整的原因及调整后的量刑建议；指控被告人犯有数罪的，还应当写明调整后总的量刑建议。

（4）本文书一式二份，一份存档，一份送达人民法院。

3.1.37　法律文书：核准不起诉决定书

（一）基本概念

核准不起诉决定书，是犯罪嫌疑人自愿如实供述涉嫌犯罪的事实，有重大立功或者案件涉及国家重大利益，最高人民检察院对不起诉意见予以核准的法律文书。

（二）相关依据

1. 法律依据

《中华人民共和国刑事诉讼法》第一百八十二条：“犯罪嫌疑人自愿如实供述涉嫌犯罪的事实，有重大立功或者案件涉及国家重大利益的，经最高人民检察院核准，公安机关可以撤销案件，人民检察院可以作出不起诉决定，也可以对涉嫌数罪中的一项或者多项不起诉。

根据前款规定不起诉或者撤销案件的，人民检察院、公安机关应当及时对查封、扣押、冻结的财物及其孳息作出处理。”

2. 司法解释规定

《人民检察院刑事诉讼规则》第二百七十九条："犯罪嫌疑人自愿如实供述涉嫌犯罪的事实，有重大立功或者案件涉及国家重大利益的，经最高人民检察院核准，公安机关可以撤销案件，人民检察院可以作出不起诉决定，也可以对涉嫌数罪中的一项或者多项不起诉。

前款规定的不起诉，应当由检察长决定。决定不起诉的，人民检察院应当及时对查封、扣押、冻结的财物及其孳息作出处理。"

（三）文书结构

1. 首部

制作文书的人民检察院名称，即最高人民检察院。文书名称，即"核准不起诉决定书"。文号生成格式为："高检××核准不诉字〔20××〕×号"，由全国检察业务应用系统2.0自动生成。

2. 正文

抬头为报请核准不起诉的省级人民检察院，行文上顶格书写。

报请核准的情况，写明案件罪名等信息。

核准的内容和依据，对报请核准的意见进行回复，说明核准的意见、依据。

3. 尾部

落款文书发出日期，日期上加盖院印。

（四）文书模板及制作说明

1. 文书模板

×××人民检察院

核准不起诉决定书

高检××核准不诉字〔20××〕×号

________人民检察院：

你院以________号文书报请不起诉的犯罪嫌疑人涉嫌________一案，

本院经审查认为，……（概括论述犯罪嫌疑人涉嫌犯罪的行为），其行为触犯了《中华人民共和国刑法》第________条的规定，涉嫌________罪。犯罪嫌疑人________自愿如实供述涉嫌的犯罪事实，……（概括论述犯罪嫌疑人的重大立功表现或者涉及国家重大利益的事实），有重大立功（案件涉及国家重大利益），依据《中华人民共和国刑事诉讼法》第一百八十二条的规定，决定核准对犯罪嫌疑人不起诉。

20××年××月××日

（院印）

2. 制作说明

（1）本文书依据《中华人民共和国刑事诉讼法》第一百八十二条和《人民检察院刑事诉讼规则》第二百七十九条的规定制作。为犯罪嫌疑人自愿如实供述涉嫌犯罪的事实，有重大立功或者案件涉及国家重大利益，经最高人民检察院核准，公安机关可以撤销案件，人民检察院可以作出不起诉决定，也可以对涉嫌数罪中的一项或者多项不起诉时使用。

（2）关于“犯罪嫌疑人的重大立功表现或者涉及国家重大利益的事实”部分，视该内容是否涉密、涉密级别而把握表述内容的详略程度。

（3）本文书一式二份，一份附卷，一份送达报请单位。

3.1.38　法律文书：不予批准不起诉决定书

（一）基本概念

不予批准不起诉决定书，是犯罪嫌疑人自愿如实供述涉嫌犯罪的事实，有重大立功或者案件涉及国家重大利益，但最高人民检察院对省级检察机关提请的不起诉意见不予核准的法律文书。

（二）相关依据

1. 法律依据

《中华人民共和国刑事诉讼法》第一百八十二条：“犯罪嫌疑人自愿

如实供述涉嫌犯罪的事实，有重大立功或者案件涉及国家重大利益的，经最高人民检察院核准，公安机关可以撤销案件，人民检察院可以作出不起诉决定，也可以对涉嫌数罪中的一项或者多项不起诉。

根据前款规定不起诉或者撤销案件的，人民检察院、公安机关应当及时对查封、扣押、冻结的财物及其孳息作出处理。”

2. 司法解释规定

《人民检察院刑事诉讼规则》第二百七十九条：“犯罪嫌疑人自愿如实供述涉嫌犯罪的事实，有重大立功或者案件涉及国家重大利益的，经最高人民检察院核准，公安机关可以撤销案件，人民检察院可以作出不起诉决定，也可以对涉嫌数罪中的一项或者多项不起诉。

前款规定的不起诉，应当由检察长决定。决定不起诉的，人民检察院应当及时对查封、扣押、冻结的财物及其孳息作出处理。”

（三）文书结构

1. 首部

制作文书的人民检察院名称，即最高人民检察院。文书名称，即“不予批准不起诉决定书”。文号生成格式为：“高检××不批准不诉字〔20××〕×号”，由全国检察业务应用系统2.0自动生成。

2. 正文

抬头为报请核准不起诉的省级人民检察院，行文上顶格书写。

报请核准的情况，写明案件罪名等信息。

不予批准的内容和依据，对报请核准的意见进行回复，说明不批准不起诉的意见、依据。

3. 尾部

落款文书发出日期，日期上加盖院印。

（四）文书模板及制作说明

1. 文书模板

×××人民检察院

不予批准不起诉决定书

高检××不批准不诉字〔20××〕×号

×××人民检察院：

你院以×××号文书报请不起诉的犯罪嫌疑人×××涉嫌×××一案，本院经审查认为，……（概括论述犯罪嫌疑人涉嫌犯罪的行为），其行为触犯了《中华人民共和国刑法》第××条的规定，涉嫌×××罪。因……（概括论述不应对犯罪嫌疑人不起诉的事实、依据及理由），依据《中华人民共和国刑事诉讼法》第一百八十二条的规定，决定不批准对犯罪嫌疑人×××不起诉。

20××年××月××日

（院印）

2. 制作说明

（1）本文书依据《中华人民共和国刑事诉讼法》第一百八十二条和《人民检察院刑事诉讼规则》第二百七十九条的规定制作。是最高人民检察院对省级检察机关提请的不起诉意见不予核准时使用。

（2）本文书一式二份，一份附卷，一份送达报请单位。

3.1.39 法律文书：不起诉决定书（适用认罪认罚核准不起诉案件）

（一）基本概念

不起诉决定书（适用认罪认罚核准不起诉案件），是检察机关对认罪认罚且有重大立功或涉及国家利益的被告人，经最高人民检察院核准作出不起诉决定的书面载体，是检察机关依法作出不起诉诉讼处理决定的法律文书，具有终止诉讼，不追究或免予追究认罪认罚的被不起诉人刑事责任的法律效力。

（二）相关依据

1. 法律依据

《中华人民共和国刑事诉讼法》第一百八十二条第一款："犯罪嫌疑人自愿如实供述涉嫌犯罪的事实，有重大立功或者案件涉及国家重大利益的，经最高人民检察院核准，公安机关可以撤销案件，人民检察院可以作出不起诉决定，也可以对涉嫌数罪中的一项或者多项不起诉。"

2. 司法解释规定

《人民检察院刑事诉讼规则》第二百七十九条："犯罪嫌疑人自愿如实供述涉嫌犯罪的事实，有重大立功或者案件涉及国家重大利益的，经最高人民检察院核准，公安机关可以撤销案件，人民检察院可以作出不起诉决定，也可以对涉嫌数罪中的一项或者多项不起诉。

前款规定的不起诉，应当由检察长决定。决定不起诉的，人民检察院应当及时对查封、扣押、冻结的财物及其孳息作出处理。"

（三）文书结构

1. 首部

此部分包括制作文书的人民检察院名称、文书名称和文书编号。制作文书的人民检察院需注明所在省（自治区、直辖市）的名称，不能只写地区级市、县、区院名。文书名称，即"不起诉决定书"。文号生成格式为："××检××刑不诉〔20××〕×号"。

2. 正文

（1）被不起诉人基本情况。被不起诉人的基本情况按文书中所列项目顺序叙明。

如系被不起诉单位，则应写明名称、住所地，并以被不起诉单位代替不起诉书格式中的"被不起诉人"。

(2) 辩护人基本情况。此部分包括辩护人姓名、单位。

(3) 案由和案件来源。其中“案由”应当写移送审查起诉时或者调查/侦查终结时认定的行为性质，而不是审查起诉部门认定的行为性质。

“案件来源”包括监察、公安、安全机关移送、本院侦查终结、其他人民检察院移送等情况。

应当写明移送审查起诉的时间和退回补充侦查的情况（包括退回补充侦查日期、次数和再次移送日期）。写明本院受理日期。

(4) 案件事实情况。此部分包括指控被不起诉人构成犯罪的事实及作为不起诉决定根据的事实。根据不起诉的性质、内容和特点，针对案件具体情况有侧重地叙写。

(5) 不起诉理由、法律依据和决定事项部分。所引用的法律应当引全称，法律条款要用汉字将条、款、项引全。

(6) 告知事项。应当根据《中华人民共和国刑事诉讼法》第一百八十条，《人民检察院刑事诉讼规则》第三百八十五条的规定写明被不起诉人享有申诉权。

凡是有被害人的案件，应当根据《中华人民共和国刑事诉讼法》第一百八十条，《人民检察院刑事诉讼规则》第三百八十一条、第三百八十二条的规定写明被害人享有申诉权及起诉权。

3. 尾部

署检察院名称并盖院印。

(四) 文书模板及制作说明

1. 文书模板

×××人民检察院

不起诉决定书

××检××刑不诉〔20××〕×号

被不起诉人……〔写明姓名、性别、出生年月日、公民身份号码、民族、文化程度、职业或工作单位及职务（国家机关工作人员利用职权实施的犯罪，应当写明犯罪期间在何单位任何职）和户籍地、住址（被不起诉人住址写居住地，如果户籍所在地与暂住地不一致的，应当写明户籍所在地和暂住地），是否受过刑事处罚，采取强制措施的种类、时间、决定机关等〕

（如系被不起诉单位，则应写明名称、住所地等）

辩护人……（写姓名、单位）

本案由×××（侦查机关名称）侦查终结，以被不起诉人×××涉嫌×××罪，于××××年××月××日向本院移送审查起诉。

（如果案件曾经退回补充侦查，应当写明退回补充侦查的日期、次数以及再次移送审查起诉时间）

经本院依法审查查明：

……

（概括叙写案件事实，并写明被不起诉人自愿如实供述涉嫌的犯罪事实，并具有重大立功等，有必要作不起诉处理的事实。要将检察机关审查后认定的事实和证据写清楚，不必叙写侦查机关移送审查时认定的事实和证据。对于证据不足的事实，不能写入不起诉决定书中。在事实部分中表述犯罪情节时应当以犯罪构成要件为标准，还要将体现其有必要作不起诉处理的因素叙述清楚。叙述事实之后，应当将证据一一列举）

本院认为，×××实施了《中华人民共和国刑法》第××条规定的行为，因自愿如实供述涉嫌犯罪的事实、认罪认罚，并有重大立功（或案件涉及国家重大利益），经最高人民检察院核准，决定对×××（被不起诉人的姓名）不起诉。

查封、扣押、冻结的涉案款物的处理情况。

被不起诉人如不服本决定，可以自收到本决定书后七日内向本院申诉。

被害人如不服本决定，可以自收到本决定书后七日以内向×××人民检察院申诉，请求提起公诉；也可以不经申诉，直接向×××人民法院提起自诉。

×××人民检察院
20××年××月××日
（院印）

2. 制作说明

（1）本文书依据《中华人民共和国刑事诉讼法》第一百八十二条第一款之规定制作。

（2）其他叙写标准与《人民检察院刑事诉讼法律文书格式样本（2020版）》不起诉决定书要求相同。

（3）不起诉决定书以人为单位制作。

（4）不起诉决定书应当有正本、副本之分，其中正本一份归入正卷，副本送达被不起诉人、辩护人及其所在单位、被害人或者其近亲属及其诉讼代理人、监察机关、侦查机关（部门）。如被不起诉人是中共党员，不起诉决定书还应送达被不起诉人所在的党支部。

3.1.40　法律文书：认罪认罚从宽制度告知书

（一）基本概念

认罪认罚从宽制度告知书，是犯罪嫌疑人、被告人自愿认罪认罚，在签署认罪认罚具结书前，由检察机关书面向其送达的其享有的法律帮助权、认罪认罚所包含的内容及对量刑不认可不适用认罪认罚的制度的一种权利义务告知与送达式法律文书。

认罪认罚从宽处理制度告知书和认罪认罚具结书同时适用。对需要签署认罪认罚具结书的，在签署前应当向犯罪嫌疑人、被告人宣读认罪认罚从宽处理制度告知书。

（二）相关依据

1. 法律依据

《中华人民共和国刑事诉讼法》第十五条："犯罪嫌疑人、被告人自愿如实供述自己的罪行，承认指控的犯罪事实，愿意接受处罚的，可以依法从宽处理。"

第一百七十四条："犯罪嫌疑人自愿认罪，同意量刑建议和程序适用的，应当在辩护人或者值班律师在场的情况下签署认罪认罚具结书。

犯罪嫌疑人认罪认罚，有下列情形之一的，不需要签署认罪认罚具结书：

（一）犯罪嫌疑人是盲、聋、哑人，或者是尚未完全丧失辨认或者控制自己行为能力的精神病人的；

（二）未成年犯罪嫌疑人的法定代理人、辩护人对未成年人认罪认罚有异议的；

（三）其他不需要签署认罪认罚具结书的情形。"

2. 其他规定

"两高三部"《关于适用认罪认罚从宽制度的指导意见》第五条："适用阶段和适用案件范围。认罪认罚从宽制度贯穿刑事诉讼全过程，适用于侦查、起诉、审判各个阶段。

认罪认罚从宽制度没有适用罪名和可能判处刑罚的限定，所有刑事案件都可以适用，不能因罪轻、罪重或者罪名特殊等原因而剥夺犯罪嫌疑人、被告人自愿认罪认罚获得从宽处理的机会。但'可以'适用不是一律适用，犯罪嫌疑人、被告人认罪认罚后是否从宽，由司法机关根据案件具体情况决定。"

第六条："'认罪'的把握。认罪认罚从宽制度中的'认罪'，是指犯罪嫌疑人、被告人自愿如实供述自己的罪行，对指控的犯罪事实没有异议。承认指控的主要犯罪事实，仅对个别事实情节提出异议，或者虽然对行为性质提出辩解但表示接受司法机关认定意见的，不影响'认罪'的认定。犯罪嫌疑人、被告人犯数罪，仅如实供述其中一罪或部分罪名事实的，全案不作‘认罪’的认定，不适用认罪认罚从宽制度，但对如实供述的部分，人民检察院可以提出从宽处罚的建议，人民法院可以从宽处罚。”

第七条：“‘认罚’的把握。认罪认罚从宽制度中的‘认罚’，是指犯罪嫌疑人、被告人真诚悔罪，愿意接受处罚。‘认罚’，在侦查阶段表现为表示愿意接受处罚；在审查起诉阶段表现为接受人民检察院拟作出的起诉或不起诉决定，认可人民检察院的量刑建议，签署认罪认罚具结书；在审判阶段表现为当庭确认自愿签署具结书，愿意接受刑罚处罚。”

‘认罚’考察的重点是犯罪嫌疑人、被告人的悔罪态度和悔罪表现，应当结合退赃退赔、赔偿损失、赔礼道歉等因素来考量。犯罪嫌疑人、被告人虽然表示‘认罚’，却暗中串供、干扰证人作证、毁灭、伪造证据或者隐匿、转移财产，有赔偿能力而不赔偿损失，则不能适用认罪认罚从宽制度。犯罪嫌疑人、被告人享有程序选择权，不同意适用速裁程序、简易程序的，不影响‘认罚’的认定。”

（三）文书结构

本文书为填充式文书。

1. 首部

首部制作文书的人民检察院，需注明所在省（自治区、直辖市）的名称，不能只写地区级市、县、区院名。文书标题，即“认罪认罚从宽制度告知书”。

2. 正文

该文书为系统默认告知文书。

3. 尾部

被告人在阅读或办案人宣读之后签字捺手印。日期为文书签署日期，并加盖检察院院印。

（四）文书模板及制作说明

1. 文书模板

×××人民检察院

认罪认罚从宽制度告知书

一、根据《中华人民共和国刑事诉讼法》第十五条的规定，犯罪嫌疑人、被告人自愿如实供述自己的罪行，承认指控的犯罪事实，愿意接受处罚的，可以依法从宽处理。

二、犯罪嫌疑人、被告人没有委托辩护人，法律援助机构没有指派律师为其提供辩护的，由值班律师为犯罪嫌疑人、被告人提供法律咨询、程序选择建议、申请变更强制措施、对案件处理提出意见等法律帮助，犯罪嫌疑人、被告人有权约见值班律师。

三、适用认罪认罚从宽制度，犯罪嫌疑人、被告人应当签署《认罪认罚从宽制度告知书》及《认罪认罚具结书》。《认罪认罚具结书》应由辩护人或值班律师签字确认。有下列情形之一的，不需要签署认罪认罚具结书：

（一）犯罪嫌疑人是盲、聋、哑人，或者是尚未完全丧失辨认或者控制自己行为能力的精神病人的；

（二）未成年犯罪嫌疑人的法定代理人、辩护人对未成年人认罪认罚有异议的；

（三）其他不需要签署认罪认罚具结书的情形。

四、《认罪认罚具结书》应载明：犯罪嫌疑人基本信息、认罪认罚情况、被指控的犯罪事实、罪名及适用的法律规定、检察机关对犯罪嫌疑人拟提出的从轻、减轻或者免除处罚等从宽处罚的建议；认罪认罚后案件审理适用的程序及其他需要听取意见的情形。

五、检察机关根据犯罪嫌疑人、被告人的犯罪事实、犯罪情节、认罪情形，就主刑、附加刑、是否适用缓刑等拟出量刑建议。犯罪嫌疑人、被告人或其辩护人/值班律师可以向检察机关提出从轻、减轻处罚等意见，检察机关根据案件情况，可以进行调整。

六、对于认罪认罚案件，除《中华人民共和国刑事诉讼法》第二百零一条规定的除外情形外，人民法院依法作出判决时，一般应当采纳人民检察院指控的罪名和量刑建议。

七、《认罪认罚具结书》签署后，犯罪嫌疑人、被告人提出异议或变更的，人民检察院将重新提出量刑建议。

八、经协商，犯罪嫌疑人、被告人如不同意检察机关的量刑建议，有权不签署《认罪认罚具结书》，不适用本制度。

本人已阅读并完全理解上述《认罪认罚从宽制度告知书》，并由本人签署后附卷留存。

签名：

年　月　日

本文书一式二份，一份留存附卷，一份交犯罪嫌疑人、被告人

2. 制作说明

（1）本文书依据《中华人民共和国刑事诉讼法》第十五条、第一百七十四条等规定制作。是人民检察院依法适用认罪认罚案件时使用。

（2）认罪认罚从宽制度告知书在签署前应当向犯罪嫌疑人、被告人宣读。

（3）认罪认罚从宽制度告知书一式二份，由犯罪嫌疑人签字后捺手印，一份附卷，一份移送犯罪嫌疑人、被告人。落款为签发日期，日期上加盖公章。

3.1.41 法律文书：认罪认罚具结书

（一）基本概念

认罪认罚具结书，是犯罪嫌疑人自愿认罪，同意人民检察院量刑建议和程序适用，对其自愿认罪认罚的行为以书面方式承诺愿意承担法律责任的表示的法律文书。

认罪认罚从宽处理制度告知书和认罪认罚具结书同时适用。对需要签署认罪认罚具结书的，在签署前应当向犯罪嫌疑人、被告人宣读认罪认罚从宽处理制度告知书。

（二）相关依据

1. 法律依据

《中华人民共和国刑事诉讼法》第十五条："犯罪嫌疑人、被告人自愿如实供述自己的罪行，承认指控的犯罪事实，愿意接受处罚的，可以依法从宽处理。"

第一百七十四条："犯罪嫌疑人自愿认罪，同意量刑建议和程序适用的，应当在辩护人或者值班律师在场的情况下签署认罪认罚具结书。

犯罪嫌疑人认罪认罚，有下列情形之一的，不需要签署认罪认罚具结书：

（一）犯罪嫌疑人是盲、聋、哑人，或者是尚未完全丧失辨认或者控制自己行为能力的精神病人的；

（二）未成年犯罪嫌疑人的法定代理人、辩护人对未成年人认罪认罚有异议的；

（三）其他不需要签署认罪认罚具结书的情形。"

2. 其他规定

"两高三部"《关于适用认罪认罚从宽制度的指导意见》第五条："适用阶段和适用案件范围。认罪认罚从宽制度贯穿刑事诉讼全过程，适用于侦查、起诉、审判各个阶段。

认罪认罚从宽制度没有适用罪名和可能判处刑罚的限定，所有刑事案件都可以适用，不能因罪轻、罪重或者罪名特殊等原因而剥夺犯罪嫌疑人、被告人自愿认罪认罚获得从宽处理的机会。但‘可以’适用不是一律适用，犯罪嫌疑人、被告人认罪认罚后是否从宽，由司法机关根据案件具体情况决定。”

第六条：“‘认罪’的把握。认罪认罚从宽制度中的‘认罪’，是指犯罪嫌疑人、被告人自愿如实供述自己的罪行，对指控的犯罪事实没有异议。承认指控的主要犯罪事实，仅对个别事实情节提出异议，或者虽然对行为性质提出辩解但表示接受司法机关认定意见的，不影响‘认罪’的认定。犯罪嫌疑人、被告人犯数罪，仅如实供述其中一罪或部分罪名事实的，全案不作‘认罪’的认定，不适用认罪认罚从宽制度，但对如实供述的部分，人民检察院可以提出从宽处罚的建议，人民法院可以从宽处罚。”

第七条：“‘认罚’的把握。认罪认罚从宽制度中的‘认罚’，是指犯罪嫌疑人、被告人真诚悔罪，愿意接受处罚。‘认罚’，在侦查阶段表现为表示愿意接受处罚；在审查起诉阶段表现为接受人民检察院拟作出的起诉或不起诉决定，认可人民检察院的量刑建议，签署认罪认罚具结书；在审判阶段表现为当庭确认自愿签署具结书，愿意接受刑罚处罚。

‘认罚’考察的重点是犯罪嫌疑人、被告人的悔罪态度和悔罪表现，应当结合退赃退赔、赔偿损失、赔礼道歉等因素来考量。犯罪嫌疑人、被告人虽然表示‘认罚’，却暗中串供、干扰证人作证、毁灭、伪造证据或者隐匿、转移财产，有赔偿能力而不赔偿损失，则不能适用认罪认罚从宽制度。犯罪嫌疑人、被告人享有程序选择权，不同意适用速裁程序、简易程序的，不影响‘认罚’的认定。”

（三）文书结构

本文书为填充式文书。

1. 首部

文书名称，即“认罪认罚具结书”。

2. 正文

权利知悉，该部分为系统默认文书，无须更改。

认罪认罚内容，采用叙述方式，应针对全案证据情况进行分析，确定认定犯罪事实、指控罪名，保证犯罪嫌疑人、被告人签署的认罪认罚具结书中的该部分内容与起诉书、不起诉决定书中认定事实及罪名相一致。

自愿签署声明，该部分为系统默认文书，无须更改。犯罪嫌疑人、被告人在阅读之后签字捺手印。

3. 尾部

辩护人、值班律师的工作单位、姓名及与犯罪嫌疑人、被告人的关系准确填写。日期为文书签署日期，并在尾部加盖院章。

（四）文书模板及制作说明

1. 文书模板

认罪认罚具结书

（自然人）

一、犯罪嫌疑人身份信息

本人姓名______，性别______，______年____月____日出生，公民身份号码：________________，民族________，文化程度______，职业______，户籍所在地：______________________________________。

二、权利知悉

本人已阅读《认罪认罚从宽制度告知书》，且理解并接受其全部内容，本人自愿适用认罪认罚从宽制度。

三、认罪认罚内容

本人知悉并认可如下内容：

1. ________检察院指控本人犯罪事实：____

2. ________检察院指控本人构成________罪。

3. ________检察院提出的量刑建议：____（如

在审理阶段具有赔偿被害人、取得谅解等情节的，将调整量刑建议或者给出具体预期刑期；如相对不起诉，可写鉴于×××情况，我院对你拟决定不起诉）。

4. 本人同意适用速裁程序/简易程序/普通程序。

四、自愿签署声明

本人就本具结书内容已经听取辩护人/值班律师的法律意见，知悉认罪认罚可能导致的法律后果。

本《认罪认罚具结书》是本人在知情和自愿的情况下签署，未受任何暴力、威胁或任何其他形式的非法影响，亦未受任何可能损害本人理解力和判断力的毒品、药物或酒精物质的影响，除了本《认罪认罚具结书》载明的内容，本人没有获得其他任何关于案件处理的承诺。

本人已阅读、理解并认可本《认罪认罚具结书》的每一项内容，上述内容真实、准确、完整。 **本人签名：　　　　　　　　　　　　　　　　年　月　日**

本人系________________（单位）的律师，担任犯罪嫌疑人/被告人________的辩护人/值班律师。本人证明，该犯罪嫌疑人/被告人已经阅读了《认罪认罚从宽制度告知书》及《认罪认罚具结书》，自愿签署了上述《认罪认罚具结书》。

辩护人/值班律师签名：

年　月　日

本文书一式二份，一份留存附卷，一份送人民法院

2. 制作说明

（1）本文书依据《中华人民共和国刑事诉讼法》第十五条、第一百七十四条等规定制作。是人民检察院依法适用认罪认罚案件时使用。

（2）根据《人民检察院办理认罪认罚案件听取意见同步录音录像规

定》第二条，人民检察院办理认罪认罚案件，对于检察官围绕量刑建议、程序适用等事项听取犯罪嫌疑人、被告人、辩护人或者值班律师意见、签署具结书活动，应当同步录音录像。……多次听取意见的，要对量刑建议形成、确认以及最后的签署过程进行同步录音录像。对依法不需要签署具结书的案件，应当对能够反映量刑建议形成的环节同步录音录像。认罪认罚具结书应当由具结人阅读后亲笔签署，必要时可以由人民检察院向其宣读后，由其签名并捺手印。具结时辩护人或者值班律师应当在场，并在具结书上签字，写明具结书签署的日期。

（3）具结书一式二份，一份附卷，一份移送人民法院，不起诉案件无须移送。落款日期为签发日期，日期上加盖检察院院章。

3.1.42 法律文书：批准撤销案件决定书（适用认罪认罚案件）

（一）基本概念

批准撤销案件决定书（适用认罪认罚案件），是最高人民检察院在公安部、国家安全部对于自愿如实供述涉嫌犯罪的事实，且有重大立功或者案件涉及国家重大利益的认罪认罚案件，提请对犯罪嫌疑人撤销案件时，用以批准公安部或者国家安全部撤销案件所使用的文书。

（二）相关依据

1. 法律依据

《中华人民共和国刑事诉讼法》第一百八十二条："犯罪嫌疑人自愿如实供述涉嫌犯罪的事实，有重大立功或者案件涉及国家重大利益的，经最高人民检察院核准，公安机关可以撤销案件，人民检察院可以作出不起诉决定，也可以对涉嫌数罪中的一项或者多项不起诉。

根据前款规定不起诉或者撤销案件的，人民检察院、公安机关应当及时对查封、扣押、冻结的财物及其孳息作出处理。"

2. 司法解释规定

《人民检察院刑事诉讼规则》第二百七十九条："犯罪嫌疑人自愿如

实供述涉嫌犯罪的事实，有重大立功或者案件涉及国家重大利益的，经最高人民检察院核准，公安机关可以撤销案件，人民检察院可以作出不起诉决定，也可以对涉嫌数罪中的一项或者多项不起诉。

前款规定的不起诉，应当由检察长决定。决定不起诉的，人民检察院应当及时对查封、扣押、冻结的财物及其孳息作出处理。”

（三）文书结构

根据最高人民检察院《人民检察院刑事诉讼法律文书格式样本（2020版）》样式，并非批准撤销案件决定书文书，而是核准撤销案件决定书（适用认罪认罚案件），但全国检察业务应用系统2.0中为对应的文书为批准撤销案件决定书，参照之前版本，具体结构如下：

1. 首部

首部明确了决定机关为最高人民检察院，文书名称，即“批准撤销案件决定书”，文号生成格式为：“××高检××批准撤案字〔20××〕×号”。

2. 正文

写明发往单位，即提请撤销案件的单位，按照与最高人民检察院级别对应的机关来看，发往单位应为公安部或者国家安全部，行文上顶格书写。

正文开头部分“你部以×号文书提请撤销案件的犯罪嫌疑人×××涉嫌×××一案”，写明提请撤销案件的文书号以及案件当事人、案件名称。

“本院经审查认为，……（概括论述犯罪嫌疑人涉嫌犯罪的行为），其行为触犯了《中华人民共和国刑法》第×××条的规定，涉嫌×××罪。犯罪嫌疑人×××自愿如实供述涉嫌的犯罪事实，……（概括论述犯罪嫌疑人的重大立功表现或者涉及国家重大利益的事实），有重大立功（案件涉及国家重大利益），决定批准对犯罪嫌疑人×××涉嫌×××案撤销案件。”主要填录的批准的事实和理由。写明最高人民检察院审查后认定犯罪嫌疑人行为触犯的法律以及涉嫌罪名，概括论述犯罪嫌疑人有无重大立功表现或者涉及国家重大利益的事实。

3. 尾部

落款为发出日期，日期上加盖院印。

（四）文书模板及制作说明

1. 文书模板

最高人民检察院

批准撤销案件决定书

××高检××批准撤案字〔20××〕×号

公安部（国家安全部）：

你部以×号文书提请撤销案件的犯罪嫌疑人×××涉嫌×××一案，本院经审查认为，……（概括论述犯罪嫌疑人涉嫌犯罪的行为），其行为触犯了《中华人民共和国刑法》第××条的规定，涉嫌×××罪。犯罪嫌疑人×××自愿如实供述涉嫌的犯罪事实，……（概括论述犯罪嫌疑人的重大立功表现或者涉及国家重大利益的事实），有重大立功（案件涉及国家重大利益），决定批准对犯罪嫌疑人×××涉嫌×××案撤销案件。

20××年××月××日

（院印）

2. 制作说明

（1）依据《中华人民共和国刑事诉讼法》第一百八十二条，《人民检察院刑事诉讼规则》第二百七十九条等规定制作。是最高人民检察院在公安部、国家安全部提请犯罪嫌疑人撤销案件时使用。

（2）文书应一式二份，一份附卷，一份送达报请单位。

3.1.43　法律文书：不予批准撤销案件决定书（适用认罪认罚案件）

（一）基本概念

不予批准撤销案件决定书（适用认罪认罚案件），是最高人民检察院在公安部、国家安全部以犯罪嫌疑人自愿如实供述涉嫌犯罪的事实，且有重大立功或者案件涉及国家重大利益为由，提请对犯罪嫌疑人撤销案件时，认为其不符合认罪认罚撤销案件的条件，从而不批准公安部或者国家安全部撤销案件所使用的文书。

（二）相关依据

1. 法律依据

《中华人民共和国刑事诉讼法》第一百八十二条："犯罪嫌疑人自愿如实供述涉嫌犯罪的事实，有重大立功或者案件涉及国家重大利益的，经最高人民检察院核准，公安机关可以撤销案件，人民检察院可以作出不起诉决定，也可以对涉嫌数罪中的一项或者多项不起诉。

根据前款规定不起诉或者撤销案件的，人民检察院、公安机关应当及时对查封、扣押、冻结的财物及其孳息作出处理。"

2. 司法解释规定

《人民检察院刑事诉讼规则》第二百七十九条："犯罪嫌疑人自愿如实供述涉嫌犯罪的事实，有重大立功或者案件涉及国家重大利益的，经最高人民检察院核准，公安机关可以撤销案件，人民检察院可以作出不起诉决定，也可以对涉嫌数罪中的一项或者多项不起诉。

前款规定的不起诉，应当由检察长决定。决定不起诉的，人民检察院应当及时对查封、扣押、冻结的财物及其孳息作出处理。"

（三）文书结构

根据最高人民检察院《人民检察院刑事诉讼法律文书格式样本（2020版）》样式，并非不予批准撤销案件决定书，而是不予核准撤销案件决定书（适用认罪认罚案件），但全国检察业务应用系统2.0中对应的文书为不予批准撤销案件决定书，参照之前版本，具体结构如下：

1. 首部

首部明确了决定机关为最高人民检察院，文书名称即“不予批准撤销案件决定书”，文号生成格式为：“××高检××不批准撤案字〔20××〕×号”。

2. 正文

写明发往单位，即提请撤销案件的单位，按照与最高人民检察院级别对应的机关来看，发往单位应为公安部或者国家安全部，行文上顶格书写。

正文开头部分“你部以××号文书提请撤销案件的犯罪嫌疑人×××涉嫌×××一案”，是填空式模句目的是，写明提请撤销案件的文书号以及案件当事人、案件名称。

“本院经审查认为，……（概括论述犯罪嫌疑人涉嫌犯罪的行为），其行为触犯了《中华人民共和国刑法》第×××条的规定，涉嫌×××罪。因……（概括论述不应对犯罪嫌疑人撤销案件的事实、依据及理由），决定不批准对犯罪嫌疑人×××涉嫌×××案撤销案件。”主要填录的不批准的事实和理由。写明最高人民检察院审查后认定犯罪嫌疑人行为触犯的法律以及涉嫌罪名。

3. 尾部

落款为发出日期，日期上加盖院印。

（四）文书模板及制作说明

1. 文书模板

×××人民检察院

不予批准撤销案件决定书

××高检××不批准撤案字〔20××〕×号

公安部（国家安全部）：

你部以×号文书提请撤销案件的犯罪嫌疑人×××涉嫌×××一案，本院经审查认为，……（概括论述犯罪嫌疑人涉嫌犯罪的行为），其行为触犯了《中华人民共和国刑法》第×××条的规定，涉嫌×××罪。因……（概括论述不应对犯罪嫌疑人撤销案件的事实、依据及理由），决定不批准对犯罪嫌疑人×××涉嫌×××案撤销案件。

20××年××月××日

（院印）

2. 制作说明

（1）依据《中华人民共和国刑事诉讼法》第一百八十二条，《人民检察院刑事诉讼规则》第二百七十九条等规定制作。为最高人民检察院在公安部、国家安全部提请犯罪嫌疑人撤销案件时使用。

（2）文书应一式二份，一份附卷，一份送达报请单位。

3.1.44　法律文书：和解协议书

（一）基本概念

和解协议书，是人民检察院开展刑事和解工作，对于双方当事人达成和解的刑事案件，对双方和解的自愿性、合法性进行审查后，主持制作书面和解协议时所使用的法律文书。

（二）相关依据

1. 法律依据

《中华人民共和国刑事诉讼法》第二百八十八条：“下列公诉案件，犯罪嫌疑人、被告人真诚悔罪，通过向被害人赔偿损失、赔礼道歉等方式获得被害人谅解，被害人自愿和解的，双方当事人可以和解：

（一）因民间纠纷引起，涉嫌刑法分则第四章、第五章规定的犯罪案件，可能判处三年有期徒刑以下刑罚的；

（二）除渎职犯罪以外的可能判处七年有期徒刑以下刑罚的过失犯罪案件。

犯罪嫌疑人、被告人在五年以内曾经故意犯罪的，不适用本章规定的程序。”

第二百八十九条：“双方当事人和解的，公安机关、人民检察院、人民法院应当听取当事人和其他有关人员的意见，对和解的自愿性、合法性进行审查，并主持制作和解协议书。”

第二百九十条：“对于达成和解协议的案件，公安机关可以向人民检察院提出从宽处理的建议。人民检察院可以向人民法院提出从宽处罚的建议；对于犯罪情节轻微，不需要判处刑罚的，可以作出不起诉的决定。人民法院可以依法对被告人从宽处罚。”

2. 司法解释规定

（1）最高人民法院《关于适用〈中华人民共和国刑事诉讼法〉的解释》第五百八十七条：“对符合刑事诉讼法第二百八十八条规定的公诉案件，事实清楚、证据充分的，人民法院应当告知当事人可以自行和解；当事人提出申请的，人民法院可以主持双方当事人协商以达成和解。

根据案件情况，人民法院可以邀请人民调解员、辩护人、诉讼代理人、当事人亲友等参与促成双方当事人和解。”

第五百八十八条：“符合刑事诉讼法第二百八十八条规定的公诉案件，被害人死亡的，其近亲属可以与被告人和解。近亲属有多人的，达成和解协议，应当经处于最先继承顺序的所有近亲属同意。

被害人系无行为能力或者限制行为能力人的，其法定代理人、近亲属可以代为和解。”

第五百八十九条：“被告人的近亲属经被告人同意，可以代为和解。

被告人系限制行为能力人的，其法定代理人可以代为和解。

被告人的法定代理人、近亲属依照前两款规定代为和解的，和解协议约定的赔礼道歉等事项，应当由被告人本人履行。”

第五百九十条：“对公安机关、人民检察院主持制作的和解协议书，当事人提出异议的，人民法院应当审查。经审查，和解自愿、合法的，予以确认，无须重新制作和解协议书；和解违反自愿、合法原则的，应当认定无效。和解协议被认定无效后，双方当事人重新达成和解的，人民法院应当主持制作新的和解协议书。”

第五百九十一条：“审判期间，双方当事人和解的，人民法院应当听取当事人及其法定代理人等有关人员的意见。双方当事人在庭外达成和解的，人民法院应当通知人民检察院，并听取其意见。经审查，和解自愿、合法的，应当主持制作和解协议书。”

第五百九十二条：“和解协议书应当包括以下内容：

（一）被告人承认自己所犯罪行，对犯罪事实没有异议，并真诚悔罪；

（二）被告人通过向被害人赔礼道歉、赔偿损失等方式获得被害人谅解；涉及赔偿损失的，应当写明赔偿的数额、方式等；提起附带民事诉讼的，由附带民事诉讼原告人撤回起诉；

（三）被害人自愿和解，请求或者同意对被告人依法从宽处罚。

和解协议书应当由双方当事人和审判人员签名，但不加盖人民法院印章。

和解协议书一式三份，双方当事人各持一份，另一份交人民法院附卷备查。

对和解协议中的赔偿损失内容，双方当事人要求保密的，人民法院应当准许，并采取相应的保密措施。”

第五百九十三条：“和解协议约定的赔偿损失内容，被告人应当在协议签署后即时履行。

和解协议已经全部履行，当事人反悔的，人民法院不予支持，但有证据证明和解违反自愿、合法原则的除外。”

第五百九十四条：“双方当事人在侦查、审查起诉期间已经达成和解协议并全部履行，被害人或者其法定代理人、近亲属又提起附带民事诉讼的，人民法院不予受理，但有证据证明和解违反自愿、合法原则的除外。”

第五百九十五条：“被害人或者其法定代理人、近亲属提起附带民事诉讼后，双方愿意和解，但被告人不能即时履行全部赔偿义务的，人民法院应当制作附带民事调解书。”

第五百九十六条：“对达成和解协议的案件，人民法院应当对被告人从轻处罚；符合非监禁刑适用条件的，应当适用非监禁刑；判处法定最低刑仍然过重的，可以减轻处罚；综合全案认为犯罪情节轻微不需要判处刑罚的，可以免予刑事处罚。

共同犯罪案件，部分被告人与被害人达成和解协议的，可以依法对该部分被告人从宽处罚，但应当注意全案的量刑平衡。”

第五百九十七条：“达成和解协议的，裁判文书应当叙明，并援引刑事诉讼法的相关条文。”

（2）《人民检察院刑事诉讼规则》第四百九十二条：“下列公诉案件，双方当事人可以和解：

（一）因民间纠纷引起，涉嫌刑法分则第四章、第五章规定的犯罪案件，可能判处三年有期徒刑以下刑罚的；

（二）除渎职犯罪以外的可能判处七年有期徒刑以下刑罚的过失犯罪案件。

当事人和解的公诉案件应当同时符合下列条件：

（一）犯罪嫌疑人真诚悔罪，向被害人赔偿损失、赔礼道歉等；

（二）被害人明确表示对犯罪嫌疑人予以谅解；

（三）双方当事人自愿和解，符合有关法律规定；

（四）属于侵害特定被害人的故意犯罪或者有直接被害人的过失犯罪；

（五）案件事实清楚，证据确实、充分。

犯罪嫌疑人在五年以内曾经故意犯罪的，不适用本节规定的程序。

犯罪嫌疑人在犯刑事诉讼法第二百八十八条第一款规定的犯罪前五年内曾经故意犯罪，无论该故意犯罪是否已经追究，均应当认定为前款规定的五年以内曾经故意犯罪。”

第四百九十三条：“被害人死亡的，其法定代理人、近亲属可以与犯罪嫌疑人和解。

被害人系无行为能力或者限制行为能力人的，其法定代理人可以代为和解。”

第四百九十四条：“犯罪嫌疑人系限制行为能力人的，其法定代理人可以代为和解。

犯罪嫌疑人在押的，经犯罪嫌疑人同意，其法定代理人、近亲属可以代为和解。”

第四百九十五条：“双方当事人可以就赔偿损失、赔礼道歉等民事责任事项进行和解，并且可以就被害人及其法定代理人或者近亲属是否要求或者同意公安机关、人民检察院、人民法院对犯罪嫌疑人依法从宽处理进行协商，但不得对案件的事实认定、证据采信、法律适用和定罪量刑等依法属于公安机关、人民检察院、人民法院职权范围的事宜进行协商。”

第四百九十六条：“双方当事人可以自行达成和解，也可以经人民调解委员会、村民委员会、居民委员会、当事人所在单位或者同事、亲友等组织或者个人调解后达成和解。

人民检察院对于本规则第四百九十二条规定的公诉案件，可以建议当事人进行和解，并告知相应的权利义务，必要时可以提供法律咨询。”

第四百九十七条：“人民检察院应当对和解的自愿性、合法性进行审查，重点审查以下内容：

（一）双方当事人是否自愿和解；

（二）犯罪嫌疑人是否真诚悔罪，是否向被害人赔礼道歉，赔偿数额与其所造成的损害和赔偿能力是否相适应；

（三）被害人及其法定代理人或者近亲属是否明确表示对犯罪嫌疑人予以谅解；

（四）是否符合法律规定；

（五）是否损害国家、集体和社会公共利益或者他人的合法权益；

（六）是否符合社会公德。

审查时，应当听取双方当事人和其他有关人员对和解的意见，告知刑事案件可能从宽处理的法律后果和双方的权利义务，并制作笔录附卷。”

第四百九十八条：“经审查认为双方自愿和解，内容合法，且符合本规则第四百九十二条规定的范围和条件的，人民检察院应当主持制作和解协议书。

和解协议书的主要内容包括：

（一）双方当事人的基本情况；

（二）案件的主要事实；

（三）犯罪嫌疑人真诚悔罪，承认自己所犯罪行，对指控的犯罪没有异议，向被害人赔偿损失、赔礼道歉等。赔偿损失的，应当写明赔偿的数额、履行的方式、期限等；

（四）被害人及其法定代理人或者近亲属对犯罪嫌疑人予以谅解，并要求或者同意公安机关、人民检察院、人民法院对犯罪嫌疑人依法从宽处理。

和解协议书应当由双方当事人签字，可以写明和解协议书系在人民检察院主持下制作。检察人员不在当事人和解协议书上签字，也不加盖人民检察院印章。

和解协议书一式三份，双方当事人各持一份，另一份交人民检察院附卷备查。”

第四百九十九条：“和解协议书约定的赔偿损失内容，应当在双方签署协议后立即履行，至迟在人民检察院作出从宽处理决定前履行。确实难以一次性履行的，在提供有效担保并且被害人同意的情况下，也可以分期履行。”

第五百条：“双方当事人在侦查阶段达成和解协议，公安机关向人民检察院提出从宽处理建议的，人民检察院在审查逮捕和审查起诉时应当充分考虑公安机关的建议。”

第五百零一条："人民检察院对于公安机关提请批准逮捕的案件，双方当事人达成和解协议的，可以作为有无社会危险性或者社会危险性大小的因素予以考虑。经审查认为不需要逮捕的，可以作出不批准逮捕的决定；在审查起诉阶段可以依法变更强制措施。"

第五百零二条："人民检察院对于公安机关移送起诉的案件，双方当事人达成和解协议的，可以作为是否需要判处刑罚或者免除刑罚的因素予以考虑。符合法律规定的不起诉条件的，可以决定不起诉。

对于依法应当提起公诉的，人民检察院可以向人民法院提出从宽处罚的量刑建议。"

第五百零三条："人民检察院拟对当事人达成和解的公诉案件作出不起诉决定的，应当听取双方当事人对和解的意见，并且查明犯罪嫌疑人是否已经切实履行和解协议、不能即时履行的是否已经提供有效担保，将其作为是否决定不起诉的因素予以考虑。

当事人在不起诉决定作出之前反悔的，可以另行达成和解。不能另行达成和解的，人民检察院应当依法作出起诉或者不起诉决定。

当事人在不起诉决定作出之后反悔的，人民检察院不撤销原决定，但有证据证明和解违反自愿、合法原则的除外。"

第五百零四条："犯罪嫌疑人或者其亲友等以暴力、威胁、欺骗或者其他非法方法强迫、引诱被害人和解，或者在协议履行完毕之后威胁、报复被害人的，应当认定和解协议无效。已经作出不批准逮捕或者不起诉决定的，人民检察院根据案件情况可以撤销原决定，对犯罪嫌疑人批准逮捕或者提起公诉。"

（三）文书结构

1. 首部

文书名称，即"和解协议书"。

2. 正文

和解协议书的主要内容包括：

（1）双方当事人的基本情况。

（2）案件的主要事实。

（3）犯罪嫌疑人真诚悔罪，承认自己所犯罪行，对指控的犯罪没有异议，向被害人赔偿损失、赔礼道歉等。赔偿损失的，应当写明赔偿的数额、履行的方式、期限等。

（4）被害人及其法定代理人或者近亲属对犯罪嫌疑人予以谅解，并要求或者同意公安机关、人民检察院、人民法院对犯罪嫌疑人依法从宽处理。

3. 尾部

和解协议书应当由双方当事人签字，可以写明和解协议书系在人民检察院的支持下制作。检察人员不在当事人和解协议书上签字，也不加盖人民检察院印章。

（四）文书模板及制作说明

1. 文书模板

和解协议书

甲方：

（被害人方）×××（写明姓名、性别、出生年月日、公民身份号码、住址等）

法定代理人（近亲属）×××（写明姓名、性别、出生年月日、公民身份号码、住址、与被害人的关系等）

诉讼代理人×××（写明姓名、工作单位等，是法律援助的应注明指派的法律援助机构）

乙方：

（犯罪嫌疑人方）×××（写明姓名、性别、出生年月日、公民身份号码、住址等）

法定代理人（近亲属）×××（写明姓名、性别、出生年月日、公民身份号码、住址、与犯罪嫌疑人的关系等）

辩护人×××（写明姓名、工作单位等，是法律援助的应注明指派的法律援助机构）

调解人： ×××

（根据实际情况决定是否书写此项内容，调解人可以包括人民调解委员会、村民委员会、居民委员会、当事人所在单位或者同事、亲友等，但人民检察院不应作为调解主体）

案件主要事实及和解协议情况：

（案件主要事实）……（概述案件的主要事实，应当着重说明该案件符合《中华人民共和国刑事诉讼法》第二百八十八条规定的条件）。

（和解协议情况）犯罪嫌疑人×××到案后，对犯罪事实进行了如实供述，并真诚悔罪。经双方当事人自行和解，于××××年××月××日，达成如下协议：

（经调解的，写明："××××年××月××日，由×××主持调解，甲方×××、法定代理人×××、诉讼代理人×××、乙方×××、法定代理人×××、辩护人×××参加了调解。经调解，双方当事人自愿达成如下协议："）

一、乙方一次性赔偿甲方损失共计人民币×元整，于签订协议当日现场付清。（乙方赔偿损失时适用，如乙方系提供了有效担保后分期履行的，写明具体情况。如乙方有多名犯罪嫌疑人共同实施了加害行为的，应写明各犯罪嫌疑人的责任分担情况）

乙方向甲方赔礼道歉。（乙方赔礼道歉时适用）

乙方同意……（乙方以其他方式获得谅解时适用）

二、甲方对乙方予以谅解，并请求（或同意）司法机关对乙方依法从宽处理

经×××人民检察院审查，上述协议系在双方自愿的前提下达成，内容真实合法，符合《中华人民共和国刑事诉讼法》第二百八十八条规定的条件，由×××人民检察院主持制作和解协议书。

本协议书一式三份，甲乙双方当事人各持一份、×××人民检察院附卷备查一份。

甲方：（被害人签名）　　　　乙方：（犯罪嫌疑人签名）

××××年××月××日　　　　××××年××月××日

（甲方法定代理人/近亲属签名）（乙方法定代理人/近亲属签名）

××××年××月××日　　　　××××年××月××日

（甲方诉讼代理人签名）　　　（乙方辩护人签名）

××××年××月××日　　　　××××年××月××日

（如系经第三方调解达成协议的，此处应由调解方签字或盖章）

调解人：（调解人签名或者盖章）

××××年××月××日

2. 制作说明

（1）本文书依据《中华人民共和国刑事诉讼法》第二百八十八条、第二百八十九条的规定制作。是人民检察院对双方当事人达成和解的刑事案件，对和解的自愿性、合法性进行审查后，主持制作和解协议书时使用。

（2）本文书由双方当事人签字，检察人员不在当事人和解协议书上签字，也不加盖人民检察院印章。可以写明和解协议书系在人民检察院主持下制作。

（3）本文书一式三份，双方当事人各持一份，另一份交人民检察院附卷。

3.1.45　法律文书：犯罪嫌疑人诉讼权利义务告知书

（一）基本概念

犯罪嫌疑人诉讼权利义务告知书，是根据《中华人民共和国刑事诉讼法》的相关规定，作为刑事案件犯罪嫌疑人，在审查起诉阶段检察机关告知其依法享有的相应诉讼权利和承担的相应诉讼义务的法律文书。

（二）相关依据

《中华人民共和国刑事诉讼法》第三十四条：“犯罪嫌疑人自被侦查

机关第一次讯问或者采取强制措施之日起，有权委托辩护人；在侦查期间，只能委托律师作为辩护人。被告人有权随时委托辩护人。

侦查机关在第一次讯问犯罪嫌疑人或者对犯罪嫌疑人采取强制措施的时候，应当告知犯罪嫌疑人有权委托辩护人。人民检察院自收到移送审查起诉的案件材料之日起三日以内，应当告知犯罪嫌疑人有权委托辩护人。人民法院自受理案件之日起三日以内，应当告知被告人有权委托辩护人。犯罪嫌疑人、被告人在押期间要求委托辩护人的，人民法院、人民检察院和公安机关应当及时转达其要求。

犯罪嫌疑人、被告人在押的，也可以由其监护人、近亲属代为委托辩护人。

辩护人接受犯罪嫌疑人、被告人委托后，应当及时告知办理案件的机关。”

第一百七十二条：“人民检察院对于监察机关、公安机关移送起诉的案件，应当在一个月以内作出决定，重大、复杂的案件，可以延长十五日；犯罪嫌疑人认罪认罚，符合速裁程序适用条件的，应当在十日以内作出决定，对可能判处的有期徒刑超过一年的，可以延长至十五日。

人民检察院审查起诉的案件，改变管辖的，从改变后的人民检察院收到案件之日起计算审查起诉期限。”

第一百七十三条：“人民检察院审查案件，应当讯问犯罪嫌疑人，听取辩护人或者值班律师、被害人及其诉讼代理人的意见，并记录在案。辩护人或者值班律师、被害人及其诉讼代理人提出书面意见的，应当附卷。

犯罪嫌疑人认罪认罚的，人民检察院应当告知其享有的诉讼权利和认罪认罚的法律规定，听取犯罪嫌疑人、辩护人或者值班律师、被害人及其诉讼代理人对下列事项的意见，并记录在案：

（一）涉嫌的犯罪事实、罪名及适用的法律规定；

（二）从轻、减轻或者免除处罚等从宽处罚的建议；

（三）认罪认罚后案件审理适用的程序；

（四）其他需要听取意见的事项。

人民检察院依照前两款规定听取值班律师意见的，应当提前为值班律师了解案件有关情况提供必要的便利。”

第一百七十四条："犯罪嫌疑人自愿认罪，同意量刑建议和程序适用的，应当在辩护人或者值班律师在场的情况下签署认罪认罚具结书。

犯罪嫌疑人认罪认罚，有下列情形之一的，不需要签署认罪认罚具结书：

（一）犯罪嫌疑人是盲、聋、哑人，或者是尚未完全丧失辨认或者控制自己行为能力的精神病人的；

（二）未成年犯罪嫌疑人的法定代理人、辩护人对未成年人认罪认罚有异议的；

（三）其他不需要签署认罪认罚具结书的情形。"

（三）文书结构

1. 首部

首部制作文书的人民检察院需注明所在省（自治区、直辖市）的名称，不能只写地区级市、县、区院名。文书名称，即："犯罪嫌疑人诉讼权利义务告知书"，本文书需要向犯罪嫌疑人送达，送达文书名称下方标注"回执"字样。该文书无文号。

2. 正文

发往对象，即涉案犯罪嫌疑人，行文上顶格书写。

开头及首句，依据《人民检察院刑事诉讼法律文书格式样本（2020版）》中的要求，开头及首句的模板是"你涉嫌________（移送案由）一案，已由________（监察/侦查机关）移送我院起诉，根据《中华人民共和国刑事诉讼法》的有关规定，现向你告知认罪认罚从宽制度以及在审查起诉阶段依法享有的诉讼权利和承担的诉讼义务"。检察机关应在开头部位写明移送案由、监察或侦查机关的过程。

认定理由和法律依据，依据《中华人民共和国刑事诉讼法》第三十四条、第一百七十二条、第一百七十三条、第一百七十四条等规定，人民检察院自收到移送审查起诉的案件材料之日起三日以内，应当告知犯罪嫌疑人有权委托辩护人。

3. 尾部

落款为发出日期，并由犯罪嫌疑人签字、注明日期及捺指印。

（四）文书模板及制作说明

1. 文书模板

×××人民检察院

犯罪嫌疑人诉讼权利义务告知书

（审查起诉阶段　回执）

犯罪嫌疑人________：

你涉嫌________（移送案由）一案，已由________（监察/侦查机关）移送我院起诉，根据《中华人民共和国刑事诉讼法》的有关规定，现向你告知认罪认罚从宽制度以及在审查起诉阶段依法享有的诉讼权利和承担的诉讼义务。

20××年××月××日

本人已收到《犯罪嫌疑人诉讼权利义务告知书》，已阅读并理解犯罪嫌疑人的诉讼权利、义务和认罪认罚从宽制度。

被告知人（签名）：________

______年____月____日

×××人民检察院

犯罪嫌疑人诉讼权利义务告知书

（审查起诉阶段）

目前案件已经进入审查起诉阶段，根据《中华人民共和国刑事诉讼法》规定，人民检察院应当在一个月内作出决定，重大、复杂的案件，可以延长十五日；符合速裁程序适用条件的，应当在十日内作出决定，对可能判处有期徒刑超过一年的，可以延长至十五日。

对于监察机关移送起诉的已采取留置措施的案件，人民检察院应当对犯罪嫌疑人先行拘留，留置措施自动解除。人民检察院应当在拘留后的十日以内作出是否逮捕、取保候审或者监视居住的决定。在特殊情况下，决定的时间可以延长一日至四日。人民检察院决定采取强制措施的期间不计入审查起诉期限。

你在审查起诉阶段依法享有的诉讼权利和承担的诉讼义务如下：

一、诉讼权利

1. 认罪认罚获得从宽处理的权利

在接受讯问时，你自愿如实供述自己的罪行，承认指控的犯罪事实，愿意接受处罚的，可以依法从宽处理。

2. 约见值班律师的权利

犯罪嫌疑人有权约见值班律师，值班律师为犯罪嫌疑人提供法律咨询、程序选择建议、申请变更强制措施等法律帮助。

3. 辩护及获得法律援助的权利

你在被检察机关第一次讯问后或者采取强制措施之日起，可以聘请律师为你提供法律咨询，代理申诉、控告。你有权为自己辩护，也可以委托辩护人为你辩护。

如果你在押或者被监视居住，也可以由你的监护人、近亲属代为委托辩护人；在此期间你要求委托辩护人的，检察机关应当及时向你的监护人、近亲属或者指定的人员转达你的要求。

如果你因经济困难或者其他原因没有委托辩护人的，你及你的近亲属可以向法律援助机构申请指派律师提供辩护。

4. 使用本民族语言文字进行诉讼及获得翻译的权利

你有权使用本民族语言文字进行诉讼。如果你是聋、哑人或者不通晓当地通用语言文字，检察机关应当为你聘请通晓聋、哑手势或者当地通用语言文字且与本案无利害关系的人员为你提供翻译。

5. 申请回避的权利

你及你的法定代理人或者辩护人认为检察人员具有法定回避事由的，有权要求他们回避。你及你的法定代理人或者辩护人对检察机关驳回申请回避的决定，有权申请复议一次。

6. 核对笔录、讯问知情、亲笔书写供词的权利

讯问笔录应当交给你核对。如果你没有阅读能力，检察人员应当向你宣读。如果记载有遗漏或者差错，你有权要求补充或改正。

如果检察机关对讯问进行同步录音录像，检察人员应当向你告知。

如果你请求自行书写供述的，检察人员应当准许。

7. 知悉用作证据的鉴定意见及申请补充鉴定或者重新鉴定的权利

检察机关应当向你告知用作证据的鉴定意见。

对于用作证据的鉴定意见，你有权申请补充鉴定或者重新鉴定，但除原鉴定违反法定程序外，你应当承担补充鉴定或者重新鉴定的费用。

8. 同意适用速裁/简易程序的权利

对于可以适用速裁/简易程序审理的案件，检察机关在征得你的同意后，可以建议人民法院适用速裁/简易程序进行审理。

9. 申请变更及解除强制措施等权利

你及你的法定代理人、近亲属或者辩护人，有权申请变更强制措施；对于检察机关采取强制措施法定期限届满的，有权要求解除强制措施。

如果你被羁押，有权申请检察机关对羁押必要性进行审查。

10. 证明文件知悉权

如果你被传唤到指定地点或住处接受讯问，你有权要求检察人员出示证明文件。

11. 控告、申诉及获得国家赔偿的权利

对于检察人员侵犯你诉讼权利和人身侮辱的行为，或者办案机关及其工作人员的违法行为，你有权提出控告或者申诉。

对办案人员采用刑讯逼供等非法方法收集证据的行为，你有权提出控告。如果你能够提供涉嫌非法取证的人员、时间、地点、方式和内容等材料或者线索的，检察机关应当受理并审查。

如果你的人身权利、财产权利因检察机关及其工作人员违法行使职权而受到侵犯，你有权要求国家赔偿。

二、诉讼义务

1. 接受相关诉讼行为的义务

你应当遵守刑事诉讼法及有关规定，接受检察机关依法采取的强制措施及其他诉讼行为。

2. 不得干扰作证的义务

你在诉讼中不得隐匿、伪造、毁灭证据或者串供，不得威胁引诱证人作伪证以及进行其他干扰司法机关诉讼活动的行为；违反前述规定的，将被追究法律责任。

3. 接受讯问并在笔录上签名、按要求书写亲笔供词的义务

你对检察人员的讯问，应当如实回答。如果你认为讯问笔录没有错误，应当逐页签名、盖章或者捺指印。

必要的时候，经检察人员要求，你应当亲笔书写供述。

4. 接受检查、搜查的义务

你应当接受为确定你的某些特征或者生理状态而进行的人身检查、提取指纹信息，采集血迹、尿液等生物样本。

如果你拒绝，检察人员认为必要的时候，可以强制检查。如果你是女性，检查你的身体应当由女工作人员或者医师进行。

你应当接受检察人员为收集犯罪证据而进行的搜查。

2. 制作说明

（1）本文书依据《中华人民共和国刑事诉讼法》第三十四条、第一百七十二条、第一百七十三条、第一百七十四条等规定制作。应在收到移送起诉的案件材料之日起三日以内交犯罪嫌疑人阅看后签字附卷。其中，对监察机关移送的案件，已经采取留置措施的，应当在执行拘留时告知。本文书也可根据案件情况通过挂号信邮寄等方式告知，邮戳附卷。

（2）对于犯罪嫌疑人根据权利义务告知书所提出的权利主张，应当在讯问笔录中载明，不在本权利义务告知书中记载。对于根据案件具体情况需要告知的其他诉讼权利和义务，如当事人和解的有关诉讼权利和义务等，可以在讯问时口头告知，并在笔录中载明。

（3）本文书首页由犯罪嫌疑人签字捺手印后附卷，犯罪嫌疑人权利义务

告知书具体内容向犯罪嫌疑人宣读或由犯罪嫌疑人阅读后送达犯罪嫌疑人。

3.1.46　法律文书：被害人诉讼权利义务告知书

（一）基本概念

被害人诉讼权利义务告知书，是根据刑事诉讼法的规定，在审查起诉阶段由检察机关告知刑事案件被害人依法享有的相应诉讼权利和承担的相应诉讼义务所使用的法律文书。

（二）相关依据

《中华人民共和国刑事诉讼法》第三十三条："犯罪嫌疑人、被告人除自己行使辩护权以外，还可以委托一至二人作为辩护人。下列的人可以被委托为辩护人：

（一）律师；

（二）人民团体或者犯罪嫌疑人、被告人所在单位推荐的人；

（三）犯罪嫌疑人、被告人的监护人、亲友。

正在被执行刑罚或者依法被剥夺、限制人身自由的人，不得担任辩护人。

被开除公职和被吊销律师、公证员执业证书的人，不得担任辩护人，但系犯罪嫌疑人、被告人的监护人、近亲属的除外。"

第四十六条："公诉案件的被害人及其法定代理人或者近亲属，附带民事诉讼的当事人及其法定代理人，自案件移送审查起诉之日起，有权委托诉讼代理人。自诉案件的自诉人及其法定代理人，附带民事诉讼的当事人及其法定代理人，有权随时委托诉讼代理人。

人民检察院自收到移送审查起诉的案件材料之日起三日以内，应当告知被害人及其法定代理人或者其近亲属、附带民事诉讼的当事人及其法定代理人有权委托诉讼代理人。人民法院自受理自诉案件之日起三日以内，应当告知自诉人及其法定代理人、附带民事诉讼的当事人及其法定代理人有权委托诉讼代理人。"

第四十七条："委托诉讼代理人，参照本法第三十三条的规定执行。"

（三）文书结构

1. 首部

首部制作文书的人民检察院需注明所在省（自治区、直辖市）的名称。文书名称，即“被害人诉讼权利义务告知书”。该文书无文号。

2. 正文

发往对象，即涉案被害人，行文上顶格书写。

开头及首句，依据《人民检察院刑事诉讼法律文书格式样本（2020版）》中的要求，开头及首句的模板是“________：犯罪嫌疑人________涉嫌________一案，________（侦查机关）于________（时间）向本院移送起诉，根据《中华人民共和国刑事诉讼法》的有关规定，现向你告知在审查起诉阶段依法享有的诉讼权利和承担的诉讼义务”。检察机关应在开头部位写明被害人姓名、犯罪嫌疑人姓名、移送案由、监察或侦查机关、案件移送时间的过程。

认定理由和法律依据，根据《中华人民共和国刑事诉讼法》第四十六条、第四十七条规定，应在收到移送起诉的案件材料之日起三日以内交被害人（近亲属）阅看后签字附卷，本文书也可根据案件情况通过挂号信邮寄等方式告知，邮戳附卷。

3. 尾部

落款为发出日期，并由被害人签字、注明日期及捺印。

（四）文书模板及制作说明

1. 文书模板

×××人民检察院

被害人诉讼权利义务告知书

（审查起诉阶段　回执）

________：

犯罪嫌疑人________涉嫌________一案，________（侦查机关）于

________（时间）向本院移送起诉，根据《中华人民共和国刑事诉讼法》的有关规定，现向你告知在审查起诉阶段依法享有的诉讼权利和承担的诉讼义务。

20××年××月××日

本人已收到《被害人诉讼权利义务告知书》，已阅读并完全理解相关诉讼权利和义务。

被告知人（签名）：________

______年____月____日

×××人民检察院

被害人诉讼权利义务告知书

（审查起诉阶段）

根据《中华人民共和国刑事诉讼法》的规定，你作为本案的被害人，在审查起诉阶段依法享有的诉讼权利和承担的诉讼义务如下：

一、诉讼权利

（一）要求提供作证条件和保密的权利

检察机关应当保证你有客观充分地提供证据的条件，并为你保守秘密。如果你的作证内容涉及国家秘密、商业秘密、个人隐私，你有权要求保密。

（二）委托诉讼代理人和发表诉讼意见的权利

你及你的法定代理人或者近亲属有权委托一至二名律师、人民团体或你所在单位推荐的人作为诉讼代理人，你的监护人、亲友也可以作为你的诉讼代理人。

检察机关审查案件应当听取你及你的诉讼代理人的意见。你及你的诉讼代理人有权向检察机关提出书面意见。

犯罪嫌疑人认罪认罚的，检察机关应当对下列事项听取你及你的诉讼代理人的意见：(1) 涉嫌的犯罪事实、罪名及适用的法律规定；(2) 从轻、减轻或者免除处罚等从宽处罚的建议；(3) 认罪认罚后案件审理适用的程序；(4) 其他需要听取意见的事项。

(三) 使用本民族语言文字进行诉讼及获得翻译的权利

你有权使用本民族语言文字进行诉讼。

如果你是聋、哑人或者不通晓当地通用语言文字，检察机关应当为你聘请通晓聋、哑手势或者当地通用语言文字且与本案无利害关系的人员为你提供翻译。

(四) 申请回避的权利

你及你的法定代理人或者诉讼代理人认为检察人员具有法定回避事由的，有权要求他们回避。

你及你的法定代理人或者诉讼代理人对检察机关驳回申请回避的决定，有权申请复议一次。

(五) 知悉用作证据的鉴定意见及申请补充鉴定或者重新鉴定的权利

检察机关应当向你或者你的法定代理人、近亲属或诉讼代理人告知用作证据的鉴定意见。

对于用作证据的鉴定意见，你或者你的法定代理人、近亲属、诉讼代理人有权申请补充鉴定或者重新鉴定，但除原鉴定违反法定程序外，你应当承担补充鉴定或者重新鉴定的费用。

(六) 控告权

如果办案人员有侵犯你诉讼权利和人身侮辱的行为，或者采用羁押、暴力、威胁、引诱、欺骗等非法方法收集证据的行为，你有权提出控告。

(七) 获得保护的权利

如果你因在诉讼中作证，你或者近亲属的人身安全面临危险，你有权请求检察机关予以保护。

如果你因在危害国家安全犯罪、恐怖活动犯罪、黑社会性质组织犯罪、毒品犯罪等案件中作证，你或者近亲属的人身安全面临危险，检察机关应当依法为你采取保护措施。

（八）知悉证明文件、核对笔录和亲笔书写陈述的权利

你有权要求对你进行询问的检察人员向你出示证明文件。

询问笔录应当交你核对。如果你没有阅读能力，检察人员应当向你宣读。如果记载有遗漏或者差错，你有权要求补充或改正。

你有权请求自行书写陈述，检察人员应当准许。

（九）提起附带民事诉讼的权利

如果你由于犯罪嫌疑人的犯罪行为而遭受物质损失，符合法定条件的，有权向人民法院提起附带民事诉讼。提起附带民事诉讼应交民事诉状正本一份、副本两份。

如果你向人民法院提起附带民事诉讼，在必要的时候，你有权申请人民法院采取保全措施。

（十）未成年被害人的特殊权利

你若未满十八周岁，询问时将通知你的法定代理人到场，法定代理人可以代为行使你的诉讼权利。无法通知，法定代理人不能到场或是共犯的，可以要求通知你的其他成年亲属，所在学校、单位或者居住地的村民委员会、居民委员会、未成年人保护组织的代表到场。

你若是未满十八周岁的女性，询问时应当有女工作人员在场。

二、诉讼义务

（一）作证的义务

凡是知道案件情况的人，都有作证的义务。

（二）如实提供证据、陈述的义务

你应当如实地提供证据、陈述，诬告陷害、有意作虚假陈述或者隐匿罪证，将承担相应的法律责任。

（三）在询问笔录上签字和按要求书写陈述的义务

经核对无误后，你应当在询问笔录上逐页签名、盖章或者捺指印。

必要的时候，经检察人员要求，你应当亲笔书写陈述。

（四）接受检查的义务

你应当接受为确定你的某些特征或者生理状态而进行的人身检查、提取指纹信息，采集血迹、尿液等生物样本。

如果你是女性，检查你的身体应当由女工作人员或者医师进行。

2. 制作说明

(1) 本文书依据《中华人民共和国刑事诉讼法》第四十六条、第四十七条的规定制作，应在收到移送起诉的案件材料之日起三日以内交被害人（近亲属）阅看后签字附卷，本文书也可根据案件情况通过挂号信邮寄等方式告知，邮戳附卷。

(2) 对于被害人根据权利义务告知书所提出的权利主张，应当在询问笔录中载明，不在本权利义务告知书中记载。对于根据案件具体情况需要告知的其他诉讼权利和义务，可以口头告知，并在笔录中载明。

(3) 本文书首页由被害人或其法定代理人签字捺手印后附卷，被害人权利义务告知书具体内容向被害人或其法定代理人宣读、本人阅读后送达被害人或其法定代理人。

3.1.47 法律文书：值班律师提供法律帮助通知书

（一）基本概念

值班律师提供法律帮助通知书，是检察机关在审查起诉阶段，对于自愿认罪认罚并同意签署认罪认罚具结书的犯罪嫌疑人，在未委托辩护人的情况下，要求法律援助中心安排值班律师为犯罪嫌疑人提供法律帮助时使用的法律文书。

法律援助中心已在人民检察院、看守所等场所派驻值班律师的，可不再重复使用本文书。

（二）相关依据

1. 法律依据

《中华人民共和国刑事诉讼法》第三十六条："法律援助机构可以在人民法院、看守所等场所派驻值班律师。犯罪嫌疑人、被告人没有委托辩护人，法律援助机构没有指派律师为其提供辩护的，由值班律师为犯罪嫌疑人、被告人提供法律咨询、程序选择建议、申请变更强制措施、对案件处理提出意见等法律帮助。

人民法院、人民检察院、看守所应当告知犯罪嫌疑人、被告人有权约见值班律师，并为犯罪嫌疑人、被告人约见值班律师提供便利。"

第一百七十四条第一款："犯罪嫌疑人自愿认罪，同意量刑建议和程序适用的，应当在辩护人或者值班律师在场的情况下签署认罪认罚具结书。"

2. 司法解释规定

《人民检察院刑事诉讼规则》第二百六十七条："人民检察院办理犯罪嫌疑人认罪认罚案件，应当保障犯罪嫌疑人获得有效法律帮助，确保其了解认罪认罚的性质和法律后果，自愿认罪认罚。

人民检察院受理案件后，应当向犯罪嫌疑人了解其委托辩护人的情况。犯罪嫌疑人自愿认罪认罚、没有辩护人的，在审查逮捕阶段，人民检察院应当要求公安机关通知值班律师为其提供法律帮助；在审查起诉阶段，人民检察院应当通知值班律师为其提供法律帮助。符合通知辩护条件的，应当依法通知法律援助机构指派律师为其提供辩护。"

第二百六十八条："人民检察院应当商法律援助机构设立法律援助工作站派驻值班律师或者及时安排值班律师，为犯罪嫌疑人提供法律咨询、程序选择建议、申请变更强制措施、对案件处理提出意见等法律帮助。

人民检察院应当告知犯罪嫌疑人有权约见值班律师，并为其约见值班律师提供便利。"

第二百六十九条："犯罪嫌疑人认罪认罚的，人民检察院应当告知其享有的诉讼权利和认罪认罚的法律规定，听取犯罪嫌疑人、辩护人或者值班律师、被害人及其诉讼代理人对下列事项的意见，并记录在案：

（一）涉嫌的犯罪事实、罪名及适用的法律规定；

（二）从轻、减轻或者免除处罚等从宽处罚的建议；

（三）认罪认罚后案件审理适用的程序；

（四）其他需要听取意见的事项。

依照前款规定听取值班律师意见的，应当提前为值班律师了解案件有关情况提供必要的便利。自人民检察院对案件审查起诉之日起，值班律师可以查阅案卷材料，了解案情。人民检察院应当为值班律师查阅案卷材料提供便利。

人民检察院不采纳辩护人或者值班律师所提意见的，应当向其说明理由。"

（三）文书结构

1. 首部

首部制作文书的人民检察院需注明所在省（自治区、直辖市）的名称，不能只写地区级市、县、区院名。文书名称，即“值班律师提供法律帮助通知书”。文号生成格式为：“××检××帮〔20××〕×号”。

2. 正文

发往单位。即提供法律帮助的单位，行文上顶格书写。

通知内容。本部分为填充式内容，按提示填录犯罪嫌疑人名称及涉嫌的罪名，联系人处填录案件承办检察官姓名及联系方式。

3. 尾部

落款为发出日期，日期上加盖公章。一是无须落款单位，直接加盖检察院院章；二是落款时间应使用阿拉伯数字。

（四）文书模板及制作说明

1. 文书模板

×××人民检察院

值班律师提供法律帮助通知书

××检××帮〔20××〕×号

________法律援助中心：

本院办理的犯罪嫌疑人__________涉嫌__________案，符合认罪认罚从宽制度的适用条件。根据《中华人民共和国刑事诉讼法》第三十六条、第一百七十四条的规定，请依法安排值班律师为其提供法律帮助。

联系人：

联系方式：

20××年××月××日

（院印）

2. 制作要点

（1）本文书依据《中华人民共和国刑事诉讼法》第三十六条、第一百七十四条，《人民检察院刑事诉讼规则》第二百六十七条、第二百六十八条、第二百六十九条的规定制作。为犯罪嫌疑人在没有辩护人的情况下，人民检察院要求法律援助中心安排值班律师为犯罪嫌疑人提供法律帮助时使用，法律援助中心已在人民检察院、看守所等场所派驻值班律师的，可不再重复使用本文书。犯罪嫌疑人自愿认罪，同意量刑建议和程序适用的，应当在辩护人或者值班律师在场的情况下签署认罪认罚具结书。

（2）本文书一式二份，一份附卷，一份交法律援助中心。

3.1.48　法律文书：刑事抗诉书（适用二审程序）

（一）基本概念

刑事抗诉书（适用二审程序），是人民检察院对人民法院一审尚未发生法律效力，认为确有错误的刑事判决或裁定依法按照第二审程序，向上一级人民法院提出抗诉时所制作的法律文书。

（二）相关依据

1. 法律依据

《中华人民共和国刑事诉讼法》第二百二十八条："地方各级人民检察院认为本级人民法院第一审的判决、裁定确有错误的时候，应当向上一级人民法院提出抗诉。"

第二百二十九条："被害人及其法定代理人不服地方各级人民法院第一审的判决的，自收到判决书后五日以内，有权请求人民检察院提出抗诉。人民检察院自收到被害人及其法定代理人的请求后五日以内，应当作出是否抗诉的决定并且答复请求人。"

第二百三十条："不服判决的上诉和抗诉的期限为十日，不服裁定的上诉和抗诉的期限为五日，从接到判决书、裁定书的第二日起算。"

2. 司法解释规定

《人民检察院刑事诉讼规则》第五百八十三条："人民检察院依法对人民法院的判决、裁定是否正确实行法律监督，对人民法院确有错误的判决、裁定，应当依法提出抗诉。"

第五百八十四条："人民检察院认为同级人民法院第一审判决、裁定具有下列情形之一的，应当提出抗诉：

（一）认定的事实确有错误或者据以定罪量刑的证据不确实、不充分的；

（二）有确实、充分证据证明有罪判无罪，或者无罪判有罪的；

（三）重罪轻判，轻罪重判，适用刑罚明显不当的；

（四）认定罪名不正确，一罪判数罪、数罪判一罪，影响量刑或者造成严重社会影响的；

（五）免除刑事处罚或者适用缓刑、禁止令、限制减刑等错误的；

（六）人民法院在审理过程中严重违反法律规定的诉讼程序的。"

第五百八十五条："人民检察院在收到人民法院第一审判决书或者裁定书后，应当及时审查。对于需要提出抗诉的案件，应当报请检察长决定。"

第五百八十六条："人民检察院对同级人民法院第一审判决的抗诉，应当在接到判决书后第二日起十日以内提出；对第一审裁定的抗诉，应当在接到裁定书后第二日起五日以内提出。"

第五百八十七条："人民检察院对同级人民法院第一审判决、裁定的抗诉，应当制作抗诉书，通过原审人民法院向上一级人民法院提出，并将抗诉书副本连同案卷材料报送上一级人民检察院。"

第五百八十八条："被害人及其法定代理人不服地方各级人民法院第一审的判决，在收到判决书后五日以内请求人民检察院提出抗诉的，人民检察院应当立即进行审查，在收到被害人及其法定代理人的请求后五日以内作出是否抗诉的决定，并且答复请求人。经审查认为应当抗诉的，适用本规则第五百八十四条至第五百八十七条的规定办理。

被害人及其法定代理人在收到判决书五日以后请求人民检察院提出抗诉的，由人民检察院决定是否受理。"

第五百八十九条：“上一级人民检察院对下级人民检察院按照第二审程序提出抗诉的案件，认为抗诉正确的，应当支持抗诉。

上一级人民检察院认为抗诉不当的，应当听取下级人民检察院的意见。听取意见后，仍然认为抗诉不当的，应当向同级人民法院撤回抗诉，并且通知下级人民检察院。

上一级人民检察院在上诉、抗诉期限内，发现下级人民检察院应当提出抗诉而没有提出抗诉的案件，可以指令下级人民检察院依法提出抗诉。

上一级人民检察院支持或者部分支持抗诉意见的，可以变更、补充抗诉理由，及时制作支持抗诉意见书，并通知提出抗诉的人民检察院。”

（三）文书制作要点

1. 首部

注明所在省（自治区、直辖市）的名称，不能只写地区级市、县、区院名；如果是涉外案件，要注明“中华人民共和国”字样。文书名称，即“刑事抗诉书”。文号生成格式为：“××检××诉刑抗〔20××〕×号”。

2. 正文

（1）原审判决、裁定情况。不写被告人的基本情况。案由，如果检法认定罪名不一致时，应该分别表述。如果调查/侦查、起诉、审判阶段没有超时限等程序违法现象时，不必写明公安、检察院与法院的办案经过，只简要写明法院判决、裁定的结果。

（2）审查意见。这一部分的内容是检察机关对原审判决（裁定）的审查意见，目的是明确指出原审判决（裁定）的错误所在，告知二审法院，检察院抗诉的重点是什么。这部分要观点鲜明，简明扼要。

（3）抗诉理由。针对事实确有错误、适用法律不当或审判程序严重违法等不同情况，述写抗诉理由。

如果法院认定的事实有误，则要针对原审裁判的错误之处，提出纠正意见，强调抗诉的针对性。对于有多起“犯罪事实”的抗诉案件，只叙写原判决（裁定）认定事实不当的部分，认定事实没有错误的，可以只肯定一句“对……事实的认定无异议”即可。突出检、法两家的争议重点，体现抗诉的针对性。对于共同犯罪案件，也可以作类似处理，即只对原判决（裁定）漏定或错定的部分被告人犯罪事实作重点叙述，对其他被告人的犯罪事实可简写或者不写。

关于证据部分，应该在论述事实时有针对性地列举证据，说明证据的内容要点及其与犯罪事实的联系。

刑事抗诉书中不能追诉起诉书中没有指控的犯罪事实。

如有自首、立功等情节，应在抗诉书中予以论述。

如果法院适用法律不当，主要针对犯罪行为的本质特征，论述应该如何认定行为性质，从而正确适用法律。要从引用罪状、量刑情节等方面分别论述。

如果法院审判程序严重违法，抗诉书就应该主要根据刑事诉讼法及有关司法解释，逐个论述原审法院违反法定程序的事实表现，再写明影响公正判决的现实或可能性，最后阐述法律规定的正确诉讼程序。

（4）结论性意见、法律根据、决定和要求事项。刑事抗诉书中结论性意见应当简洁、明确。在要求事项部分，应写明“特提出抗诉，请依法判处”。

3. 尾部

此致，上一级人民法院。行文上顶格书写。

署名方式，署检察院名称并盖院印。

附注，对于未被羁押的原审被告人，应将住所或居所明确写明。证据目录和证人名单如果与起诉书相同可不另附。

（四）文书模板及制作说明

1. 文书模板

×××人民检察院

刑事抗诉书

（适用二审程序）

××检××诉刑抗〔20××〕×号

×××人民法院以×号刑事判决（裁定）书对被告人×××（姓

名）×××（案由）一案判决（裁定）……（判决、裁定结果）。本院依法审查后认为（如果是被害人及其法定代理人不服地方各级人民法院第一审的判决而请求人民检察院提出抗诉的，应当写明这一程序，然后再写“本院依法审查后认为”），该判决（裁定）确有错误（包括认定事实有误、适用法律不当、审判程序严重违法），理由如下：

……（根据不同情况，理由从认定事实错误、适用法律不当和审判程序严重违法等几个方面阐述）

综上所述……（概括上述理由），为维护司法公正，准确惩治犯罪，依照《中华人民共和国刑事诉讼法》第二百二十八条的规定，特提出抗诉，请依法判处。

此致

________人民法院

×××人民检察院

20××年××月××日

（院印）

附件：1. 被告人×××现羁押于×××（或者现住×××）

2. 其他有关材料

2. 制作说明

本文书根据《中华人民共和国刑事诉讼法》第二百二十八条的规定制作，是人民检察院自行发现或者经被害人及其法定代理人申请抗诉，经依法审查后认为同级人民法院第一审尚未生效的判决（裁定）确有错误，向上一级人民法院提出抗诉时使用。

3.1.49 工作文书：审查报告（适用捕诉一体案件）

（一）基本概念

审查报告（适用捕诉一体案件），是人民检察院对公安机关侦查终结移送起诉的案件进行审查，并开展法律监督活动的重要工作文书。检察机关实行捕诉一体办案机制后，批准和决定逮捕、审查起诉由同一检察官或检察官办案组统一办理。本文书适用于捕诉一体案件审查办理。

（二）相关依据

1. 法律依据

《中华人民共和国刑事诉讼法》第一百六十九条："凡需要提起公诉的案件，一律由人民检察院审查决定。"

第一百七十一条："人民检察院审查案件的时候，必须查明：

（一）犯罪事实、情节是否清楚，证据是否确实、充分，犯罪性质和罪名的认定是否正确；

（二）有无遗漏罪行和其他应当追究刑事责任的人；

（三）是否属于不应追究刑事责任的；

（四）有无附带民事诉讼；

（五）侦查活动是否合法。"

2. 司法解释规定

《人民检察院刑事诉讼规则》第八条第一款："对同一刑事案件的审查逮捕、审查起诉、出庭支持公诉和立案监督、侦查监督、审判监督等工作，由同一检察官或者检察官办案组负责，但是审查逮捕、审查起诉由不同人民检察院管辖，或者依照法律、有关规定应当另行指派检察官或者检察官办案组办理的除外。"

第二百五十五条："人民检察院办理审查逮捕、审查起诉案件，应当全面审查证明犯罪嫌疑人有罪或者无罪、罪轻或者罪重的证据。"

（三）文书结构

1．首部

本文书标题应体现办案单位、犯罪嫌疑人、涉嫌的罪名及文书种类。如果有多个犯罪嫌疑人或者涉嫌多个罪名，则只列一名主犯和一个主罪，其他犯罪嫌疑人和罪名可以“等×人”或“等×罪”。首部需要结合案件收案情况、诉讼经过等，按照文书内列明的具体要求进行撰写。

2．正文

（1）犯罪嫌疑人及其他诉讼参与人的基本情况。犯罪嫌疑人基本情况应与起诉书中“被告人基本情况”的表述保持一致，制作时要注重审查可能对定罪量刑产生影响的案发时的犯罪嫌疑人身份情况；多名犯罪嫌疑人的，应根据各自地位、作用进行合理排序。具体撰写时注意以下要点：

文化程度为硕士、博士的，分别表述为“硕士研究生”“博士研究生”；肄业的，表述为“×××肄业”；不识字的直接表述为“文盲”。

表述职业时，有工作单位的，直接注明工作单位及职务，表述格式为“案发前系+工作单位+职务”，曾有多个职业、职务的，一般表述案发时的职业、职务，与犯罪有关的，则多个职业、职务都应表述；没有工作单位的，可以根据实际情况注明职业类型，如“经商”“务工”“务农”；没有职业的表述为“无职业”。

前科情况写明曾受刑事处罚以及与本案定罪、法定量刑情节相关的行政处罚的时间、原因、种类、决定机关、释放时间等情况。

其他应当注意的情况：犯罪嫌疑人自报姓名又无法查实的，应当注明系自报；犯罪嫌疑人系人大代表或政协委员等特殊身份，写明罢免情况；外国人涉嫌犯罪的，应注明国籍、护照号码、国外居所；单位涉嫌犯罪的，应写明犯罪单位的名称、所在住址、法定代表人或代表的姓名、职务，诉讼代表人的姓名、职务，应当负刑事责任的“直接责任人”，应按上述犯罪嫌疑人基本情况书写，对于单位实际经营地址与注册地不一致的还应当注明实际经营地址。

（2）发破案经过。避免直接复制粘贴抓获经过等证据材料，刑事立案前有行政程序调查的，应写明行政调查的过程和处罚结果。

（3）案件事实及证据。包含侦查机关认定的犯罪事实、审查后认定的犯罪事实和认定上述事实的证据三部分。

侦查机关认定的犯罪事实。直接复制侦查机关起诉意见书内容，并概括说明侦查机关结论意见及与报请审查逮捕时认定的犯罪事实有无不同。

审查后认定的犯罪事实。若与侦查机关认定的犯罪事实一致的，可直接表述“与侦查机关认定的犯罪事实一致”，无须具体撰写审查后认定的犯罪事实；若与侦查机关认定犯罪事实基本一致，仅部分细节不一致的，直接列明不一致的地方即可；若出入比较大，则需要写明审查后认定的犯罪事实。即结合在案证据，详细叙述案件发生的时间、地点、影响案件事实表述的当事人之间的关系，案件的起因、实施行为的经过、手段、后果，以及社会影响，详略得当、客观地撰写事实，可以比起诉书认定的事实详细，但要相互衔接。具体叙写时应当注意：

①认定的每起事实，同一事实的每个环节都必须有相应的证据予以证实，对于无证据支持以及与在案证据不符、无关的事实主张、与定罪量刑无关的内容应不必叙述；

②对于共同犯罪，各同案人的地位和作用应在事实中予以呈现；

③在一些较为复杂的案件中，在叙述案件事实时，对一些重要背景与环节应当进行必要的说明和交代。

认定上述事实的证据。可直接沿用逮捕阶段审查报告中的证据摘录部分，并进行补充，每份证据按照“一事一证一分析”的体例撰写。证据摘录时应当注意：

①要体现加强客观性证据审查原则，但客观性证据和言词证据的摘录顺序可根据具体情况调整。

②要基于客观公正的立场，既要摘录对犯罪嫌疑人不利的证据，也要摘录对其有利的证据，包括有罪、无罪证据，罪重、罪轻证据，不得将承办人个人的主观倾向和先入为主的判断带入证据摘录中，承办人认为与案件无关联的证据也应摘录，但可概括，并予以说明。

③要详略得当，对于疑难、复杂的案件，特别是言词证据存在不认

罪、翻供、翻证或前后反复的案件，证据摘录要尽可能客观反映证据变化的时间顺序及内容，以第一人称摘录按时间顺序如实摘录，可重点摘录其中一份较全面的证据，其他补充摘录，就不一致之处予以说明，无须重复摘录，也无须把与案件无关的话进行原话摘录。多名证人的，要全面摘录主要证人的证言，其他证人证言重点摘录关键部分或直接概括，证人之间证言内容相同的，无须全部摘录，写明谁的证言与上述证人证言基本一致即可。对于犯罪嫌疑人认罪认罚的案件，无争议的证据，可以简化摘录，主要围绕量刑和有争议的问题进行证据摘录。

④每份证据摘录时应审查证据三性情况，涉及非法证据排除或瑕疵证据的，应在“存在的问题”中予以分析并阐明处理意见，如书证是复印件的，应审查是否注明书证的来源、原件存放在何处、复印件与原件是否一致等；言词证据是否在关键情节上前后矛盾，不符合正常逻辑等情况；鉴定机构或者鉴定人是否具备相关资质，检材或者样本来源和保管是否规范等；辨认笔录是否有见证人及见证人身份，若无见证人见证是否有同步录音录像及说明等。

（4）全案综合分析。全案综合分析对应庭审“法庭辩论”环节，即法庭辩论中的全案证据综合分析、定罪定性分析及量刑分析等，基本可以就此形成公诉意见书以及后续的答辩要点。制作时需要注意以下要点：

定罪证据分析。突出证明体系，展现对证据链条闭合情况的分析，排除非法证据，找出证据之间的矛盾点，说明采信证据的依据，就是否存在合理怀疑、证据指向是否唯一，给出明确回答。定罪的事实都有证据证明；据以定案的证据均经法定程序查证属实；综合全案证据，对所认定定罪事实已排除合理怀疑；对犯罪嫌疑人和辩护人已经提出的或预测可能提出的有关于定罪证据的质证意见进行全面分析论证；涉案次数、数量、金额等反映基本犯罪情节方面的分析，尤其在共同犯罪中，各犯罪嫌疑人的涉案情节需逐一分析。

定性分析。结合在案证据材料，从法理和证据两方面，充分论证犯罪嫌疑人主体是否符合要求，主观故意是否明确，行为是否达到构罪标准，所侵害的客体是否准确，进而确定全案总体定性和各犯罪嫌疑人定性。应围绕案件中的证据材料和相关法律规定进行，应注重借鉴、引用具体法律法规、典型司法案例尤其是指导性案例、权威学术观点等进行分析，确保问题要集中、系统，表述要清晰，论述要完整。具体要点如下：承办人的审查分析；对犯罪嫌疑人及辩护人已经提出或者预测可能提出的定性争议意见进行分析论证；被害人、诉讼代理人等对案件定罪的意见的分析；起诉改变定性的，应对侦查机关有关于定性的意见进行分析；定性争议中涉及的其他有关问题的分析。

起诉必要性审查。对犯罪事实清楚，证据确实、充分的案件，通过综合考量犯罪事实情节、犯罪嫌疑人人身危险性、社会危害性以及社会公共利益等因素，分析有无提起公诉、判处刑罚的必要，可结合以下要点进行分析：

一是分析人身危险性程度。根据犯罪嫌疑人的基本情况，犯罪前的一贯表现如是否有前科或受过处分，犯罪后的表现如是否逃匿或毁灭证据、是否有悔罪表现、有无退赔退赃或取得谅解、有无自首或立功等情节，分析犯罪嫌疑人人身危险性的大小和改造的难易程度。

二是分析社会危害性程度。根据犯罪性质，罪行轻重如犯罪的客体、对象、手段、时间、地点、结果、完成程度等，主观罪过如行为人实施犯罪的主观罪过形式、罪过程度、犯罪目的和犯罪原因、动机等，以及是否具备其他法定、酌定量刑情节等，分析犯罪嫌疑人的社会危害性程度。

三是分析社会公共利益的影响程度。综合办案的“三个效果”、社会舆情、民营经济保护、被害人的意愿、诉讼效益等因素，以及采取行政处罚或者其他替代性措施是否足以惩戒、预防犯罪等，分析对社会公共利益的影响。

量刑情节及量刑分析。结合量刑证据摘录情况写明本案的量刑情节，并对其中有争议的量刑情节结合具体法律、司法解释等规定进行分析、论证并着重说明相关量刑的理由和依据。犯罪嫌疑人认罪认罚的，量刑建议根据犯罪嫌疑人认罪认罚的时间点和彻底性、犯罪情节恶劣程度等，考虑是否从宽及从宽幅度。办理认罪认罚案件，一般应当提出确定刑量刑建议，若提出幅度刑量刑建议，应简要说明理由。

（5）需要说明的问题。该部分客观记录各项程序性工作情况及其他值得反映的问题，如反映报请逮捕后的证据补充情况，开展认罪认罚工作中听取犯罪嫌疑人及辩护人意见，询问被害方意见情况，文书中列举的事项系提示性要点，有则写，无则省略。

（6）法律监督工作情况。内容包括检察官纠正漏捕漏诉、立案监督、纠正侦查活动违法等法律监督的相关工作，以及移送监督线索、跟踪反馈、制发检察建议等情况。

（7）承办人意见。承办人意见是检察官对全案审查后提出的综合性意见，应当以简练规范的语言概括总结各犯罪嫌疑人的行为定性和量刑情节，提出最终处理结论和量刑建议，可参照起诉书中“起诉书的理由和根据”的内容进行表述。认为应提起公诉的，明确提出适用何种审理程序的意见，并对是否需追诉或附带民事诉讼等提出处理意见；拟不起诉的，明确提出不起诉以及何种形式的不起诉等处理意见。

3. 尾部

承办人落款及日期。

报告后可增设“附件”，从法律、判例、被害人名单、证据详细摘录等各方面充实、完善，如需当庭引用的具体条文、案例等，增强审查意见的说服力，同时也能为今后办理同类案件积累有益素材。具体可以包含以下几类内容：

（1）列举与案件有关的法律法规、司法解释及行政法规等；

（2）相关证据尤其是关键证据的原文摘录，或者证据对照明细表、证据目录等材料；

（3）涉众型经济案件中被害人名单及其涉案数额等信息；

（4）扣押、查封、冻结或者已经先行变卖的涉案财物清单，查封、冻结的，列明查封、冻结起止期限；

（5）相关判例（尤其是本地区已决案件）、典型司法案例、指导性案例、有代表性的学术观点等；

（6）其他无须在主体内容中表述但对案件办理有参考价值的内容。

（四）文书模板及制作说明

1. 文书模板

关于犯罪嫌疑人×××案审查报告

（适用捕诉一体审查起诉案件）

收案时间：××××年××月××日（到期时间：××××年××月××日）

案件来源：

起诉意见书文号：

移送案由：（若刑拘案由、逮捕案由与移送案由不一致，应增加刑拘案由、逮捕案由）

犯罪嫌疑人：

批准逮捕（不批准逮捕）时间：

强制措施、执行时间：逮捕羁押（或取保候审，监视居住）

羁押地点（或监视居住地点）：

侦查机关承办人及电话：

退延情况：如××××年××月××日一退，××××年××月××日一延

承办人意见：简要写明审查期间开展的程序性工作，承办人审查结论，包括是否构成犯罪、定性，起诉、不起诉等处理意见等。

一、犯罪嫌疑人及其他诉讼参与人的基本情况

（一）犯罪嫌疑人基本情况

犯罪嫌疑人×××（曾用名×××，绰号×××），男（女），××××年××月××日出生，公民身份号码×××，×族，××文化程度，职业，户籍所在地×××，住×××（两者一致时，只需写户籍所在地）。曾因犯×××罪，于××××年××月××日被×××法院判处

×××，××××年××月××日刑满释放（或受行政处罚情况）。因涉嫌×××罪，于××××年××月××日被××（单位）刑事拘留，于××××年××月××日经×××（单位）批准（或决定），于××××年××月××日被×××（单位）逮捕（在审查起诉阶段依法改变强制措施的，应在此部分体现，并写明改变强制措施的时间、内容和理由）。

（二）辩护人基本情况

×××律师事务所×××律师（或其他身份），联系电话：×××。（如是法律援助律师的应注明指派的法律援助机构，一案多人的，列明每个辩护人情况）

（三）被害人基本情况

被害人×××（曾用名×××，绰号×××），男（女），××××年××月××日出生，公民身份号码×××，×族，职业，户籍所在地×××。（多名被害人的，概括说明涉及多少名被害人、主要情况等）

（四）委托代理人的基本情况

×××律师事务所×××律师（或其他身份），联系电话：×××。

（五）附带民事诉讼原告人情况

姓名、性别、年龄、民族、文化程度、职业或工作单位及职务、住址、通讯方式等；是单位的，写明单位全称、所在地址、法人代表姓名、职务、通讯方式等。（无附带民事诉讼的，或附带民事诉讼原告人与被害人相同的，此部分省略）

二、发、破案经过

结合发破案相关证据撰写（接警记录、立案决定书、抓获经过、侦破报告、犯罪嫌疑人关于投案的供述、证人关于报警的证言等）

三、案件事实及证据

（一）侦查机关认定的犯罪事实

复制侦查机关认定的犯罪事实，并概括说明：1. 侦查机关结论意见；2. 与报请审查逮捕时认定的犯罪事实有无不同。

（二）审查后认定的犯罪事实

若审查后认定的犯罪事实与侦查机关认定的犯罪事实一致的，则直接表述“审查后认定的犯罪事实与侦查机关认定的犯罪事实一致”；若基本一致，但在部分细节上存在不一致，列明不一致的地方即可；若出入比较大，则直接写明审查后认定的犯罪事实。

（三）认定上述事实的证据

可直接沿用逮捕阶段审查报告中的证据摘录部分，并进行补充，并在补充的证据名称后标注系逮捕后补充的证据。每份证据按照以下“一事一证一分析”的体例撰写。若案件系十年以下事实清楚、案情简单的认罪认罚案件，可在全案证据审查的基础上简化证据摘录，简单列明证据的出处及其所能证明的内容及存在的问题，不必详细抄录。

1. 物证（来源，特征，提取和保存情况）

①摘录：

②证实：

③存在的问题：

2. 书证（来源，特征，提取和保存情况，摘自侦查卷P）

①摘录：

②证实：

③存在的问题：

3. 证人证言及辨认笔录

（1）证人×××（性别，年龄，职业，与案件当事人的关系）于××××年××月××日在×××（地点）依法所做证言（侦查人员：×××、×××，摘自侦查卷P）

①摘录：

②证实：

③存在的问题：

（2）证人×××于××××年××月××日在×××（地点）依法所做辨认笔录（侦查人员：×××、×××，见证人×××，摘自侦查卷P）

①辨认过程及结果：

②存在问题：

4. 被害人陈述及辨认笔录

（1）被害人×××于××××年××月××日在×××（地点）依

法所做陈述（侦查人员：×××、×××，摘自侦查卷P）

①摘录：

②证实：

③存在的问题：

（2）被害人×××于××××年××月××日在×××（地方）依法所做辨认笔录（侦查人员：×××、×××，见证人×××，摘自侦查卷P）

①辨认过程及结果：

②存在的问题：

5. 犯罪嫌疑人供述和辩解及辨认笔录

犯罪嫌疑人×××在侦查阶段共供述了×次，其中×次作有罪供述，第×次开始翻供，具体情况如下：

（1）犯罪嫌疑人×××于××××年××月××日在×××（地点）依法所做供述（侦查人员：×××、×××，摘自侦查卷P）

①摘录：

②证实：

③存在的问题：

（2）犯罪嫌疑人×××于××××年××月××日在×××（地点）依法所做辨认笔录（侦查人员：×××、×××，见证人×××，摘自侦查卷P）

①辨认过程及结果：

②存在的问题：

6. 鉴定意见（鉴定时间，单位，文书编号，鉴定人，摘自侦查卷P）

①摘录：（可只摘录结论部分，但对鉴定过程要审查）

②证实：

③存在的问题：

7. 勘验、检查、侦查实验等笔录（勘验时间，单位，勘验人、检查人，见证人，摘自侦查卷P）

①摘录：

②证实：

③存在的问题：

8. 视听资料、电子证据（来源，提取过程，电子证据的类别、格式，及上述证据的制作过程、制作环境、制作人员，摘自侦查卷P）

①摘录：

②证实：

③存在的问题：

证明小结：（证据存在分组摘录情况的，则对该组证据进行证明小结，若前面已详细论述，此处可省略）

四、全案综合分析

（一）证据分析

突出证明体系的分析，排除非法证据，对证据之间的矛盾点进行论证，就是否存在合理怀疑、证明体系得出的犯罪嫌疑人构成犯罪的结论是否具有唯一性等阐明观点和理由。

（二）定性分析

围绕犯罪构成要件，依据法律法规、指导性案例、法理等阐明全案定性、各犯罪嫌疑人定性的观点和理由。

（三）起诉必要性审查

对犯罪事实清楚，证据确实、充分的案件，通过综合考量犯罪事实情节、犯罪嫌疑人人身危险性、社会危害性以及社会公共利益等因素，分析有无提起公诉判处刑罚的必要。

（四）量刑分析

结合证据摘录情况写明本案的量刑情节、载明记录量刑计算过程。

（五）其他

审查后拟作不起诉的，可进一步说明后续移送行政检察部门提出行刑衔接检察意见情况。

五、需要说明的问题

（一）补充侦查及非法证据排除情况

审查逮捕、审查起诉过程中检察机关要求补充侦查、继续侦查、退回补充侦查及跟踪落实情况、检察机关开展调查核实、自行补充侦查情况等。若存在非法取证问题，可在该部分撰写或单起一段。

(二) 羁押必要性审查情况

根据《人民检察院公安机关羁押必要性审查、评估工作规定》开展羁押必要性审查的情况。

(三) 认罪认罚相关工作开展情况

包括听取意见、认罪认罚过程或不适用认罪认罚的理由等。其他如民事赔偿、达成调解、刑事和解、公益服务考察等事项。

(四) 涉案财物处理情况

(五) 其他

以下事项系提示性要点，有则写，无则省略：如管辖权、追诉时效问题；庭审有关问题；案件沟通、协调情况；执法办案风险评估及预案等。

六、法律监督及相关工作情况

(一) 侦查监督事项

包括对立案监督、纠正漏捕漏诉和纠正侦查违法等法律监督事项的分析说理

(二) 移送线索事项

包括发现并移送公益诉讼线索，职务犯罪线索，涉黑恶、保护伞线索等情况。

(三) 其他

如制发检察建议等社会治理事项。

七、承办人意见

对证据情况的意见和定性已在证据分析及全案综合分析部分充分论述，所以该部分无须再展开论证，只需直接按以下其中一种结论模式进行填充即可。

1. 提起公诉

犯罪嫌疑人×××(构罪罪状描述)，其行为已触犯《中华人民共和国刑法》第×××条(应具体到条款项)，事实清楚，证据确实、充分，依据《中华人民共和国刑事诉讼法》第一百七十六条第×××款，应以×××罪提起公诉，适用×××程序。建议判处×××(具体刑期)，是否适用缓刑，并处(附加刑)。

查封、扣押、冻结的涉案款物的处理情况。

2. 存疑不起诉

×××（监察/侦查机关名称）移送起诉认定×××（概括叙述监察/侦查机关认定的事实），经本院审查并退回补充调查/侦查，本院仍然认为×××（监察/侦查机关名称）认定的犯罪事实不清、证据不足（或本案证据不足），不符合起诉条件。依照《中华人民共和国刑事诉讼法》第一百七十五条第四款的规定，决定对×××（被不起诉人的姓名）不起诉。

（如系检察机关直接受理案件，则写为：本案经本院侦查终结后，在审查起诉期间，经两次补充侦查，本院仍认为本案证据不足，不符合起诉条件。依照《中华人民共和国刑事诉讼法》第一百七十五条第四款的规定，决定对×××不起诉）

查封、扣押、冻结的涉案款物的处理情况。

3. 绝对不起诉

无犯罪事实及犯罪事实并非犯罪嫌疑人所为。×××的上述行为，×××（按照《中华人民共和国刑事诉讼法》第十六条的规定表述），不构成犯罪。依照《中华人民共和国刑事诉讼法》第十六条第×项和第一百七十七条第一款的规定，决定对×××不起诉。

查封、扣押、冻结的涉案款物的处理情况。

4. 相对不起诉

犯罪嫌疑人×××实施了《中华人民共和国刑法》第××条规定的行为，但犯罪情节轻微，具有×××情节，根据《中华人民共和国刑法》第×××条的规定，不需要判处刑罚（或者免除刑罚）。根据《中华人民共和国刑事诉讼法》第一百七十七条第二款的规定，决定对×××不起诉。

查封、扣押、冻结的涉案款物的处理情况。

承办人：

20××年××月××日

附件：该部分主要是无须在主体内容中表述但对案件办理有参考价值的内容，如相关判例、法律法规、典型案例等

2. 制作说明

（1）本文书为人民检察院在办理捕诉一体案件过程中撰写审查报告时使用。若案件曾报请审查逮捕，则相应审查起诉情况可在原审查逮捕报告基础上充实完善。审查起诉认定事实、证据与审查逮捕没有基本区别的，报告中可不分阶段撰写，但须注明与审查逮捕存在哪些主要差异。

（2）本文书单列“法律监督工作情况”，有利于提升承办检察官对法律监督的重视程度，落实“在办案中监督、在监督中办案”要求。案件办理中发现重大监督事项的，可在该部分撰写；未发现重大监督事项的，可不单列，在“需要说明的问题”中阐述。

（3）本文书为附检察内卷文书，无须向其他机关或部门送达。

3.1.50　工作文书：审查报告（适用非羁押直诉案件）

（一）基本概念

非羁押直诉案件审查报告，是检察机关对公安机关没有采取羁押强制措施而直接移送审查起诉的案件审查结束制作的工作文书。

（二）相关依据

1. 法律依据

《中华人民共和国刑事诉讼法》第一百六十九条：“凡需要提起公诉的案件，一律由人民检察院审查决定。”

第一百七十一条：“人民检察院审查案件的时候，必须查明：

（一）犯罪事实、情节是否清楚，证据是否确实、充分，犯罪性质和罪名的认定是否正确；

（二）有无遗漏罪行和其他应当追究刑事责任的人；

（三）是否属于不应追究刑事责任的；

（四）有无附带民事诉讼；

（五）侦查活动是否合法。”

2. 司法解释规定

《人民检察院刑事诉讼规则》第八条第一款：“对同一刑事案件的审

查逮捕、审查起诉、出庭支持公诉和立案监督、侦查监督、审判监督等工作，由同一检察官或者检察官办案组负责，但是审查逮捕、审查起诉由不同人民检察院管辖，或者依照法律、有关规定应当另行指派检察官或者检察官办案组办理的除外。”

第二百五十五条：“人民检察院办理审查逮捕、审查起诉案件，应当全面审查证明犯罪嫌疑人有罪或者无罪、罪轻或者罪重的证据。”

（三）文书结构

1. 首部

本文书标题应体现办案单位、犯罪嫌疑人、涉嫌的罪名及文书种类。如果有多个犯罪嫌疑人或者涉嫌多个罪名，则只列一名主犯和一个主罪，其他犯罪嫌疑人和罪名可以“等×人”或“等×罪”。首部需要结合案件收案情况、诉讼经过等，按照文书内列明的具体要求进行撰写。

2. 正文

（1）犯罪嫌疑人及其他诉讼参与人的基本情况。犯罪嫌疑人基本情况应与起诉书中“被告人基本情况”的表述保持一致，制作时要注重审查可能对定罪量刑产生影响的案发时的犯罪嫌疑人身份情况；多名犯罪嫌疑人的，应根据各自地位、作用进行合理排序。

辩护人基本情况、被害人基本情况、诉讼代理人基本情况、附带民事诉讼原告人情况等按照文书要求结合案件情况依次撰写。

（2）发破案经过及证据。避免直接复制粘贴抓获经过等证据材料，刑事立案前有行政程序调查的，应写明行政调查的过程和处罚结果。

（3）审查认定的事实及证据。包含侦查机关认定的犯罪事实、审查后认定的犯罪事实和认定上述事实的证据四部分。

侦查机关认定的犯罪事实。直接复制侦查机关起诉意见书内容，并概括说明侦查机关结论意见及与报请审查逮捕时认定的犯罪事实有无不同。

审查后认定的犯罪事实。若与侦查机关认定的犯罪事实一致的，可直接表述“与侦查机关认定的犯罪事实一致”，无须具体撰写审查后认定的犯罪事实；若与侦查机关认定犯罪事实基本一致，仅部分细节不一致的，直接列明不一致的地方即可；若出入比较大，则需要写明审查后认定的犯罪事实。即结合在案证据，详细叙述案件发生的时间、地点、影响案件事实表述的当事人之间的关系，案件的起因、实施行为的经过、手段、后果，以及社会影响，详略得当、客观地撰写事实，可以比起诉书认定的事实详细，但要相互衔接。

认定上述事实的证据。可直接沿用逮捕阶段审查报告中的证据摘录部分，并进行补充，每份证据按照“一事一证一分析”的体例撰写。

（4）全案综合分析。全案综合分析对应庭审“法庭辩论”环节，即法庭辩论中的全案证据综合分析、定罪定性分析及量刑分析等，基本可以就此形成公诉意见书以及后续的答辩要点。

证据分析。突出证明体系，展现对证据链条闭合情况的分析，排除非法证据，找出证据之间的矛盾点，说明采信证据的依据，就是否存在合理怀疑、证据指向是否唯一，给出明确回答。

定性分析。结合在案证据材料，从法理和证据两方面，充分论证犯罪嫌疑人主体是否符合要求，主观故意是否明确，行为是否达到构罪标准，所侵害的客体是否准确，进而确定全案总体定性和各犯罪嫌疑人定性。应围绕案件中的证据材料和相关法律规定进行，应注重借鉴、引用具体法律法规、典型司法案例尤其是指导性案例、权威学术观点等进行分析，确保问题要集中、系统，表述要清晰，论述要完整。

起诉必要性审查。对犯罪事实清楚，证据确实、充分的案件，通过综合考量犯罪事实情节、犯罪嫌疑人人身危险性、社会危害性以及社会公共利益等因素，分析有无提起公诉、判处刑罚的必要。

量刑情节及量刑分析。结合量刑证据摘录情况写明本案的量刑情节，并对其中有争议的量刑情节结合具体法律、司法解释等规定进行分析、论证并着重说明相关量刑的理由和依据。犯罪嫌疑人认罪认罚的，量刑建议根据犯罪嫌疑人认罪认罚的时间点和彻底性、犯罪情节恶劣程度等，考虑是否从宽及从宽幅度。办理认罪认罚案件，一般应当提出确定刑量刑建议，若提出幅度刑量刑建议，应简要说明理由。

（5）需要说明的问题。该部分客观记录各项程序性工作情况及其他值得反映的问题，如反映报请逮捕后的证据补充情况，开展认罪认罚工作中听取犯罪嫌疑人及辩护人意见，询问被害方意见情况，文书中列举的事项系提示性要点，有则写，无则省略。

（6）法律监督工作情况。内容包括检察官纠正漏捕漏诉、立案监督、纠正侦查活动违法等法律监督的相关工作，以及移送监督线索、跟踪反馈、制发检察建议等情况。

（7）承办人意见。承办人意见是检察官对全案审查后提出的综合性意见，应当以简练规范的语言概括总结各犯罪嫌疑人的行为定性和量刑情节，提出最终处理结论和量刑建议，可参照起诉书中“起诉书的理由和根据”的内容进行表述。认为应提起公诉的，明确提出适用何种审理程序的意见，并对是否需追诉或附带民事诉讼等提出处理意见；拟不起诉的，明确提出不起诉以及何种形式的不起诉等处理意见。

3. 尾部

落款承办人姓名及日期。

报告后可增设“附件”，从法律、判例、被害人名单、证据详细摘录等各方面充实、完善，如需当庭引用的具体条文、案例等，增强审查意见的说服力，同时也能为今后办理同类案件积累有益素材。

（四）文书模板及制作说明

1. 文书模板

关于犯罪嫌疑人×××涉嫌×××案审查报告

（适用非羁押直诉案件）

收案时间：××××年××月××日（到期时间：××××年××月××日）

案件来源：

起诉意见书文号：

移送案由：（若刑拘案由、逮捕案由与移送案由不一致，应增加刑拘案由、逮捕案由）

犯罪嫌疑人：

强制措施：取保候审，监视居住情况，以及审查起诉期间采取或变更强制措施情况。

侦查机关承办人及电话：

退延情况：××××年××月××日一退，××××年××月××日一延

承办人及承办人意见：（简要写明审查结论，包括是否构成犯罪、构成何罪，起诉、不起诉的处理意见等）

一、犯罪嫌疑人及其他诉讼参与人的基本情况

（一）犯罪嫌疑人基本情况

犯罪嫌疑人×××（曾用名×××，绰号×××），男（女），××××年××月××日出生，公民身份号码×××，×族，××文化程度，职业，户籍所在地×××，住×××（两者一致时，只需写户籍所在地）。曾因犯×××罪，于××××年××月××日被×××法院判处×××，××××年××月××日刑满释放（或受行政处罚情况）。因涉嫌×××罪，于××××年××月××日被×××（单位）采取强制措施情况。（侦查、审查起诉阶段依法采取或变更强制措施的，应在此部分体现，并写明采取或变更强制措施的时间、内容和理由）

（二）辩护人基本情况

××××律师事务所×××律师（或其他身份），联系电话：×××。（如是法律援助律师的应注明指派的法律援助机构，一案多人的，列明每个辩护人情况）

（三）被害人基本情况

被害人×××（曾用名×××，绰号×××），男（女），××××年××月××日出生，公民身份号码×××，×族，职业，户籍所在地×××。（多名被害人的，概括说明涉及多少名被害人、主要情况等）

（四）诉讼代理人的基本情况

××××律师事务所×××律师（或其他身份），联系电话：×××。

（五）附带民事诉讼原告人情况

姓名、性别、年龄、民族、文化程度、职业或工作单位及职务、住

址、通讯方式等；是单位的，写明单位全称、所在地址、法人代表姓名、职务、通讯方式等。(无附带民事诉讼的，或附带民事诉讼原告人与被害人相同的，此部分省略)

二、发破案经过及证据

在综合侦查机关出具的发破案经过、报案材料、证人证言、当事人到案初次笔录等材料的基础上，概括总结案件的发现、侦破过程、各犯罪嫌疑人归案经过情况。

证实本案发破案经过的证据有：（接警记录、立案决定书、抓获经过、侦破报告、犯罪嫌疑人关于投案的供述、证人关于报警的证言等）

三、审查认定的事实及证据

非羁押直诉案件多系未提请批准逮捕，因此没有审查逮捕报告，但若案件属于不批准逮捕案件，则结合原审查逮捕报告，阐述在事实和证据方面的变化。

(一) 侦查机关认定的犯罪事实

侦查机关起诉意见书认定的犯罪事实。

(二) 审查后认定的犯罪事实

与侦查机关认定的犯罪事实一致的，则表述“审查后认定的犯罪事实与侦查机关认定的犯罪事实一致”；若基本一致，在部分细节上存在不一致的，列明不一致的地方即可。

(三) 认定上述事实的证据

在每份证据后概括证明的内容及存在的问题，无须详细摘录。

1. 物证

2. 书证

3. 证人证言及辨认笔录

4. 被害人陈述及辨认笔录

5. 犯罪嫌疑人供述和辩解及辨认笔录

6. 鉴定意见

7. 勘验、检查、侦查实验等笔录

8. 视听资料、电子数据

四、全案综合分析

若案件曾作存疑不捕的，应当重点分析存疑不捕后公安机关移送审查起诉前的取证情况，对定性量刑的影响。

（一）证据分析

（二）定性分析

（三）起诉必要性审查

（四）量刑分析

（五）其他

五、需要说明的问题

参照捕诉一体公诉审查报告列举的提示性要点，有则写，无则省略。另外，因系非羁押直诉案件，应当着重写明审查起诉阶段犯罪嫌疑人是否符合继续取保候审的条件，以及是否决定逮捕。

六、法律监督工作情况

（一）侦查监督事项

（二）移送线索事项

（三）其他

七、承办人意见

（一）提起公诉

（二）不起诉

（三）查封、扣押、冻结的涉案款物的处理情况

承办人：

20××年××月××日

2. 制作说明

（1）本文书为人民检察院在办理非羁押直诉的案件审查起诉过程中撰写审查报告时使用。若非羁押直诉的案件系适用速裁程序或认罪认罚适用简易程序案件的，可直接采用速裁程序/认罪认罚表格版本的审查报告格式。

（2）本文书各部分制作要求参照捕诉一体公诉审查报告的制作说明，

在证据摘录部分，对事情清楚、证据确实充分的简单案件，可不具体摘抄证据内容，对该份证据所要证明的内容予以说明，并审查是否存在相应问题即可。在“需要说明的问题”部分，要分析公安机关对嫌疑人不采取羁押强制措施是否合理，并分析嫌疑人有无逮捕的必要性。

（3）本文书为附检察内卷文书，无须向其他机关或部门送达。

3.1.51 工作文书：审查报告（适用速裁程序/认罪认罚简易程序案件）

（一）基本概念

审查报告（适用速裁程序/认罪认罚简易程序案件），是人民检察院适用速裁程序的案件或认罪认罚适用简易程序办理案件的过程中撰写审查报告时使用的工作文书。

（二）相关依据

1. 法律依据

《中华人民共和国刑事诉讼法》第二百一十四条：“基层人民法院管辖的案件，符合下列条件的，可以适用简易程序审判：

（一）案件事实清楚、证据充分的；

（二）被告人承认自己所犯罪行，对指控的犯罪事实没有异议的；

（三）被告人对适用简易程序没有异议的。

人民检察院在提起公诉的时候，可以建议人民法院适用简易程序。”

第二百二十二条：“基层人民法院管辖的可能判处三年有期徒刑以下刑罚的案件，案件事实清楚，证据确实、充分，被告人认罪认罚并同意适用速裁程序的，可以适用速裁程序，由审判员一人独任审判。

人民检察院在提起公诉的时候，可以建议人民法院适用速裁程序。”

2. 司法解释规定

《人民检察院刑事诉讼规则》第二百七十三条：“犯罪嫌疑人认罪认罚，人民检察院经审查，认为符合速裁程序适用条件的，应当在十日以内作出是否提起公诉的决定，对可能判处的有期徒刑超过一年的，可以延长至十五日；认为不符合速裁程序适用条件的，应当在本规则第三百五十一条规定的期限以内作出是否提起公诉的决定。”

第四百三十条：“人民检察院对于基层人民法院管辖的案件，符合下列条件的，可以建议人民法院适用简易程序审理：

（一）案件事实清楚、证据充分的；

（二）被告人承认自己所犯罪行，对指控的犯罪事实没有异议的；

（三）被告人对适用简易程序没有异议的。”

第四百三十七条：“人民检察院对基层人民法院管辖的案件，符合下列条件的，在提起公诉时，可以建议人民法院适用速裁程序审理：

（一）可能判处三年有期徒刑以下刑罚；

（二）案件事实清楚，证据确实、充分；

（三）被告人认罪认罚、同意适用速裁程序。”

（三）文书结构

本报告为表格式审查报告，其中正文部分以表格形式呈现。

1. 首部

本文书标题应体现办案单位、犯罪嫌疑人、涉嫌的罪名及文书种类。如果有多个犯罪嫌疑人或者涉嫌多个罪名，则只列一名主犯和一个主罪，其他犯罪嫌疑人和罪名可以“等×人”或“等×罪”。

2. 正文

按照表格内容结合案件情况填写案件受理信息、犯罪嫌疑人基本情况、审查认定的事实、证据分析、羁押必要性、起诉必要性审查、量刑建议及需要说明的问题等信息，并提出承办人意见。

3. 尾部

落款承办人姓名及审结时间。

（四）文书模板及制作说明

1. 文书模板

关于犯罪嫌疑人×××涉嫌×××案审查报告

（适用速裁程序/认罪认罚适用简易程序审查报告）

案件来源		移送案由	
强制措施			
收案日期		到期日期	
起诉意见书文号		侦查人员及联系方式	
犯罪嫌疑人基本情况	犯罪嫌疑人×××（曾用名×××，绰号×××），男（女），××××年××月××日出生，公民身份号码×××，×族，××文化程度，职业，户籍所在地×××，住×××（两者一致时，只需写户籍所在地）。曾因犯××罪，于××××年××月××日被××法院判处×××，××××年××月××日刑满释放（或受行政处罚情况）。		
审查认定的事实	（可与起诉书表述一致）		
本案的证据	（罗列证据名称，若某项证据存在瑕疵，需说明瑕疵情况及补正情况）		
羁押必要性、起诉必要性审查	（简要说明有无继续羁押和提起公诉判处刑罚的必要）		
量刑建议及计算过程			
需要说明的问题			
承办人意见	犯罪嫌疑人×××（构罪罪状描述），其行为触犯了《中华人民共和国刑法》第×××条，犯罪事实清楚，证据确实、充分，应当以×××罪追究其刑事责任。根据《中华人民共和国刑事诉讼法》第一百七十六条第二款的规定，提起公诉。		
承办人		审结日期	

2. 制作说明

（1）本文书适用范围：捕诉部门在审查起诉符合《中华人民共和国刑事诉讼法》第二百二十二条速裁程序适用条件和认罪认罚适用简易程序的案件时，可采用本文书格式，但需报领导决定的和审查逮捕阶段曾作出存疑不捕决定的除外。

（2）本案的证据部分无须摘录和归纳证据，仅需在证据种类后面根据案件具体情况罗列证据名称，若相关证据存在瑕疵的，应在证据名称后说明证据瑕疵情况及补正情况。

（3）本文书为附检察内卷文书，无须向其他机关或部门送达。

3.1.52　工作文书：委托调查函

（一）基本概念

委托调查函，是人民检察院依法委托有关组织和机构对犯罪嫌疑人进行社会调查评估，并出具社会调查评估意见的工作文书。

（二）相关依据

《人民检察院刑事诉讼规则》第二百七十七条："犯罪嫌疑人认罪认罚，人民检察院拟提出适用缓刑或者判处管制的量刑建议，可以委托犯罪嫌疑人居住地的社区矫正机构进行调查评估，也可以自行调查评估。"

（三）文书结构

1. 首部

首部制作文书的人民检察院需注明所在省（自治区、直辖市）的名称，不能只写地区级市、县、区院名。文书名称，即"委托调查函"。文号生成格式为："××检××委调〔××××〕×号"。

2. 正文

发往单位，委托进行社会调查的犯罪嫌疑人居住地的社区矫正机构名称，行文上顶格书写。

按照格式文本的要求结合案件具体情况依次填充犯罪嫌疑人姓名、

案由，及调查报告送交的截止日期等信息。

3. 尾部

落款时间，即委托开展社会调查的时间，并在时间上加盖院印。

（四）文书模板及制作说明

1. 文书模板

××× 人民检察院

委托调查函

××检××委调〔20××〕×号

__________：

本院办理的犯罪嫌疑人×××案，需要调查适用社区矫正对其所居住社区的影响，现委托你单位对×××的居所情况、家庭和社会关系、一贯表现、犯罪行为的后果和影响、居住地居（村）民委员会和被害人的意见、拟禁止的事项等情况进行社会调查，请于××××年××月××日前将调查报告送交我院。

20××年××月××日

（院印）

2. 制作说明

（1）犯罪嫌疑人认罪认罚，人民检察院拟提出适用缓刑或者判处管制的量刑建议，委托犯罪嫌疑人居住地的社区矫正机构进行调查评估时使用。

（2）本文书制作完毕后需送达犯罪嫌疑人居住地的社区矫正机构。

3.1.53 工作文书：延长审查起诉期限审批表

（一）基本概念

延长审查起诉期限审批表，是人民检察院对于移送起诉的重大、复杂案件，在一个月以内不能作出决定，申请延长十五日审查起诉期限时所使用的工作文书。

（二）相关依据

1. 法律依据

《中华人民共和国刑事诉讼法》第一百七十二条第一款："人民检察院对于监察机关、公安机关移送起诉的案件，应当在一个月以内作出决定，重大、复杂的案件，可以延长十五日；犯罪嫌疑人认罪认罚，符合速裁程序适用条件的，应当在十日以内作出决定，对可能判处的有期徒刑超过一年的，可以延长至十五日。"

2. 司法解释规定

《人民检察院刑事诉讼规则》第三百五十一条第一款："人民检察院对于移送起诉的案件，应当在一个月以内作出决定；重大、复杂的案件，一个月以内不能作出决定的，可以延长十五日。"

（三）文书结构

本文书为表格式审批文书，其中正文部分以表格形式呈现。

1. 首部

首部制作文书的人民检察院需注明所在省（自治区、直辖市）的名称，不能只写地区级市、县、区院名。文书名称，即"延长审查起诉期限审批表"。

2. 正文

按照表格的要求结合案件具体情况依次填充犯罪嫌疑人姓名、案由、收案时间、办案部门等受案信息。

阐明延长审查起诉期限的理由及法律依据，延长审查起诉期限的时长及起止日期。

3. 尾部

落款承办人姓名及报请延长审查起诉期限审批的时间。

尾部并设有备注栏。

（四）文书模板及制作说明

1. 文书模板

×××人民检察院

延长审查起诉期限审批表

<table>
<tr><td>犯罪嫌疑人</td><td></td><td>案由</td><td></td></tr>
<tr><td>收案时间</td><td></td><td>办案部门</td><td></td></tr>
<tr><td colspan="4">因该案系重大、复杂的案件，在一个月时间内无法作出决定，根据《中华人民共和国刑事诉讼法》第一百七十二条第一款的规定，需延长办案期限十五日，时间从（办案期限次日）至（办案期限+15日），请批示。

承办人：
20××年××月××日</td></tr>
<tr><td>备注</td><td colspan="3"></td></tr>
</table>

2. 制作说明

（1）本文书依据《中华人民共和国刑事诉讼法》第一百七十二条，《人民检察院刑事诉讼规则》第三百五十一条的规定制作。为人民检察院对于移送起诉的重大、复杂案件，在一个月以内不能作出决定，申请延长十五日审查起诉期限时使用。

（2）本文书需写明犯罪嫌疑人姓名、案由、收案时间、办案部门、提请延长理由、延长后截止日期、制作日期。

（3）本文书以案为制作单位，由办理案件的人民检察院制作。

（4）本文书共计一联，各地可根据检察官的权限酌情办理。

3.1.54　工作文书：撤案建议书（适用已移送审查起诉自侦案件）

（一）基本概念

撤案建议书（适用已移送审查起诉自侦案件），是负责捕诉的部门对于本院负责侦查的部门移送（不）起诉的案件，发现没有犯罪事实或者有《中华人民共和国刑事诉讼法》第十六条规定情形之一的，建议本院负责侦查的部门撤销案件时所使用的工作文书。

（二）相关依据

1. 法律依据

《中华人民共和国刑事诉讼法》第十六条："有下列情形之一的，不追究刑事责任，已经追究的，应当撤销案件，或者不起诉，或者终止审理，或者宣告无罪：

（一）情节显著轻微、危害不大，不认为是犯罪的；

（二）犯罪已过追诉时效期限的；

（三）经特赦令免除刑罚的；

（四）依照刑法告诉才处理的犯罪，没有告诉或者撤回告诉的；

（五）犯罪嫌疑人、被告人死亡的；

（六）其他法律规定免予追究刑事责任的。"

第一百六十四条："人民检察院对直接受理的案件的侦查适用本章规定。"

第一百六十八条："人民检察院侦查终结的案件，应当作出提起公诉、不起诉或者撤销案件的决定。"

2. 司法解释规定

《人民检察院刑事诉讼规则》第三百六十五条："人民检察院对于监

察机关或者公安机关移送起诉的案件，发现犯罪嫌疑人没有犯罪事实，或者符合刑事诉讼法第十六条规定的情形之一的，经检察长批准，应当作出不起诉决定。

对于犯罪事实并非犯罪嫌疑人所为，需要重新调查或者侦查的，应当在作出不起诉决定后书面说明理由，将案卷材料退回监察机关或者公安机关并建议重新调查或者侦查。”

第三百六十六条：“负责捕诉的部门对于本院负责侦查的部门移送起诉的案件，发现具有本规则第三百六十五条第一款规定情形的，应当退回本院负责侦查的部门，建议撤销案件。”

（三）文书结构

1. 首部

首部制作文书的人民检察院需注明所在省（自治区、直辖市）的名称，不能只写地区级市、县、区院名。文书名称，即“撤案建议书”。文号生成格式为：“××检撤建〔20××〕×号”。

2. 正文

本文书为格式文书，主要内容包括：

（1）写明发往单位，即本院负责侦查的部门，行文顶格书写。

（2）案件来源，按文书要求依次填写移送起诉的日期、文号、犯罪嫌疑人姓名、案由等信息。

捕诉部门审查意见，建议撤案的事实及理由。

建议撤案的结论及法律依据。

3. 尾部

落款为负责捕诉的部门，发出日期，日期上加盖部门印章。

(四) 文书模板及制作说明

1. 文书模板

×××人民检察院

撤案建议书

××检撤建〔20××〕×号

×××（负责侦查的部门）：

你部门于××××年××月××日以×××号（不）起诉意见书移送起诉的犯罪嫌疑人×××涉嫌×××一案，经审查认为：

……

依据《人民检察院刑事诉讼规则》第三百六十五条、第三百六十六条之规定，将本案退回你部门，并建议作撤销案件处理。

×××检察部

20××年××月××日

（部门印）

附件：侦查卷宗××册

2. 制作说明

（1）本文书一式二份，一份送达负责侦查的部门，一份留存附卷。

（2）移送本文书时，同时将案件卷宗及其他材料移送负责侦查的部门。

（3）文书应写明负责侦查的部门名称、移送（不）起诉的时间、文号、案由、犯罪嫌疑人姓名、撤销案件的理由并加盖负责捕诉部门的公章。

3.1.55 工作文书：同意移送机关撤回通知书

（一）基本概念

同意移送机关撤回通知书，是在案件审查起诉阶段，公安机关主动撤回移送审查起诉的案件后，检察机关同意公安机关撤回移送起诉案件时所使用的文书。

（二）相关依据

关于公安机关撤回案件同意撤回的相关依据，可以追溯到1998年修订的《人民检察院刑事诉讼规则（试行）》第二百六十二条："对于公安机关移送审查起诉的案件，发现犯罪嫌疑人没有违法犯罪行为的，应当书面说明理由将案卷退回公安机关处理；发现犯罪事实并非犯罪嫌疑人所为的，需要重新调查或者侦查的，应当书面说明理由将案卷材料退回公安机关并建议公安机关重新侦查，如果犯罪嫌疑人已经被逮捕，应当撤销逮捕决定，通知公安机关立即释放。"但2012年《刑事诉讼法》修改后，检察机关不能将案件直接退回公安机关处理。2012年修订的《人民检察院刑事诉讼规则（试行）》、2019年《人民检察院刑事诉讼规则》均未再规定将已经移送审查起诉的案件退回公安机关相关条款，相关做法没有法律依据。但司法实践中产生了公安机关主动将案件撤回的情形，而对于公安机关主动撤回移送审查起诉的案件，检察机关可以决定是否同意公安机关撤回。

（三）文书结构

1. 首部

首部制作文书的人民检察院需注明所在省（自治区、直辖市）的名称，不能只写地区级市、县、区院名。文书名称，即"同意移送机关撤回通知书"。文号生成格式为："××检××同撤〔20××〕×号"。

2. 正文

（1）发往单位。即将案件移送审查起诉的侦查单位，行文上顶格书写。

（2）开头及首句。开头及首句的模板是“你局于××××年××月××日以××号起诉意见书移送我院审查的×××案，在我院审查起诉/退回补充侦查期间，你局认为该案……”，此部分写明侦查机关将案件移送审查起诉的时间和起诉意见书文号，移送审查起诉案件的涉案犯罪嫌疑人和案由，并写明案件所处诉讼环节。

（3）移送机关申请撤回的理由和依据。本部分要以移送机关申请撤回的文书为依据，列明移送机关申请撤回案件的理由和依据，移送机关申请撤回的理由要具体，依据要充分。

（4）检察机关意见。本部分模板是“综上，你局认为原认定的犯罪事实有重大变化，不应当追究刑事责任，于××××年××月××日重新提出处理意见。经审查，你局申请撤回的理由成立，同意你局将该案撤回自行处理的意见”。本部门写明移送机关对案件申请撤回的概括性意见，并填写移送机关申请撤回案件的具体时间和检察机关经审查的意见。

3. 尾部

落款为发出日期，日期上加盖院印。

（四）文书模板及制作说明

1. 文书模板

×××人民检察院

同意移送机关撤回通知书

××检××同撤〔20××〕×号

××××（侦查机关）：

你局于××××年××月××日以×号起诉意见书移送我院审查的×××案，在我院审查起诉/退回补充侦查期间，你局认为该案……（申请撤回的理由和依据），综上，你局认为原认定的犯罪事实有重大变化，不应当追究刑事责任，于××××年××月××日重新提出处理意见。

经审查，你局申请撤回的理由成立，同意你局将该案撤回自行处理的意见。

××××年××月××日
（院印）

2. 制作说明

（1）本文书依据公安机关撤回追究犯罪嫌疑人刑事责任的申请，为人民检察院同意公安机关撤回追究犯罪嫌疑人刑事责任的案件时使用。

（2）本文书需写明申请撤回的侦查机关名称、具体案件名称、公安机关申请撤回的理由和依据、制作日期，并加盖文书制作单位公章。

（3）本文书以案为制作单位，由办理案件的人民检察院制作。

（4）本文书一式二份，一份附卷，一份送达公安机关。

3.1.56 工作文书：不同意移送机关撤回通知书

（一）基本概念

不同意移送机关撤回通知书，是人民检察院不同意公安机关撤回追究犯罪嫌疑人刑事责任的案件所使用的工作文书。

（二）相关依据

1. 法律依据

《中华人民共和国刑事诉讼法》第一百一十三条："人民检察院认为公安机关对应当立案侦查的案件而不立案侦查的，或者被害人认为公安机关对应当立案侦查的案件而不立案侦查，向人民检察院提出的，人民检察院应当要求公安机关说明不立案的理由。人民检察院认为公安机关不立案理由不能成立的，应当通知公安机关立案，公安机关接到通知后应当立案。"

第一百六十三条："在侦查过程中，发现不应对犯罪嫌疑人追究刑事责任的，应当撤销案件；犯罪嫌疑人已被逮捕的，应当立即释放，发给释放证明，并且通知原批准逮捕的人民检察院。”

2. 司法解释规定

《人民检察院刑事诉讼规则》第三百四十七条：“补充侦查期限届满，公安机关未将案件重新移送起诉的，人民检察院应当要求公安机关说明理由。

人民检察院发现公安机关违反法律规定撤销案件的，应当提出纠正意见。”

（三）文书结构

1. 首部

首部制作文书的人民检察院需注明所在省（自治区、直辖市）的名称，不能只写地区级市、县、区院名。文书名称，即“不同意移送机关撤回通知书”。文号生成格式为：“××检××不同撤〔20××〕×号”。

2. 正文

（1）发往单位。即将案件移送审查起诉的侦查单位，行文上顶格书写。

（2）开头及首句，模板是“你局于××××年××月××日以×号起诉意见书移送我院审查的×××案，在我院退回补充侦查期间，你局认为该案原认定的犯罪事实有重大变化，不应当追究刑事责任，重新提出处理意见”，此部分写明侦查机关将案件移送审查起诉的时间和起诉意见书文号，移送审查起诉案件的涉案犯罪嫌疑人和案由，并写明案件所处诉讼环节。

（3）检察机关意见，即“经审查，不同意你局将该案撤回自行处理的意见”。

3. 尾部

落款为发出日期，日期上加盖院印。

（四）文书模板及制作说明

1. 文书模板

×××人民检察院
不同意移送机关撤回通知书

××检××不同撤〔20××〕×号

×××（侦查机关）：

你局于××××年××月××日以×号起诉意见书移送我院审查的×××案，在我院退回补充侦查期间，你局认为该案原认定的犯罪事实有重大变化，不应当追究刑事责任，重新提出处理意见。经审查，不同意你局将该案撤回自行处理的意见。

20××年××月××日
（院印）

2. 制作说明

（1）本文书依据《中华人民共和国刑事诉讼法》第一百一十三条、第一百六十三条的规定制作。为人民检察院不同意公安机关撤回追究犯罪嫌疑人刑事责任的案件时使用。

（2）本文书需写明申请撤回的侦查机关名称、具体案件名称、制作日期、并加盖文书制作单位公章。

（3）本文书以案为制作单位，由办理案件的人民检察院制作。

（4）本文书一式二份，一份附卷，一份送达公安机关。

3.1.57 工作文书：非法证据调查交办通知书

（一）基本概念

非法证据调查交办通知书，是上一级人民检察院发现侦查人员以非法方法收集证据的，交由下级人民检察院调查核实时所使用的工作文书。

（二）相关依据

1. 法律依据

《中华人民共和国刑事诉讼法》第五十六条第一款：“采用刑讯逼供等非法方法收集的犯罪嫌疑人、被告人供述和采用暴力、威胁等非法方法收集的证人证言、被害人陈述，应当予以排除。收集物证、书证不符合法定程序，可能严重影响司法公正的，应当予以补正或者作出合理解释；不能补正或者作出合理解释的，对该证据应当予以排除。”

第五十七条：“人民检察院接到报案、控告、举报或者发现侦查人员以非法方法收集证据的，应当进行调查核实。对于确有以非法方法收集证据情形的，应当提出纠正意见；构成犯罪的，依法追究刑事责任。”

2. 司法解释规定

《人民检察院刑事诉讼规则》第七十二条第三款：“人民检察院决定调查核实的，应当及时通知公安机关。”

（三）文书结构

1. 首部

首部制作文书的人民检察院需注明所在省（自治区、直辖市）的名称，不能只写地区级市、县、区院名。文书名称，即“非法证据调查交办通知书”。文号生成格式为：“××检××交证调通〔20××〕×号”。

2. 正文

（1）发往单位。即非法证据调查交办的下级人民检察院，行文上顶格书写。

（2）开头及首句，模板是“犯罪嫌疑人×××案可能存在以非法方法收集证据的情形。根据《中华人民共和国刑事诉讼法》第五十七条、《人民检察院刑事诉讼规则》第七十二条第三款之规定，请你院对此予以调查，并将调查结果及时（可明确具体时间）报告我院”，此部分写明可能涉及非法方法收集证据情形的犯罪嫌疑人姓名和案由，并可以明确非法证据调查工作截止时间。

（3）可能存在以非法方法收集的证据及具体情形。列出涉及以非法方法收集证据的证据名称和非法取证具体情形。

3. 尾部

落款为发出日期，日期上加盖院印。

（四）文书模板及制作说明

1. 文书模板

×××人民检察院

非法证据调查交办通知书

××检××交证调通〔20××〕×号

×××人民检察院：

犯罪嫌疑人×××案可能存在以非法方法收集证据的情形。根据《中华人民共和国刑事诉讼法》第五十七条、《人民检察院刑事诉讼规则》第七十二条第三款之规定，请你院对此予以调查，并将调查结果及时(可明确具体时间)报告我院。

可能存在以非法方法收集的证据如下：

1. ……（列出证据名称和非法取证具体情形）

2. ……（列出证据名称和非法取证具体情形）

……

20××年××月××日

（院印）

2. 制作说明

（1）本文书依据《中华人民共和国刑事诉讼法》第五十七条，《人民检察院刑事诉讼规则》第七十二条第三款的规定制作。为上一级人民检察院发现侦查人员以非法方法收集证据，交由下级人民检察院调查核实时使用。

（2）本文书一式二份，第一份由作出决定的人民检察院附卷，第二份送达被指定的人民检察院。

（3）人民检察院决定调查核实的，应当及时通知公安机关。

3.1.58　工作文书：拟不起诉报批案件审查报告（自侦/监委）

（一）基本概念

拟不起诉报批案件审查报告（自侦/监委），是下级人民检察院在办理由人民检察院直接受理侦查的案件，以及监察机关移送起诉的案件，拟作不起诉处理，向上级人民检察院报请批准时，上级人民检察院承办人对案件审查终结后制作审查报告时使用的工作文书。

（二）相关依据

《人民检察院刑事诉讼规则》第三百七十一条："人民检察院直接受理侦查的案件，以及监察机关移送起诉的案件，拟作不起诉决定的，应当报请上一级人民检察院批准。"

（三）文书结构

1. 首部

本文书标题包括办案单位和文书名称。办案单位应写明所在省（自治区、直辖市）的名称，不能只写地区级市、县、区院名。文书名称，即"拟不起诉报批案件审查报告"。

首部需要结合案件受理情况、诉讼经过等信息，具体包括收案时间、案件来源、移送案由、犯罪嫌疑人姓名、强制措施等情况，并简要列明承办人及承办人意见，简要写明审查结论。

2. 正文

（1）犯罪嫌疑人基本情况。具体包括姓名、性别、出生日期、公民身份号码、民族、文化程度、职业、户籍所在地、住所地等情况；强制措施情况；现羁押场所；犯罪嫌疑人曾受到过行政处罚、刑事处罚的时间、原因、种类、决定机关、释放时间等情况。并列明认定身份情况的证据。

（2）诉讼过程。写明指定管辖、监察机关（检察机关）立案调查（侦查），侦查终结、移送起诉（移送不起诉）、退回补充调查（侦查）等诉讼过程。

（3）案件事实及证据。包括经审查认定的事实、本案证据情况及分析和量刑情节三部分。

经审查认定的事实应写明犯罪嫌疑人作案的时间、地点、动机、目的、实施过程、手段、犯罪情节、危害后果等。

证据情况及分析要按照先客观性证据后主观性证据的顺序列举；对于言词性证据内容重复且不影响定罪量刑的，可以简单列明证据的出处及所能证明的案件事实，不必详细摘录；凡是证据存在瑕疵等问题的，应当在该份证据后注明。

量刑情节需要写明作案后的表现，如有无坦白、自首、立功、退赃等事实和情节。

（4）下级检察院拟不起诉的意见和理由。包括人民监督员表决意见、下级院检察长或检委会意见。

（5）需要说明的问题。主要是报告其他部分无法涵盖而承办人认为需要说明或者报告的事项，包括：案件管辖问题；追诉漏罪、漏犯情况；认罪认罚情况；敏感案件预警或处置情况；有碍侦查、起诉、审判的违法活动及解决情况；被害人及附带民事诉讼原告人、被告人及其亲属以及人民群众对案件的处理有无涉法、涉诉上访问题及化解矛盾情况；案件经过沟通、协调情况，领导批示情况；承办人认为需要解决的其他问题等。

（6）承办人意见。简要写明审查结论，重点在于进行全面审查后，应当提出是否同意不起诉意见。如与下级检察机关对案件事实、案件性质的认识不一致，应当重点分析论证。如果一案多名犯罪嫌疑人的，应当分别论述清楚。在此基础上，提出是否同意或不同意下级院不起诉处理的意见。

3. 尾部

落款承办人姓名及日期。

(四) 文书模板及制作说明

1. 文书模板

×××人民检察院

拟不起诉报批案件审查报告

收案时间：××××年××月××日（到期时间：××××年××月××日）

案件来源：

移送案由：

犯罪嫌疑人：

强制措施：

承办人及承办人意见：（简要写明审查结论）

本院于××××年××月××日收到×××对犯罪嫌疑人×××涉嫌×××一案拟不起诉的报请审批材料，承办人已审查了全部案卷材料，核实了相关证据。现已审查终结，报告如下：

一、犯罪嫌疑人基本情况

犯罪嫌疑人×××（曾用名×××，绰号×××），男（女），××××年××月××日出生，公民身份号码×××，×族，××文化程度，职业（工作单位+职务），户籍所在地×××，住×××（两者一致时，只需写户籍所在地）。

关于强制措施的表述，监察机关移送案件：因涉嫌（立案案由）罪，经×××监察机关决定，于（执行日期）被采取留置措施。因涉嫌（移送案由）罪，经（决定机关）决定，于（执行日期）被（执行机关）执行（强制措施名称）……（一人有多个强制措施的，按强制措施序号以上述格式添加）。现羁押于（羁押场所）。

检察机关自侦案件：因涉嫌（立案案由）罪，经（决定机关）决定，于（执行日期）被（执行机关）执行（强制措施名称）……（一人有多个强制措施的，按强制措施顺序以上述格式添加）。现羁押于（羁押场所）。

犯罪嫌疑人曾受到过行政处罚、刑事处罚的时间、原因、种类、决定机关、释放时间等情况。

认定上述身份情况的证据如下：（罗列户籍证明、工作证明、强制措施文书等）

二、诉讼过程

写明指定管辖、监察机关（检察机关）立案调查（侦查），侦查终结、移送起诉（移送不起诉）、退回补充调查（侦查）等诉讼过程。

三、案件事实及证据

（一）经审查认定的事实

（二）本案证据情况及分析

（三）量刑情节等

四、下级检察院拟不起诉的意见和理由

（一）人民监督员表决意见

（二）下级院检察长或检委会意见

五、需要说明的问题

六、承办人意见

承办人：×××

20××年××月××日

2. 制作说明

（1）本文书依据《人民检察院刑事诉讼规则》第三百七十一条规定制作。为下级人民检察院办理由人民检察院直接受理侦查的案件，以及监察机关移送起诉的案件，拟作不起诉处理，向上级人民检察院报请批准时，上级人民检察院承办人对案件审查终结后制作审查报告时使用。

（2）本文书以案为制作单位。由上级人民检察院承办人制作。

（3）本文书制作一份附卷，可视情况复印。

3.1.59　工作文书：不起诉理由说明书

（一）基本概念

不起诉理由说明书，是人民检察院在作出不起诉决定时进行释法说理所使用的工作文书。

（二）相关依据

1. 法律依据

《中华人民共和国刑事诉讼法》第十六条：“有下列情形之一的，不追究刑事责任，已经追究的，应当撤销案件，或者不起诉，或者终止审理，或者宣告无罪：

（一）情节显著轻微、危害不大，不认为是犯罪的；

（二）犯罪已过追诉时效期限的；

（三）经特赦令免除刑罚的；

（四）依照刑法告诉才处理的犯罪，没有告诉或者撤回告诉的；

（五）犯罪嫌疑人、被告人死亡的；

（六）其他法律规定免予追究刑事责任的。”

第一百七十七条：“犯罪嫌疑人没有犯罪事实，或者有本法第十六条规定的情形之一的，人民检察院应当作出不起诉决定。

对于犯罪情节轻微，依照刑法规定不需要判处刑罚或者免除刑罚的，人民检察院可以作出不起诉决定。

人民检察院决定不起诉的案件，应当同时对侦查中查封、扣押、冻结的财物解除查封、扣押、冻结。对被不起诉人需要给予行政处罚、处分或者需要没收其违法所得的，人民检察院应当提出检察意见，移送有关主管机关处理。有关主管机关应当将处理结果及时通知人民检察院。”

第一百七十八条：“不起诉的决定，应当公开宣布，并且将不起诉决定书送达被不起诉人和他的所在单位。如果被不起诉人在押，应当立即释放。”

第一百七十九条：“对于公安机关移送起诉的案件，人民检察院决定不起诉的，应当将不起诉决定书送达公安机关。公安机关认为不起诉的决定有错误的时候，可以要求复议，如果意见不被接受，可以向上一级人民检察院提请复核。”

第一百八十条：“对于有被害人的案件，决定不起诉的，人民检察院应当将不起诉决定书送达被害人。被害人如果不服，可以自收到决定书后七日以内向上一级人民检察院申诉，请求提起公诉。人民检察院应当将复查决定告知被害人。对人民检察院维持不起诉决定的，被害人可以向人民法院起诉。被害人也可以不经申诉，直接向人民法院起诉。人民法院受理案件后，人民检察院应当将有关案件材料移送人民法院。”

2. 司法解释规定

《人民检察院刑事诉讼规则》第三百六十五条：“人民检察院对于监察机关或者公安机关移送起诉的案件，发现犯罪嫌疑人没有犯罪事实，或者符合刑事诉讼法第十六条规定的情形之一的，经检察长批准，应当作出不起诉决定。

对于犯罪事实并非犯罪嫌疑人所为，需要重新调查或者侦查的，应当在作出不起诉决定后书面说明理由，将案卷材料退回监察机关或者公安机关并建议重新调查或者侦查。”

第三百六十六条：“负责捕诉的部门对于本院负责侦查的部门移送起诉的案件，发现具有本规则第三百六十五条第一款规定情形的，应当退回本院负责侦查的部门，建议撤销案件。”

第三百六十七条：“人民检察院对于二次退回补充调查或者补充侦查的案件，仍然认为证据不足，不符合起诉条件的，经检察长批准，依法作出不起诉决定。

人民检察院对于经过一次退回补充调查或者补充侦查的案件，认为证据不足，不符合起诉条件，且没有再次退回补充调查或者补充侦查必要的，经检察长批准，可以作出不起诉决定。”

第三百六十八条：“具有下列情形之一，不能确定犯罪嫌疑人构成犯罪和需要追究刑事责任的，属于证据不足，不符合起诉条件：

（一）犯罪构成要件事实缺乏必要的证据予以证明的；

（二）据以定罪的证据存在疑问，无法查证属实的；

（三）据以定罪的证据之间、证据与案件事实之间的矛盾不能合理排除的；

（四）根据证据得出的结论具有其他可能性，不能排除合理怀疑的；

（五）根据证据认定案件事实不符合逻辑和经验法则，得出的结论明显不符合常理的。”

第三百七十条：“人民检察院对于犯罪情节轻微，依照刑法规定不需要判处刑罚或者免除刑罚的，经检察长批准，可以作出不起诉决定。”

第三百七十七条：“不起诉决定书应当送达被害人或者其近亲属及其诉讼代理人、被不起诉人及其辩护人以及被不起诉人所在单位。送达时，应当告知被害人或者其近亲属及其诉讼代理人，如果对不起诉决定不服，可以自收到不起诉决定书后七日以内向上一级人民检察院申诉；也可以不经申诉，直接向人民法院起诉。依照刑事诉讼法第一百七十七条第二款作出不起诉决定的，应当告知被不起诉人，如果对不起诉决定不服，可以自收到不起诉决定书后七日以内向人民检察院申诉。”

第三百七十八条：“对于监察机关或者公安机关移送起诉的案件，人民检察院决定不起诉的，应当将不起诉决定书送达监察机关或者公安机关。”

3. 其他规定

最高人民检察院《关于加强检察法律文书说理工作的意见》（内容略）。

（三）文书结构

1. 首部

首部制作文书的人民检察院需注明所在省（自治区、直辖市）的名称，不能只写地区级市、县、区院名。文书名称，即“不起诉理由说明书”。

2. 正文

（1）按格式模板的要求写明被不起诉人姓名、涉嫌犯罪的移送案由，作出不起诉决定的日期、不起诉决定书文号等基本信息。

（2）写明作出不起诉决定的主要理由。根据案件具体情况详细论述被不起诉人因不构成犯罪不起诉、事实不清、证据不足不起诉，或者系犯罪情节轻微，依照刑法规定不需要判处刑罚或者免除刑罚的不起诉的具体情由。理由部分的内容应当根据具体情况有所侧重：

对因不构成犯罪不起诉的案件，重点围绕不具备犯罪构成要件或者符合《中华人民共和国刑事诉讼法》第十六条规定的不追究刑事责任情形进行说理。阐明案件未达到犯罪主客观要件相统一的情况或因犯罪构成要件不完备而不构成犯罪的事实和法律依据。根据《人民检察院刑事诉讼规则》第三百六十五条第二款，对于犯罪事实并非犯罪嫌疑人所为，需要重新调查或者侦查的，应当在作出不起诉决定后书面说明理由，将案卷材料退回监察机关或者公安机关并建议重新调查或者侦查。

对因事实不清、证据不足不起诉的案件，重点围绕证据的客观性、合法性、关联性方面进行分析说理。对侦查机关（部门）说理，应指出哪些事实不清；对于证据不足的，应当指出欠缺哪些证据，并就补充取证提出建议；因取证不合法而排除非法证据的，应当指出违法的表现，阐明排除的理由，并附补充侦查提纲，详细列明需查清的事实和需要补充、完善的证据。

对犯罪情节轻微，依照刑法规定不需要判处刑罚或者免除刑罚的不起诉案件，着重从法律依据和刑事政策上进行分析说理。结合案件事实，分析被不起诉人犯罪性质、社会危害程度、和解情况、认罪认罚情况等法定从轻或者减轻、免除处罚情节，以及酌定从轻情节。对于不起诉的特殊人员（如未成年人、老年人、残疾人等），还应说明其身份、身体状况等。

3. 尾部

落款为发出日期，日期上加盖院印。

（四）文书模板及制作说明

1. 文书模板

×××人民检察院

不起诉理由说明书

（被不起诉人姓名）涉嫌（被不起诉人涉案情况表中的移送案由+移送其他案由）一案，本院于×××以（不起诉书文号）不起诉决定书，对×××作出不起诉决定，主要理由如下：________

……

（院印）

20××年××月××日

2. 制作说明

（1）本文书依据《中华人民共和国刑事诉讼法》第十六条、第一百七十七条、第一百七十八条、第一百七十九条、第一百八十条，《人民检察院刑事诉讼规则》第三百六十五条、第三百六十六条、第三百六十七条、第三百六十八条、第三百七十条、第三百七十七条、第三百七十八条，最高人民检察院《关于加强检察法律文书说理工作的意见》的规定制作。针对可能引发质疑、异议或者舆论炒作的不起诉案件，在作出不起诉决定时使用。

（2）本文书为说理式文书，应写明被不起诉人姓名、案由、不起诉决定书作出的时间及文号。

（3）本文书以人为单位制作。

（4）根据案件的具体情况，可以分别送达被害人或者其近亲属及其诉讼代理人、被不起诉人及其辩护人以及被不起诉人所在单位。对于监察机关或者公安机关移送起诉的案件，应当送达监察机关或者公安机关。同时将文书及送达情况附卷备查。

3.1.60 工作文书：举证、质证提纲

（一）基本概念

举证、质证提纲，是公诉人做好宣读、出示、播放证据的出庭准备而拟定计划、制定质证方案时所使用的工作文书。

（二）相关依据

《人民检察院刑事诉讼规则》第三百九十二条："人民法院决定开庭审判的，公诉人应当做好以下准备工作：

（一）进一步熟悉案情，掌握证据情况；

（二）深入研究与本案有关的法律政策问题；

（三）充实审判中可能涉及的专业知识；

（四）拟定讯问被告人、询问证人、鉴定人、有专门知识的人和宣读、出示、播放证据的计划并制定质证方案；

（五）对可能出现证据合法性争议的，拟定证明证据合法性的提纲并准备相关材料；

（六）拟定公诉意见，准备辩论提纲；

（七）需要对出庭证人等的保护向人民法院提出建议或者配合工作的，做好相关准备。"

第三百九十九条："在法庭审理中，公诉人应当客观、全面、公正地向法庭出示与定罪、量刑有关的证明被告人有罪、罪重或者罪轻的证据。

按照审判长要求，或者经审判长同意，公诉人可以按照以下方式举证、质证：

（一）对于可能影响定罪量刑的关键证据和控辩双方存在争议的证据，一般应当单独举证、质证；

（二）对于不影响定罪量刑且控辩双方无异议的证据，可以仅就证据的名称及其证明的事项、内容作出说明；

（三）对于证明方向一致、证明内容相近或者证据种类相同，存在内在逻辑关系的证据，可以归纳、分组示证、质证。

公诉人出示证据时，可以借助多媒体设备等方式出示、播放或者演示证据内容。

定罪证据与量刑证据需要分开的，应当分别出示。”

（三）文书结构

1. 首部

首部制作文书的人民检察院需注明所在省（自治区、直辖市）的名称，不能只写地区级市、县、区院名。文书名称，即“举证、质证提纲”，文书名称下方标注被告人姓名、案由。

2. 正文

本文书内容包括举证提纲和质证提纲。

举证提纲一般按照一罪名一举证、一事实一举证进行准备，分组列明证据名称、简要内容及证明事项，出示证据。制作举证提纲部分时，要做到条理清楚、层次分明。举证顺序应当以有利于证明公诉主张为目的，公诉人可以根据案件的不同种类、特点和证据状况，结合被告人的认罪态度，合理安排举证顺序，采用分组举证或者逐一举证的方式。一般先出示定罪证据，后出示量刑证据；先出示主要证据，后出示次要证据。

制作质证提纲部分时，公诉人应当根据辩方欲出示证据的内容以及对公诉方证据可能提出的质疑，围绕证据本身的真实性、关联性、合法性，针对证据能力有无以及证明力大小，采用一证一质的方式，全面、及时和有针对性地提出答辩意见，进行质证准备。

制作时，需重点注意以下方面：证据的取得是否符合法律规定；证据是否符合法定形式；证据是否为原件、原物，照片、录像、复制件、副本等与原件、原物是否相符；发现证据时的客观环境；证据形成的原因；证人或者提供证据的人与本案有无利害关系；证据与待证事实之间的关联关系；证据之间的相互关系；证据是否共同指向同一待证事实，有无无法排除的矛盾和无法解释的疑问，全案证据是否形成完整的证明体系，根据全案证据认定的事实是否足以排除合理怀疑，结论是否具有唯一性；证据是否具有证据能力及其证明力的其他问题。

对于被告人认罪认罚的案件，对控辩双方无异议的定罪、量刑证据，可以简化制作举证、质证提纲，但对于其他有争议的问题需详细制作举证、质证提纲。

3. 尾部

举证结束时申明，“审判长，本案的有关证据现已全部出示完毕，以上证据确实、充分，足以证明起诉书指控的犯罪事实和情节，请合议庭依法采信”。

（四）文书模板及制作说明

1. 文书模板

×××人民检察院

举证、质证提纲

（被告人姓名、案由）

审判长，下面公诉人将分×部分证据进行举证，证明本院指控被告人（被告人姓名）（案由）的犯罪事实。

第一组（份）证据是（简要概述），主要证明了本案的×××事实或情节。

（出示证据）

×××证据已出示（宣读或播放）完毕。

（依次列举需举证的各证据）

审判长，本案的有关证据现已全部出示完毕，以上证据确实、充分，足以证明起诉书指控的犯罪事实和情节，请合议庭依法采信。

2. 制作说明

（1）本文书依据《人民检察院刑事诉讼规则》第三百九十二条的规定制作。为公诉人做好宣读、出示、播放证据的出庭准备而拟订计划、制定质证方案时使用。

（2）本文书制作时，需在公诉人熟悉案情、掌握证据、全面预测被告人、辩护人可能提出的质证观点的情况下，围绕起诉书指控的犯罪事实和情节，针对证据的真实性、关联性、合法性，制作举证质证提纲，做好举证质证准备。

（3）本文书以案为制作单位，由办理案件的人民检察院制作。

（4）本文书制作一份，当庭发表后附卷。

3.1.61　工作文书：答辩提纲

（一）基本概念

答辩提纲，是出庭的检察官针对被告人、辩护人的辩护意见进行答辩，进一步阐述公诉意见时所使用的工作文书。

（二）相关依据

1. 法律依据

《中华人民共和国刑事诉讼法》第一百九十八条："法庭审理过程中，对与定罪、量刑有关的事实、证据都应当进行调查、辩论。

经审判长许可，公诉人、当事人和辩护人、诉讼代理人可以对证据和案件情况发表意见并且可以互相辩论。

审判长在宣布辩论终结后，被告人有最后陈述的权利。"

2. 司法解释规定

《人民检察院刑事诉讼规则》第三百九十二条："人民法院决定开庭审判的，公诉人应当做好以下准备工作：

（一）进一步熟悉案情，掌握证据情况；

（二）深入研究与本案有关的法律政策问题；

（三）充实审判中可能涉及的专业知识；

（四）拟定讯问被告人、询问证人、鉴定人、有专门知识的人和宣读、出示、播放证据的计划并制定质证方案；

（五）对可能出现证据合法性争议的，拟定证明证据合法性的提纲并准备相关材料；

（六）拟定公诉意见，准备辩论提纲；

（七）需要对出庭证人等的保护向人民法院提出建议或者配合工作的，做好相关准备。”

第三百九十八条：“公诉人在法庭上应当依法进行下列活动：

（一）宣读起诉书，代表国家指控犯罪，提请人民法院对被告人依法审判；

（二）讯问被告人；

（三）询问证人、被害人、鉴定人；

（四）申请法庭出示物证，宣读书证、未到庭证人的证言笔录、鉴定人的鉴定意见、勘验、检查、辨认、侦查实验等笔录和其他作为证据的文书，播放作为证据的视听资料、电子数据等；

（五）对证据采信、法律适用和案件情况发表意见，提出量刑建议及理由，针对被告人、辩护人的辩护意见进行答辩，全面阐述公诉意见；

（六）维护诉讼参与人的合法权利；

（七）对法庭审理案件有无违反法律规定诉讼程序的情况记明笔录；

（八）依法从事其他诉讼活动。”

第四百一十七条：“在法庭审理过程中，经审判长许可，公诉人可以逐一对正在调查的证据和案件情况发表意见，并同被告人、辩护人进行辩论。证据调查结束时，公诉人应当发表总结性意见。

在法庭辩论中，公诉人与被害人、诉讼代理人意见不一致的，公诉人应当认真听取被害人、诉讼代理人的意见，阐明自己的意见和理由。”

（三）文书结构

1. 首部

首部制作文书的人民检察院需注明所在省（自治区、直辖市）的名称，不能只写地区级市、县、区院名。文书名称，即“答辩提纲”，文书名称下方标注被告人姓名、案由。

2. 正文

归纳争议焦点。

列明答辩要点。

第一轮答辩。法庭辩论是控辩双方在法庭调查基础上，针对案件事实、证据、法律适用、诉讼程序、量刑情节等提出各自意见并互相辩驳的诉讼活动。法庭辩论要求公诉人必须非常熟悉案情，充分了解和合理运用在案证据，正确理解和清晰阐明法律法规。在参与法庭辩论之前，应针对不同类型的案件，梳理案件相关的所有问题，预测辩护人可能提出的反驳观点，事先构思和拟定回应这些问题的要点。

第二轮答辩。第二轮答辩应针对重点问题、焦点问题，根据法庭调查阶段采信的证据，围绕全案证据和指控体系，以及发表公诉意见的情况，有针对性地发表答辩意见。

（四）文书模板及制作说明

1. 文书模板

×××人民检察院

答辩提纲

（被告人姓名、案由）

审判长，公诉人认真听取了辩护人、被告人的辩护意见，归纳起来有以下几点（简要阐述争议焦点），对此，公诉人作如下答辩。

（围绕证据的取舍、事实的认定、法律的适用、定罪与否、此罪与彼罪的区分、量刑情节的轻重等争议问题进行辩论）

2. 制作说明

（1）本文书依据《中华人民共和国刑事诉讼法》第一百九十八条和《人民检察院刑事诉讼规则》第三百九十二条、第三百九十八条的规定制作。为出庭的检察官针对被告人、辩护人的辩护意见进行答辩，进一步阐述公诉意见时适用。

（2）答辩提纲要围绕犯罪构成、量刑等争议问题进行辩论。

（3）本文书以案为单位制作。

（4）本文书制作一份，当庭发表后附卷。

3.1.62 工作文书：出庭笔录

（一）基本概念

出庭笔录，是出庭的书记员协助公诉人记载法庭审判的整个过程时所使用的工作文书。

（二）相关依据

《人民检察院刑事诉讼规则》第四百二十七条："出庭的书记员应当制作出庭笔录，详细记载庭审的时间、地点、参加人员、公诉人出庭执行任务情况和法庭调查、法庭辩论的主要内容以及法庭判决结果，由公诉人和书记员签名。"

（三）文书结构

1. 首部

首部制作文书的人民检察院需注明所在省（自治区、直辖市）的名称，不能只写地区级市、县、区院名。文书名称，即"出庭笔录"。

按文书要求填写开庭时间、闭（休）庭时间、地点、案由、出席法庭的审判长、审判员、人民陪审员、公诉人、书记员、辩护人、其他诉讼参与人等庭审基本情况。

2. 正文

庭审活动记录，按庭审进程如实记录庭审活动。

3. 尾部

出庭公诉人和书记员共同核对签名。

（四）文书模板及制作说明

1. 文书模板

×××人民检察院

出庭笔录

开　庭　时　间：________年________月________日______时______分
闭（休）庭时间：________年________月________日______时______分
地　点：________________________案　由：________________________
公诉人（检察员）：______________书记员：________________________
审判长：________________________审判员：________________________
人民陪审员：____________________书记员：________________________
被告人：____
辩护人：____
其他诉讼参与人：____
____
____

庭审活动记录：（可区分速裁和普通程序进行记录）

……

2. 制作说明

（1）本文书依据《人民检察院刑事诉讼规则》第四百二十七条的规定制作。为出庭的书记员协助公诉人记载法庭审判的整个过程时使用。

（2）制作本文书时，需写明开庭、闭庭的时间、地点、出席法庭的审判长、审判员、人民陪审员、公诉人、书记员、辩护人、其他诉讼参与人，以及整个法庭审判的整个过程。制作完成后，应由出庭的公诉人和书记员共同核对签名确认。

（3）本文书以案为单位制作。

（4）本文书制作一份，当庭制作后附卷。

3.1.63 工作文书：恢复法庭审理意见书

（一）基本概念

恢复法庭审理意见书，是经人民检察院建议、法庭宣布延期审理后，人民检察院提请人民法院恢复法庭审理时所使用的工作文书。

（二）相关依据

1. 法律依据

《中华人民共和国刑事诉讼法》第二百零四条："在法庭审判过程中，遇有下列情形之一，影响审判进行的，可以延期审理：

（一）需要通知新的证人到庭，调取新的物证，重新鉴定或者勘验的；

（二）检察人员发现提起公诉的案件需要补充侦查，提出建议的；

（三）由于申请回避而不能进行审判的。"

第二百零五条："依照本法第二百零四条第二项的规定延期审理的案件，人民检察院应当在一个月以内补充侦查完毕。"

2. 司法解释规定

《人民检察院刑事诉讼规则》第四百二十一条："法庭宣布延期审理后，人民检察院应当在补充侦查期限内提请人民法院恢复法庭审理或者撤回起诉。

公诉人在法庭审理过程中建议延期审理的次数不得超过两次，每次不得超过一个月。"

（三）文书结构

1. 首部

首部制作文书的人民检察院需注明所在省（自治区、直辖市）的名称，不能只写地区级市、县、区院名。文书名称，即"恢复法庭审理意见书"。文号生成格式为："××检××恢审〔20××〕×号"。

2. 正文

首句"我院于××××年××月××日以×××号《延期审理建议

书》建议延期审理的被告人×××（案由）案”，写明提出延期审理建议的时间、文号、被告人姓名及案由。

提请恢复法庭审理的意见及法律依据。

3. 尾部

发往单位，提请恢复法庭审理即文书送达的人民法院名称，行文上顶格书写。

落款为文书发出日期，日期上加盖院印。

（四）文书模板及制作说明

1. 文书模板

×××人民检察院

恢复法庭审理意见书

××检××恢审〔20××〕×号

我院于××××年××月××日以×××号《延期审理建议书》建议延期审理的被告人×××（案由）案。根据《中华人民共和国刑事诉讼法》第二百零四条、第二百零五条和《人民检察院刑事诉讼规则》第四百二十一条的规定，提请你院恢复法庭审理。

此致

×××人民法院

20××年××月××日

（院印）

2. 制作说明

（1）本文书依据《中华人民共和国刑事诉讼法》第二百零四条、第二百零五条和《人民检察院刑事诉讼规则》第四百二十一条的规定制作。

为经人民检察院建议、法庭宣布延期审理后，人民检察院提请人民法院恢复法庭审理时使用。

（2）本文书需写明与此文书对应的延期审理建议书的延期时间、文号、案件具体名称（被告人姓名、案由）、送达的人民法院名称、制作时间。

（3）本文书以案为单位，由办理案件的人民检察院制作。

（4）本文书一式三份，一份存档备查，一份留存附卷，一份送达同级人民法院。

3.1.64 工作文书：刑事判决、裁定审查表（适用一审案件）

（一）基本概念

刑事判决、裁定审查表（适用一审案件），是人民检察院在收到人民法院第一审判决书或裁定书后进行审查、分析和提出处理意见时所使用的工作文书。

（二）相关依据

1. 法律依据

《中华人民共和国刑事诉讼法》第二百零九条："人民检察院发现人民法院审理案件违反法律规定的诉讼程序，有权向人民法院提出纠正意见。"

第二百二十八条："地方各级人民检察院认为本级人民法院第一审的判决、裁定确有错误的时候，应当向上一级人民法院提出抗诉。"

第二百二十九条："被害人及其法定代理人不服地方各级人民法院第一审的判决的，自收到判决书后五日以内，有权请求人民检察院提出抗诉。人民检察院自收到被害人及其法定代理人的请求后五日以内，应当作出是否抗诉的决定并且答复请求人。"

2. 司法解释规定

《人民检察院刑事诉讼规则》第五百八十三条："人民检察院依法对人民法院的判决、裁定是否正确实行法律监督，对人民法院确有错误的判决、裁定，应当依法提出抗诉。”

第五百八十四条：“人民检察院认为同级人民法院第一审判决、裁定具有下列情形之一的，应当提出抗诉：

（一）认定的事实确有错误或者据以定罪量刑的证据不确实、不充分的；

（二）有确实、充分证据证明有罪判无罪，或者无罪判有罪的；

（三）重罪轻判，轻罪重判，适用刑罚明显不当的；

（四）认定罪名不正确，一罪判数罪、数罪判一罪，影响量刑或者造成严重社会影响的；

（五）免除刑事处罚或者适用缓刑、禁止令、限制减刑等错误的；

（六）人民法院在审理过程中严重违反法律规定的诉讼程序的。”

第五百八十五条：“人民检察院在收到人民法院第一审判决书或者裁定书后，应当及时审查。对于需要提出抗诉的案件，应当报请检察长决定。”

（三）文书结构

1. 首部

首部制作文书的人民检察院需注明所在省（自治区、直辖市）的名称，不能只写地区级市、县、区院名。文书名称，即“刑事判决、裁定审查表”，文书名称下方标注“（一审用）”。

按文书要求写明裁判审查基本信息，具体包括案件移送起诉机关、提起公诉机关及文号、提起公诉时间、本审开庭审理时间、本审判决、裁定时间、本审判决书、裁定书文号、收到本审判决书、裁定书时间等。

2. 正文

具体审查内容，以表格形式呈现。包括：被告人、起诉的事实是否被采纳、起诉的罪名是否被采纳、量刑建议是否被采纳、审判程序是否合法等审查事项。

承办人意见，对裁判情况进行分析，表达意见。对起诉事实、罪名及量刑建议未得到法院采纳的，或审判程序存在违法情形的，在此进行详细说明并分析原因。对于被害方提出抗诉请求的，应一并审查，综合上述情况提出处理意见。

（四）文书模板及制作说明

1. 文书模板

×××人民检察院

刑事判决、裁定审查表

（一审用）

移送起诉机关：（侦查机关）
提起公诉机关及文号：本院（起诉书文号）
提起公诉时间：　　年　月　日
本审开庭审理时间：　　年　月　日至　年　月　日
本审判决、裁定时间：　　年　月　日
本审判决书、裁定书文号：
收到本审判决书、裁定书时间：　　年　月　日
收到被害人及其法定代理人请求抗诉时间：　　年　月　日

被告人	起诉的事实是否被采纳	起诉的罪名是否被采纳	量刑建议是否被采纳	审判程序是否合法

（本页内容可以续制）

承办人意见	（说明：对裁判情况进行分析，表达意见。对起诉事实、罪名及量刑建议未得到法院采纳的，或审判程序存在违法情形的，在此进行详细说明并分析原因。对于被害方提出抗诉请求的，应一并审查，综合上述情况提出处理意见）

2. 制作说明

（1）本文书依据《中华人民共和国刑事诉讼法》第二百零九条、第二百二十八条和《人民检察院刑事诉讼规则》第五百八十三条、第五百八十四条、第五百八十五条的规定制作。是人民检察院在收到人民法院第一审判决书或裁定书后的审查、填写和提出处理意见时使用。

（2）本文书由承办人对第一审裁判结果提出处理意见，对起诉事实、罪名及量刑建议未被采纳要详细说明并分析原因，需要抗诉的案件应当报检察长决定，对于被害方提出抗诉请求的应一并审查。

（3）本文书以案为制作单位，由办理案件的人民检察院制作。

（4）本文书共计一份，可按需要复制。

3.1.65　工作文书：关于调取同步录音、录像的函

（一）基本概念

关于调取同步录音、录像的函，是检察机关向公安机关、监察机关、负责侦查的部门调取讯问（询问）同步录音、录像时所使用的工作文书。

（二）相关依据

1. 法律依据

《中华人民共和国监察法》第三十三条：“监察机关依照本法规定收集的物证、书证、证人证言、被调查人供述和辩解、视听资料、电子数据等证据材料，在刑事诉讼中可以作为证据使用。

监察机关在收集、固定、审查、运用证据时，应当与刑事审判关于证据的要求和标准相一致。

以非法方法收集的证据应当依法予以排除，不得作为案件处置的依据。”

第四十一条：“调查人员采取讯问、询问、留置、搜查、调取、查封、扣押、勘验检查等调查措施，均应当依照规定出示证件，出具书面通知，由二人以上进行，形成笔录、报告等书面材料，并由相关人员签名、盖章。

调查人员进行讯问以及搜查、查封、扣押等重要取证工作，应当对全过程进行录音录像，留存备查。”

2. 司法解释规定

《人民检察院刑事诉讼规则》第七十五条：“对于公安机关立案侦查的案件，存在下列情形之一的，人民检察院在审查逮捕、审查起诉和审判阶段，可以调取公安机关讯问犯罪嫌疑人的录音、录像，对证据收集的合法性以及犯罪嫌疑人、被告人供述的真实性进行审查：

（一）认为讯问活动可能存在刑讯逼供等非法取证行为的；

（二）犯罪嫌疑人、被告人或者辩护人提出犯罪嫌疑人、被告人供述系非法取得，并提供相关线索或者材料的；

（三）犯罪嫌疑人、被告人提出讯问活动违反法定程序或者翻供，并提供相关线索或者材料的；

（四）犯罪嫌疑人、被告人或者辩护人提出讯问笔录内容不真实，并提供相关线索或者材料的；

（五）案情重大、疑难、复杂的。

人民检察院调取公安机关讯问犯罪嫌疑人的录音、录像，公安机关未提供，人民检察院经审查认为不能排除有刑讯逼供等非法取证行为的，相关供述不得作为批准逮捕、提起公诉的依据。

人民检察院直接受理侦查的案件，负责侦查的部门移送审查逮捕、移送起诉时，应当将讯问录音、录像连同案卷材料一并移送审查。”

第二百六十三条：“对于公安机关提请批准逮捕、移送起诉的案件，检察人员审查时发现存在本规则第七十五条第一款规定情形的，可以调取公安机关讯问犯罪嫌疑人的录音、录像并审查相关的录音、录像。对于重大、疑难、复杂的案件，必要时可以审查全部录音、录像。

对于监察机关移送起诉的案件，认为需要调取有关录音、录像的，可以商监察机关调取。

对于人民检察院直接受理侦查的案件，审查时发现负责侦查的部门未按照本规则第七十五条第三款的规定移送录音、录像或者移送不全的，应当要求其补充移送。对取证合法性或者讯问笔录真实性等产生疑问的，应当有针对性地审查相关的录音、录像。对于重大、疑难、复杂的案件，可以审查全部录音、录像。”

第三百三十六条：“人民检察院对物证、书证、视听资料、电子数据及勘验、检查、辨认、侦查实验等笔录存在疑问的，可以要求调查人员或者侦查人员提供获取、制作的有关情况，必要时也可以询问提供相关证据材料的人员和见证人并制作笔录附卷，对物证、书证、视听资料、电子数据进行鉴定。”

第三百四十条：“人民检察院对监察机关或者公安机关移送的案件进行审查后，在人民法院作出生效判决之前，认为需要补充提供证据材料的，可以书面要求监察机关或者公安机关提供。”

（三）文书结构

1. 首部

首部制作文书的人民检察院需注明所在省（自治区、直辖市）的名称，不能只写地区级市、县、区院名。文书名称，即“关于调取同步录音、录像的函”。文号生成格式为：“××检××函〔20××〕×号”。

2. 正文

本文书为格式文书，主要内容包括：

（1）写明发往单位，拟调取讯问（询问）同步录音录像的监察机关名称，行文上顶格书写。

（2）首句“犯罪嫌疑人×××涉嫌×××一案，由你委于××××年××月××日向本院移送审查起诉”，写明犯罪嫌疑人姓名、案由、监委移送审查起诉时间，

（3）需调取的讯问（询问）同步录音、录像具体名称，包括讯问（询问）对象、时间、地点、讯问（询问）人员等信息。

3. 尾部

落款为发出日期，日期上加盖院印。

（四）文书模板及制作说明

1. 文书模板

×××人民检察院

关于调取同步录音、录像的函

××检××函〔20××〕×号

×××监察委员会：

犯罪嫌疑人×××涉嫌________一案，由你委于××××年××月××日向本院移送审查起诉。经审查，本院认为需要调取与指控犯罪和取证合法性有关的讯问（询问）同步录音录像。

需调取讯问（询问）录音、录像为：____________________

20××年××月××日

（院印）

2. 制作说明

（1）本文依据《人民检察院刑事诉讼规则》第三百三十六条、第三百四十条、《中华人民共和国监察法》第三十三条、第四十一条的规定制作。为检察机关向监察机关调取讯问（询问）同步录音、录像时使用。

（2）本文书制作时，应写明具体监察委员会名称、犯罪嫌疑人姓名、案由、移送审查起诉日期、需调取的讯问录音、录像的具体情况。

（3）本文书以案为制作单位，由办理案件的人民检察院制作。

（4）本文书共计一联，可按需要复制。

（5）向公安机关、负责侦查的部门调取讯问（询问）同步录音、录像时可参照此文书样式制作相应工作文书。

第二节　二审上诉案件适用文书

二审上诉案件适用文书，是人民检察院办理原审被告人、自诉人和他们的法定代理人提出上诉，检察机关未提出抗诉，二审人民法院认为应当开庭审理，通知本院阅卷审查的案件过程中所使用的相关文书。

3.2.1　法律文书：上诉人（原审被告人）诉讼权利义务告知书

（一）基本概念

上诉人（原审被告人）诉讼权利义务告知书，是在二审中用于告知上诉人（原审被告人）在二审阶段依法享有的诉讼权利和承担的诉讼义务时所使用的法律文书。

（二）相关依据

《中华人民共和国刑事诉讼法》第十四条："人民法院、人民检察院和公安机关应当保障犯罪嫌疑人、被告人和其他诉讼参与人依法享有的辩护权和其他诉讼权利。

诉讼参与人对于审判人员、检察人员和侦查人员侵犯公民诉讼权利和人身侮辱的行为，有权提出控告。"

第一百七十三条："人民检察院审查案件，应当讯问犯罪嫌疑人，听取辩护人或者值班律师、被害人及其诉讼代理人的意见，并记录在案。辩护人或者值班律师、被害人及其诉讼代理人提出书面意见的，应当附卷。

犯罪嫌疑人认罪认罚的，人民检察院应当告知其享有的诉讼权利和认罪认罚的法律规定，听取犯罪嫌疑人、辩护人或者值班律师、被害人及其诉讼代理人对下列事项的意见，并记录在案：

（一）涉嫌的犯罪事实、罪名及适用的法律规定；

（二）从轻、减轻或者免除处罚等从宽处罚的建议；

（三）认罪认罚后案件审理适用的程序；

（四）其他需要听取意见的事项。

人民检察院依照前两款规定听取值班律师意见的，应当提前为值班律师了解案件有关情况提供必要的便利。”

（三）文书结构

本文书为填充式文书。

1. 首部

首部制作文书的人民检察院，需注明所在省（自治区、直辖市）的名称，不能只写地区级市、县、区院名。文书名称，即“上诉人（原审被告人）诉讼权利义务告知书”。第一部分为回执，上诉人（原审被告人）签收后附卷，第二部分宣读后送达上诉人（原审被告人），回执部分文书名称下注明“回执”字样。

2. 正文

第一部分回执

被告知人，即上诉人（原审被告人）姓名，行文上顶格书写。

写明案由。

第二部分

诉讼权利、诉讼义务。

3. 尾部

落款为告知时间。

被告人在阅读或办案人宣读之后签字捺手印，日期为被告知日期。

附件，认罪认罚从宽制度告知书。

（四）文书模板及制作说明

1. 文书模板

×××人民检察院

上诉人（原审被告人）诉讼权利义务告知书

（二审、再审阶段　回执）

________：

你因__________案，现由本院依法审查。根据《中华人民共和国刑事诉讼法》的有关规定，现向你告知认罪认罚从宽制度以及在二审（再审）阶段依法享有的诉讼权利和承担的诉讼义务。

20××年××月××日

本人已收到《上诉人（原审被告人）诉讼权利义务告知书》，已阅读并完全理解上诉人（原审被告人）的诉讼权利、义务和认罪认罚从宽制度。

被告知人（签名）：________

____年____月____日

×××人民检察院

上诉人（原审被告人）诉讼权利义务告知书

（二审、再审阶段）

一、诉讼权利

1. 认罪认罚获得从宽处理的权利

在接受讯问时，你自愿如实供述自己的罪行，承认指控的犯罪事实，愿意接受处罚的，可以依法从宽处理。

2. 约见值班律师的权利

你有权约见值班律师，值班律师为你提供法律咨询、程序选择建议、申请变更强制措施等法律帮助。

3. 辩护及获得法律援助的权利

你有权为自己辩护，也可以委托辩护人为你辩护。

如果你在押或者被指定居所监视居住，也可以由你的监护人、近亲属代为委托辩护人。在押期间你要求委托辩护人的，司法机关应当及时向你的监护人、近亲属或者指定的人员转达你的要求。

如果你因经济困难或者其他原因没有委托辩护人的，你及你的近亲属可以向法律援助机构申请指派律师提供辩护。

4. 使用本民族语言文字进行诉讼及获得翻译的权利

你有权使用本民族语言文字进行诉讼。

如果你是聋、哑人或者不通晓当地通用语言文字，检察机关应当为你聘请通晓聋、哑手势或者当地通用语言文字且与本案无利害关系的人员为你提供翻译。

5. 申请回避的权利

你及你的法定代理人认为检察人员具有法定回避事由的，有权要求他们回避。

你及你的法定代理人对检察机关驳回申请回避的决定，有权申请复议一次。

6. 核对笔录、知晓录音录像、亲笔书写供词和不回答无关问题的权利

讯问笔录应当交给你核对。如果你没有阅读能力，检察人员应当向你宣读。如果记载有遗漏或者差错，你有权要求补充或改正。

如果检察机关对讯问进行同步录音录像，检察人员应当向你告知。

如果你请求自行书写供述的，检察人员应当准许。

对与本案无关的问题，你可以不回答。

7. 知悉用作证据的鉴定意见及申请补充鉴定或者重新鉴定的权利

检察机关应当向你告知用作证据的鉴定意见。

对于用作证据的鉴定意见，你有权申请补充鉴定或者重新鉴定，但除原鉴定违反法定程序外，你应当承担补充鉴定或者重新鉴定的费用。

8. 申请变更及解除强制措施等权利

你及你的法定代理人、近亲属或者辩护人，有权申请变更强制措施；对于司法机关采取强制措施法定期限届满的，有权要求解除强制措施。

9. 证明文件知悉权

如果你被传唤到指定地点或住处接受讯问，你有权要求检察人员出示证明文件。

10. 控告、申诉及获得国家赔偿的权利

对于检察人员侵犯你诉讼权利和人身侮辱的行为，或者办案机关及其工作人员的违法行为，你有权提出控告或者申诉。

对办案人员采用刑讯逼供等非法方法收集证据的行为，你有权提出控告。对于同时提供涉嫌非法取证的人员、时间、地点、方式和内容等材料或者线索的，检察机关应当受理并审查。

如果你的人身权利、财产权利因检察机关及其工作人员违法行使职权受到侵犯，你有权要求国家赔偿。

二、诉讼义务

1. 接受相关诉讼行为的义务

你应当遵守刑事诉讼法及有关规定，接受检察机关依法采取的强制措施及其他诉讼行为。

2. 不得干扰作证的义务

你在诉讼中不得隐匿、伪造、毁灭证据或者串供，不得威胁引诱证人作伪证以及进行其他干扰司法机关诉讼活动的行为；违反前述规定的，将被追究法律责任。

3. 接受讯问并在讯问笔录上签名、按要求书写亲笔供词的义务

你对检察人员的讯问，应当如实回答。如果你认为讯问笔录没有错误，应当逐页签名、盖章或者捺指印。

必要的时候，经检察人员要求，你应当亲笔书写供述。

4. 接受检查、搜查的义务

你应当接受为确定你的某些特征或者生理状态而进行的人身检查、

提取指纹信息，采集血迹、尿液等生物样本。

如果你拒绝，检察人员认为必要的时候，可以强制检查。如果你是女性，检查你的身体应当由女工作人员或者医师进行。

你应当接受检察人员为收集犯罪证据而进行的搜查。

附件：

×××人民检察院

认罪认罚从宽制度告知书

一、根据《中华人民共和国刑事诉讼法》第十五条的规定，自愿如实供述自己的罪行，承认指控的犯罪事实，愿意接受处罚的，可以依法从宽处理。

二、上诉人（原审被告人）没有委托辩护人，法律援助机构没有指派律师为其提供辩护的，由值班律师为其提供法律咨询、程序选择建议、申请变更强制措施、对案件处理提出意见等法律帮助，上诉人（原审被告人）有权约见值班律师。

三、适用认罪认罚从宽制度，上诉人（原审被告人）应当签署《认罪认罚从宽制度告知书》及《认罪认罚具结书》。《认罪认罚具结书》应由辩护人或值班律师签字确认。有下列情形之一的，不需要签署认罪认罚具结书：

（一）上诉人（原审被告人）是盲、聋、哑人，或者是尚未完全丧失辨认或者控制自己行为能力的精神病人的；

（二）未成年上诉人（原审被告人）的法定代理人、辩护人对未成年人认罪认罚有异议的；

（三）其他不需要签署认罪认罚具结书的情形。

四、《认罪认罚具结书》应载明：上诉人（原审被告人）基本信息、认罪认罚情况、被指控的犯罪事实、罪名及适用的法律规定、检察机关拟提出的量刑建议；认罪认罚后案件审理适用的程序及其他需要听取意见的情形。

五、检察机关根据上诉人（原审被告人）的犯罪事实、情节、认罪悔罪情形，就主刑、附加刑、是否适用缓刑等拟出量刑建议。上诉人（原审被告人）或其辩护人/值班律师可以向检察机关提出从轻、减轻或免除处罚等意见。

六、对于认罪认罚案件，除《中华人民共和国刑事诉讼法》第二百零一条规定的除外情形外，人民法院依法作出判决时，一般应当采纳人民检察院指控的罪名和量刑建议。

七、《认罪认罚具结书》签署后，上诉人（原审被告人）提出异议或反悔的，人民检察院可依法重新提出量刑建议。

八、经协商，上诉人（原审被告人）如不同意检察机关的量刑建议，有权不签署《认罪认罚具结书》，不适用本制度。

本人已阅读并完全理解上述《认罪认罚从宽制度告知书》，并由本人签署后附卷留存。

签名：

年　月　日

本文书一式二份，一份留存附卷，一份交上诉人（原审被告人）

2. 制作说明

（1）本文书系参照《中华人民共和国刑事诉讼法》第一百七十三条的要求而制作，在二审、再审中讯问上诉人（原审被告人）时使用。

（2）对于上诉人（原审被告人）根据权利义务告知书所提出的意见，如委托辩护、申请法律援助、申请回避等，应当在讯问笔录中载明，不在本权利义务告知书中记载。

（3）对于根据案件具体情况需要告知的其他诉讼权利和义务，可以在讯问时口头告知，并在笔录中载明。

（4）本告知书应在第一次讯问时交上诉人（原审被告人）阅后签字附卷。

3.2.2 法律文书：抗诉（上诉）案件出庭意见书

（一）基本概念

抗诉（上诉）案件出庭意见书，是出庭检察人员在对抗诉案件或者上诉案件集中发表检察意见时所使用的法律文书。

（二）相关依据

1. 法律依据

《中华人民共和国刑事诉讼法》第二百三十五条："人民检察院提出抗诉的案件或者第二审人民法院开庭审理的公诉案件，同级人民检察院都应当派员出席法庭。第二审人民法院应当在决定开庭审理后及时通知人民检察院查阅案卷。人民检察院应当在一个月以内查阅完毕。人民检察院查阅案卷的时间不计入审理期限。"

2. 司法解释规定

《人民检察院刑事诉讼规则》第四百四十六条："检察官出席第二审法庭的任务是：

（一）支持抗诉或者听取上诉意见，对原审人民法院作出的错误判决或者裁定提出纠正意见；

（二）维护原审人民法院正确的判决或者裁定，建议法庭维持原判；

（三）维护诉讼参与人的合法权利；

（四）对法庭审理案件有无违反法律规定诉讼程序的情况记明笔录；

（五）依法从事其他诉讼活动。"

第四百五十一条："出席第二审法庭前，检察人员应当制作讯问原审被告人、询问被害人、证人、鉴定人和出示、宣读、播放证据计划，拟写答辩提纲，并制作出庭意见。"

（三）文书结构

1. 首部

首部应写明制作文书的人民检察院名称、文书名称，写明标题，即居中写文书的名称“抗诉（上诉）案件出庭意见书”。

写明提起公诉机关、起诉书文号、一审法院、判决书号、提起抗诉机关、抗诉书号、上诉人及原审被告人、案由。此部分相关内容不必宣读。

2. 正文

正文应阐明检察人员出庭执行职务的法律根据、法庭上出庭检察员身份、职责、案件的具体情况、证据以及法律依据等。

（1）抬头，亦称呼告语。根据合议庭组成人员情况书写，或写为“审判长、审判员”，或写为“审判长、人民陪审员”，或写为“审判长、审判员、人民陪审员”，独任审判的写为“审判员”。

（2）出庭任务和法律依据。此段文字表述为“根据《中华人民共和国刑事诉讼法》第二百三十五条的规定，我（们）受×××检察院的指派，代表本院，出席本法庭，依法履行职务。现对本案事实、证据、程序和原审人民法院判决（裁定）发表如下意见，请法庭注意。”

（3）具体意见。根据案件具体情况，包括但不限于以下四个方面内容：

论证原审判决是否认定事实清楚，证据确实充分，或者分析原审认定事实、证据存在疏漏、有误之处；

论证上诉理由是否成立；

论证抗诉理由（若非抗诉案件，则该部分省略）；

论证原审判决书适用法律、定罪量刑是否正确，诉讼程序是否合法。

（4）结束语（小结全文）。综合以上论证，建议维持原判，或提出改判的建议。

3. 尾部

落款出庭检察官姓名，出庭意见当庭发表时间。

（四）文书模板及制作说明

1. 文书模板

×××人民检察院

抗诉（上诉）案件出庭意见书

提起公诉机关：×××
起诉书号：×××
一审法院：×××
判决书号：×××
提起抗诉机关：×××（非抗诉案件则无须填写）
抗诉书号：×××
上诉人及原审被告人（案由）：×××

审判长、审判员：

根据《中华人民共和国刑事诉讼法》第二百三十五条的规定，我（们）受×××检察院指派，代表本院，出席本法庭，依法执行职务。现对本案事实、证据、程序和原审人民法院判决（裁定）发表如下意见，请法庭注意。

一、论证原审判决是否认定事实清楚，证据确实充分，或者分析原审认定事实、证据存在疏漏、有误之处；

二、论证上诉理由是否成立；

三、论证抗诉理由（若非抗诉案件，则该部分省略）；

四、论证原审判决书适用法律、定罪量刑是否正确，诉讼程序是否合法；建议维持原判，或提出改判的建议。

检察官×××
20××年××月××日当庭发表

2. 制作说明

（1）本文书依据《中华人民共和国刑事诉讼法》第二百三十五条的规定制作。为出庭检察人员在对抗诉案件或者上诉案件集中发表检察意见时使用。

（2）在本文书制作时，应对原审判决认定的案件事实、适用法律是否正确，证据是否确实、充分，量刑是否适当，审判活动是否合法作出评判，不受上诉或抗诉范围的限制。

（3）本文书制作一份，当庭发表后附卷。

3.2.3　法律文书：派员出席法庭通知书

具体内容参见本书第三章“公诉检察文书”第一节“一审公诉案件适用文书”之“3.1.16 法律文书：派员出席法庭通知书”。

3.2.4　工作文书：二审上诉案件审查报告

（一）基本概念

二审上诉案件审查报告，是人民检察院在办理二审上诉、抗诉案件过程中撰写审查报告时所使用的工作文书。

（二）相关依据

1. 法律依据

《中华人民共和国刑事诉讼法》第二百三十五条：“人民检察院提出抗诉的案件或者第二审人民法院开庭审理的公诉案件，同级人民检察院都应当派员出席法庭。第二审人民法院应当在决定开庭审理后及时通知人民检察院查阅案卷。人民检察院应当在一个月以内查阅完毕。人民检察院查阅案卷的时间不计入审理期限。”

2. 司法解释规定

《人民检察院刑事诉讼规则》第四百四十七条：“对抗诉和上诉案件，第二审人民法院的同级人民检察院可以调取下级人民检察院与案件有关的材料。

人民检察院在接到第二审人民法院决定开庭、查阅案卷通知后，可以查阅或者调阅案卷材料。查阅或者调阅案卷材料应当在接到人民法院的通知之日起一个月以内完成。在一个月以内无法完成的，可以商请人民法院延期审理。”

第四百四十八条：“检察人员应当客观全面地审查原审案卷材料，不受上诉或者抗诉范围的限制。应当审查原审判决认定案件事实、适用法律是否正确，证据是否确实、充分，量刑是否适当，审判活动是否合法，并应当审查下级人民检察院的抗诉书或者上诉人的上诉状，了解抗诉或者上诉的理由是否正确、充分，重点审查有争议的案件事实、证据和法律适用问题，有针对性地做好庭审准备工作。”

第四百四十九条：“检察人员在审查第一审案卷材料时，应当复核主要证据，可以讯问原审被告人。必要时，可以补充收集证据、重新鉴定或者补充鉴定。需要原侦查案件的公安机关补充收集证据的，可以要求其补充收集。

被告人、辩护人提出被告人自首、立功等可能影响定罪量刑的材料和线索的，可以移交公安机关调查核实，也可以自行调查核实。发现遗漏罪行或者同案犯罪嫌疑人的，应当建议公安机关侦查。

对于下列原审被告人，应当进行讯问：

（一）提出上诉的；

（二）人民检察院提出抗诉的；

（三）被判处无期徒刑以上刑罚的。”

第四百五十条：“人民检察院办理死刑上诉、抗诉案件，应当进行下列工作：

（一）讯问原审被告人，听取原审被告人的上诉理由或者辩解；

（二）听取辩护人的意见；

（三）复核主要证据，必要时询问证人；

（四）必要时补充收集证据；

（五）对鉴定意见有疑问的，可以重新鉴定或者补充鉴定；

（六）根据案件情况，可以听取被害人的意见。”

（三）文书结构

1. 首部

本文书标题应体现办案单位、上诉人、案由等。如果有多个上诉人或者多个罪名，则可只列一名主犯和一个主罪，其他上诉人（原审被告人）和罪名可以“等×人”或“等×罪”。首部需要结合案件收案情况、诉讼经过等，按照文书内列明的具体要求进行撰写。

2. 正文

（1）上诉人（或原审被告人）基本情况部分按照文书中列明的具体要求，结合案情进行撰写。涉及共同犯罪仅部分被告人上诉的案件，其他同案被告人的身份在“原审其他被告人”予以列明。

（2）诉讼经过部分按时间顺序依次写明案件立案、侦查、审查起诉、一审审理及裁判结果，以及上诉人提出上诉的诉讼过程。

（3）一审法院裁判情况和上诉理由部分根据一审判决书认定事实、裁判理由、结果及上诉书内容摘抄即可。

（4）审查认定的事实和案件证据情况为审查报告制作重点，根据案件的具体内容，结合文书内列明的要求，列明案件事实、证据。同时，证据摘录时，因相关证据已经一审举证质证，可在全案证据审查后有重点摘录与本案争议焦点相关的证据及补充的新证据，其他可简要概括，做到详略得当。

（5）需要说明的问题主要列明审查发现的程序性问题、侦查、审判活动违法情况等。

（6）审查意见部分重点围绕原审判决认定事实是否清楚，证据是否确实、充分，适用法律是否正确，量刑是否适当，上诉理由是否合理进行分析。共同犯罪案件部分被告人上诉的，不仅限于围绕上诉人相关的事实、证据，而应全面审查，但可着重分析上诉人的定罪量刑，其他同案被告人相关事实、证据经审查后发现有问题的，应予以说明并提出处理意见。

（7）处理意见部分简要提出审查结论及处理意见，无须再具体展开论述。

3. 尾部

落款承办人姓名及审结时间。

（四）文书模板及制作说明

1. 文书模板

×××人民检察院

关于被告人×××（名字+案由）上诉案审查报告

收案时间：××××年××月××日

案件来源：

移送案由：（一审判决案由）

原审被告人（上诉人）：

强制措施：

羁押地点或现住所：

一审案件承办人及电话：

侦查机关承办人及电话：

承办人及承办人意见：（简要写明审查结论，包括是否建议维持原判、改判或发回重审等意见）

一、上诉人（或原审被告人）及其他诉讼参与人基本情况

（一）上诉人基本情况

上诉人×××（曾用名×××，绰号×××），男（女），××××年××月××日出生，公民身份号码×××，×族，××文化程度，职业，户籍所在地×××，住×××（两者一致时，只需写户籍所在地）。曾因犯××罪，于××××年××月××日被×××法院判处×××，××××年××月××日刑满释放（或受行政处罚情况）。因涉嫌×××罪，于××××年××月××日被×××（单位）刑事拘留，于××××年××月××日经×××（单位）批准（或决定），于××××年×

×月××日被×××（单位）逮捕。（在审查起诉阶段依法改变强制措施的，应在此部分体现，并写明改变强制措施的时间、内容和理由）

辩护人×××，×××律师事务所律师，联系电话：×××

（如是法律援助律师的应注明指派的法律援助机构，一案多名辩护人的，列明每个辩护人情况）

多名上诉人，按上述要求分别列明。

（二）其他原审被告人基本情况（未上诉的其他同案被告人）

按照上诉人身份情况格式列明。

（三）被害人基本情况

被害人×××（曾用名×××，绰号×××），男（女），××××年××月××日出生，公民身份号码×××，×族，职业，户籍所在地×××。

诉讼代理人情况。（多名被害人的，概括说明涉及多少名被害人、主要情况等）

二、诉讼经过

本案于××××年××月××日由×××报案（或列明其他刑案情况），××××年××月××日由×××立案侦查，××××年××月××日，×××（单位）以原审被告人×××（全案被告人姓名）涉嫌×××罪，向（原公诉机关）移送审查起诉。（原公诉机关）于××××年××月××日向×××法院提起公诉。经开庭审理，×××法院于（原审判决日期）以×号刑事判决书作出一审判决，以（原审罪名）判处（原审被告人姓名1）（原审刑罚）（原审刑期），以（原审罪名）判处（原审被告人姓名2）（原审刑罚）（原审刑期）……。（多名原审被告人的，按上述格式添加）

上诉人×××于××××年××月××日提出上诉。

三、一审法院裁判理由和上诉理由

（一）一审法院裁判情况

一审法院审理认为：写明判决书认定事实、判决情况。若一审判决认定的事实与起诉书指控的事实存在较大不一致，可在该部分列明。

（二）上诉理由

1. 上诉状内容

2. 二审阅卷期间提审时，上诉人增加的意见

3. 辩护人有提供辩护意见的，在此也予以概括记录

四、审查后认定的犯罪事实

（一）审查认定的事实

若审查后认定的犯罪事实与一审判决认定的犯罪事实一致的，则直接表述“审查后认定的犯罪事实与一审判决认定一致”；若基本一致，但在部分细节上存在不一致，列明不一致的地方即可；若出入比较大，则直接写明审查后认定的犯罪事实。

（二）认定上述事实的证据

全面客观审查原审案卷材料后围绕争议焦点有针对性地摘抄证据。

五、需要说明的问题

简要评析一审案件办理过程中的程序性问题、审查发现的侦查活动违法、审判程序违法问题等。若一审判决有重大错误或疏漏也可以在该部分简要指出，在“审查意见”中具体论证。

六、审查意见

（一）分析一审判决事实、证据

围绕争议焦点，分析一审判决认定的事实是否清楚，证据是否确实充分。

（二）分析定性、量刑

分析一审定性是否准确、量刑是否适当。

（三）上诉理由分析

围绕主要上诉理由，分析是否合理。

七、处理意见

简单明了写出对本案的审查结论和处理意见即可，无须再具体展开分析。

承办人：

20××年××月××日

2. 制作说明

（1）本文书为人民检察院在办理二审刑事上诉案件过程中撰写审查

报告时使用。

(2) 其他文书制作要求可参照一审公诉审查报告。

(3) 本文书为附检察内卷文书，无须向其他机关或部门送达。

3.2.5　工作文书：调取证据材料通知书

(一) 基本概念

调取证据材料通知书，是人民检察院依法要求公安机关调取证据所使用的工作文书。

(二) 相关依据

1. 法律依据

《中华人民共和国刑事诉讼法》第一百七十五条第一款："人民检察院审查案件，可以要求公安机关提供法庭审判所必需的证据材料；认为可能存在本法第五十六条规定的以非法方法收集证据情形的，可以要求其对证据收集的合法性作出说明。"

2. 其他规定

《关于加强和规范补充侦查工作的指导意见》第十条："对于具有以下情形可以及时调取的有关证据材料，人民检察院可以发出《调取证据材料通知书》，通知公安机关直接补充相关证据并移送，以提高办案效率：

(一) 案件基本事实清楚，虽欠缺某些证据，但收集、补充证据难度不大且在审查起诉期间内能够完成的；

(二) 证据存在书写不规范、漏填、错填等瑕疵，公安机关可以在审查起诉期间补正、说明的；

(三) 证据材料制作违反程序规定但程度较轻微，通过补正可以弥补的；

(四) 案卷诉讼文书存在瑕疵，需进行必要的修改或补充的；

(五) 缺少前科材料、释放证明、抓获经过等材料，侦查人员能够及时提供的；

（六）其他可以通知公安机关直接补充相关证据的。”

（三）文书结构

1. 首部

首部写制作文书的人民检察院需注明所在省（自治区、直辖市）的名称，不能只写地区级市、县、区院名。文书名称，即“调取证据材料通知书”。文号生成格式为：“××检××调证〔20××〕×号”。

2. 正文

本文书为格式文书，主要内容包括：

抬头写明发往单位，拟通知调取证据材料的侦查机关名称，行文上顶格书写。

首句“你局（或其他单位）以×××号起诉意见书（提请批准逮捕意见书）移送起诉（审查批准逮捕）的犯罪嫌疑人×××（姓名）涉嫌×××（罪名）一案（你局办理的原审被告人×××涉嫌×××一案），为查明案件事实，根据《中华人民共和国刑事诉讼法》第一百七十五条第一款等有关规定，请提供下列证据材料”，需写明原案侦查环节犯罪嫌疑人姓名、案由、移送审查起诉的起诉意见书文号，明确调取证据材料的案件来源和侦查责任主体。

主文部分：(1) 需调取的证据及目的。包括为查明案件事实、情节而调取证据，为核实案件事实、情节而调取证据等情形，主要围绕认定事实、适用法律存在的问题，列明需要调取的各项证据材料。列举事项应当详细、具体、明确；同时，可根据实际情况，提出调取证据方法和途径的建议。(2) 相关工作要求。结合具体办案情况，为调取相关证据材料提出具体的工作要求，并明确注意事项。

3. 尾部

联系人及联系方式。便于调取证据材料过程中沟通。

落款为制作文书的人民检察院，文书发出日期并加盖院印。

（四）文书模板及制作说明

1. 文书模板

×××人民检察院

调取证据材料通知书

××检××调证〔20××〕×号

×××（侦查机关名称）：

你局（或其他单位）以×××号起诉意见书（提请批准逮捕意见书）移送起诉（审查批准逮捕）的犯罪嫌疑人×××（姓名）涉嫌×××（罪名）一案（你局办理的原审被告人×××涉嫌×××一案），为查明案件事实，根据《中华人民共和国刑事诉讼法》第一百七十五条第一款等有关规定，请提供下列证据材料：

一、需调取的证据及目的

请你局（或其他称谓）调取下列证据材料：

1. 为查明……，调取（核查、询问、讯问、梳理）……

2. 为核实……，调取（核查、询问、讯问、梳理）……

……

二、相关工作要求

调取证据过程中，注意以下问题：

1. ……

2. ……

……

联系人：

联系电话：

×××人民检察院

20××年××月××日

（院印）

2. 制作说明

（1）本文书依据《中华人民共和国刑事诉讼法》第一百七十五条第一款的规定制作，适用于办案全过程。

（2）本文书一式二份，一份附检察内卷，一份送达侦查机关。

（3）人民检察院办理的监察机关移送案件、人民检察院直接受理侦查案件，需要补充提供证据材料的，参照本文书修改法律依据和表述后，制作调取证据材料通知书。

3.2.6 工作文书：对法院刑事判决、裁定审查表

（一）基本概念

对法院刑事判决、裁定审查表，是人民检察院依法对人民法院的二审判决、裁定是否正确实行法律监督时所使用的工作文书。地方各级人民检察院发现同级人民法院已经发生法律效力的判决、裁定确有错误的，应提请上级人民检察院按照法律监督程序提出抗诉。对已经发生法律效力的判决、裁定的审查，参照刑事诉讼规则关于一审判决、裁定审查的规定办理。

（二）相关依据

1. 法律依据

《中华人民共和国刑事诉讼法》第二百五十四条：“各级人民法院院长对本院已经发生法律效力的判决和裁定，如果发现在认定事实上或者在适用法律上确有错误，必须提交审判委员会处理。

最高人民法院对各级人民法院已经发生法律效力的判决和裁定，上级人民法院对下级人民法院已经发生法律效力的判决和裁定，如果发现确有错误，有权提审或者指令下级人民法院再审。

最高人民检察院对各级人民法院已经发生法律效力的判决和裁定，上级人民检察院对下级人民法院已经发生法律效力的判决和裁定，如果发现确有错误，有权按照审判监督程序向同级人民法院提出抗诉。

人民检察院抗诉的案件，接受抗诉的人民法院应当组成合议庭重新

审理，对于原判决事实不清楚或者证据不足的，可以指令下级人民法院再审。”

2. 司法解释规定

《人民检察院刑事诉讼规则》第五百八十三条：“人民检察院依法对人民法院的判决、裁定是否正确实行法律监督，对人民法院确有错误的判决、裁定，应当依法提出抗诉。”

（三）文书结构

1. 首部

首部制作文书的人民检察院需注明所在省（自治区、直辖市）的名称，不能只写地区级市、县、区院名。文书名称，即“对法院刑事判决、裁定审查表”，文书名称下方标注“（二审案件）”。

按文书要求写明裁判审查基本信息，具体包括提起公诉机关及文号、一审判决机关及文号、一审判决时间、本审开庭审理时间、本审判决、裁定时间、本审判决书、裁定书文号、收到本审判决书、裁定书时间等。

2. 正文

具体审查内容，以表格形式呈现。包括：上诉人、原审被告人及其起诉罪名，一审判决情况（罪名、刑罚）、二审裁判情况（罪名、刑罚）的对比，以及二审裁判情况是否有误等审查事项。

二审检察员意见，除对判决、裁定的情况进行分析、表达意见外，对发现二审裁判不当、审判活动违法情形的，需要专门提出承办人意见。

（四）文书模板及制作说明

1. 文书模板

×××人民检察院

对法院刑事判决、裁定审查表

（二审案件）

提起公诉机关及文书号：

一审判决机关及文号：

一审判决时间：　　年　月　日

本审开庭审理时间：　　年　月　日至　　年　月　日

本审判决、裁定时间：　　年　月　日

本审判决书、裁定书文号：

收到本审判决书、裁定书时间：　　年　月　日

<table>
<tr><td rowspan="2">上诉人、原审被告人</td><td rowspan="2">起诉罪名</td><td colspan="2">一审判决情况</td><td colspan="2">二审裁判情况</td><td rowspan="2">是否有误</td></tr>
<tr><td>罪名</td><td>刑罚</td><td>罪名</td><td>刑罚</td></tr>
<tr><td></td><td></td><td></td><td></td><td></td><td colspan="2"></td></tr>
<tr><td></td><td></td><td></td><td></td><td></td><td colspan="2"></td></tr>
<tr><td colspan="7">（本页内容可以续制）</td></tr>
<tr><td>二审检察员意见</td><td colspan="6">除对判决、裁定的情况进行分析、表达意见外，对发现二审裁判不当、审判活动违法情形的，需要专门提出承办人意见。</td></tr>
</table>

2. 制作说明

（1）本文书依据《中华人民共和国刑事诉讼法》第二百五十四条，《人民检察院刑事诉讼规则》第五百八十三条的规定制作，是人民检察院依法对人民法院的判决、裁定是否正确实行法律监督时使用。

（2）文书一式一份，由收到二审裁判的人民检察院制作，制作后由各地按权限审批后附卷。

第三节　发回一审重审案件适用文书

发回一审重审案件适用文书，是人民检察院在对人民法院就上诉、抗诉等案件经审理后发回重审，并依照第一审程序进行审判的相关案件办理过程中所使用的相关文书。发回一审重审案件所作的判决、裁定，可以上诉、抗诉。

3.3.1　法律文书：派员出席法庭通知书

具体内容参见本书第三章“公诉检察文书”第一节“一审公诉案件适用文书”之“3.1.16 法律文书：派员出席法庭通知书”。

3.3.2　法律文书：刑事抗诉书（适用二审程序）

具体内容参见本书第三章“公诉检察文书”第一节“一审公诉案件适用文书”之“3.1.48 法律文书：刑事抗诉书（适用二审程序）”。

3.3.3　法律文书：撤回起诉决定书

具体内容参见本书第三章“公诉检察文书”第一节“一审公诉案件适用文书”之“3.1.25 法律文书：撤回起诉决定书”。

3.3.4 法律文书：不起诉决定书（适用法定不起诉）

具体内容参见本书第三章“公诉检察文书”第一节“一审公诉案件适用文书”之“3.1.26 法律文书：不起诉决定书（适用法定不起诉）”。

3.3.5 法律文书：不起诉决定书（适用相对不起诉）

具体内容参见本书第三章“公诉检察文书”第一节“一审公诉案件适用文书”之“3.1.27 法律文书：不起诉决定书（适用相对不起诉）”。

3.3.6 法律文书：不起诉决定书（适用存疑不起诉）

具体内容参见本书第三章“公诉检察文书”第一节“一审公诉案件适用文书”之“3.1.28 法律文书：不起诉决定书（适用存疑不起诉）”。

3.3.7 工作文书：发回重审案件审查报告

（一）基本概念

发回重审案件审查报告，是检察机关案件承办人员在办理发回一审重审程序案件过程中，依据事实和法律而制作的反映案件全部情况的报告式工作文书。

（二）相关依据

《中华人民共和国刑事诉讼法》第二百三十六条第三项：“第二审人民法院对不服第一审判决的上诉、抗诉案件，经过审理后，应当按照下列情形分别处理：……（三）原判决事实不清楚或者证据不足的，可以在查清事实后改判；也可以裁定撤销原判，发回原审人民法院重新审判。”

第二百三十八条：“第二审人民法院发现第一审人民法院的审理有下列违反法律规定的诉讼程序的情形之一的，应当裁定撤销原判，发回原审人民法院重新审判：……”

（三）文书结构

1. 首部

首部需注明所在省（自治区、直辖市）的名称＋文名名称，如发回一审重审案件审查报告。

收受案基本情况。应列明以下内容，收案时间、移送案由、原审被告人姓名、侦查机关、原公诉机关及文书号、原审判机关及文书号、侦查机关（或部门）承办人及联系电话、现案件承办人、承办人意见等。

2. 正文

（1）开头及首句。依据《人民检察院刑事诉讼法律文书格式样本(2020版)》中的要求，开头及首句的模板是“本案系（发回重审法院）以（发回重审裁定书文号）裁定书裁定发回重审的原审被告人×××罪一案，（同级人民法院）于××××年××月××日通知我院阅卷，承办人审查了卷宗材料，复核了相关证据（以及讯问、询问、听取意见相关情况），现已审查完毕，汇报如下。”部分为填充式。

（2）案件基本情况内容。原审被告人及其他诉讼参与人的基本情况、发回重审理由、相关当事人、诉讼参与人的意见、原审查认定的事实及法律适用、发回重审审查认定的事实、证据及分析、需要说明的情况、承办人意见。

3. 尾部

落款写明办案人姓名，审查结束日期。

（四）文书模板及制作说明

1. 文书模板

×××人民检察院

发回一审重审案件审查报告

收案时间：×××

一审判决日期及文书号：写明一审裁判日期、裁判文书号

一审判决情况：（主要列明被发回重审被告人定罪量刑情况等）
二审裁定日期及文书号：
二审裁定情况：（对于法院仅就部分被告人发回重审的，可在此简要说明分案情况）
原审被告人：（若仅对部分被告人发回重审的，需特别注明）
原侦查机关（或部门）及承办人：×××（写明联系方式）
一审承办检察官：
现承办检察官审查意见：

本案系（发回重审法院）以（发回重审裁定书文号）裁定书裁定发回重审的原审被告人×××罪一案，（同级人民法院）于××××年××月××日通知我院阅卷，承办人审查了卷宗材料，复核了相关证据（以及讯问、询问、听取意见相关情况），现已审查完毕，汇报如下：

一、原审案件基本情况

（一）原审被告人及辩护人基本情况

1. 原审被告人（姓名）（曾用名×××，与案情有关的别名×××，化名×××，绰号×××）（性别）（出生日期）（证件种类）号码（证件号码）（民族）（文化程度）（职业）（工作单位+职务），户籍所在地（户籍所在地），住（住所地详细地址）。前科及相关行政处罚情况。因涉嫌（移送案由+移送其他案由）罪，经（批准或决定机关）批准/决定，于（执行日期）被（执行机关）执行（强制措施名称）……（期间强制措施发生变更或解除的，列明相关情况）。目前羁押场所或住所情况。

2. 辩护人基本情况。系指派法律援助律师的，写明申请人、指派法援律师基本情况。

（二）被害人及诉讼代理人基本情况

1. 被害人基本情况（及其法定代理人、近亲属基本情况）。此处可列明影响司法救助相关情形，如被害人抚养子女、赡养老人情况。

2. 委托诉讼代理人基本情况。

（三）附带民事诉讼原告人情况

二、简要诉讼经过

列明发、破案经过。（移送审查起诉日期），侦查机关（部门）以涉嫌×××罪向×××检察院移送审查起诉。×××检察院经审查，（列明退、延情况），于（起诉日期），以构成×××罪向×××法院提起公诉。（一审判决日期）（列明延期审理情况），×××法院以犯×××罪，判处（刑期）。列明上诉、抗诉等情况。二审出庭情况、二审法院裁定发回重审情况（简要列明发回重审理由）等。

三、原审认定事实

（一）一审起诉书认定的事实及法律适用

起诉事实与侦查认定事实一致的，只需载明起诉认定事实即可，与侦查认定事实有明显不一致的，概括指明存在哪些区别。

（二）一审判决书认定的事实及法律适用

若一审诉判一致，则此处写明判决认定事实与起诉认定事实基本一致即可，若存在重大差异，可在段首概括存在不一致的主要情况，再作具体摘录。

四、上诉、抗诉情况等（根据实际情况调整标题）

（一）上诉人及上诉理由

载明二审裁定是否采纳上诉理由。上诉理由中对法院作出发回重审结论产生实质性影响的，需在此重点列明。

（二）提出抗诉情况及抗诉理由

若系抗诉案件写明提出抗诉和上级院支持抗诉情况，并需列明两级检委会关于决定提出/支持抗诉的讨论意见。检委会委员意见争议较大的，需列明主要争议观点、尤其要列明检察长及分管检察长意见。

（三）被害方意见

被害方意见影响事实认定、证据采信的或系导致发回重审重要理由的，可在此专门阐明。

五、二审裁定情况及发回重审理由

（一）二审裁定情况

摘录二审裁定书中关于认定案件事实、证据采信情况的表述。二审裁定认定部分事实清楚的，分开列明裁定书认定系事实清楚的部分及认定系事实不清、证据不足的部分。

若系审查程序违法导致发回重审的，按照裁定书表述列明违法情况。

（二）发回重审理由

详细载明裁定书关于发回重审的理由阐述。

沟通了解法院内部观点，特别是对于法院内部观点分歧大的，需载明合议庭、审委会讨论情况。

六、审查认定的事实、证据及分析

（一）经审查认定的事实

此部分要在对全案审查的基础上，阐明审查认定事实。重点围绕裁定书认为系事实不清、证据不足部分，具体描述审查认定事实。对裁定书认为事实清楚的部分，仍要全面审查，审查认定事实与原审一致的，可以略写；与原审认定不一致的，要详细描述。认为根据现有证据无法得出事实结论的，实事求是写明哪部分事实无法确证。

（写明案件发生的时间、地点，原审被告人犯罪动机、目的、手段、实施行为的准备、实行过程，危害结果和案发后的表现等内容，并以犯罪构成要件为重点，同时兼叙影响量刑的各种情形。原审被告人有自首、立功等法定情节的，可在叙述完事实后，写明自首、立功等情形）

（二）本案证据情况及分析

重点围绕裁定书关于发回重审理由中认定系事实不清、证据不足的部分进行摘录和分析；对原审认定事实、证据及证明的问题无异议的，可略。

其中，对于主要靠言词证据、间接证据定案的，应详细阐述，在分析矛盾点、关联点、空白点的基础上，详细阐述现有在案证据能否形成完整锁链，能否得出排除合理怀疑的结论。对于原审被告人翻供的，对翻供的内容、翻供的原因以及翻供理由是否合理等进行分析；对于提取、固定证据、司法鉴定等方面存在缺陷、瑕疵的证据，在分析论证的基础上得出是否影响证据采信、事实认定的结论。

出现新的事实、证据和情况的，要重点分析事实、证据发生变化与补充新证据的情况，以及对本案定罪量刑的影响。

（本部分要根据案件的具体情况叙述清楚，做到主次分明、重点突

出、详略得当，叙述事实清楚，罗列证据客观、全面，说理分析恰当、充分、合乎逻辑）

七、需要说明的问题

1. 导致发回重审的程序性问题。若存在审判活动违法，影响公正审判的，可在此阐述。

2. 逮捕羁押必要性审查。发回重审案件需要注意审查羁押时间是否可能超出实际刑期。对于非羁押原审被告人，需根据现有事实证据审查有无逮捕的必要性。

3. 发回重审期间出现的新情况。如在期间达成刑事和解、取得谅解，或矛盾激化、引发舆情等；

4. 上级检察机关指导意见。审查过程中与上级院沟通汇报后，上级院给出明确业务指导意见的，可在此写明，或在审查意见中详述。

5. 涉案财物处置。对于发回重审后可能影响到涉案财物保管、处置的，或者审查期间需要先行处置的，在此写明。

6. 纠正侦查活动违法，及承办人认为需要解决的其他问题等。

八、承办人审查意见

（一）对全案事实证据情况的认定意见

（着重阐明对发回重审争议焦点涉及的证据采信及事实认定情况）

（二）对案件定性和法律适用的意见

（三）对发回重审理由的意见

结合（一）（二）的阐述论证，围绕发回重审的理由，阐述审查意见，前述已阐述清楚的，在此可以得出审查结论。若系因审判程序违法影响案件公正审判导致发回重审的，对审查程序违法情况进行阐述分析。上诉、抗诉或被害人意见是导致发回重审重要原因的，在此围绕相应上诉、抗诉及被害人意见是否合理进行分析论证，得出审查结论。

（四）量刑建议

综上，承办人认为：

承办人：×××

20××年××月××日

2. 制作说明

（1）本文书依据《中华人民共和国刑事诉讼法》第二百三十六条、第二百三十八条的规定制作。为人民检察院审查发回重审案件时使用。

（2）本文书以案为制作单位，由办理案件的人民检察院制作。

（3）文书制作一份，附卷备案审查。

3.3.8 工作文书：刑事判决、裁定审查表（适用一审案件）

具体内容参见本书第三章“公诉检察文书”第一节“一审公诉案件适用文书”之“3.1.64 工作文书：刑事判决、裁定审查表（适用一审案件）”。

第四节 发回二审重审案件适用文书

发回二审重审案件适用文书，是人民检察院在对于人民法院发回二审重审，通知同级人民检察院派员出庭履行职务的相关案件办理过程中所使用的相关文书。发回二审重审的案件，依照第二审程序进行审理，所作的判决、裁定是终审的判决、裁定。

3.4.1 法律文书：上诉人（原审被告人）诉讼权利义务告知书

具体内容参见本书第三章“公诉检察文书”第二节“二审上诉案件适用文书”之“3.2.1 法律文书：上诉人（原审被告人）诉讼权利义务告知书”。

3.4.2 法律文书：抗诉（上诉）案件出庭意见书

具体内容参见本书第三章“公诉检察文书”第二节“二审上诉案件适

用文书”之“3.2.2 法律文书：抗诉（上诉）案件出庭意见书”。

3.4.3　工作文书：发回重审案件审查报告（发回二审）

具体内容参见本书第三章“公诉检察文书”第二节“二审上诉案件适用文书”之“3.2.4 工作文书：二审上诉案件审查报告”。

3.4.4　工作文书：刑事判决、裁定审查表（二审）

具体内容参见本书第三章“公诉检察文书”第二节“二审上诉案件适用文书”之“3.2.6 工作文书：对法院刑事判决、裁定审查表”。

第五节　不起诉复议案件适用文书

不起诉复议案件适用文书，是人民检察院对于同级侦查机关或监察机关认为本院不起诉决定确有错误，要求复议的案件在办理过程中所使用的相关文书。

3.5.1　法律文书：复议决定书（适用不诉复议）

（一）基本概念

复议决定书（适用不诉复议），是人民检察院不起诉复议终结后作出复议决定，通知监察机关或侦查机关时使用的法律文书。

（二）相关依据

1. 法律依据

（1）《中华人民共和国刑事诉讼法》第九十二条：“公安机关对人民检察院不批准逮捕的决定，认为有错误的时候，可以要求复议，但是必须将被拘留的人立即释放。如果意见不被接受，可以向上一级人民检察院提请复核。上级人民检察院应当立即复核，作出是否变更的决定，通知下级人民检察院和公安机关执行。”

第一百一十二条：“人民法院、人民检察院或者公安机关对于报案、控告、举报和自首的材料，应当按照管辖范围，迅速进行审查，认为有犯罪事实需要追究刑事责任的时候，应当立案；认为没有犯罪事实，或者犯罪事实显著轻微，不需要追究刑事责任的时候，不予立案，并且将不立案的原因通知控告人。控告人如果不服，可以申请复议。”

第一百七十九条：“对于公安机关移送起诉的案件，人民检察院决定不起诉的，应当将不起诉决定书送达公安机关。公安机关认为不起诉的决定有错误的时候，可以要求复议，如果意见不被接受，可以向上一级人民检察院提请复核。”

第二百八十二条：“对于未成年人涉嫌刑法分则第四章、第五章、第六章规定的犯罪，可能判处一年有期徒刑以下刑罚，符合起诉条件，但有悔罪表现的，人民检察院可以作出附条件不起诉的决定。人民检察院在作出附条件不起诉的决定以前，应当听取公安机关、被害人的意见。

对附条件不起诉的决定，公安机关要求复议、提请复核或者被害人申诉的，适用本法第一百七十九条、第一百八十条的规定。

未成年犯罪嫌疑人及其法定代理人对人民检察院决定附条件不起诉有异议的，人民检察院应当作出起诉的决定。”

（2）《中华人民共和国监察法》第四十七条第四款：“人民检察院对于有《中华人民共和国刑事诉讼法》规定的不起诉的情形的，经上一级人民检察院批准，依法作出不起诉的决定。监察机关认为不起诉的决定有错误的，可以向上一级人民检察院提请复议。”

2. 司法解释规定

《人民检察院刑事诉讼规则》第三百七十九条：“监察机关认为不起诉的决定有错误，向上一级人民检察院提请复议的，上一级人民检察院应当在收到提请复议意见书后三十日以内，经检察长批准，作出复议决定，通知监察机关。

公安机关认为不起诉决定有错误要求复议的，人民检察院负责捕诉的部门应当另行指派检察官或者检察官办案组进行审查，并在收到要求复议意见书三十日以内，经检察长批准，作出复议决定，通知公安机关。”

（三）文书结构

本文书为三联填充式文书。

1. 第一联

本联主要用于审批程序，不附卷，由办案部门统一留存。

（1）首部。本部分包括制作文书的人民检察院名称，需注明所在省（自治区、直辖市）的名称，不能只写地区级市、县、区院名；文书名称，即“复议决定书”；文书名称下方标注“（存根）”字样；文号生成格式为：“××检××议〔20××〕×号”。

（2）正文。依次填写：案由；犯罪嫌疑人基本情况，包括姓名、性别、年龄、工作单位、住址、公民身份号码、是否人大代表或政协委员；复议决定内容；送达单位；批准人、承办人、填发人姓名；填发日期。

2. 第二、三联

第二联由承办人附卷，第三联送达侦查机关。

（1）首部。本部分与存根叙写内容基本相同，不同之处在于第二联文书名称下方注“（副本）”字样、第三联文书名称下方无标注。

（2）正文。按照模板填充要求依次写明复议对象即作出不起诉决定书的检察机关及不起诉决定书文号，本院复议的结论、决定。

（3）尾部。填发文书的日期，日期上加盖院印。

（四）文书模板及制作说明

1. 文书模板

（不诉复议）

×××人民检察院

复议决定书

（存　根）

××检××议〔20××〕×号

案由__________

犯罪嫌疑人基本情况__________

复议决定内容__________

送达单位__________

批准人__________

承办人__________

填发人__________

填发时间__________

第一联　统一保存

×××人民检察院

复议决定书

（副　本）

××检××议〔20××〕×号

你单位对__________人民检察院/本院__________号不起诉决定书要求复议的意见书收悉。经本院复议认为：__________。根据《中华人民共和国监察法》第四十七条/《中华人民共和国刑事诉讼法》第一百七十九条之规定，本院决定__________。

此致

____

20××年××月××日

（院印）

第二联　附卷

×××人民检察院

复议决定书

××检××议〔20××〕×号

你单位对__________人民检察院/本院__________号不起诉决定书要求复议的意见书收悉。经本院复议认为：__________。根据《中华人民共和国监察法》第四十七条/《中华人民共和国刑事诉讼法》第一百七十九条之规定，本院决定__________。

此致

____

20××年××月××日

（院印）

第三联　送达监察机关、侦查机关或者控告人

2. 制作说明

（1）本文书是依据《中华人民共和国刑事诉讼法》第一百七十九条，《中华人民共和国监察法》第四十七条，《人民检察院刑事诉讼规则》第三百七十九条的规定制作。为人民检察院在侦查机关认为不起诉决定有错误，向人民检察院要求复议，复议后作出决定时使用。

（2）本文书为填充式文书，文书制作应以人为制作单位。

（3）本文书共三联，第一联存根，统一保存备查，第二联附卷，第三联送达侦查机关。

3.5.2　工作文书：不起诉复议理由说明书

（一）基本概念

不起诉复议理由说明书，是人民检察院复议下级监察机关或同级公安机关认为不起诉决定有错误案件，复议终结后作出复议决定时，向复议单位说明复议决定理由时使用的工作文书。

（二）相关依据

1. 法律依据

（1）《中华人民共和国刑事诉讼法》第一百七十九条："对于公安机关移送起诉的案件，人民检察院决定不起诉的，应当将不起诉决定书送达公安机关。公安机关认为不起诉的决定有错误的时候，可以要求复议，如果意见不被接受，可以向上一级人民检察院提请复核。"

（2）《中华人民共和国监察法》第四十七条第四款："人民检察院对于有《中华人民共和国刑事诉讼法》规定的不起诉的情形的，经上一级人民检察院批准，依法作出不起诉的决定。监察机关认为不起诉的决定有错误的，可以向上一级人民检察院提请复议。"

2. 司法解释规定

《人民检察院刑事诉讼规则》第三百七十九条："监察机关认为不起诉的决定有错误，向上一级人民检察院提请复议的，上一级人民检察院应当在收到提请复议意见书后三十日以内，经检察长批准，作出复议决定，通知监察机关。

公安机关认为不起诉决定有错误要求复议的，人民检察院负责捕诉的部门应当另行指派检察官或者检察官办案组进行审查，并在收到要求复议意见书三十日以内，经监察长批准，作出复议决定，通知公安机关。”

3. 其他规定

最高人民检察院《关于加强检察法律文书说理工作的意见》（内容略）。

（三）文书结构

1. 首部

首部制作文书的人民检察院需注明所在省（自治区、直辖市）的名称，不能只写地区级市、县、区院名。文书名称，即“不起诉复议理由说明书”。

2. 正文

（1）开头及首句。在开头部位写明提请复议的单位及案件名称等基本情况。

（2）复议决定的理由。本部分要求完整、细致、有针对性地说明复议决定的理由。复议案件承办人经复议审查，并经检察长批准，应当作出维持或者撤销、变更的决定。复议理由要根据存疑不起诉、相对不起诉、绝对不起诉的不同情形，主要针对公安机关提出的异议，强化释法说理，有针对性的说明理由。

3. 尾部

落款为发出日期，日期上加盖公章。

（四）文书模板及制作说明

1. 文书模板

×××人民检察院

不起诉复议理由说明书

（提请复议单位）于×××向我院提出复议的被不起诉人×××涉嫌

×××一案，本院于×××以×××复议决定书作出复议决定，决定：……。主要理由如下：

……

20××年××月××日

2. 制作说明

（1）本文书系依据《中华人民共和国刑事诉讼法》第一百七十九条，《中华人民共和国监察法》第四十七条，《人民检察院刑事诉讼规则》第三百七十九条和最高人民检察院《关于加强检察法律文书说理工作的意见》的规定制作。

（2）本文书以人为制作单位制作。

（3）本文书一式二份，一份送达提请复议单位，一份留存附卷。

3.5.3　工作文书：不起诉复议案件审查报告

（一）基本概念

不起诉复议案件审查报告，是公安机关认为不起诉的决定有错误提出复议，检察机关对复议案件进行审查时制作的工作文书。

（二）相关依据

1. 法律依据

《中华人民共和国刑事诉讼法》第一百七十九条："对于公安机关移送起诉的案件，人民检察院决定不起诉的，应当将不起诉决定书送达公安机关。公安机关认为不起诉的决定有错误的时候，可以要求复议，如果意见不被接受，可以向上一级人民检察院提请复核。"

2. 司法解释规定

《人民检察院刑事诉讼规则》第三百七十九条："监察机关认为不起诉的决定有错误，向上一级人民检察院提请复议的，上一级人民检察院应当在收到提请复议意见书后三十日以内，经检察长批准，作出复议决定，通知监察机关。

公安机关认为不起诉决定有错误要求复议的，人民检察院负责捕诉的部门应当另行指派检察官或者检察官办案组进行审查，并在收到要求复议意见书后三十日以内，经检察长批准，作出复议决定，通知公安机关。”

第三百八十条：“公安机关对不起诉决定提请复核的，上一级人民检察院应当在收到提请复核意见书后三十日以内，经检察长批准，作出复核决定，通知提请复核的公安机关和下级人民检察院。经复核认为下级人民检察院不起诉决定错误的，应当指令下级人民检察院纠正，或者撤销、变更下级人民检察院作出的不起诉决定。”

（三）文书结构

1. 首部

首部需注明所在省（自治区、直辖市）的名称＋文书名称，如不起诉复议案件审查报告

提请机关及案由。包括被不起诉人姓名、案由、提请复议/复核单位、收案时间、承办部门、承办人。

2. 正文

开头及首句。首句为填充式，简要写明提请复议机关提出复议的情况，及复议机关另行指定承办人审查情况，并引入正题。

案件基本情况及复议、复核情况。本部分包括被不起诉人的基本情况、案件诉讼经过、不起诉决定的意见和理由、提请复议/复核的理由和经过、认定案件的事实及证据情况、办案人意见。

被不起诉人的基本情况。该部分要列明被不起诉人姓名，包括曾用名，与案情有关的别名，化名，绰号，性别，出生日期，证件种类号码，民族，文化程度，职业，户籍所在地，住所地详细地址。曾受到过行政处罚、刑事处罚的时间、原因、种类、决定机关、释放时间等情况、被采取何种强制措施等情况。

诉讼过程。本部分具体包括案件侦查、移送起诉、原决定作出的时间及文书号、复议单位提请复议时间。

作出不起诉决定的意见和理由。本部分需要写明作出原决定的理由，针对案件事实、证据进行充分释理说法情况。如果已经过复议程序，则

需要写明复议情况及理由。

提请复议情况。本部分需写明复议理由。

审查认定的事实及证据情况。本部分要求与一审案件审查报告一致。

3. 尾部

本部分属于文书常见要求。落款为承办人姓名、日期，无须加盖公章。

（四）文书模板及制作说明

1. 文书模板

×××人民检察院

不起诉复议案件审查报告

被不起诉人：×××
案　　由：×××
提请复议单位：×××
收案时间：××××年××月××日
承办部门：×××
案件编号：×××

被不起诉人×××涉嫌×××一案，本院于××××年××月××日对被不起诉人×××以×号不起诉决定书对其作出不起诉决定。×××公安局于×××年××月××日向我院提出复议，本院另行指定承办人。承办人审查认为××××（审查结论），现报告如下：

一、被不起诉人基本情况

被不起诉人×××（曾用名×××，与案情有关的别名×××，化名×××，绰号×××），性别，××××年××月××日出生，（系盲、聋、哑人等特殊情况的在此注明），公民身份号码×××，×族，（受教育程度），职业（或工作单位及职务），住址×××（居住地与户籍地不一致时，用括号注明户籍所在地）。曾受到过行政处罚、刑事处罚的时间、原因、种类、决定机关、释放时间等情况。

二、诉讼过程

本案由（侦查机关）侦查终结，以被不起诉人×××涉嫌×××，于××××年××月××日向×××移送审查起诉。（不起诉单位）于（不起诉决定日期）以（不起诉决定书文号）不起诉决定书，对被不起诉人×××作出不起诉决定。（侦查机关）于××××年××月××日向（原不起诉单位）提出复议。

三、作出不起诉决定的意见和理由

四、侦查机关提请复议的意见和理由

五、审查认定的犯罪事实及证据

（一）经审查认定的事实

（二）本案证据情况及分析

1. 物证
2. 书证
3. 证人证言
4. 被害人陈述
5. 被不起诉人的供述与辩解
6. 鉴定意见
7. 勘验、检查、辨认、侦查实验等笔录
8. 视听资料、电子数据

六、需要说明的问题

七、承办人意见

承办人：

20××年××月××日

2. 制作说明

（1）本文书根据《中华人民共和国刑事诉讼法》第一百七十九条，《人民检察院刑事诉讼规则》第三百七十九条制作。是人民检察院在办理不起诉复议案件过程中撰写审查报告时使用。

（2）本文书以案为单位制作。

（3）本文为附检察内卷文书，无须向其他机关或部门送达。

第六节　不起诉复核案件适用文书

不起诉复核案件适用文书，是人民检察院对下级侦查机关认为下级检察院不起诉复议决定有错误，要求复核的案件在办理过程中所使用的相关文书。

3.6.1　法律文书：复核决定书（适用不诉复核）

（一）基本概念

复核决定书（适用不诉复核），是检察机关对于公安机关提出复核的案件进行审查终结后，作出复核决定时使用的法律文书。

（二）相关依据

1. 法律依据

《中华人民共和国刑事诉讼法》第一百七十九条：“对于公安机关移送起诉的案件，人民检察院决定不起诉的，应当将不起诉决定书送达公安机关。公安机关认为不起诉的决定有错误的时候，可以要求复议，如果意见不被接受，可以向上一级人民检察院提请复核。”

2. 司法解释规定

《人民检察院刑事诉讼规则》第三百八十条：“公安机关对不起诉决定提请复核的，上一级人民检察院应当在收到提请复核意见书后三十日以内，经检察长批准，作出复核决定，通知提请复核的公安机关和下级人民检察院。经复核认为下级人民检察院不起诉决定错误的，应当指令下级人民检察院纠正，或者撤销、变更下级人民检察院作出的不起诉决定。”

（三）文书结构

本文书为四联填充式文书。

1. 第一联

本联主要用于审批程序，不附卷，由办案部门统一留存。

（1）首部。本部分包括制作文书的人民检察院名称，需注明所在省（自治区、直辖市）的名称，不能只写地区级市、县、区院名；文书名称，即“复核决定书”；文书名称下方标注“（存根）”字样；文号生成格式为：“××检××核〔20××〕×号”。

（2）正文。依次填写：案由；犯罪嫌疑人基本情况，包括姓名、性别、年龄、工作单位、住址、公民身份号码、是否人大代表或政协委员等；复核决定内容；送达单位；批准人、承办人、填发人姓名；填发日期。

2. 第二、三联

第二联由承办人附卷，第三联送达下级侦查机关。

（1）首部。本部分与存根叙写内容基本相同，不同之处在于第二联文书名称下方注“（副本）”字样、第三联文书名称下方无标注。

（2）正文。按照模板填充要求依次写明复核对象即作出不起诉决定书的检察机关及不起诉决定书文号，本院复核的结论、决定及法律依据。

（3）尾部。

文书发往单位，即提起复核的侦查机关，行文上顶格书写。

填发文书的日期，日期上加盖院印。

3. 第四联

本联送达作出决定的下级人民检察院。

（1）首部。本联文书名称为“复核决定书通知书”。

（2）正文。抬头，作出决定的下级人民检察院，行文上顶格书写。

按照模板填充要求依次写明复核对象即作出不起诉决定书的检察机关及不起诉决定书文号，本院复核的结论、决定及法律依据。

（3）尾部。填发文书的日期，日期上加盖院印。

（四）文书模板及制作说明

1. 文书模板

不诉复核

×××人民检察院

复核决定书

（存　根）

××检××核〔20××〕×号

案由________________

犯罪嫌疑人基本情况________________

____

复核决定内容________________

送达单位________________

批准人________________

承办人________________

填发人________________

填发时间________________

第一联　统一保存

×××人民检察院

复核决定书

（副　本）

××检××核〔20××〕×号

你________对________人民检察院________号________书提请复核的意见书及案件材料收悉。经本院复核认为：________________。

根据《中华人民共和国刑事诉讼法》第________条的规定，本院决定________________。

此致

____

20××年××月××日

（院印）

第二联　附卷

×××人民检察院

复核决定书

××检××核〔20××〕×号

你________对________人民检察院________号________书提请复核的意见书及案件材料收悉。经本院复核认为：________________________。

根据《中华人民共和国刑事诉讼法》第________条的规定，本院决定________________。

此致

____

20××年××月××日

（院印）

第三联　送达下级侦查机关

×××人民检察院

复核决定书通知书

××检××核〔20××〕×号

________人民检察院：

________对你院________号________书提请本院复核。经本院复核认为：________________________。

根据《中华人民共和国刑事诉讼法》第________条的规定，本院决定________________。

特此通知

20××年××月××日

（院印）

第四联　送达作出决定的下级人民检察院

2. 制作说明

（1）本文书依据《中华人民共和国刑事诉讼法》第一百七十九条之规定制作，是人民检察院对于公安机关提出复核的案件作出复核决定时使用。

（2）本文书制作应以人为制作单位。

（3）本文书共四联，第一联统一保存备查，第二联附卷，第三联送达下级侦查机关，第四联送达作出决定的下级人民检察院。

3.6.2　工作文书：不起诉复核理由说明书

（一）基本概念

不起诉复核理由说明书，是检察机关在审查公安机关提出的复核案件终结后作出复核决定，向复核单位说明复核理由时使用的工作文书。

（二）相关依据

1. 法律依据

《中华人民共和国刑事诉讼法》第一百七十九条："对于公安机关移送起诉的案件，人民检察院决定不起诉的，应当将不起诉决定书送达公安机关。公安机关认为不起诉的决定有错误的时候，可以要求复议，如果意见不被接受，可以向上一级人民检察院提请复核。"

2. 司法解释规定

《人民检察院刑事诉讼规则》第三百八十条："公安机关对不起诉决定提请复核的，上一级人民检察院应当在收到提请复核意见书后三十日以内，经检察长批准，作出复核决定，通知提请复核的公安机关和下级人民检察院。经复核认为下级人民检察院不起诉决定错误的，应当指令下级人民检察院纠正，或者撤销、变更下级人民检察院作出的不起诉决定。"

3. 其他规定

最高人民检察院《关于加强检察法律文书说理工作的意见》（内容略）。

（三）文书结构

1. 首部

首部需注明制作文书的人民检察院所在省（自治区、直辖市）的名称，不能只写地区级市、县、区院名。文书名称，即“不起诉复核理由说明书”。

2. 正文

（1）开头及首句。在开头部位写明提请复核的单位及案件名称等基本情况。

（2）复核决定的理由。本部分要求完整、细致、有针对性地说明复核决定的理由。在决定部分阐述内容应当与复核决定书（不诉复核用）本院决定部分阐述内容保持一致。对下级检察机关不起诉理由和复议理由是否正确进行评析后，重点针对下级侦查机关提请复核理由阐述上一级人民检察院不同于下级人民检察院不起诉理由和复议理由的复核理由。

3. 尾部

落款为发出日期，日期上加盖院印。

（四）文书模板及制作说明

1. 文书模板

×××人民检察院

不起诉复核理由说明书

（提请复核单位）于（提请复核日期）向我院提请复核的被不起诉人×××涉嫌×××一案，本院于（复核日期）以（复核决定书文号）复核决定书作出复核决定，决定：……主要理由如下：

……

20××年××月××日

（院印）

2. 制作说明

（1）本文书系依据《中华人民共和国刑事诉讼法》第一百七十九条，《人民检察院刑事诉讼规则》第三百八十条和最高人民检察院《关于加强检察法律文书说理工作的意见》的规定制作。为上一级人民检察院复核与下级人民检察院同级的公安机关认为不起诉决定有错误时使用。

（2）本文书由上级人民检察制作，根据案件不同情况，应列明提请复核单位、提请复核日期、被不起诉人姓名、案由、复核日期、复核决定书文号、复核决定、复核决定理由、制作时间。

（3）本文书以人为单位制作。

（4）本文书一式二份，一份送公安机关，一份留存附卷。

3.6.3　工作文书：不起诉复核案件审查报告

（一）基本概念

不起诉复核案件审查报告，是检察机关审查公安机关提请复核的案件过程中撰写的报告式工作文书。

（二）相关依据

1. 法律依据

《中华人民共和国刑事诉讼法》第一百七十九条：“对于公安机关移送起诉的案件，人民检察院决定不起诉的，应当将不起诉决定书送达公安机关。公安机关认为不起诉的决定有错误的时候，可以要求复议，如果意见不被接受，可以向上一级人民检察院提请复核。”

2. 司法解释规定

《人民检察院刑事诉讼规则》第三百七十九条：“监察机关认为不起诉的决定有错误，向上一级人民检察院提请复议的，上一级人民检察院应当在收到提请复议意见书后三十日以内，经检察长批准，作出复议决定，通知监察机关。

公安机关认为不起诉决定有错误要求复议的，人民检察院负责捕诉的部门应当另行指派检察官或者检察官办案组进行审查，并在收到要求复议意见书后三十日以内，经检察长批准，作出复议决定，通知公安机关。”

第三百八十条："公安机关对不起诉决定提请复核的，上一级人民检察院应当在收到提请复核意见书后三十日以内，经检察长批准，作出复核决定，通知提请复核的公安机关和下级人民检察院。经复核认为下级人民检察院不起诉决定错误的，应当指令下级人民检察院纠正，或者撤销、变更下级人民检察院作出的不起诉决定。"

（三）文书结构

1. 首部

首部需注明制作文书的人民检察院所在省（自治区、直辖市）的名称 + 文书名称，即不起诉复核案件审查报告。

提请机关及案由。包括被不起诉人姓名、案由、提请复核单位、原复议机关、收案时间、承办部门、承办人。

2. 正文

（1）开头及首句。写明提请复核的单位及案件名称等基本情况，引入正题。

（2）案件基本情况及复议、复核情况。本部分包括被不起诉人的基本情况、案件诉讼经过、不起诉决定的意见和理由、提请复议、复核的理由和经过、认定案件的事实及证据情况、办案人意见。

被不起诉人的基本情况。该部分要列明被不起诉人姓名，包括曾用名，与案情有关的别名，化名，绰号，性别，出生日期，证件种类号码，民族，文化程度，职业，户籍所在地，住所地详细地址。曾受到过行政处罚、刑事处罚的时间、原因、种类、决定机关、释放时间等情况、被采取何种强制措施等情况。

诉讼经过。本部分具体包括案件侦查、移送起诉、原决定作出的时间及文书号、复议/复核单位提请复议时间，如果案件已经过复议，则要写明作出复议决定的机关及作出时间。

作出不起诉决定的意见和理由。本部分需要写明作出原决定的理由，针对案件事实、证据进行充分释理说法情况。如果已经过复议程序，则需要写明复议情况及理由。

提请复议/复核情况。本部分需写明复议或者复核的理由。

审查认定的事实及证据情况。本部分要求与一审案件审查报告一致。

应重点对证据与待证事实之间分析，能否排除非法证据，对证据之间的矛盾点进行论证，对原不起诉决定是否正确充分论证。

3. 尾部

落款为承办人姓名、日期，无须加盖公章。

（四）文书模板及制作说明

1. 文书模板

×××人民检察院

不起诉复核案件审查报告

被不起诉人：×××
案由：×××
收案时间：×××
提请复核单位：×××
原复议单位：
承办部门：×××
案件编号：×××

（提请复核单位）于（提请复核日期）向我院提请复核的被不起诉人×××涉嫌×××一案，我院于到材料后，向（原复议单位）调取了全部案卷材料，经审查，承办人认为……（审查结论）。现报告如下：

一、被不起诉人基本情况

被不起诉人（姓名）（曾用名×××，与案情有关的别名×××，化名×××，绰号×××），（性别），（出生日期）出生，（证件种类）号码（证件号码），（民族），（文化程度），（职业）（工作单位+职务），户籍所在地（户籍所在地），住（住所地详细地址）。曾受到过行政处罚、刑事处罚的时间、原因、种类、决定机关、释放时间等情况。因涉嫌（移送案由+移送其他案由）罪，经批准（决定机关）批准/决定，于（执行日期）被（执行机关）执行（强制措施名称）……（一人有多个强制措施的，按强制措施序号以上述格式添加）

二、诉讼过程

本案由（侦查机关）侦查终结，以被不起诉人×××涉嫌×××，于××××年××月××日向×××移送审查起诉。（原复议单位）于（不起诉决定日期）以（不起诉决定书文号）不起诉决定书，对被不起诉人×××作出不起诉决定。（侦查机关）于××××年××月××日向（原复议单位）提出复议，（原复议单位）于（复议日期）以（复议决定书文号）复议决定书，作出维持不起诉决定的复议决定。（提请复核单位）于提请复核日期提请本院对该案进行复核。

三、作出不起诉决定的意见和理由

四、提请复议和作出复议决定的情况

（一）提请复议的理由

（二）复议意见及理由

五、侦查机关提请复核的意见和理由

六、审查认定的事实及证据

（一）经审查认定的事实

（二）本案证据情况及分析

1. 物证
2. 书证
3. 证人证言
4. 被害人陈述
5. 被不起诉人的供述与辩解
6. 鉴定意见
7. 勘验、检查、辨认、侦查实验等笔录
8. 视听资料、电子数据

七、需要说明的问题

八、承办人意见

承办人：×××

20××年××月××日

2. 制作说明

（1）本文书依据《中华人民共和国刑事诉讼法》第一百七十九条和《人民检察院刑事诉讼规则》第三百八十条规定制作。为上一级人民检察院复核与下级人民检察院同级的公安机关认为不起诉决定有错误时使用。

（2）本文书以案为单位制作。

（3）本文书一份附卷。

第七节 撤销（不）起诉审查案件适用文书

撤销（不）起诉审查案件适用文书，是最高人民检察院对地方各级人民检察院，上级人民检察院对下级人民检察院的起诉、不起诉决定，如果发现确有错误的，予以撤销或者指令下级人民检察院纠正时所使用的相关文书。

3.7.1 法律文书：撤销不起诉决定书

（一）基本概念

撤销不起诉决定书，是人民检察院在发现不起诉决定确有错误，撤销不起诉决定时使用的法律文书。

（二）相关依据

1. 法律依据

《中华人民共和国刑事诉讼法》第一百七十九条：“对于公安机关移送起诉的案件，人民检察院决定不起诉的，应当将不起诉决定书送达公安机关。公安机关认为不起诉的决定有错误的时候，可以要求复议，如果意见不被接受，可以向上一级人民检察院提请复核。”

第一百八十条：“对于有被害人的案件，决定不起诉的，人民检察院应当将不起诉决定书送达被害人。被害人如果不服，可以自收到决定书后七日以内向上一级人民检察院申诉，请求提起公诉。人民检察院应当将复查决定告知被害人。对人民检察院维持不起诉决定的，被害人可以向人民法院起诉。被害人也可以不经申诉，直接向人民法院起诉。人民法院受理案件后，人民检察院应当将有关案件材料移送人民法院。”

第一百八十一条：“对于人民检察院依照本法第一百七十七条第二款规定作出的不起诉决定，被不起诉人如果不服，可以自收到决定书后七日以内向人民检察院申诉。人民检察院应当作出复查决定，通知被不起诉的人，同时抄送公安机关。”

2. 司法解释规定

《人民检察院刑事诉讼规则》第三百八十五条：“对于人民检察院依照刑事诉讼法第一百七十七条第二款规定作出的不起诉决定，被不起诉人不服，在收到不起诉决定书后七日以内提出申诉的，应当由作出决定的人民检察院负责捕诉的部门进行复查；被不起诉人在收到不起诉决定书七日以后提出申诉的，由负责控告申诉检察的部门进行审查。经审查，认为不起诉决定正确的，出具审查结论直接答复申诉人，并做好释法说理工作；认为不起诉决定可能存在错误的，移送负责捕诉的部门复查。

人民检察院应当将复查决定书送达被不起诉人、被害人。复查后，撤销不起诉决定，变更不起诉的事实或者法律依据的，应当同时将复查决定书抄送移送起诉的监察机关或者公安机关。”

第三百八十八条：“人民检察院发现不起诉决定确有错误，符合起诉条件的，应当撤销不起诉决定，提起公诉。”

第三百八十九条：“最高人民检察院对地方各级人民检察院的起诉、不起诉决定，上级人民检察院对下级人民检察院的起诉、不起诉决定，发现确有错误的，应当予以撤销或者指令下级人民检察院纠正。”

（三）文书结构

本文书共四联，第一联统一保存备查，第二联附卷，第三联送达被不起诉人。如果是上级人民检察院撤销的，应当制作第四联，送达作出不起诉决定的下级人民检察院。

1. 第一联

（1）首部。需注明拟制检察院的规范全称、文书名称，注明此联为“存根”以备保存备查，文号生成格式为：“××检××撤不诉〔20××〕×号”。

（2）正文：以填空模式注明相关案由、被不起诉人、申诉人（提请复议、复核机关）、申诉（提请复议、复核机关）理由、撤销理由、批准人、承办人、填发人、填发时间。

2. 第二联

（1）首部。注明此联为“副本”，由拟制检察院附卷，其余部分与第一联一致。

（2）正文。写明原不起诉决定书的决定机关、作出时间、文号、被不起诉人，准确写明撤销原不起诉决定的原因。

（3）尾部。落款为发出日期，日期上加盖公章。

3. 第三联

本联送达被不起诉人，除首部不用注明“副本”之外，其余部分均与第二联一致。

4. 第四联

（1）首部。需注明原不起诉决定作出机关的上级机关规范全称、文书名称，文号生成格式为：“××检××撤不诉〔20××〕×号”。

发往单位，原不起诉决定作出机关。

（2）正文。写明原不起诉决定的作出时间、文号、被不起诉人，准确写明撤销原不起诉决定的原因。

（3）尾部。落款为发出日期，日期上加盖公章。

（四）文书模板及制作说明

1. 文书模板

×××人民检察院

撤销不起诉决定书

（存　根）

××检×× 撤不诉〔20××〕×号

案由＿＿＿＿＿＿＿＿＿＿＿＿＿＿＿＿

被不起诉人＿＿＿＿＿＿＿＿＿＿＿＿＿

申诉人（提请复议、复核机关）＿＿＿＿＿＿＿

申诉（提请复议、复核）理由＿＿＿＿＿＿＿

撤销理由＿＿＿＿＿＿＿＿＿＿＿＿＿＿

批准人＿＿＿＿＿＿＿＿＿＿＿＿＿＿＿

承办人＿＿＿＿＿＿＿＿＿＿＿＿＿＿＿

填发人＿＿＿＿＿＿＿＿＿＿＿＿＿＿＿

填发时间＿＿＿＿＿＿＿＿＿＿＿＿＿＿

第一联　统一保存

×××人民检察院

撤销不起诉决定书

（副　本）

××检××撤不诉〔20××〕×号

＿＿＿＿＿于＿＿＿年＿＿月＿＿日以＿＿＿＿＿号不起诉决定书对被不起诉人＿＿＿＿决定不起诉。现因＿＿＿＿＿＿＿＿＿＿＿＿＿＿＿＿＿，决定撤销＿＿＿＿号不起诉决定书。

20××年××月××日

（院印）

第二联　附卷

××× 人民检察院

撤销不起诉决定书

××检××撤不诉〔20××〕×号

______于____年____月____日以______号不起诉决定书对被不起诉人______决定不起诉。现因____________________，决定撤销______号不起诉决定书。

20××年××月××日

（院印）

第三联　送达被不起诉人

××× 人民检察院

撤销不起诉决定书

××检××撤不诉〔20××〕×号

______人民检察院：

你院于____年____月____日以______号不起诉决定书对被不起诉人______决定不起诉。现因____________________，决定撤销______号不起诉决定书。

20××年××月××日

（院印）

第四联　送达下级人民检察院

2. 制作说明

（1）本文书依据《中华人民共和国刑事诉讼法》第一百七十九条、第一百八十条、第一百八十一条，《人民检察院刑事诉讼规则》第三百八十五条、第三百八十八条、第三百八十九条的规定制作。为人民检察院在发现不起诉决定确有错误，撤销不起诉决定时使用。

（2）本文书共四联，第一联统一保存备查，第二联附卷，第三联送达被不起诉人。如果是上级人民检察院撤销的，应当制作第四联，送达作出不起诉决定的下级人民检察院。

3.7.2 法律文书：刑事申诉复查决定书

（一）基本概念

刑事申诉复查决定书，是当事人及其法定代理人、近亲属对人民检察院作出的不起诉决定或者其他决定，向人民检察院申诉，人民检察院经复查认为应当维持原决定或者需要改变原决定而作出的一种法律文书。

（二）相关依据

1. 法律依据

《中华人民共和国刑事诉讼法》第一百八十条："对于有被害人的案件，决定不起诉的，人民检察院应当将不起诉决定书送达被害人。被害人如果不服，可以自收到决定书后七日以内向上一级人民检察院申诉，请求提起公诉。人民检察院应当将复查决定告知被害人。对人民检察院维持不起诉决定的，被害人可以向人民法院起诉。被害人也可以不经申诉，直接向人民法院起诉。人民法院受理案件后，人民检察院应当将有关案件材料移送人民法院。"

第一百八十一条："对于人民检察院依照本法第一百七十七条第二款规定作出的不起诉决定，被不起诉人如果不服，可以自收到决定书后七日以内向人民检察院申诉。人民检察院应当作出复查决定，通知被不起诉的人，同时抄送公安机关。"

2. 司法解释规定

《人民检察院刑事诉讼规则》第三百七十七条：“不起诉决定书应当送达被害人或者其近亲属及其诉讼代理人、被不起诉人及其辩护人以及被不起诉人所在单位。送达时，应当告知被害人或者其近亲属及其诉讼代理人，如果对不起诉决定不服，可以自收到不起诉决定书后七日以内向上一级人民检察院申诉；也可以不经申诉，直接向人民法院起诉。依照刑事诉讼法第一百七十七条第二款作出不起诉决定的，应当告知被不起诉人，如果对不起诉决定不服，可以自收到不起诉决定书后七日以内向人民检察院申诉。”

第三百八十一条第一款：“被害人不服不起诉决定，在收到不起诉决定书后七日以内提出申诉的，由作出不起诉决定的人民检察院的上一级人民检察院负责捕诉的部门进行复查。”

第三百八十二条：“被害人不服不起诉决定，在收到不起诉决定书七日以后提出申诉的，由作出不起诉决定的人民检察院负责控告申诉检察的部门进行审查。经审查，认为不起诉决定正确的，出具审查结论直接答复申诉人，并做好释法说理工作；认为不起诉决定可能存在错误的，移送负责捕诉的部门进行复查。”

第三百八十三条：“人民检察院应当将复查决定书送达被害人、被不起诉人和作出不起诉决定的人民检察院。

上级人民检察院经复查作出起诉决定的，应当撤销下级人民检察院的不起诉决定，交由下级人民检察院提起公诉，并将复查决定抄送移送起诉的监察机关或者公安机关。”

第三百八十五条：“对于人民检察院依照刑事诉讼法第一百七十七条第二款规定作出的不起诉决定，被不起诉人不服，在收到不起诉决定书后七日以内提出申诉的，应当由作出决定的人民检察院负责捕诉的部门进行复查；被不起诉人在收到不起诉决定书七日以后提出申诉的，由负责控告申诉检察的部门进行审查。经审查，认为不起诉决定正确的，出具审查结论直接答复申诉人，并做好释法说理工作；认为不起诉决定可能存在错误的，移送负责捕诉的部门复查。

人民检察院应当将复查决定书送达被不起诉人、被害人。复查后，撤销不起诉决定，变更不起诉的事实或者法律依据的，应当同时将复查决定书抄送移送起诉的监察机关或者公安机关。”

第三百八十六条：“人民检察院复查不服不起诉决定的申诉，应当在立案后三个月以内报经检察长批准作出复查决定。案情复杂的，不得超过六个月。”

（三）文书结构

1. 首部

首部需注明制作文书的人民检察院所在省（自治区、直辖市）的名称，不能只写地区级市、县、区院名。文书名称，即“刑事申诉复查决定书”。文号生成格式为：“××检××复决〔20××〕×号”。

2. 正文

（1）申诉人基本情况。包括姓名、性别、出生日期、民族、文化程度、工作单位及职务、住址等。如果由其他人代为申诉的，应写明代申诉人和被代申诉人的基本情况，以及代申诉人与被代申诉人之间的关系。

（2）案由、案件来源及申诉理由和请求。应写明申诉人的姓名及作出该案诉讼处理决定的人民检察院名称、文书编号和文书名称，并应指出申诉性质，即“不服”。其次写明申诉人提出申诉的时间、指明申诉的对象，即对哪个案件的哪个诉讼处理决定提出申诉的。最后，要根据申诉人提出的理由（申诉理由可概括叙述，也可分项表述）和提出的具体要求，客观地、实事求是地写明。在“向本院提出申诉”前写明申请理由和请求。

（3）复查认定的事实。应准确写明复查认定的事实和证据。具体有以下几种不同的情况及相应采取的不同表述形式：申诉人提出新的事实和证据，或复查发现了新的事实和证据，可采用申诉理由与复查结果对证的写法；经复查结果完全肯定原处理决定的内容，可采用直接写明原文书认定的事实准确无误、证据确实充分的审定意见，不再重复写事实和证据；经复查发现原认定事实和证据有失误之处，但不影响原定性正确的，可采用将正确和失误之处分别叙述，首先针对性地阐明原认定事实和证据，其次写复查查明的失误及更正之处，再次阐述不影响定性处理的理由；经复查发现原认定事实和证据错误而影响定性的，可综合叙述复查认定的事实和证据，不再具体区分哪些是正确的，哪些是错误的。

（4）复查结论及根据。概括论述当事人的行为性质，是否构成犯罪及相应的法律依据，原处理决定是否适当。写明复查后作出的最终处理决定，即是维持还是改变原决定，并准确引用法律条文，说明作出复查决定和决定事项的法律依据。

3. 尾部

制作本法律文书的日期，并在年月日上加盖院印。

（四）文书模板及制作说明

1. 文书模板

×××人民检察院

刑事申诉复查决定书

××检××复决〔20××〕×号

申诉人……（写明姓名、性别、出生日期、民族、文化程度、工作单位及职务、住址）（如由其他人代为申诉的，应写明代申诉人和被代申诉人的基本情况、代申诉人与被代申诉人的关系）。

申诉人……因……（写明案由）一案，不服……人民检察院作出的……（写明原处理决定，如不起诉、不批捕、撤案等）决定，以……申诉理由和请求（申诉理由可概括叙述，分项表述），向本院提出申诉。

本院复查查明：……（写明复查认定的事实）。

本院复查认为，……（概括论述当事人的行为性质，是否构成犯罪及相应的法律依据，原处理决定是否适当）。

本院决定：……（写明决定事项）。

20××年××月××日

（院印）

2. 制作说明

（1）本文书依据《中华人民共和国刑事诉讼法》第一百八十条、第一百八十一条和《人民检察院刑事诉讼规则》第三百八十三条的规定制作，适用于当事人及其法定代理人、近亲属对人民检察院作出的不起诉决定或者其他决定，向人民检察院申诉，经复查认为应当维持原决定或者需要改变原决定而作出的复查决定书。

（2）本文书一式二份，一份送达申诉人，一份附卷。

3.7.3 工作文书：指令纠正决定书

（一）基本概念

指令纠正决定书，是上级人民检察院发现下级人民检察院办理的案件确有错误，指令下级人民检察院予以纠正时使用的工作文书。

（二）相关依据

《人民检察院刑事诉讼规则》第十条："上级人民检察院对下级人民检察院作出的决定，有权予以撤销或者变更；发现下级人民检察院办理的案件有错误的，有权指令下级人民检察院予以纠正。

下级人民检察院对上级人民检察院的决定应当执行。如果认为有错误的，应当在执行的同时向上级人民检察院报告。"

（三）文书结构

1. 首部

首部需注明制作文书的人民检察院所在省（自治区、直辖市）的名称，不能只写地区级市、县、区院名。文书名称，即"指令纠正决定书"。文号生成格式为："××检指纠〔20××〕×号"。

2. 正文

发往单位，即案件存在错误的下级人民检察院，行文上顶格书写。

写明下级人民检察院办理的错误案件具体名称，并全面、完整、有逻辑描述具体的错误情形，指令其依法进行纠正。

3. 尾部

落款为发出日期，日期上加盖院印。

（四）文书模板及制作说明

1. 文书模板

×××人民检察院

指令纠正决定书

××检指纠〔20××〕×号

×××人民检察院：

你院办理的________一案，经我院审查，________确有错误，现指令你院依法进行纠正。

20××年××月××日

（院印）

2. 制作说明

（1）本文书依据《人民检察院刑事诉讼规则》第十条的规定制作。为上级人民检察院对下级人民检察院在监督过程中，发现下级人民检察院办理的案件有错误时使用。

（2）本文书需写明被指令纠正的人民检察院名称、具体案件名称、存在的具体错误、制作日期并加盖文书制作单位公章。

（3）本文书以案为制作单位，由办理案件的人民检察院制作。

（4）本文书一式二份，一份送达下级人民检察院，一份保存备查。

3.7.4 工作文书：不起诉复议案件审查报告

具体内容参见本书第三章“公诉检察文书”第五节“不起诉复议案件适用文书”之“3.5.3 工作文书：不起诉复议案件审查报告”。

3.7.5 工作文书：不起诉复核案件审查报告

具体内容参见本书第三章“公诉检察文书”第六节“不起诉复核案件适用文书”之“3.6.3 工作文书：不起诉复核案件审查报告”。

第八节 报请核准追诉案件适用文书

报请核准追诉案件适用文书，是对于省级以下（含省级）检察院报请核准追诉的案件，省级检察院负责捕诉的部门审查并进行必要的调查，经检察委员会审议后，提出是否同意核准追诉的意见，并层报最高人民检察院核准过程中所使用的相关文书。

3.8.1 工作文书：报请核准追诉案件的报告

（一）基本概念

报请核准追诉案件的报告，是省级及以下人民检察院层报最高人民检察院核准追诉案件过程中撰写审查报告时使用的报告式文书。

（二）相关依据

1. 法律依据

《中华人民共和国刑法》第十七条第三款：“已满十二周岁不满十四周岁的人，犯故意杀人、故意伤害罪，致人死亡或者以特别残忍手段致人重伤造成严重残疾，情节恶劣，经最高人民检察院核准追诉的，应当负刑事责任。”

第八十七条：“犯罪经过下列期限不再追诉：

（一）法定最高刑为不满五年有期徒刑的，经过五年；

（二）法定最高刑为五年以上不满十年有期徒刑的，经过十年；

（三）法定最高刑为十年以上有期徒刑的，经过十五年；

（四）法定最高刑为无期徒刑、死刑的，经过二十年。如果经过二十年以后认为必须追诉的，须报请最高人民检察院核准。”

2. 司法解释规定

《人民检察院刑事诉讼规则》第三百二十条：“法定最高刑为无期徒刑、死刑的犯罪，已过二十年追诉期限的，不再追诉。如果认为必须追诉的，须报请最高人民检察院核准。”

第三百二十三条：“公安机关报请核准追诉的案件，由同级人民检察院受理并层报最高人民检察院审查决定。”

第三百二十四条：“地方各级人民检察院对公安机关报请核准追诉的案件，应当及时进行审查并开展必要的调查。经检察委员会审议提出是否同意核准追诉的意见，制作报请核准追诉案件报告书，连同案卷材料一并层报最高人民检察院。”

3. 其他规定

最高人民检察院《关于办理核准追诉案件若干问题的规定》第八条：“地方各级人民检察院对侦查机关报请核准追诉的案件，应当及时进行审查并开展必要的调查，经检察委员会审议提出是否同意核准追诉的意见，在受理案件后十日之内制作《报请核准追诉案件报告书》，连同案件材料一并层报最高人民检察院。”

（三）文书结构

1. 首部

标题。标题在文书顶端正中，由机关名称、文种组成。标题需注明所在省（自治区、直辖市）的名称，不能只写地区级市、县、区院名。文书名称，即“报请核准追诉案件的报告”。文号生成格式为：“××检××报核字〔20××〕×号”，文号在标题右下方。

2. 正文

（1）犯罪嫌疑人基本情况。犯罪嫌疑人的基本情况按文书中所列项目顺序叙明。

（2）案件诉讼经过。此部分应当写明发案、侦查、查获犯罪嫌疑人以及报请核准追诉的有关情况。侦查机关已立案、采取强制措施的，应当写明。

（3）案件事实和证据。此部分应当写明犯罪嫌疑人构成犯罪的事实。所依据的证据按照“一事一证一分析”的体例撰写。

（4）侦查机关（和下级检察院）追诉意见及理由。此部分应当写明报请核准追诉的侦查机关、下级人民检察院的意见、理由。

（5）需要说明的问题。此部分应当写明本案是否超出追诉时效期限，被害方、案发地群众、基层组织的意见和反映，其他需要说明的情况（如有关部门对案件组织协调情况，案件的背景情况等），关于本案追诉必要性的分析（结合案件情况对本案是否属于“必须追诉”进行分析），本院检察委员会审议的情况等。

（6）审查意见。简要写明对犯罪嫌疑人涉嫌的犯罪事实、证据、罪名，法定最高刑是否为无期徒刑或者死刑，是否已过追诉时效期限，是否有追诉必要等认定的情况，提出是否同意核准追诉的意见及法律依据。

3. 尾部

具文日期应当是签发日期并加盖院印。

（四）文书模板及制作说明

1. 文书模板

×××人民检察院

报请核准追诉案件的报告

××检××报核字〔20××〕×号

×××人民检察院：

本院于××××年××月××日收到×××单位报请核准追诉涉嫌×××的犯罪嫌疑人×××的相关材料，现已审查完毕，报告如下：

一、犯罪嫌疑人基本情况

犯罪嫌疑人×××（曾用名×××，绰号×××），（性别）×，×××年××月××日出生，公民身份号码×××，（民族）××，文化程度××，户籍所在地×××，住×××。工作单位×××。于××××年××月××日被×××单位采取×××（强制措施），现羁押于×××。

二、案件诉讼经过

（写明发案、侦查、查获犯罪嫌疑人以及报请核准追诉的有关情况）

三、案件事实和证据

（一）侦查机关认定的案件事实

×××

（二）审查认定的案件事实和证据

（围绕犯罪事实和犯罪嫌疑人是否构成犯罪、是否超出追诉时效期限和是否有追诉必要，写明犯罪的时间、地点、经过、手段、动机、危害后果以及犯罪嫌疑人实施犯罪后至被查获前的活动、是否重新犯罪等。如各级检察院认定事实不一致，应当分别写明。各级检察院认定事实一致的，可写明：×××院、×××院和本院经审查认定的案件事实一致：……。各级检察机关认定的案件事实与侦查机关一致的，可写明：×××院、×××院和本院经审查认定的案件事实与侦查机关一致）

认定上述事实的证据材料如下：

……（针对上述案件事实简要列明相关证据材料）。

四、侦查机关（和下级人民检察院）追诉意见及理由

（写明报请核准追诉的侦查机关、下级人民检察院的意见、理由）

五、需要说明的问题

（一）本案是否超出追诉时效期限。

（二）被害方、案发地群众、基层组织的意见和反映。

（三）其他需要说明的情况（如有关部门对案件组织协调情况，案件的背景情况等）。

（四）本院检察委员会审议的情况。

（五）关于本案追诉必要性的分析（结合案件情况对本案是否属于

“必须追诉”进行分析）。

六、审查意见

本院认为：×××（简要写明对犯罪嫌疑人涉嫌的犯罪事实、证据、罪名，法定最高刑是否为无期徒刑或者死刑，是否超出追诉时效期限，是否有追诉必要等的认定情况，提出是否同意核准追诉的意见及法律依据）。

根据《中华人民共和国刑法》第八十七条第四项的规定（对发生在1997年10月1日之前的犯罪报请核准追诉的，根据1979年《中华人民共和国刑法》第七十六条第四项的规定），特将此案报请你院审查。

20××年××月××日

（院印）

2. 制作说明

（1）本文书根据《中华人民共和国刑法》第八十七条第四项的规定（对发生在1997年10月1日之前的犯罪报请核准追诉的，根据1979年《中华人民共和国刑法》第七十六条第四项的规定）和《人民检察院刑事诉讼规则》第三百二十条、第三百二十三条、第三百二十四条的规定制作。省级及以下人民检察院层报最高人民检察院核准追诉案件时使用。

（2）本文书除一份正本送达最高人民检察院外，还应当将副本抄送省级人民检察院，本级人民检察院存档。

3.8.2 工作文书：报请核准追诉案件审查报告

（一）基本概念

报请核准追诉案件审查报告，是检察机关在办理报请核准追诉案件过程中，依据事实和法律而制作的反映案件全部情况的工作文书。

（二）相关依据

1. 法律依据

《中华人民共和国刑法》第十七条第三款：“已满十二周岁不满十四

周岁的人，犯故意杀人、故意伤害罪，致人死亡或者以特别残忍手段致人重伤造成严重残疾，情节恶劣，经最高人民检察院核准追诉的，应当负刑事责任。”

第八十七条：“犯罪经过下列期限不再追诉：

（一）法定最高刑为不满五年有期徒刑的，经过五年；

（二）法定最高刑为五年以上不满十年有期徒刑的，经过十年；

（三）法定最高刑为十年以上有期徒刑的，经过十五年；

（四）法定最高刑为无期徒刑、死刑的，经过二十年。如果经过二十年以后认为必须追诉的，须报请最高人民检察院核准。”

2. 其他规定

最高人民检察院《关于办理核准追诉案件若干问题的规定》第八条：“地方各级人民检察院对侦查机关报请核准追诉的案件，应当及时进行审查并开展必要的调查，经检察委员会审议提出是否同意核准追诉的意见，在受理案件后十日之内制作报请《核准追诉案件报告书》，连同案件材料一并层报最高人民检察院。”

（三）文书结构

1. 首部

本文书标题包括办案单位、犯罪嫌疑人姓名、案由和文书名称。办案单位应写明所在省（自治区、直辖市）的名称，不能只写地区级市、县、区院名。“犯罪嫌疑人姓名 + 案由”应写明犯罪嫌疑人的姓名及所涉嫌罪名，涉及数人、数罪的应一并列明，犯罪嫌疑人为三名及以上的描述为“犯罪嫌疑人姓名等 × 人”。文书名称，即“报请核准追诉案件审查报告”。

2. 正文

（1）犯罪嫌疑人及诉讼参与人的基本情况部分按照文书中列明的具体要求，结合案情进行撰写。同案犯罪嫌疑人有二人以上的，按照在犯罪中所起作用大小排序书写。多名被害人的，可以视情况后附表格的形式列明被害人姓名及受侵害情况。

（2）案件诉讼经过部分，简要写明案件的发生、揭发或者侦查、破案过程的情况，包括时间、地点和方式方法以及涉及的主要人员等。侦查机关已立案、采取强制措施的，应当写明。案件有复杂过程和问题的，应当详细写明。

（3）案件事实和证据部分，侦查机关认定的案件事实部分，根据侦查机关报请核准追诉意见书的内容摘抄即可。侦查机关认定的事实，写明侦查机关对犯罪事实、犯罪情节、到案经过、到案后的表现等；侦查机关的处理意见写明侦查机关对犯罪嫌疑人的罪名、适用法律的意见等。

审查认定的案件事实及证据部分，认定的事实根据文书内列明的具体要求进行撰写，所依据的证据按照“一事一证一分析”的体例撰写。围绕犯罪事实和犯罪嫌疑人是否构成犯罪、是否超出追诉时效期限、是否有追诉必要等问题，写明犯罪的时间、地点、经过、手段、动机、危害后果以及犯罪嫌疑人实施犯罪后的表现、被查获前的活动、是否重新犯罪等。按照证据种类列明证明审查认定案件事实的相关证据。

（4）需要说明的问题及有关情况部分，根据文书列明的事项及要求，结合案情有针对性地叙写，对于没有问题的部分，直接写“无”即可。

（5）相关诉讼参与人的意见部分，根据文书列明要求，结合案件具体的内容，对被害人及其代理人的意见、辩护人及其他代理人的情况和意见进行撰写。

（6）检察委员会审议情况部分，简要写明召开检察委员会的时间、检察机关审议过程、审议决定等情况。

（7）审查意见部分，需要结合案件具体情况，根据文书列明的事项及要求进行撰写，在最后撰写总结性的处理意见，并列明承办人及日期。

3. 尾部

落款承办检察官姓名，具文日期。

(四) 文书模板及制作说明

1. 文书模板

×××人民检察院

×××（犯罪嫌疑人姓名和案由）

报请核准追诉案件审查报告

（报请核准追诉适用）

收案时间：××××年××月××日

案件来源：×××

移送案由：×××罪

犯罪嫌疑人：×××（犯罪嫌疑人的姓名）

强制措施：逮捕羁押（或取保候审、监视居住）

侦查机关或部门名称：×××

侦查人员：×××、×××　联系电话×××（有数名侦查人员的，可写明两名主要的侦查人员）

检察机关承办人：×××

承办人意见：（简要写明审查结论，如是否构成犯罪、构成何罪以及是否层报核准追诉等）

×××（侦查机关或部门名称）以××号报请核准追诉意见书移送本院审查的犯罪嫌疑人×××（姓名）涉嫌×××（案由）一案，本院于××××年××月××日收到卷宗×册，证物×，依照《中华人民共和国刑事诉讼法》的规定，于××××年××月××日告知犯罪嫌疑人享有的诉讼权利；于××××年××月××日告知被害人及其法定代理人或者近亲属、附带民事诉讼的当事人及其法定代理人依法享有的诉讼权利；已依法讯问了犯罪嫌疑人，听取被害人和犯罪嫌疑人、被害人委托人的意见（复核证人、进行补充鉴定、复验复查等工作），未成年人案件包括"进行社会调查、心理测评疏导"，并审阅了全部案件材料，核实了案件事实与证据，开展了相关调查。现已审查终结，报告如下：

一、犯罪嫌疑人及其他诉讼参与人基本情况

1. 犯罪嫌疑人……（依次写明姓名、曾用名、绰号、性别、出生年月日、公民身份号码、民族、文化程度、职业、单位及职务、户籍所在地、现住址、行政处罚或刑事处罚情况、释放时间、强制措施等。有数名被告人的，依犯罪事实情节由重至轻的顺序分别列出）。

2. 辩护人基本情况（辩护人是律师的，只写姓名、工作单位和职务；辩护人如果是法律援助机构指派，写明"辩护人×××，×××律师事务所律师，×××法律援助机构指派"。同案犯罪嫌疑人有两名以上的，分别在各犯罪嫌疑人项下一行列辩护人的情况。同一律师事务所的两个律师同时担任辩护人的，也应当分行列明）。

3. 被害人基本情况（写明被害人姓名、性别、年龄、民族、现住址、被害情况等。被害人情况不清楚的，予以说明）。

4. 委托代理人基本情况（写明参与诉讼的身份、姓名、性别、年龄、住址、职业或者工作单位及职务，与被害人关系，通讯方式等）。

5. 附带民事诉讼原告人情况。

二、案件诉讼经过

……（简要写明案件的发生、揭发或者侦查、破案过程的情况，包括时间、地点和方式方法以及涉及的主要人员等。侦查机关已立案、采取强制措施的，应当写明。案件有复杂过程和问题的，应当详细写明）。

三、案件事实和证据

（一）侦查机关认定的案件事实

侦查机关认定：……（写明侦查机关对犯罪事实、犯罪情节、到案经过、到案后的表现等）。

侦查机关处理意见：……（写明侦查机关对犯罪嫌疑人的罪名、适用法律的意见等）。

（二）审查认定的案件事实和证据

经审查认定：……（围绕犯罪事实和犯罪嫌疑人是否构成犯罪、是否超出追诉时效期限、是否有追诉必要等问题，写明犯罪的时间、地点、经过、手段、动机、危害后果以及犯罪嫌疑人实施犯罪后的表现、被查获前的活动、是否重新犯罪等)。

认定上述事实的证据材料如下:

1. 物证、书证

×××(物证、书证的名称),摘自证据卷××页。

证明(单证能够证明的问题):

存在的问题(单证审查,就证据的真实性、合法性、关联性进行审查,如书证是复印件的,是否注明书证的来源、原件存放在何处、复印件与原件是否一致等)。

2. 证人证言(多名证人,依序录入相关证据)

证人×××(姓名),男/女,××岁(年龄),(职业或与本案有关联性的身份),××××年××月××日作证,摘自证据卷××页。

……(概括摘录与案件事实、定性、情节认定有关的证人对案件发生的时间、地点、犯罪的经过、涉案人员的基本情况的陈述)。

辨认笔录,摘自证据卷××页。

辨认人×××(姓名),于××××年××月××日,在见证人×××(姓名)的见证下,经辨认指出×××。

证明(单证能够证明的问题):

存在的问题:……(单证审查,就证据的合法性、关联性、真实性进行审查,如未成年证人接受询问时是否有合适成年人在场,询问女性证人是否有女工作人员在场等)。

3. 被害人陈述

被害人×××,男/女,××岁,共陈述×次,摘自××××年××月××日陈述,摘自证据卷××页。

……(概括摘录与案件事实、定性、情节有关的被害人对案件发生的时间、地点、犯罪的经过、涉案人员的基本情况的陈述)。

辨认笔录,摘自证据卷××页。

辨认人×××,于××××年××月××日,在见证人×××的见证下,经辨认指出×××。

证明(单证能够证明的问题):

存在的问题：……（单证审查，就证据的合法性、关联性、真实性进行审查，如被害人多次陈述中，是否存在关键情节上前后矛盾的情况，是否与正常逻辑相违背等情况）。

4. 犯罪嫌疑人的供述与辩解

犯罪嫌疑人×××，共陈述×次，摘自××××年××月××日供述，摘自口供卷××页。辨认笔录，摘自证据卷××页。

……（摘要录入与认定犯罪事实、情节有关的时间、地点、犯罪过程、犯罪后的表现）。

辨认人×××，于××××年××月××日，在见证人×××的见证下，经辨认指出×××。

证明（单证能够证明的问题）：

存在的问题：……（单证审查，就证据的合法性、关联性、真实性进行审查，如嫌疑人供述的稳定性，其辩解是否合理，是否与生活常理相符合等）。

5. 鉴定意见

证明（单证能够证明的问题）：

存在的问题：……（单证审查，就证据的合法性、关联性、真实性进行审查，如鉴定机构或者鉴定人是否具备相关资质，检材或者样本来源和保管是否规范等）。

6. 勘验、检查、侦查实验等笔录

证明（单证能够证明的问题）：

存在的问题：（单证审查，就证据的合法性、关联性、真实性进行审查，如勘验、检查的主体是否合法，程序是否规范等）。

7. 视听资料、电子数据

证明（单证能够证明的问题）：

存在的问题：……（单证审查，就证据的合法性、关联性、真实性进行审查，如视听资料、电子证据的来源是否合法、提取是否规范、是否为原件等）。

四、需要说明的问题

1. 案件背景、有关领导批示情况；

2. 引导公安机关取证事项；

3. 案件管辖问题；

4. 同案犯处理情况（如另案处理等情况）；

5. 刑事和解情况；

6. 敏感案件预警或处置情况；

7. 扣押款物的追缴、保管、移交、处理情况；

8. 结合办案参与综合治理、发出检察建议等相关情况；

9. 公益诉讼线索情况；

10. 检察机关开展必要调查情况；

11. 案发地、基层组织等的意见和反映；

……（简明归纳案发地群众、基层组织就案件性质、危害后果、社会影响、被害人及犯罪嫌疑人日常行为表现等方面的意见）

12. 未成年人特别程序及帮教落实情况；

（1）法律援助情况（写明通知法律援助的时间与单位、检察机关督促落实法律援助情况等）；

（2）法定代理人、合适成年人到场情况；

（3）社会调查情况；

（4）心理测评、心理干预情况；

（5）已开展帮教情况（已采取的观护帮教措施及庭前教育情况）；

（6）其他，如亲情会见、通话。

（根据社会调查、心理测评、心理干预、帮教、和解情况等认定的未成年人家庭环境、成长背景、犯罪原因、存在问题、社会关系修复、悔改表现等，为后续作出处理决定提供参考和依据）

13. 承办人认为需要说明的其他问题及情况。

……（如犯罪嫌疑人认罪悔罪态度）

五、相关诉讼参与人的意见

（一）被害人及其代理人的意见

……（简明归纳被害人就本案定罪及量刑的意见和理由。被害人及其代理人的意见可以分别叙明）。

（二）辩护人及其他代理人的意见

×××律师事务所×××律师/×××，与犯罪嫌疑人×××是×××关系，（如是法律援助律师的应注明指派的法律援助机构）担任本案的辩护人。

……（简明归纳辩护人或者其他代理人就案件性质认定、定罪量刑方面提出的意见及理由）。

六、检察委员会审议情况

……（写明报请核准追诉人民检察院检察委员会审议的情况，包括召开检察委员会的时间、检察委员会审议决定等）。

七、审查意见

1. 对全案事实证据情况的认定意见

……（对据以认定犯罪事实的有关物证、书证、证人证言、被害人陈述、被告人供述和辩解、勘验或者检查笔录、鉴定意见、视听资料等证据及其与本案的联系，进行分析论证；证据之间有矛盾的，要进行详细分析论证；对不真实的或者不能采用的证据和不能认定的事实和情节，应当作出有根据有分析的说明，尤其是有争议的事实和证据，要重点分析论证。同时注意在此处对辩护人提出的意见予以评议回应、得出结论）。

2. 对案件法律适用的认定意见

……（包括对犯罪嫌疑人涉嫌的罪名，法定最高刑是否为无期徒刑或者死刑，是否超出追诉时效或者是否系《刑法》第十七条第三款规定已满十二周岁未满十四周岁的人犯罪情形，提出是否需要追诉的意见及理由）。

3. 量刑分析

……（结合犯罪嫌疑人的犯罪情节和相关法律规定，对犯罪嫌疑人是否可能判处无期徒刑或死刑，或者已满十二周岁不满十四周岁的人，犯故意杀人、故意伤害罪，致人死亡或者以特别残忍的手段致人重伤造成严重残疾，情节是否恶劣进行分析）。

综上，承办人认为，犯罪嫌疑人×××的行为，其行为触犯《中华人民共和国刑法》第×××条第×款第×项，犯罪事实是否清楚，证据是否确实充分，构成×××（案由）罪，法定最高刑为无期徒刑或者死刑，已超出追诉时效（或者属于已满十二周岁不满十四周岁的未成年人实施犯罪需要追究刑事责任情形)，依据《中华人民共和国刑诉法》第八十七条第四项（或《中华人民共和国刑诉法》第十七条第三款）、最高人民检察院《关于办理核准追诉案件若干问题的规定》，层报×××人民检察院予以审查。

承办检察官×××

××××年××月××日

2. 制作说明

（1）本文书为报请核准追诉的人民检察院在受理侦查机关报请核准追诉时使用，可以适用于人民检察院直接立案侦查的案件报请最高人民检察院核准追诉，同样适用于监察委员会办理的职务犯罪案件报请核准追诉。

（2）本文书为附检察内卷文书，无须向其他机关或部门送达。